# क्रान्ति का सपना



बिमल प्रसाद
सुजाता प्रसाद

अनुवाद

आशुतोष भारद्वाज

वाणी प्रकाशन

प्रकाशन के उत्कृष्टतम 63 वर्ष

vaniprakashan.com

पेपरबैक पहला संस्करण : 2026

वाणी प्रकाशन

*4695, 21-ए, दरियागंज, नयी दिल्ली-110 002*

*फ़ोन : + 91 11 23273167, 23275710*

**शाखाएँ**

*अशोक राजपथ, पटना-800 004, बिहार*

*कॉफ़ी हाउस कैम्पस, महात्मा गांधी मार्ग, प्रयागराज-211 001, उत्तर प्रदेश*

*महात्मा गांधी अन्तरराष्ट्रीय हिन्दी विश्वविद्यालय, वर्धा-442 001, महाराष्ट्र*

sales@vaniprakashan.in

vaniprakashan@gmail.com

Kranti Ka Sapna

A revised edition of

*The Dream of Revolution*

*by* Bimal Prasad and Sujata Prasad

*The English Original Translated in Hindi by* Ashutosh Bhardwaj

ISBN : 978-93-7348-294-1

History/Politics/Socialism



मूल्य : ₹ 495



*आर. टेक ऑफ़सेट, दिल्ली-110 032 में मुद्रित*

*वाणी प्रकाशन का लोगो मक़बूल फ़िदा हुसैन की कूची से*

"स्वतन्त्रता सिर्फ़ उसके लिए मायने रखती है,
जो भिन्न तरह से सोचता है।"

**—रोज़ा लक्ज़मबर्ग**

"हमें भूलने के विरुद्ध प्रतिरोध करना है।"

**—एरिक हॉब्सबाम**

यह किताब गहरे प्रेम और गहन शोध से उपजी है। इसका स्वर आत्मीय है और यह तटस्थ विश्लेषण से भी नहीं चूकती। इस जीवनी में व्यक्तिगत और राजनीतिक, निजी और सार्वजनिक का दुर्लभ समन्वय है। यह किताब लिखती है कि जेपी ने मध्य-रात्रि की सन्तानों की एक पूरी पीढ़ी के भीतर अलख जगा दी थी और उन्हें लोकतान्त्रिक राजनीति के भीतर एक कहीं बड़ा स्वप्न देखने की शक्ति दी थी। कांग्रेस के भीतर वैचारिक संघर्ष की ज्योति जगाने वाले और सम्पूर्ण क्रान्ति का आह्वान करने वाले जेपी नारायण विपक्ष के लिए आज भी एक चमत्कारिक प्रेरणा स्रोत बने हुए हैं। आज के समय में इससे अधिक प्रासंगिक राजनीतिक जीवनी नहीं हो सकती।

**—राज कमल झा**

'जेपी की ज़िन्दगी के कई अनछुए पहलू हैं, जिन्हें लेकर लोगों की जिज्ञासा अधिक है, जानकारी कम। राजनीति से इतर जेपी की ज़िन्दगी के इन पहलुओं को समझने की ज़रूरत आज भी है। यह किताब इस बड़ी ज़रूरत को पूरा करती है। इस किताब की शुरुआत सुप्रसिद्ध इतिहासकार बिमल प्रसाद ने की थी, उसे अंजाम तक पहुँचाया उनकी सुपुत्री और विदुषी सुजाता प्रसाद ने। यह किताब पिता-पुत्री का साझा प्रयास है जेपी को हमारे नज़दीक लाने का। यह किताब भारतीय राजनीति में जेपी के योगदान पर एक नयी समझ को हमारे सामने रखती है।

सबसे बढ़कर, आप इस किताब को पुत्री द्वारा पिता को श्रद्धांजलि भी कह सकते हैं।

**—सलिल मिश्र**

*क्रान्ति का सपना* एक भारतीय क्रान्ति-साधक की रोमांचक जीवन यात्रा की आत्मीय प्रस्तुति है। सुजाता प्रसाद को जेपी को बहुत लम्बे समय तक अपने पिता के निकटतम नायक और मित्र के रूप में जानने का दुर्लभ अवसर मिला था। तथ्यों की नवीनता और प्रामाणिकता के कारण जेपी को समझने के लिए यह एक अनिवार्य पुस्तक है।

**—प्रोफ़ेसर आनन्द कुमार**

यह उन विभूति की रोमांचकारी कथा है जो महात्मा गांधी के बाद भारत की राजनीतिक अन्तरात्मा के सबसे महान संरक्षक थे। जो अपने मार्गदर्शक की तरह टूटे सपने, बिखरे आदर्श और भुला दिये गये संकल्पों को लेकर एकाकी मृत्यु की गोद में समा गये। जयप्रकाश नारायण का असाधारण जीवन बार-बार पढ़े जाने, सुनाये जाने, और दोहराये जाने योग्य है। और *इस कर्म के लिए* बिमल प्रसाद की पुत्री से बेहतर कौन हो सकता था?

**—गोपालकृष्ण गांधी**

# अनुक्रम

# वह जो धरोहर थी

जयप्रकाश नारायण की धरोहर को इतिहास की विस्मृति और भविष्य की उपेक्षा से बचाने की ज़रूरत है। आत्म-प्रचार से बहुत दूर होने के बावजूद उनकी प्रखर शख़्सियत क़रीब आधी सदी तक राजनीतिक पटल पर छायी रही। वह जुनूनी और आदर्शवादी राजनीति के पर्याय 1974 के छात्र आन्दोलन का चेहरा थे। यह विरासत भले ही एक आत्ममुग्ध विमर्श में डूबी नज़र आती है, लेकिन जेपी हमारे अप्रत्याशित वर्तमान को समझने के लिए नयी दिशा दे सकते हैं, जो हमें नये और बेहतर भविष्य की ओर ले जा सकता है।

यह आन्दोलन बन्दीगृह और बैरीकेड का रोमांच हमारे जीवन में ले आया था। इसकी आँच से तपकर बेशुमार छात्र नेता उस नाटक के किरदार बन गये थे, जिसके मंच पर प्रवेश करने के लिए उन्होंने कोई गम्भीर प्रयास नहीं किया था। रेमंड विलियम्स के शब्दों में कहें तो, इस आन्दोलन ने हमारे अनुभवों को 'संवेदना का नया ढाँचा' दे दिया। जेपी का सम्पूर्ण क्रान्ति का सपना भले ही अपने अन्तर्विरोधों के तले ढह गया, लेकिन अपनी पीढ़ी के तमाम युवाओं की तरह मैं भी इसके रूमानी ख़ुमार में डूब गयी थी, वह सामूहिक उन्माद कि आप एक नयी कायनात को रच सकते हैं। जिस वक़्त राजनीति आक्रोशित और अमर्यादित हुई जा रही थी, मुझे जेपी बौद्धिक गरिमा का रूपक लगा करते थे। पूँजीवादी भूमि से परे पल्लवित होता उनके आदर्श समाज का स्वप्न और स्वातन्त्र्य-बोध के साथ कोई समझौता न करने का संकल्प तमाम सम्भावनाओं को जन्म देता है। उनके विचार आज भी देश-विदेश के नागरिक आन्दोलन और प्रतिरोध-प्रदर्शनों में प्रतिबिम्बित होते हैं।

स्वतन्त्रता, न्याय व समानता के लिए जेपी का संकल्प किसी क्रान्तिकारी की मूल साधना (संयोगवश, जेपी के प्रतिनिधि लेखन पर मेरे पिता बिमल प्रसाद की किताब का शीर्षक है, A Revolutionary's Quest) की तरह देखा जा सकता है। उनकी वैचारिक भूमि आत्मचिन्तन की आँच तले हमेशा सुलगती रही–वे गांधी से मार्क्स और मार्क्स से फिर गांधी की ओर आये, लेकिन पूरी तरह दोनों में से किसी को भी त्याग नहीं पाये।

1975 की अपनी जेल डायरी में जेपी ने लिखा था कि हाई स्कूल के दिनों में उन्हें 'क्रान्ति के बिच्छू' ने काट लिया था। विस्कॉन्सिन विश्वविद्यालय से स्नातकोत्तर करते हुए उन्होंने क्रान्तियों और क्रान्तिकारी आन्दोलनों की आन्तरिक जटिलताओं का अध्ययन किया, और मार्क्स की महान कृति *दास कैपिटल* को आत्मसात कर लिया, जो पूँजीवादी व्यवस्था में अन्तर्निहित शोषण को उघाड़ देती है। उन्होंने *कम्युनिस्ट मेनिफेस्टो* (जिस पर मार्क्स से अधिक एंगेल्स का प्रभाव था) और मार्क्स की अविस्मरणीय किताब *ग्रुंड्रिस* के साथ रोज़ा लक्ज़मबर्ग, कार्ल लिबनेख्त और कार्ल काउत्स्की जैसे मार्क्सवादियों के सैद्धान्तिक लेखन को भी गहराई से पढ़ा था। वह बहुत जल्द अपने विश्वविद्यालय के विशिष्ट मार्क्सवादी हस्ताक्षर बन गये। यही वजह थी कि जब जेपी अपने वतन लौटकर कांग्रेस में शामिल हुए, भारत में समाजवाद को एक विचार और राजनीतिक अभियान, दोनों रूपों में वैधता मिल गयी। उनके व्यक्तित्व में ऐसी ख़ासियत थी कि कोई भी उनके रैडिकल राजनीतिक विचार और नैतिक असहमतियों पर सवाल नहीं उठा सकता था।

मार्क्सवादी समाजवाद के भविष्य पर उनकी आस्था ने 1934 में कांग्रेस सोशलिस्ट पार्टी (सीएसपी) को जन्म दिया था। सीएसपी को राष्ट्रवादी वामपन्थ के रूप में प्रस्तावित करते हुए उन्होंने कांग्रेस के घोषणापत्र में समाजवाद को एक शक्तिशाली और प्रतिरोधी राजनीतिक शक्ति के रूप में स्थापित करने के लिए संघर्ष किया। जीवन के इस चरण में वह गांधीवादी राजनीति में न्यूनतम सम्भावनाएँ देखते थे। उन्हें लगता था कि यह एक ख़तरनाक सिद्धान्त है, जो असली मुद्दों को दबा देता है। लेकिन वह बोल्शेविक समाजवाद से भी कोई ख़ास प्रभावित नहीं थे। उन्हें लगता था कि चूँकि मार्क्सवाद की कई

व्याख्याएँ हो सकती थीं, इसलिए ऐसे समाजवादी आन्दोलन का निर्माण किया जाये जिसकी संगति मार्क्सवादी विचार, मार्क्सोत्तर वैश्विक परिदृश्य के साथ-साथ भारतीय राजनीतिक इतिहास के साथ भी हो। जेपी सोवियत संघ द्वारा संचालित कम्युनिस्ट इंटरनैशनल से मुक्त एक स्वतन्त्र वामपन्थ के प्रवर्तक थे। उन्होंने तमाम गुटों में बिखरे वामपन्थियों के बीच एकता स्थापित करने की कठिन चुनौती तो स्वीकार कर ली थी, लेकिन कामरेड साथियों की आपसी असहमतियों की वजह से यह काम आसान नहीं था।

मार्क्स का प्रसिद्ध कथन कि इतिहास 'पहले त्रासदी और फिर प्रहसन' के रूप में ख़ुद को दोहराता है, भारतीय कम्युनिस्ट पार्टी (सीपीआई) और जेपी के सम्बन्धों के मद्देनज़र विपरीत रूप से चरितार्थ हुआ। इसकी शुरुआत प्रहसन से हुई जब सीपीआई ने ख़ुद को भारत की एकमात्र प्रामाणिक मार्क्सवादी पार्टी घोषित किया, और सीएसपी को पूँजीपति वर्ग का छद्म वामपन्थ करार देते हुए इसके ख़िलाफ़ ज़हरीला अभियान छेड़ दिया। सीपीआई के इस रुख़ से पैदा हुई जेपी की निराशा मार्क्सवाद के नाम पर स्टालिन के आतंक को देखकर गहरी त्रासदी में परिवर्तित हो गयी। उनका मानना था कि स्टालिन के शासन को किसी भी दृष्टि से न्यायोचित नहीं ठहराया जा सकता।

लम्बे समय तक जेल में रहने के कारण रैडिकल बने जेपी के राजनीतिक विचार में एक नाटकीय मोड़ 1942 में आया, जब उन्होंने मार्क्सवाद-लेनिनवाद के कहीं धारदार संस्करण को अपनाते हुए सशस्त्र क्रान्तिकारियों के भूमिगत दल का गठन कर लिया। कई कांग्रेस सदस्यों ने इस अप्रत्याशित क़दम की आलोचना की थी। छात्रों को सम्बोधित एक पत्र में जेपी ने हिंसा का आह्वान करते हुए गुरिल्ला रणनीति और कार्यप्रणाली को विस्तार से समझाया था। कुछ ऐसे ही विचार एक दशक बाद प्रकाशित हुई लातिन अमरीका के क्रान्तिकारी आन्दोलनों की बाइबिल, चे ग्वेरा की *गुरिल्ला वॉरफेयर* में पढ़े जा सकते थे।

गुरिल्ला संघर्ष के प्रति उनका मोह बहुत लम्बा नहीं चला और उनकी गिरफ़्तारी के साथ समाप्त हो गया, लेकिन वे अपने अनुयायियों को अन्तिम लड़ाई के लिए उकसाते रहे–स्वतन्त्रता, राष्ट्रीय एकता और रोज़गार के लिए आन्दोलन, जो किसान और श्रमिक संघों, स्वयंसेवी संस्थाओं, छात्र और युवा

संगठनों, बुनकरों और अन्य ज़मीनी समुदायों को सशक्त करने के बाद ही हासिल हो सकता था।

इस तरह 1944-45 तक जेपी ने फिर एक नयी राह चुन ली थी। इस बार उन्होंने एक अहिंसक वैचारिक मोड़ लिया, इस दृढ़ विश्वास से प्रेरित होकर कि लोकतान्त्रिक मूल्यों की रक्षा के लिए परम्परागत मार्क्सवाद को गांधीवादी पोषण और आलम्बन की आवश्यकता थी। जेपी अपने आप को 'क्रान्तिकारी महापुरुषों' लेनिन और गांधी का 'शिष्य' मानते थे। किसी को यह पागलपन लग सकता था, लेकिन वे इसे 'परस्पर विरोधी विचारधारा का संगम' मानते थे। यहाँ यह भी जोड़ना चाहिए कि गांधी के प्रति उनके झुकाव में उनकी जीवन-संगिनी प्रभावती का भी योगदान था, जो ख़ुद इतिहास के तमाम थपेड़ों के बीच गांधी-मार्ग के प्रति आजीवन समर्पित रही थीं। जेपी को इस संगम की प्रेरणा इस तथ्य से भी मिली थी कि स्वयं मार्क्स ने शान्तिपूर्ण क्रान्ति की सम्भावना को ख़ारिज नहीं किया था। साथ ही, जेपी द्वितीय विश्वयुद्ध के बाद यूरोप में लोकतान्त्रिक और आर्थिक अधिकारों के विस्तार को सामाजिक क्रान्ति के संकेत बतौर भी देख रहे थे।

लेकिन लोकतान्त्रिक समाजवाद में आस्था रखने के बावजूद जेपी राज्य को आधिपत्य का ऐसा साधन मानते थे जो आततायी के नेतृत्व में तबाही मचा सकता था। उन्होंने पश्चिम के संसदीय लोकतन्त्र को यह कहकर ख़ारिज कर दिया था कि यह ओलिगार्की को जन्म देता है। वह दलगत राजनीति से परे घटित होते लोकतन्त्र में भरोसा करते थे, जहाँ आम सहमति के आधार पर लिए गये निर्णय लोकनीति को सम्भव बनाते थे। क्रान्ति की उनकी प्रस्तावना और कार्यप्रणाली गांधीवादी अर्थशास्त्र पर आधारित थी। गांधी की तरह वे भी अपने अनुयायियों को ग्रामीण विकास के रचनात्मक कार्यों की ओर प्रेरित करते थे। गांधी द्वारा आधुनिक राज्य-सत्ता की आलोचना जेपी की राजनीतिक विचारधारा के विकास का केन्द्र बनी रही।

पाँचवें दशक की शुरुआत में जेपी ने परम्परागत राजनीति को त्याग दिया और द्वन्द्वात्मक भौतिकवाद के यान्त्रिक और प्रत्यक्षवादी तत्त्वों पर पुनर्विचार करने लगे। हेगेल और मार्क्स के द्वन्द्वात्मक सिद्धान्त में दीक्षित हुए व्यक्ति के लिए समाजवाद के मानवतावादी दृष्टिकोण की ओर यह महत्त्वपूर्ण बौद्धिक

और वैचारिक क़दम था, जो नैतिक मूल्यों के साथ मनुष्य के स्वतन्त्र कर्म को समझने के लिए भी दृष्टि देता था।

इस तरह जेपी ने सोवियत संघ और माओ के मार्क्सवाद से सायास दूरी बना ली थी। आप कह सकते हैं कि भौतिकवाद से दूर जाकर जेपी ने उस स्वतन्त्र आलोचनात्मक दृष्टि को अपना लिया था, जिसकी वकालत ख़ुद मार्क्स ने की थी, जब उन्होंने हर चीज़ पर प्रश्न करने को कहा था। गांधी ने अपने को सत्यशोधक कहा, जेपी स्वयं को क्रान्तिशोधक कहते थे। क्रान्ति की यही खोज उन्हें साम्यवाद, समाजवाद, लोकतान्त्रिक समाजवाद, सर्वोदय और सम्पूर्ण क्रान्ति तक ले गयी। उन्होंने कई प्रयोग किये और अपनी विफलताओं को भी शोध की मंज़िलों का दर्जा दिया।

विचारों के भीषण झंझावात से गुज़रते हुए विद्रोही जेपी प्रधानमन्त्री जवाहरलाल नेहरू की उनके समाजवादी वायदों से मुकरने के लिए भी आलोचना कर रहे थे। दोनों नेताओं की बहसें तीख़ी होती गयीं, उनके सम्बन्ध बिखरते गये। इसके बावजूद नेहरू जेपी की निष्ठा और योग्यता की प्रशंसा करते रहे। नेहरू ने कहा भी था कि आगे चलकर जेपी भारत की नियति को आकार देंगे और शायद उनके उत्तराधिकारी भी बनेंगे।

मज़दूर और किसान संगठनों के साथ जेपी के प्रगाढ़ और अनूठे सम्बन्ध थे। वह सरकारी कर्मचारियों की कई बड़ी यूनियनों के अध्यक्ष थे। उन्होंने एक सशक्त और स्वतन्त्र समाजवादी विपक्ष को निर्मित करने के लिए निर्णायक भूमिका निभाई थी। अन्ततः उन्होंने गांधीवादी भूदान-ग्रामदान आन्दोलन को अपना आधार बना लिया, जो दो दशकों तक उनकी रचनात्मक कल्पना के केन्द्र में रहा। लेकिन सर्वोदय आन्दोलन के नेताओं की भविष्यवाणी के बावजूद जेपी ने कभी मार्क्स का साथ नहीं छोड़ा। उन्हें मार्क्सवाद का क्रान्तिकारी-रोमांटिक चेहरा लुभाता रहा और वे गांधीवादी सर्वोदय की भूमि पर उस आदर्श साम्यवादी समाज का बीज तलाशते रहे, जिस तरह के समाज का सपना कभी मार्क्स ने देखा था।

दलगत राजनीति की क्षुद्रता से निराश होकर उन्होंने रैडिकल लोकतन्त्र के लिए वैचारिक ढाँचा तैयार करने का भी प्रयास किया। यह मॉडल विविध

संस्थानों और तमाम राजनीतिक किरदारों के बीच सामंजस्य स्थापित कर उन्हें एक साझा कार्यक्रम तक ले जाता था। इसके ज़रिये तात्कालिक मुद्दों पर भी वैचारिक सहमति बन सकती थी। यह तनी हुई रस्सी पर चलने की तरह था। अल्पसंख्यकों के ख़िलाफ़ बढ़ती नफ़रत को लेकर राजनीति विभाजित थी, जबकि जेपी बहुत पहले आगाह कर चुके थे कि हिन्दू साम्प्रदायिकता कहीं ज़्यादा ख़तरनाक है, क्योंकि यह आसानी से राष्ट्रवाद का आवरण ले सकती है और असहमति को राष्ट्र-विरोधी घोषित कर सकती है।

जेपी यथास्थितिवादियों को चुनौती देते हुए उत्पीड़न और अन्याय के ख़िलाफ़ और असहमति के स्वरों की रक्षा के लिए बग़ैर कोई समझौता किये आजीवन लड़ते रहे। यही विश्वास उन्हें नक्सलवाद के गढ़ कहे जाने वाले मुज़फ़्फ़रपुर के मुसहरी इलाक़े में ले गया। मुसहरी के गाँवों में हुए लम्बे प्रवास ने उन्हें ग़रीब किसानों और भूमिहीन खेतिहर मज़दूरों के सशस्त्र संघर्ष को समझने में मदद की। वे देख सकते थे कि इन मज़दूरों की विकराल ग़रीबी की वजह से दीर्घकालीन जनयुद्ध की सम्भावना मँडराने लगी थी। उन्होंने एक बार फिर अपनी पक्षधरता साबित की और कहा : "मैं समूची ज़िम्मेदारी के साथ कहता हूँ कि अगर मुझे यह भरोसा हो गया कि हिंसा के बजाय लोगों को मुक्ति नहीं मिल सकती, तो जयप्रकाश नारायण भी हथियार उठा लेगा।" 25 अक्टूबर 1972 को मुसहरी के ग्रामीणों को उन्होंने पत्र लिखा था कि उच्च मूल्यों को ढोता आया सर्वोदय आन्दोलन अब थक चुका है। यह भूमिहीनता और कृषि संकट का समाधान भी नहीं कर पाया है।

इस तरह विशेषाधिकार, भाई-भतीजावाद, भ्रष्टाचार, मूल्यहीनता और आभिजात्य शासकों की बेईमानी के ख़िलाफ़ और सामाजिक क्रान्ति के वायदे के साथ जेपी का आन्दोलन शुरू हुआ। यह 1973-1974 का दौर था। वह इस आन्दोलन के लिए नेताओं का इन्तज़ार करते थक चुके थे, और अब विश्वविद्यालयों को प्रतिरोध के शक्तिशाली केन्द्र के रूप में देख रहे थे। छात्र-आक्रोश ने एक अभूतपूर्व रैडिकल राजनीति और नये युग का उद्घोष कर दिया। छात्रों के साथ कन्धा मिलाये खड़े जेपी एक बार फिर रणभूमि के बीच थे। यह आन्दोलन गति पकड़ रहा था। जेपी बिहार की सड़कों और गलियों

पर, प्रतिरोध के उस निर्णायक मंच पर उन्नीस सौ बयालिस की प्रतिध्वनि सुन रहे थे। उन्होंने सम्पूर्ण क्रान्ति की गुहार लगायी, एक सतत और अविराम क्रान्ति। उन्होंने यह भी कहा, 'सम्पूर्ण क्रान्ति के मेरे स्वप्न को ज़मीन पर उतारना युवा शक्ति के ही हाथ में है। मैं तो वह दिन देखने के लिए नहीं रहूँगा, पर समाज का अन्तिम व्यक्ति जब इज़्ज़त के साथ जी सकेगा, अपनी क्षमता भर मेहनत कर सकेगा और जो आवश्यक है, वह पा सकेगा, तब मुझे सन्तोष होगा।'

उन्हें विश्वास था कि 'सम्पूर्ण क्रान्ति' अवश्यम्भावी है, और गांधी की मृत्यु के साथ अधूरी रह गयी क्रान्ति का अगला चरण है। जेपी द्वारा निर्मित क्रान्तिकारी स्पेस ने भूमिहीनों के अधिकारों के लिए 1978 के बोधगया आन्दोलन को जन्म दिया था। यह आन्दोलन ख़ुद को अहिंसक कहता था, लेकिन भूमि सीमा क़ानून की अवमानना के ख़िलाफ़ हो रहे संघर्ष ने नयी उत्तेजना पैदा कर दी। इस आन्दोलन की वैचारिक ज़मीन और व्यावहारिक अराजकता के सूत्र भले ही सम्पूर्ण क्रान्ति के घोषणापत्र से लिए गये थे, इसकी जड़ें वर्ग संघर्ष में थीं और स्त्रियाँ इसकी अग्रिम क़तार में थीं। यह आन्दोलन स्त्रियों के भूमि अधिकार के लिए दक्षिण एशिया में हुए आरम्भिक सामाजिक आन्दोलनों में शुमार था। दस बरस तक चले इस आन्दोलन ने विविध स्तरों पर लैंगिक असमानता को सम्बोधित किया, और घरेलू श्रम व लैंगिक हिंसा को नारीवादी नज़रिये से परिभाषित किया।

जेपी का राजनीतिक दृष्टिकोण निरापद नहीं था। उनके कुछ निर्णय आपको असहज कर देते थे। मसलन, इन्दिरा गांधी की चुनौती कि बिहार विधानसभा के भंग होने से उपजे संकट को संसदीय राजनीति और मतदान के ज़रिये हल किया जाये, को स्वीकार कर जेपी ने ख़ुद अपने पक्ष को कमज़ोर कर दिया। चुनाव में भागीदारी करने का उनका निर्णय समस्याग्रस्त था, क्योंकि इसने नयी राजनीति की सम्भावना समाप्त कर दी थी। इस दौरान उन्होंने मेरे पिता से कहा था कि राजनीति को रैडिकल बनाने से पहले वे लोकतन्त्र और स्वतन्त्रता को बहाल करना चाहते हैं। लेकिन 1978 तक क्रान्ति की लौ बुझ चुकी थी–ख़ुद इसके समर्थकों ने इसका साथ छोड़ दिया था।

उन त्रासद दिनों के गर्भ में अनेक स्याह राज़ दफ़न हैं। वे अपनी वैचारिक नींव को मानो काफ़्का के किसी स्याह तिलिस्म में बिखरते देख रहे थे। जेपी समाज का पुनर्निर्माण करना चाहते थे, लेकिन उनका स्वप्न अपने ही आन्तरिक अन्तर्विरोधों के तले ढह गया। वे उस प्रतिरोधक शक्ति का निर्माण करने में विफल रहे जो लोकतन्त्र को निरन्तर हमलों से बचा सकता था। जेपी ऊर्जा और उम्मीद खो चुके थे। इतिहास के पन्नों में सिमट रहे थे। अन्ततः उनके शब्द भी मुरझाने लगे।

जेपी पारम्परिक क्रान्तिकारी नहीं थे, लेकिन उन्हें रूढ़ियों को ख़ारिज करने और नयी वैचारिक पद्धतियों के आविष्कार से सुख मिलता था। उनकी प्रासंगिकता इसमें निहित है कि वे आजीवन असम्भव के स्वप्नद्रष्टा थे, सुनिश्चितियों की नकार थे, सत्ता से दूर और प्रतिरोध का अनिवार्य स्वर थे। जिन समाजवादी और गांधीवादी विचारों के लिए वे जिये और मरे, वे आज हमारी एकमात्र उम्मीद प्रतीत होते हैं—ऐसा समय जिसे नाओमी क्लेन ने 'मेक ऑर ब्रेक' की संज्ञा दी है।

यह किताब स्मृति और उसकी दीर्घजीविता को समर्पित है। यदि मेरे पिता घड़ी की सुइयों को पलट सकते, वे शायद उस काल-खण्ड में चले जाते जब वे बीस बरस के थे—एक आदर्शवादी युवक जो पहली ही मुलाक़ात में जेपी से सम्मोहित हो गया था। इस महानायक की परछाईं जीवनपर्यंत उनके साथ चलती रही। उम्र के नवें दशक में मेरे पिता ने जेपी के चुनिन्दा लेखन को दस खण्डों में संकलित किया था। यह विलक्षण गद्य है—राजनीतिक इतिहास और आत्मकथात्मक अंशों में डूबे पत्र, दैनिक जीवन की बारीक़ व्यस्तताओं का वर्णन करती डायरियाँ, आर्थिक और सामाजिक पोथियाँ और जेपी का लगभग समूचा राजनीतिक लेखन इन खण्डों में समाहित है। अगर आप इन्हें सिलसिलेवार देखें, तो ये पिछली सदी के एक बड़े हिस्से का इतिहास बयान करते हैं।

जब मेरे पिता ने यह जीवनी शुरू की, वे आसन्न मृत्यु के क़रीब थे। हमारा घर जेपी की स्मृतियों का गर्भ-गृह बन गया था—कभी महत्त्वहीन और कभी गहन दिखाई देती स्मृतियाँ, जो मेरी बौद्धिक जिज्ञासा को पुष्ट करती थीं। पिता

की मृत्यु के बाद इस कथा के बिखरे कतरों को सँजोने का काम मैंने ले लिया। इस किताब के अनेक स्रोत हैं–मेरे पिता के बृहद् दस्तावेज़, जटिल राजनीतिक विवरणों से भरी पुरानी फ़ाइल, जेपी के लेखन और विचारों पर केन्द्रित बेशुमार किताबें, राष्ट्रीय अभिलेखागार में शोध तथा नेहरू मेमोरियल संग्रहालय और पुस्तकालय का निजी दस्तावेज़ और मौखिक इतिहास अनुभाग। यह कठिन रास्ता था, लेकिन मेरे पिता द्वारा रखी गयी नींव ने मेरे लेखन की दरारों को पाट दिया।

जेपी के अनकहे प्रेम और कुछ अन्य बिसरे हुए निजी वाक़ये मेरे पिता जीवनी के मंच से बाहर रखना चाहते थे, लेकिन ये अध्याय मेरे आख्यान में चुपचाप चले आये। मैं इस जीवन्त और अन्तर्द्वन्दों में डूबे इन्सान से सराबोर थी। यह अथक क्रान्तिकारी ख़ुद अपने द्वारा उठाये अनुत्तरित प्रश्नों से जूझ रहा था। मैंने तय किया कि मुझे अपने पिता से परे जाने का, उनके नैतिक निर्णयों को नकारने का जोख़िम उठाना होगा। इसके बावजूद मुझे उम्मीद है कि इस कथा का मूल ढाँचा वही है, जो पिता ने निर्मित किया था–मैंने बस कुछ यक्ष प्रश्नों को जगह दे दी है।

# सिताबदियारा की गलियाँ और मैडिसन का मार्क्सवाद

जयप्रकाश नारायण का जन्म 11 अक्टूबर 1902 को हुआ था। उस समय ब्रिटिश साम्राज्य अपने उत्कर्ष पर था। भले ही दशकों से चले आ रहे औपनिवेशिक दमन से मुक्ति बहुत दूर दिखाई दे रही थी, ब्रिटिश शासन के ख़िलाफ़ आक्रामक और बेबाक स्वर मुखर होने लगे थे। यह क्रान्तिकारी परिवर्तनों के आरम्भिक लक्षण थे जिसके अनागत भविष्य का पूर्वानुमान कोई नहीं कर सकता था।

जेपी के पदचिह्नों की तलाश सिताबदियारा से शुरू होती है—पटना से 118 किलोमीटर दूर, गंगा और सरयू के संगम के क़रीब एक शान्त और हरियाला क़स्बेनुमा गाँव जहाँ अक्सर बाढ़ आ जाती है। दियारा एक विशिष्ट भौगोलिक सरंचना है। गंगा के पानी और मिट्‌टी के कटाव से बनता यह इलाक़ा बाढ़ में अक्सर डूब जाता है, जो पानी लौट जाने के बाद अपनी जगह बदल लेता है। बक्सर, भोजपुर और छपरा के दियारा भोजपुरी लोक-साहित्य में स्पन्दित होते हैं। इतिहास की परतों के साथ अपने अस्तित्व की अमिट छाप लिए ये दियारा विशिष्ट संस्कृति के भी वाहक हैं। सिताबदियारा का नाम अठारहवीं सदी के ज़मींदार सिताब राय के नाम पर पड़ा, जिन्होंने अवध के राजा के साथ युद्ध लड़ा था, लेकिन ईस्ट इंडिया कम्पनी के साथ समझौता कर लिया और यहीं बस गये। गाँव की आबादी लगभग 40,000 थी, जो 22 जातिगत टोलों में विभाजित थी।

जेपी का पैतृक घर 'लाला टोला' का हिस्सा था, जहाँ शिक्षित कायस्थ समुदाय रहा करता था। 1885 में किरायेदारी अधिनियम के पारित होने के बाद उनके पूर्वजों को डुमराँव रियासत के एक राजा द्वारा पट्टे पर दी गयी भूमि के एक छोटे से हिस्से पर अधिकार मिल गया। लेकिन वे अभिजात ज़मींदार समुदाय का हिस्सा नहीं थे। उनके पूर्वजों ने अपनी सम्पत्ति सरकारी नौकरियों से अर्जित की थी। जेपी के दादा देवकीनन्दन लाल पुलिस उप-निरीक्षक थे, उग्र और मुखर वक्ता भी थे। उनके परिवार में एक क़िस्सा प्रचलित है कि एक बार जब किसी गोरे पुलिस अधीक्षक ने उन पर तीखे कटाक्ष किये, उन्होंने उसकी पिटाई कर दी। लेकिन उन पर कोई कार्रवाई नहीं हुई, क्योंकि ब्रिटिश अधिकारी अपने देसी अधीनस्थ द्वारा पीटे जाने की जगहँसाई से बचना चाहता था।

जेपी के पिता हरसू दयाल सुशिक्षित व्यक्ति थे। उन्हें अरबी, फ़ारसी और अंग्रेज़ी का अच्छा ज्ञान था। उन्होंने बतौर ज़िलादार काम किया था। वे सिंचाई विभाग में कनिष्ठ अधिकारी थे, जिन पर बिहार के शाहाबाद ज़िले में राजस्व संग्रह का प्रभार था।

हरसू दयाल सामाजिक कार्यकर्ता थे और राष्ट्रीय आन्दोलन को गहराई से समझते थे। उन्होंने पटना में 1912 में आयोजित कांग्रेस अधिवेशन में भाग लिया था। समाज-सुधार के क्षेत्र में भी वे काफ़ी सक्रिय थे। जेपी की माँ फूलरानी देवी छपरा (अब सारण) ज़िले के अमरदाह गाँव के ज़मींदार परिवार से थीं। वह स्त्रियों के प्रति भेदभाव का कड़ा विरोध करती थीं, और असाधारण रूप से प्रगतिशील थीं। वे घर के साथ खेती-बाड़ी भी सँभालती थीं। जेपी के जन्म के समय उनके माता-पिता सिताबदियारा में फैले प्लेग से बचने के लिए गाँव से थोड़ी दूर बलिया ज़िले की अपनी खेती की भूमि पर रहने चले गये, जिसे बाबूखानी कहा जाता था। इस भूमि पर बना घर भी नदी के कटाव से कुछ वर्षों बाद ढह गया और नया घर 1937 में बन पाया। जेपी का आरम्भिक बचपन सामान्य रहा था। दूध के दाँत देर से निकलने की वजह से माँ उन्हें 'बाउल' कहती थीं–दन्तहीन और बहुत सीधा बालक। बहुत जल्द रिश्तेदार और पारिवारिक मित्र उन्हें 'बाउलजी' कहने लगे। हरसू और फूलरानी की छह सन्तानें हुईं, जिनमें से दो जल्द ही गुज़र गयीं। शेष चार भाई-बहनों में

सबसे बड़ी चन्द्रावती थीं, उसके बाद जेपी, फिर चन्द्रकला और सबसे छोटे राजेश्वर। जेपी सबसे बड़े पुत्र होने की वजह से माँ और दादी के दुलारे थे।

जेपी अन्य बच्चों की तरह खेलने के लिए बाहर कम ही निकलते थे। वे अपने भीतर डूबे रहते और अपनी तमाम आत्म-छवियाँ गढ़ते रहते। पिता के साथ उनका सम्बन्ध अभेद्य मौन के पीछे आकर ठहर गया था। उनके पिता कभी-कभी उन्हें 'बूढ़' लड़का कहकर सम्बोधित करते थे। यह पिता और पुत्र के कसमसाते सम्बन्धों की शुरुआत थी। यह रिश्ता लम्बे समय तक उधड़ता रहा, और नये सिरे से बुना जाता रहा। कई बरस बाद जेपी अपने पिता की जटिलताओं और दुविधाओं को समझ पाये थे।

अपने बचपन में जेपी ने एक छोटा-सा स्वर्ग छोटे भाई-बहनों और पक्षियों व जानवरों के बीच खोज लिया था। उनके पिता ने उन्हें कभी दो सफ़ेद कबूतर उपहार में दिये थे। जब एक कबूतर की लू से मृत्यु हो गयी, जेपी फूट-फूट कर रोये थे। उनके चिड़ियाघर के निवासियों में ख़रगोश और पड़ोस के छोटे पिल्लों के साथ एक टट्टू भी था। वे इस टट्टू को पालतू तो नहीं बना पाये, लेकिन इससे बेइन्तहा मुहब्बत करते रहे।

घर पर हुई आरम्भिक शिक्षा के बाद जब जेपी ने सिताबदियारा के प्राथमिक विद्यालय में दाख़िला लिया, उनकी विलक्षण मेधा दिखाई देने लगी थी। उनके विद्यालय का एक कसरती बदन वाला युवा शिक्षक उनका आदर्श था, जिसने उन्हें अपनी खोह से बाहर निकलने के लिए प्रेरित किया। शिक्षक उनके घर में ही रहते थे और बालक जयप्रकाश को मात्र अठारह की आयु में फाँसी पर चढ़ गये खुदीराम बोस जैसे युवा क्रान्तिकारियों की कहानियाँ सुनाते थे। ये कथाएँ जेपी की चेतना में गहराई से समा गयीं।

दस साल की उम्र में, यानी 1912 में जेपी को पटना कॉलेजिएट स्कूल में भेज दिया गया। वे सातवीं कक्षा में भर्ती हुए। ईस्ट इंडिया कम्पनी द्वारा 1835 में स्थापित यह स्कूल बिहार के सबसे अच्छे माध्यमिक विद्यालयों में गिना जाता था। अलीगढ़ मुस्लिम विश्वविद्यालय के संस्थापक सर सैय्यद अहमद खान के पोते प्रोफ़ेसर रास मसूद और अमजद अली ख़ान जैसी महान शख़्सियत इसके प्रधानाध्यापकों में शुमार थीं।

शुरुआती दिनों में जयप्रकाश एक क़रीबी रिश्तेदार शम्भू शरण के साथ सरस्वती भवन में रहे। यह छात्रावास राष्ट्रवादी आन्दोलन में प्रमुख योगदान देने वाला था। आगे चलकर इसके कई विद्यार्थी बिहार की कद्दावर हस्तियाँ बन गये थे।[1] इस छात्रावास की चारदीवारी के भीतर छात्र नेता ख़ुफ़िया तरीक़े से वर्तमान राजनीति पर निषिद्ध और विध्वंसक किताबें ले आते थे। यह प्रतिबन्धित साहित्य इस छात्रावास की राजनीतिक संस्कृति को आकार दे रहा था। जब जेपी इन राजनीतिक बहसों और उग्र तर्कों के साक्षी बने, उनकी ख़ामोशी पिघलने लगी। अब वे पहले की तरह अन्तर्मुखी नहीं रहे। उनकी वक्तृत्व कला विकसित होने लगी थी।

इतिहासकार सर यदुनाथ सरकार उन दिनों पटना युनिवर्सिटी में पढ़ाते थे और इस छात्रावास के क़रीब रहते थे। उनका घर युवा बंगाली क्रान्तिकारियों का केन्द्र था, जहाँ पुलिस का छापा भी पड़ा था। उनके घर और सरस्वती भवन की राजनीतिक गतिविधियों ने जयप्रकाश की राष्ट्रवादी आन्दोलन में भागीदारी की नींव रख दी थी। कुछ समय बाद जेपी सरस्वती भवन छोड़कर अपनी बड़ी बहन चन्द्रावती और बहनोई बृजबिहारी सहाय के साथ रहने चले गये, जहाँ एक नया एकान्त उनका इन्तज़ार कर रहा था। बृजबिहारी सहाय पटना उच्च न्यायालय में काम करते थे। इस दौरान पटना लॉन (1948 में इसका नाम गांधी मैदान हो गया) में फुटबॉल मैच देखते हुए बीती कुछ दुपहरियों के सिवाय उन्होंने अपना अधिकांश समय स्वाध्याय और लेखन तथा घरेलू काम में अपनी बहन की सहायता करने में बिताया। उनके बहनोई वैष्णव थे। उनका खान-पान सादा था। उनके साथ रहने का असर यह हुआ कि जेपी भी शाकाहारी हो गये। रामबृक्ष बेनीपुरी ने जेपी के इस जीवन-चरण को बड़ी बारीकी और स्नेह से दर्ज किया है।[2]

उनके अंग्रेजी शिक्षक ने उनके भीतर यह बीजारोपण कर दिया था कि स्वाध्याय जीवन का एक अनिवार्य गुण है। उनके गणित शिक्षक का भी उन पर बहुत प्रभाव पढ़ा। वे बहुत अच्छे गणितज्ञ होने के साथ बहुत प्यार से बच्चों को पढ़ाते थे। उन दिनों अपने ख़ाली समय में जेपी या तो स्कूल की लाइब्रेरी

या उर्दू, हिन्दी और अंग्रेज़ी की प्रेम-कविता व कथा-साहित्य से समृद्ध अपने अंग्रेज़ी शिक्षक की लाइब्रेरी में समय बिताया करते थे। इससे अधिक सुखद उन्हें कुछ और नहीं लगता था।

उनका अध्ययन विविध दिशाओं में मुड़ रहा था। अगर उन्हें मैथिलीशरण गुप्त की कविता में आँच दिखाई देती थी, तो वे हिन्दी की नयी पत्रिकाओं से भी प्रेरणा ले रहे थे। यह हिन्दी के महान सम्पादकों का दौर था–महावीर प्रसाद द्विवेदी *सरस्वती,* गणेश शंकर विद्यार्थी *प्रताप* और मदन मोहन मालवीय *मर्यादा* जैसी पत्रिकाओं के ज़रिये धारदार राजनीतिक-साहित्यिक पत्रकारिता कर रहे थे।

उनके शिक्षक उन्हें बीसवीं सदी को आकार देती घटनाओं और आन्दोलनों को समझने में मदद कर रहे थे। जेपी स्कूल की प्रतियोगिताओं के लिए मौलिक निबन्ध लिख रहे थे। उनके अध्यापक उनकी परिपक्वता देखकर विस्मित रह जाते थे। उन्होंने निबन्ध-लेखन की प्रादेशिक प्रतियोगिता में भी भाग लिया और उत्तीर्ण हुए। स्वदेशी आन्दोलन से प्रेरित होकर उन्होंने विदेशी कपड़ों और जूतों को त्याग दिया और खादी के कुर्ते और हस्तनिर्मित देहाती जूतों को अपना लिया। वे कभी-कभार अधिक सर्दी में कोट पहन लिया करते थे लेकिन अधिकतर चद्दर लपेट कर काम चला लिया करते थे। इस बीच उन्होंने भगवद्‌गीता का अध्ययन शुरू कर दिया और निष्काम कर्म के दर्शन को अपना लिया।

इस बालक के भीतर राष्ट्रवादी चेतना फूट रही थी। अपने आदर्श गोपाल कृष्ण गोखले की 1915 में मृत्यु के बाद जेपी ने भावुक होकर एक लम्बी कविता लिखी थी। जब बाल गंगाधर तिलक पटना से गुज़र रहे थे, जेपी पाँच अन्य मित्रों के साथ क्लास छोड़कर उन्हें देखने रेलवे स्टेशन चले गये थे, जिसके लिए अंग्रेज हैडमास्टर ने उन्हें कड़ी फटकार लगायी थी। वे आज़ादी के लिए अपने प्राण न्योछावर कर रहे युवा क्रान्तिकारियों से भी बहुत प्रभावित थे। उनका सहपाठी छोट्टन सिंह पटना में स्थित इन बंगाली क्रान्तिकारियों के ठिकानों को जानता था। जेपी के अनुरोध पर छोट्टन गंगा के सुनसान घाटों पर इन क्रान्तिकारियों के साथ उन्हें ख़ुफ़िया तरीक़े से मिलवाता था। कुछ ही

दिनों बाद छोट्टन गिरफ़्तार हो गया। उसकी कमर में पट्टा बाँध कर पुलिस उसे जेल ले गयी। छोट्टन की गिरफ़्तारी के बाद जेपी का सशस्त्र क्रान्ति का रोमांच अधूरा रह गया। कई दशक बाद चंडीगढ़ में अपनी *जेल डायरी* में जेपी ने लिखा था कि 'क्रान्ति के बिच्छू' ने उन्हें 'उस समय काटा था' जब वे हाई स्कूल में पढ़ रहे थे।

जेपी ने 1919 में मैट्रिक की परीक्षा इतने अच्छे अंकों के साथ उत्तीर्ण की कि उन्हें 15 रुपये प्रति माह की सरकारी छात्रवृत्ति मिल गयी। साहित्य और राजनीति में गहरी रुचि के बावजूद उन्होंने पटना कॉलेज के विज्ञान विभाग में दाख़िला ले लिया। सम्मोहक चेहरे, विचारमग्न आँखों और रोमांटिक-क्रान्तिकारी व्यक्तित्व वाले इस विद्वान युवक ने जल्द ही अपने कॉलेज के बौद्धिक जगत में महत्त्वपूर्ण जगह बना ली। जब वह कॉलेज के दूसरे वर्ष में थे, शम्भू शरण उन्हें राजेन्द्र प्रसाद से मिलवाने के लिए उनके घर ले गये। यह आकस्मिक मुलाक़ात जेपी के लिए निर्णायक साबित हुई। यहाँ उनकी मुलाक़ात महान समाज सुधारक, वकील और स्वतन्त्रता सेनानी ब्रजकिशोर प्रसाद से हुई, जो अपनी बेटी प्रभावती के लिए योग्य वर तलाश रहे थे। ब्रजकिशोर छपरा ज़िले के श्रीनगर गाँव के निवासी थे। जेपी से मिलकर उन्हें यक़ीन हो गया कि उनकी तलाश ख़त्म हो गयी है। चौदह अक्टूबर 1920 को जयप्रकाश का विवाह चौदह वर्षीय प्रभावती से हो गया।[3]

बड़ी ही सादगी से सम्पन्न हुआ यह विवाह दोनों का जीवन निर्धारित करने वाला था। प्रभावती अपने चार भाई-बहनों में सबसे बड़ी थीं और अपने पिता की चहेती सन्तान थीं। पिता ने उनके भीतर स्वतन्त्र चिन्तन और प्रश्नाकुलता का बीज रोपित कर दिया था। ब्रजकिशोर प्रसाद स्त्री शिक्षा और जाति-तोड़ो आन्दोलन का नेतृत्व कर रहे थे। प्रभावती की शिक्षा अधिकतर घर में ही हुई थी, उनकी देख-रेख में। वह शुरू से ही सामाजिक न्याय के लिए प्रतिबद्ध थीं, और पिता के साथ उनकी सार्वजनिक सभाओं में जाती थीं। उदार और प्रगतिशील पिता की छाया तले पली-बढ़ी प्रभावती बचपन में लड़कों की तरह खादी का पाजामा या धोती और छोटी ट्यूनिक पहनती थीं–उनका परिधान राजनीतिक वक्तव्य था, और प्रतिरोध का सूचक भी।

प्रभावती महात्मा गांधी से भी सम्मोहित थीं और जीवन भर उनकी अनुयायी रहीं। वे सर्वप्रथम उनसे असहयोग आन्दोलन के दौरान मिली थीं जब गांधी उनके पिता के दरभंगा स्थित निवास पर रुके थे। कस्तूरबा भी वहीं थीं। प्रभावती और उनकी बहन विद्यावती, जिनका विवाह राजेंद्र प्रसाद के पुत्र मृत्युंजय से हुआ, दोनों उनकी सेवा में लगी रहीं। जेपी भी उन दिनों गांधी को गहराई से समझने की कोशिश कर रहे थे। जेपी की निगाह उन पर उस क्षण से ही ठहरी हुई थी, जब गांधी दक्षिण अफ़्रीका से लौट कर जनवरी 1915 में बम्बई के अपोलो बन्दर आये थे। जेपी की विशेष दिलचस्पी 1917 के चम्पारण आन्दोलन में थी, जब गांधी, ब्रजकिशोर प्रसाद, गोरख प्रसाद, चन्द्रभागा सहाय और बाबू धरणीधर ने एक बरस तक भारतीय इतिहास का सबसे बड़ा किसान सर्वेक्षण किया था, और चार हज़ार से अधिक मौखिक साक्ष्यों को दर्ज किया था।

जेपी और प्रभावती के जीवन का यह मोड़ इतिहास के एक प्रमुख अध्याय के साथ अपनी तारीख़ साझा करता था। भारत, रोलेट अधिनियम और जालियांवाला बाग़ हत्याकाण्ड के विरोध में शुरू हुए असहयोग आन्दोलन की आँच में उबल रहा था। सरकार द्वारा ख़िलाफ़त आन्दोलन की उपेक्षा ने भी आन्दोलन को हवा दे दी थी। मोंटेग्यू-चेम्सफोर्ड सुधार विफल साबित हुए थे। ब्रिटेन और फ्रांस ने तुर्की का विघटन कर दिया था।

असहयोग आन्दोलन के पहले चरण में ब्रिटिश अदालत, कार्यालय और शैक्षणिक संस्थानों के साथ असहयोग का आह्वान किया गया था। तमाम नामी वकीलों ने वकालत छोड़ दी। सैकड़ों छात्र अपने महाविद्यालयों से बाहर आकर राजनीतिक आन्दोलन के भीतर गहरे डूब गये। गांधी के नेतृत्व में भारतीय स्वतन्त्रता संग्राम के इतिहास का एक नया अध्याय लिखा जा रहा था, जो इस तथ्य का अद्भुत प्रमाण भी था कि तमाम बाधाओं के बावजूद यह आन्दोलन बहुत कुछ हासिल कर सकता था।

गांधी दिसम्बर 1920 में पटना आये और सार्वजनिक सभाओं को सम्बोधित किया। जेपी श्रोताओं के बीच उपस्थित थे। जब वे सरस्वती भवन में रहते थे, उन्होंने तोताराम सनाढ्य की रचित एक पुस्तक पढ़ी थी जिसमें

दक्षिण अफ्रीका में गांधी के सत्याग्रह का विवरण था। वे उसी समय से गांधी से प्रभावित थे। वे अपनी समूची ऊर्जा और जुनून स्वतन्त्रता आन्दोलन में झोंक देना चाहते थे, लेकिन एक आशंका उन्हें कचोटती रहती थी–क्या वे इस संघर्ष के लिए पूरी तरह तैयार थे? क्या पढ़ाई छोड़ना मुनासिब होगा? उन्होंने युवा साथियों के साथ एक अनौपचारिक समिति गठित की जिसकी बैठकों में राजनीतिक चर्चाएँ होती थीं।

कुछ समय बाद जब करिश्माई युवा नेता मौलाना अबुल कलाम आज़ाद ने पटना का दौरा किया और छात्रों को अंग्रेज़ी शिक्षा छोड़ने का आह्वान किया, जेपी के सामने तस्वीर एकदम स्पष्ट होने लगी। अपने ओजस्वी भाषण में आज़ाद ने तर्क दिया कि यदि किसी को एहसास है कि वह संखिया की डाली चूस रहा है और उसको कहा जाये कि तुम ज़हर खा रहे हो, तो वह यह थोड़े कहेगा कि पहले दूध का गिलास दो तब छोड़ूंगा। सरकार द्वारा संचालित संस्थानों में दी जाने वाली शिक्षा गुलामी की तालीम है, इसलिए छात्रों को किसी अन्य विकल्प या अपनी पढ़ाई की परवाह किये बग़ैर जो तालीम को सरकार द्वारा दी रही है उसे तुरन्त त्याग देना चाहिए।

आज़ाद के भाषण और स्वराज के आह्वान से प्रेरित होकर जेपी छात्र राजनीति में कूद गये और इम्तिहान से बीस दिन पहले कॉलेज छोड़ दिया। वह आश्वस्त हो चुके थे कि कॉलेज की शिक्षा के बजाय असहयोग आन्दोलन को उनकी कहीं अधिक ज़रूरत है। पटना कॉलेज और बीएन कॉलेज के कई छात्र भी अपनी पढ़ाई छोड़कर इस आन्दोलन में शामिल हो चुके थे। इस युवक को लगा कि किसी प्रचण्ड आवेग ने उसे उठाकर 'आकाश की गोद' में बिठा दिया है।

"शुरू में मैं कट्टर राष्ट्रवादी था। मेरा झुकाव क्रान्तिकारी तरीक़ों की ओर था। उस समय बंगाल इसमें सबसे आगे था। इसके बावजूद दक्षिण अफ्रीका के सत्याग्रह के इतिहास ने मेरे तरुण हृदय को मुग्ध कर लिया था। मेरे क्रान्तिकारी विचार अभी पक्के नहीं हो पाये थे कि गांधीजी का प्रथम सत्याग्रह आन्दोलन एक चढ़ते हुए तूफ़ान की तरह सारे देश में छा गया," उन्होंने अरसे बाद लिखा था। "इस तरह स्वतन्त्रता का आदर्श मेरे जीवन का एक आकाशदीप बन गया, और आज तक बना हुआ है। कालान्तर में यह

आदर्श अपने देश की स्वतन्त्रता से ऊपर उठकर मनुष्यमात्र की स्वतन्त्रता में समाहित हो गया–उससे भी बढ़कर, मनुष्य के व्यक्तित्व की स्वतन्त्रता, उसके मानस और आत्मा की स्वतन्त्रता।"[4]

राजनीति में कूदने के फ़ैसले ने उनके परिवार को गहरा झटका दिया। जेपी ने इस विषय पर अपने माता-पिता से परामर्श तो नहीं किया लेकिन अपने पिता को एक चिट्ठी अवश्य लिखी। उनके ससुर ब्रजकिशोर प्रसाद जो स्वयं असहयोग आन्दोलन में शामिल थे, ने उन्हें बिहार विद्यापीठ में दाख़िला लेने के लिए राज़ी कर लिया।[5]

इस संस्थान की स्थापना महात्मा गांधी ने प्रख्यात वकील और कांग्रेस नेता मौलाना मजहरुल हक़ द्वारा दान की गयी भूमि पर की थी। जेपी ने प्रथम श्रेणी के साथ विद्यापीठ से आईएससी की डिग्री प्राप्त की। चौरी चौरा की घटना के बाद[6] असहयोग आन्दोलन समाप्त हो गया। तमाम छात्र जो सरकार द्वारा नियन्त्रित शैक्षणिक संस्थाओं को छोड़कर चले गये थे, वापस लौट आये–लेकिन जेपी नहीं लौटे।

विद्यापीठ केवल इंटरमीडिएट स्तर तक शिक्षा प्रदान कर सकता था। नैतिक मूल्यों को अपने जीवन का आधार बनाने की चाहत रखते हुए जेपी आगामी शिक्षा के लिए ऐसे संस्थानों को लेकर दुविधाग्रस्त थे, जो सरकार से अनुदान प्राप्त करते थे। उन्होंने विश्वविद्यालय में दाख़िला लेने से इनकार कर दिया और कुछ महीनों तक अपने पारिवारिक मित्र और बनारस हिन्दू विश्वविद्यालय में रसायन विज्ञान के प्रोफ़ेसर फूलदेव सहाय के आवास पर रहकर विज्ञान का अनौपचारिक अध्ययन किया।

यहाँ उनकी मुलाक़ात युवा गढ़वाली छात्र भोला पन्त से हुई, जो अध्ययन के लिए अमरीका जाना चाहते थे। उनकी दोस्ती गहरी हो गयी और उच्च शिक्षा के लिए अमरीका जाने का विचार जेपी को भी लुभाने लगा। उन्हीं दिनों जेपी को स्वामी सत्यदेव परिव्राजक के भाषण से भी बड़ी प्रेरणा मिली थी, जिन्होंने अमरीका में अपनी शिक्षा के अनुभवों का ज़िक्र किया था।

जेपी के इस निर्णय से उनके माता-पिता, ख़ासकर माँ को बहुत कष्ट पहुँचा। जेपी को उन्हें राज़ी करने के लिए कड़ी मेहनत करनी पड़ी। ऐसे वक़्त

उन्हें अपनी पत्नी से अप्रत्याशित समर्थन मिला। प्रभावती उस समय केवल सोलह वर्ष की थीं, लेकिन विदेश-अध्ययन से जन्म लेती हुई सम्भावनाओं को पहचानती थीं। उन्होंने जेपी को पत्र लिखा कि न सिर्फ़ वह उनके फ़ैसले से ख़ुश हैं, बल्कि उन्हें उम्मीद है कि वापस लौटने पर वह ख़ुद को राष्ट्र के लिए समर्पित कर देंगे। अगर प्रभावती के भीतर कोई कसक, प्रश्न या संशय था भी, उन्होंने इसे उजागर नहीं होने दिया। इस उमंगवान और जीवन्त लड़की ने बड़ी सहजता से इस निर्णय को स्वीकार किया। ज़ाहिर है, दोनों एक-दूसरे को समझने लगे थे।

प्रभावती गौना के बाद अपने ससुराल बहुत थोड़े समय रहीं, लेकिन जेपी के साथ बिताया समय उनके भीतर गूँजता रहता था। वह अपने पति की प्रतिबद्धताओं और राष्ट्रवादी रुझान को भी साझा करती थीं। लेकिन इसके बावजूद उन्होंने जेपी का यह प्रस्ताव अस्वीकार कर दिया कि वह उनके साथ अमरीका चलें। वह जानती थीं कि इससे जेपी का अध्ययन बाधित हो जायेगा। जेपी भी प्रभावती की गांधी के साबरमती आश्रम में रहने की आकांक्षा का सम्मान करते थे। वे अमरीका गये तो वहाँ से अपने पिता को लिखा कि उनको गांधीजी के आश्रम में भेजना चाहिये. विद्यावती भी अपने पति के साथ आश्रम में रह रही थीं। उस वक़्त जेपी के पिता शाहाबाद ज़िले के नासरीगंज में ज़िलेदार हुआ करते थे। यहीं से जेपी कलकत्ता के लिए निकले, जहाँ से उन्होंने 16 मई 1922 को 'जेनस' नामक एक छोटे मालवाहक जहाज़ पर संयुक्त राज्य अमरीका की ओर प्रस्थान किया।

उस दोपहर जेपी विलायती परिधान पहने हुए थे जो उन्होंने हड़बड़ी में कलकत्ता से ख़रीदे थे। द्वितीय श्रेणी के डेक पर खड़ा आशंकाओं और उम्मीदों से भरा यह युवक क्षितिज पर सिमटती जाती अपने वतन की मिट्टी को निहार रहा था। यह जहाज़ जापान के कोबे शहर तक जाता था, उसके बाद एक अन्य जहाज़ लेना था। इस यात्रा के लिए कलकत्ता के एक शैक्षणिक फ़ाउंडेशन ने थोड़ा अनुदान दिया था, और बाक़ी व्यय पिता ने वहन किया था। इसके अलावा आकस्मिक ख़र्चों के लिए पिता ने छह सौ डॉलर भी दिये थे।

न्यून संसाधनों से शुरू हुई यह लम्बी यात्रा उनके जीवन का अत्यन्त सघन अनुभव बनने वाली थी। इस जहाज़ पर चार सहयात्रियों से उनका अच्छा

परिचय हो गया था : दो तेलंगाना से थे और दो बंगाल से।[7] जब 'जेनस' दक्षिण चीन सागर में पहुँचा, समुद्र सहसा अशान्त हो गया। जहाज़ तूफ़ान की चपेट में आ गया। समुद्री यात्रा से हो रही तमाम बीमारियों के साथ जेपी जैसे-तैसे अपने गन्तव्य पर पहुँचे। रंगून, पेनांग, सिंगापुर और हांगकांग में जब जहाज़ थोड़ी देर को रुकता था, उन्हें बड़ी राहत मिलती थी। वे कोबे से ओसाका गये और उसके बाद योकोहामा के भव्य बन्दरगाह पहुँचे, जहाँ से वे अमरीका के लिए रवाना हुए। अमरीका के लिए जहाज़ में सवार होने से पहले वे कई हफ़्तों तक जापान में घूमते रहे और जापान के राष्ट्रीय दैनिक *मेनिची* के लिए प्रूफ़रीडिंग का काम भी किया। उनका जर्मन जहाज़ 'ताइयो मारू' चमकीले नीले प्रशान्त महासागर में अठारह दिनों की यात्रा के बाद और उनके बीसवें जन्मदिन से तीन दिन पहले, यानी 8 अक्टूबर को सान फ्रांसिस्को की खाड़ी में प्रवेश कर गया।

बर्कले में कैलिफ़ोर्निया विश्वविद्यालय के परिसर की हरियाली, अपूर्व शान्ति और ख़ूबसूरत इमारतों ने इस युवक को आकर्षित किया। उन्होंने अपने शुरुआती दिन नालन्दा क्लब की एटिक में बिताये जो हिन्दुस्तानी छात्रों का अड्डा हुआ करता था। वहाँ से एक मासिक पत्रिका निकलती थी, जिसकी ज़िम्मेवारी जेपी ने सहर्ष उठायी। बीच-बीच में घूमना फिरना भी होता था। चूँकि शैक्षणिक सत्र शुरू हो चुका था, जेपी को जनवरी तक इन्तज़ार करना था। इस बीच उन्हें लगा कि कुछ काम कर पैसे कमा लिए जायें। नज़दीक के शहर मेरिसविले में नौकरी तलाशते हुए उनकी मुलाक़ात ग़दर पार्टी के सिख कार्यकर्ताओं से हुई। इस पार्टी का मुख्यालय सान फ्रांसिस्को में था। इन सिखों ने जेपी को राज़ी कर लिया कि वे उनके साथ कुछ दिन रुक कर उन्हें भारत में चल रहे असहयोग आन्दोलन की कथा सुनाएँ।

मेरिसविले में तीसरे दिन उनकी मुलाक़ात शेरखान नामक भारत से निर्वासित हुए एक पठान सर्वेक्षक से हुई। शेरखान की मदद से जेपी को युबा सिटी के पास एक बागान में काम मिल गया। उन्हें अंगूरों को धूप में सुखाकर किशमिश बनाने का काम मिला। सूखे हुए किशमिश को लकड़ी के खोखे में रखना होता था। इसके अलावा बादाम आदि और भी फल जो पककर गिरते थे, उनको भी उन्हें चुनना होता था। यह काम बौद्धिक तो नहीं था, लेकिन राहत भरा था। उन्होंने लगभग एक महीने तक 40 सेंट प्रति घण्टे की दर पर

प्रतिदिन नौ घण्टे काम किया—बीच में दोपहर के भोजन के लिए आधे घण्टे का अवकाश और रविवार की छुट्टी—और प्रति सप्ताह 21.60 डॉलर। उनके लिए यह अच्छी-ख़ासी रकम थी।

जेपी लकड़ी के एक शेड में रहते थे। यह साधारण-सी जगह थी। यहाँ कोई फ़र्नीचर नहीं था, सिर्फ़ दीवार से सटा हुआ, लकड़ी के खम्भों पर टिका हुआ एक ऊँचा-सा प्लेटफ़ॉर्म बना था, जिस पर पुआल बिछा हुआ था। लोग इस पुआल पर तोसक डाल कर सोते थे। इस सामुदायिक जीवन को तीन दर्जन मजदूर साझा करते थे, जिनमें से अधिकतर उत्तर-पश्चिमी सीमान्त प्रान्त के पठान थे।

उन्हें यह भारतीय युवा भाने लगा था। वे शाम का काम ख़त्म कर भारतीय स्वतन्त्रता संग्राम के बारे में उसके विचारोत्तेजक शब्दों को सुनने के लिए उसके पास सिमट आया करते थे। चूँकि बागान के मजदूर रसोई साझा करते थे, उन्होंने जेपी के सम्मान में गोमांस लाना बन्द कर दिया। वहाँ एक बंगाली रसोइया भी था जो स्वादिष्ट सब्जियाँ और रोटी बनाकर खिलाता था। जब सर्दियों के दौरान मेरिसविले में कोई काम नहीं रहा, जेपी बर्कले लौट आये, जहाँ उन्होंने रेस्तराँ में वेटर की नौकरी की और बर्तन धोये। वे रविवार को छुट्टी के दिन शहर में घूमते थे और अन्य छोटे-मोटे काम किया करते थे।

इंटरमीडिएट में विज्ञान की पढ़ाई की वजह से उन्हें एक वर्ष की छूट मिल गयी और जनवरी में सीधे द्वितीय वर्ष में प्रवेश मिल गया। बर्कले में गणित, रसायन इंजीनियरिंग और जीवविज्ञान में अध्ययन का पहला सत्र पूरा होने के बाद तीन महीने की छुट्टी थी। यह तय हुआ कि फिर काम खोजना चाहिये। सबसे पहले उन्होंने सेक्रामेंटो के एक ख़ूबसूरत बागान में अंगूर चुनने का काम किया। उसके बाद सन्जोन के एक 'फ्रूट कैनिंग' कारखाने में चीड़ की लकड़ी के टूटे हुए बक्सों की मरम्मत करने का काम मिला। उसके साथ फ़लों की कैनिंग का काम भी शामिल था।

उनके बर्कले के दिन सुख से बीते थे, लेकिन जब कैलिफ़ोर्निया में अन्य जगहों से आये लोगों को लगभग दोगुनी फ़ीस यानी क़रीब तीन सौ डॉलर अदा करने के लिए बाध्य किया गया, उन्हें यह यूनिवर्सिटी छोड़नी पड़ी। उनके मित्र

भोला पन्त आयोवा की स्टेट यूनिवर्सिटी में पढ़ रहे थे। उन्होंने जेपी को अपने पास बुला लिया। इस विश्वविद्यालय की ट्यूशन फ़ीस सिर्फ़ अस्सी डॉलर थी, जो कहीं अधिक किफ़ायती थी। इस तरह कैलिफ़ोर्निया में दो सत्रों के बाद जेपी आयोवा विश्वविद्यालय के सत्रह सौ एकड़ में फैले परिसर में चले आये। अमरीका का यह मध्यपश्चिमी राज्य मिसौरी और मिसिसिपी नदियों के बीच फैला हुआ था। जेपी भोला के साथ उनके कमरे में रहे। नज़दीक के कमरों में ज्योति बसु के भाई किरण समेत अन्य भारतीय विद्यार्थी रहते थे। वे कॉफ़ी पीते हुए विभिन्न विषयों पर चर्चा करते थे।

विज्ञान के अलावा जेपी ने फ्रेंच और जर्मन का अध्ययन किया। उनकी भाषा पर गहरी पकड़ थी। लेकिन अत्यधिक सर्दी के कारण जर्मन की क्लास जो सुबह आठ बजे शुरू होती थी, अक्सर छूट जाती थी। सर्दी और गर्मी की छुट्टियों में रोज़गार की तलाश में जेपी शिकागो चले जाते थे, जो व्यापार और व्यवसाय का विराट केन्द्र बन रहा था। अनेक भारतीय छात्रों ने मिलकर शिकागो की मलिन बस्तियों में छोटी कोठरियाँ किराये पर ले लीं। चार-पाँच लड़के एक कोठरी में रहते थे और खुद खाना बनाते थे। रात को सभी इकठ्ठा होते और कई विषयों पर बहस करते थे। यह बहसें कभी-कभी रात भर चलती थीं।

हालाँकि रंगभेद की वजह से ऐसी कोठरियाँ भी आसानी से किराये पर नहीं मिलती थीं। इन अनिश्चित दिनों के दौरान जो हफ़्तों तक खिंचते जाते थे, जेपी ने तमाम जगहों पर काम किया–टेराकोटा फ़ैक्ट्री, स्टील फ़ाउंड्री, कसाईघर (जहाँ वे बर्फ़खाने की देखरेख करते थे), रेस्तराँ, डिपार्टमेंटल स्टोर, यहाँ तक कि एक बार उन्होंने सँकरी गलियों वाले एक इलाक़े में जहाँ अश्वेत अफ़्रीकी अमरीकी रहा करते थे, गोरा बनाने वाली क्रीम भी बेची थी। अश्वेत और भूरे नागरिक अमूमन अभिशप्त जीवन बिताते थे। उन्हें सख़्त नियमों का पालन करना पड़ता था। भारत के बारे में बहुत कम लोग जानते थे। एक बार किसी ने जेपी से पूछा था कि क्या वह होंडुरास से हैं। वस्तुतः जेपी के व्यक्तित्व-निर्माण में इस शारीरिक श्रम का महत्त्वपूर्ण योगदान था।

आयोवा विश्वविद्यालय में जेपी ने असाधारण प्रदर्शन किया और सभी विषयों में उच्च श्रेणी के अंक प्राप्त किये, सिर्फ़ ड्राइंग को छोड़कर, जो रसायनिक इंजीनियरिंग के पाठ्यक्रम का हिस्सा था। आयोवा में लगभग एक वर्ष बिताने के बाद उन्हें कहीं बेहतर अकादमिक वातावरण की आवश्यकता महसूस होने लगी। उन दिनों मैडिसन के विस्कॉन्सिन विश्वविद्यालय के अध्यापक अपने उदार और मूर्तिभंजक विचारों के लिए प्रख्यात थे। विस्कॉन्सिन अमरीका के सबसे प्रगतिशील राज्यों में गिना जाता था। इसकी प्रतिष्ठा रॉबर्ट फोलेट जैसे सीनेटरों से जुड़ी थी, जिन्होंने राष्ट्रपति प्रशासन से जुड़े एक कुख्यात घोटाले की जाँच की माँग करते हुए ऐतिहासिक प्रस्ताव पारित किया था।

1924 की गर्मियों में जेपी मैडिसन चले गये। 1920 का दशक अमरीका में रिपब्लिकन पार्टी का काल था। यह पार्टी उद्योगपतियों और मुक्त व्यापार को प्रोत्साहित करती थी। इसके बावजूद अमेरिका के विश्वविद्यालयों में अमेरिकी साम्यवादी पार्टियों की छात्र शाखा सक्रिय थी। अमेरिकी शिक्षा विभाग के कमिश्नर ने कहा कि उन दिनों इन विश्वविद्यालयों में साम्यवाद, समाजवाद व अराजकतावाद का बहुत बोलबाला था। मैडिसन विश्वविद्यालय अकादमिक स्वतन्त्रता पर ज़बरदस्त आग्रह के लिए जाना जाता था। जब अनार्किस्ट एम्मा गोल्डमैन की स्वतन्त्र अभिव्यक्ति का समर्थन करने पर समाजशास्त्र के प्रोफ़ेसर एडवर्ड रौस को सेंसर किया गया, विश्वविद्यालय में आक्रोश की लहर फैल गयी।

जेपी ने अगले कुछ वर्षों तक वहाँ अध्ययन किया, साथ ही विभिन्न मौसमी नौकरियों के ज़रिये अपना जीविकोपार्जन भी किया—वसन्त के दौरान घरों की सफ़ाई, सर्दियों में बर्फ़ को हटाना, घरों के बेसमेंट में बायलर चलाकर पानी गर्म करना, बर्तन धोना आदि। वे वाएमसीए में रहते थे, खाना रेस्तरां में खाते थे, और वहाँ दिन में और शाम को काम करते थे। बरसों बाद जेपी ने मेरे पिता के साथ मैडिसन में बिताये दिनों को बड़ी ख़ूबसूरती और तन्मयता के साथ स्मरण किया। रैडिकल राजनीति में डूबे इस जीवन्त परिसर ने उन्हें सहजता से अपना लिया था। उनके जीवन में नये अनुभव और ज्ञान की नयी विधाएँ अंकुरित हो गयी थीं। यहीं पर उनका परिचय मार्क्सवाद से हुआ।

उनके एक क़रीबी मित्र पोलिश यहूदी अब्राम लैंडी अमरीकी कम्युनिस्ट पार्टी के छात्र विभाग के सदस्य थे। उन्होंने जेपी को मार्क्सवादी साहित्य पढ़ने के लिए दिया। आर्थिक और वर्गीय दरारों को उघाड़ने वाली इन किताबों ने जेपी को राजनीतिक प्रक्रियाओं की आन्तरिक पद्धतियों से गहराई से परिचित करा दिया–और उन्हें रैडिकल बना दिया। दोनों मित्रों में देर रात तक मार्क्सवाद पर चर्चा होती थी। उनका एक स्टडी सर्कल भी था। एब्रम लैंडी ने उनका परिचय अन्य मार्क्सवादी छात्रों से कराया, जिनमें रूस से आया एक यहूदी भी था। उसके घर पर भी देर रात तक चर्चाएँ होती थीं।

बहुत जल्द उन्होंने अंग्रेज़ी में उपलब्ध मार्क्स, एंगेल्स, लेनिन, ट्रॉट्स्की और प्लेखानोव के लगभग समूचे लेखन को पढ़ लिया। उन्हें कम्युनिस्ट पार्टी के *डेली वर्कर* नामक न्यूज़लेटर और *न्यू मासेज* नामक मासिक ने भी प्रभावित किया था, जहाँ जॉन स्पिवाक, डेविस कार, पीटर फ्रायर जैसे मार्क्सवादी विद्वानों के लेख और वुडी गुथरी के अपूर्व राजनीतिक गीत प्रकाशित होते थे। लैंडी और अन्य मित्र मार्क्स के कुछ जर्मन लेख और कार्ल लिबनेख्त, रोज़ा लक्जमबर्ग और सिद्धान्तकार कार्ल कौत्स्की जैसे मार्क्सवादी क्रान्तिकारियों के विपुल लेखन का अनुवाद कर चुके थे। उनके ज़रिये जेपी उन लेखों से परिचित हो गये जो उस समय अंग्रेज़ी में उपलब्ध नहीं थे, और इस तरह वर्ग और वर्ग चेतना के विभिन्न पहलुओं को गहराई से समझने लगे थे। उन्होंने एमएन रॉय को भी पढ़ा जो कम्युनिस्ट इंटरनैशनल के महत्त्वपूर्ण सदस्य थे। जेपी रॉय की किताबों, *द आफ्टरमाथ ऑफ़ नॉन-कॉपरेशन* और *इंडिया इन ट्रांजिशन* को अक्सर उद्धृत किया करते थे। जेपी ने लिखा, "इस समय स्वतन्त्रता के आदर्श की तरह ही समानता के आदर्श ने भी मेरे चित्त को प्रभावित किया था। इस प्राण-रूप प्रश्न के विषय में गांधीजी की भूमिका क्या है, इसके बारे में मैं बहुत निश्चित नहीं था, उलटे एमएन रॉय के उस समय के लेखों ने मुझे यह मानने के लिए प्रेरित किया था, कि गांधीजी सामाजिक क्रान्ति के विरुद्ध हैं, और ऐन मौक़े पर वे शोषण और असामनता वाली आज की व्यवस्था के ही साथ खड़े रहेंगे।"[8]

जेपी अपने विश्वविद्यालय की कम्युनिस्ट सेल के सदस्य बन गये और सार्वजनिक बैठकों व प्रतिरोध प्रदर्शनों में भाग लेने लगे। वे उत्तरी और मध्य यूरोपीय मूल के युवा अमेरिकी छात्रों के सम्पर्क में भी आये, जो सोवियत संघ को मार्क्सवाद की बेमिसाल प्रयोगशाला मानते थे। भले ही 1920 और 1929 के बीच अमरीका की कुल सम्पत्ति दोगुनी हो गयी थी, अमरीकी समाज में व्याप्त नस्लीय और आर्थिक असमानता ने सोवियत संघ के समाजवादी प्रयोग को इन युवाओं की उम्मीदों का केन्द्र बना दिया था कि कैसे सामाजिक न्याय के आधार पर बेहतर भविष्य का निर्माण हो सकता है।

उन दिनों को याद करते हुए कई वर्षों बाद जेपी ने लिखा था, "(आपको) यह अजीब लग सकता है कि पूँजीवाद की राजधानी में रहते हुए मैंने मार्क्सवाद को, या सही कहें तो तत्कालीन सोवियत साम्यवाद को अपना लिया था।"[9] शायद यही वजह थी कि जेपी ने अक्टूबर 1917 के रूस से प्रेरणा लेकर भारत में भी समाजवादी क्रान्ति का स्वप्न देखना शुरू कर दिया था।

"क्रान्ति का मार्क्सवादी सिद्धान्त गांधीजी के सविनय अवज्ञा और असहयोग पद्धति की अपेक्षा (सामाजिक न्याय के लिए) कहीं बेहतर और आश्वस्तिदायक मार्ग प्रस्तुत करता था," उन्होंने बहुत बाद में कहा था। "महान नेता लेनिन की रोमांचकारी सफलता का वर्णन पढ़कर हम कभी अघाते नहीं थे। हमें लगता था कि क्रान्ति के लिए मार्क्सवादी मार्ग ही श्रेष्ठ है।"[10]

रूसी क्रान्ति जेपी को इसलिए आकर्षित करती थी क्योंकि औपनिवेशिक शासन को ख़त्म करने, भारतीय राष्ट्रीय आन्दोलन को रैडिकल बनाने और समानता पर आधारित एक नयी सृष्टि रचने के लिए यह महत्त्वपूर्ण और विश्लेषणात्मक अन्तर्दृष्टि प्रदान करती थी। *कम्युनिस्ट मेनिफेस्टो* में मार्क्स और एंगेल्स के शब्दों ने जेपी को सम्मोहित कर लिया था कि "बुर्जुआ वर्ग अन्ततः अपनी क़ब्र ख़ुद खोद लेता है।" उन उत्तेजक दिनों को याद करते हुए जेपी ने लिखा था, "मार्क्सवाद ने मुझे एक अन्य प्रकाश-स्तम्भ प्रदान किया था—समानता और भाईचारा। केवल स्वतन्त्रता पर्याप्त नहीं थी। इसका अर्थ था कि प्रत्येक मनुष्य के लिए, अन्तिम मनुष्य के लिए, दरिद्रता, भूख और शोषण

से भी मुक्ति सम्भव हो।...उस समय मुझे समानता के मसले पर गांधीजी का दृष्टिकोण अधिक आकर्षित नहीं करता था। मुझे समानता का प्रश्न स्वतन्त्रता के आदर्श के समान लगता था। मैं यह भी कहूँगा कि रॉय के तत्कालीन लेखन (हालाँकि, बाद में रॉय अपनी उन मान्यताओं से बहुत दूर चले गये) को पढ़कर मुझे यह विश्वास हो गया कि गांधीजी सामाजिक क्रान्ति के ख़िलाफ़ हैं और अगर कभी कोई निर्णायक क्षण आया तो शोषण और असमानता की व्यवस्था के साथ दिखाई देंगे। उन दिनों मैं यह नहीं समझ पाता था कि गांधीजी के पास सामाजिक क्रान्ति की अपनी विशिष्ट अवधारणा थी और इसे हासिल करने के साधन भी थे।"[11]

सामाजिक क्रान्ति की ओर इस झुकाव ने जेपी को ग़ैर-परम्परागत तरीक़ों से विचार करने के लिए प्रेरित किया था। वे ईश्वर को नकार कर नास्तिक हो गये और उन्हें लगने लगा कि समाज और सामाजिक परिवर्तन का अध्ययन उनके लिए अनिवार्य है। 1972 में नेहरू स्मारक संग्रहालय एवं पुस्तकालय के मौखिक इतिहास संग्रह के लिये उन दिनों को याद करते हुए जेपी ने कहा, 'वहाँ मेरे मन में यह बात आयी कि ये लोग बराबर 'बुर्जुआ इकनॉमिक्स', 'बुर्जुआ सोशियोलॉजी' और 'बुर्जुआ साइंस' की बात करते हैं, तो जरा उसको देखना चाहिये कि वह है क्या चीज़...मैंने सोचा कि साइंस लेकर क्या करना है। कैमिकल इंजीनियर बनकर इंडिया जाऊंगा तो देश में रेवोल्यूशन लाने का क्या काम करूँगा।' विज्ञान से समाजशास्त्र की ओर आने का अर्थ था कि उन्हें स्नातक की पढ़ाई पूरी करने के लिए अधिक समय देना पड़ता, लेकिन इसने उन्हें अपनी राह से नहीं डिगाया। संयोगवश, एडवर्ड रॉस, जो उस समय प्रगतिशील समाजशास्त्री माने जाते थे, उन दिनों विस्कॉन्सिन विश्वविद्यालय में पढ़ा रहे थे।[12] उनकी उपस्थिति ने जेपी का रुझान समाजशास्त्र की ओर करने में मदद की। बहुत जल्द जेपी ने जीवाणु-विज्ञान, अर्थशास्त्र, मनोविज्ञान, कैलकुलस और सांख्यिकी आदि के साथ समाजशास्त्र को भी अपने पाठ्यक्रम में शामिल कर लिया।

इस मुकाम तक जेपी का रैडिकल व्यक्तित्व सबकी निगाहों में आ चुका था। अमेरिका की कम्युनिस्ट पार्टी के सर्वश्रेष्ठ पदाधिकारी उन्हें अपनी

मण्डली में लाने का प्रयास करने लगे। मैनुअल गोमेज़, जो कम्युनिस्ट पार्टी ऑफ़ अमेरिका की ओरिएंटल विंग के प्रभारी थे, जेपी से बहुत प्रभावित थे। गोमेज़ ने जेपी से कहा कि वे मॉस्को इंस्टीट्यूट ऑफ़ ओरिएंटल स्टडीज़ में मार्क्सवादी विचार और क्रान्तिकारी कार्रवाई का अध्ययन करें, और मास्को में अपने ख़र्च की फ़िक्र न करें। जैसे ही जेपी रूस पहुँचेंगे, सोवियत अधिकारी उनकी सभी ज़रूरतों को पूरा कर देंगे। रूस में अध्ययन की आकांक्षा में डूबे जेपी ने पिता को ख़त लिखा। पिता ने तुरन्त जवाब दिया कि जेपी अपनी पढ़ाई पूरी कर भारत लौट आयें और रूस-यात्रा के झमेले में न पड़ें। पिता के साथ बहस की आशंका से बचते हुए जेपी ने राजेन्द्र प्रसाद को लिखा कि वह उनके पिता को समझाएँ। प्रसाद ने अपने जवाब में उन तमाम कठिनाइयों का ज़िक्र किया जिनका सामना जेपी को मास्को में करना पड़ सकता था। उनका विचार था कि चूँकि जेपी राष्ट्र-सेवा करना चाहते थे, उन्हें भारत में रहकर भारत के लिए काम करना चाहिए। यह भी आशंका थी कि मास्को-प्रवास उनकी भारत वापसी प्रतिबन्धित कर सकता था।

राजेन्द्र प्रसाद के पत्र ने जेपी को झकझोर दिया था। वे काम की तलाश में शिकागो आ गये। 1926 का वर्ष आ गया था और भीषण आर्थिक 'डिप्रेशन' की छाया मँडरा रही थी। ब्रेड की क़तार या ग़रीबों के लिए मुफ़्त भोजन का वितरण अभी शुरू नहीं हुआ था, लेकिन रोज़गार के अवसरों में भारी गिरावट आ गयी थी। जेपी कई दिनों तक शिकागो की बर्फ़ से ढकी गलियों और सड़कों पर काम की तलाश में भटकते रहे, लेकिन उन्हें रोज़गार नहीं मिला। जिन जगहों पर रिक्त स्थान थे, नस्लभेद आड़े आ गया। हर जगह 'नो-कलर्ड पीपल वांटेड' की तख्तियाँ लगी थीं।

उन विकराल सर्दियों में उनके पास न पहनने को पर्याप्त कपड़े थे और न भोजन। वह चावल और डिब्बाबन्द बीन्स को कॉफ़ी के साथ गटक कर अपना गुज़ारा करते। बहुत जल्द उनकी प्रतिरोधक क्षमता कमज़ोर पड़ती गयी। एक दिन जब उनकी जेब में पाँच सेंट भी नहीं थे, उन्हें मीलों पैदल चलना पड़ा। इस कारण उन्हें भयंकर ठण्ड लग गयी, जो भीषण निमोनिया

में बदल गयी। वे कई हफ़्तों तक अस्पताल में भर्ती रहे। इस दरमियाँ उनका टॉन्सिलाइटिस का ऑपरेशन भी बिगड़ गया और उन्हें सेप्सिस हो गया। वह लगभग तीन महीने तक बिस्तर पर पड़े रहे। ऐसे वक़्त अप्रवासी भारतीय चन्द्र सिंह और उनके कुछ भारतीय दोस्तों ने उनकी देखभाल की थी। चन्द्र सिंह का एक रेस्तरां भी था। उनके डगलस एवेन्यू स्थित घर पर रहकर ही वे ठीक हुए।

इस बीमारी ने उन पर वित्तीय संकट भी डाल दिया था। उनके पिता को अपने बेटे की उधारी चुकाने के लिए अपनी ज़मीन का एक हिस्सा गिरवी रखना पड़ा था। रूस जाने का विचार छोड़कर जेपी फिर विस्कॉन्सिन लौटे, लेकिन मात्र एक सत्र के लिए। इस बीच उनके दोस्त एब्राम लैंडी को ओहायो विश्वविद्यालय में अध्यापन का काम मिल गया और उन्होंने जेपी को अपने पास आने और अपने साथ अपार्टमेंट में रहने के लिए राज़ी कर लिया। अन्ततः ओहायो स्टेट यूनिवर्सिटी से जयप्रकाश को 1928 में स्नातक की डिग्री मिली। उनके अच्छे अंकों की वजह से उन्हें स्नातकोत्तर के लिए प्रति माह 30 डॉलर की फ़ेलोशिप मिल गयी। इसके अलावा, समाजशास्त्र संभाग में शैक्षणिक सहायक (ग्रेजुएट असिस्टेंट) के रूप में काम करने से उन्हें 100 डॉलर का मासिक वेतन मिलने लगा। इसने उन्हें दैनिक रोज़गार की तलाश से मुक्ति दिला दी। इस दौरान उनकी दोस्ती अपने प्रोफ़ेसर हर्बर्ट मिलर से हुई जो 'लिबरल प्रोग्रेसिव' विचार के थे। उनकी पुस्तक 'रेसेज़, क्लासेज़ एंड नेशंस' चर्चा में थी।

यह वह समय था जब आजीविका की चिन्ता से परे जेपी को हॉलीवुड का मेलोड्रामा और रोमांस रास आ रहा था। सिनेमा के पर्दे पर 1927 में ध्वनि सुनाई देने लगी थी। उन्हें मेरी पिकफोर्ड और ग्रेटा गार्बो की फ़िल्में ख़ास पसन्द आती थीं। अमरीकी थिएटर में भी नये प्रयोग हो रहे थे। जेपी को यूजीन ओ नील के सामाजिक यथार्थवादी नाटक पसन्द आने लगे। एक दिन वे अपने अमरीकी दोस्तों को बंगाली छात्रों द्वारा मंचित शूद्रक का *मृच्छकटिकम* दिखाने ले गये। फिज़राल्ड ने कहा है कि प्रथम युद्धोत्तर अमरीका 'जैज़ युग' था। संयोग नहीं कि जेपी भी जैज़ संगीत सुना करते थे तथा चार्ल्सटन और

पत्नी हॉप नृत्य सीखने के लिए डांस क्लब जाते थे। यही नहीं, उन्होंने उन दिनों चर्चित हो रहे टेनिस पर भी हाथ आज़मा लिया था।

इसमें आश्चर्य नहीं कि युवतियाँ रैडिकल विचार, मितभाषी स्वभाव और आकर्षक व्यक्तित्व वाले जेपी से सम्मोहित हो जाती थीं। अगले वर्ष विश्वविद्यालय के संकाय ने 'सामाजिक रूपान्तर' (सोशल वेरिएशंस) पर आधारित जेपी के शोध-प्रबन्ध को वर्ष का सर्वश्रेष्ठ निबन्ध घोषित कर दिया। जेपी का आदर्शवाद, मानव जाति के लिए उनका विज़न, सामाजिक प्रक्रियाओं और परिवर्तन में उनकी गहरी रुचि इस निबन्ध में लक्षित होती थी। युवकोचित आत्मविश्वास के साथ लिखा गया यह निबन्ध इस निष्कर्ष पर पहुँचा कि "समाजशास्त्री का प्राथमिक कार्य सामाजिक या सांस्कृतिक परिवर्तन का अध्ययन है।" इसके बग़ैर आप शायद 'नीमहकीम' बन सकते हैं लेकिन समाज वैज्ञानिक नहीं।[13]

इस बेहतरीन अकादमिक प्रदर्शन के बाद जेपी समाजशास्त्र में डॉक्टरेट की तैयारी कर रहे थे और मज़दूर आन्दोलनों में भागीदारी कर रहे थे, लेकिन नियति उन्हें अन्यत्र ले जाना चाहती थी। उनकी माँ गम्भीर रूप से बीमार पड़ गयीं। माँ का सन्देश आया कि वह जेपी को देखना चाहती हैं।

अब घर लौटने से ज़्यादा महत्त्वपूर्ण कुछ भी नहीं था। हमेशा की तरह पैसों की तंगी से जूझते हुए, वे शिकागो से हिचहाईकिंग करते हुए फिलेडेल्फिया पहुँचे और फिर रेल से न्यूयॉर्क। यहाँ उन्हें कोई ढंग का काम नहीं मिला—बस एक इंटरनैशनल क्लब में कुछ फुटकर काम किये और थोड़े पैसे जुटाये। न्यूयॉर्क में कुछ दिन रहकर वे अक्टूबर 1929 में एक दोस्त की मदद से लन्दन पहुँचे। शहर में भारी बेरोज़गारी पसरी थी। कहीं कोई ऐसी नौकरी नहीं थी जो जेपी को देश वापसी के लिए संसाधन उपलब्ध करा सके। जब तक उनके पिता द्वारा भेजी गयी राशि पहुँची, वे ब्लूम्सबरी के गॉबर स्ट्रीट में कुछ भारतीय परिचितों के साथ रहे और हफ़्तों तक ब्रेड या इंडिया क्लब में चावल-दाल खाकर गुज़ारा करते रहे। वहाँ रहते हुए उन्होंने लन्दन को गहराई से समझा। वे लम्बी पैदल सैर को निकल जाया करते थे, और टेम्स के किनारे, ट्राफलगर स्क्वायर, लन्दन ब्रिज, पिकाडिली सर्कस जैसे स्थलों पर दैनिक जीवन को बारीकी से अनुभूत किया करते थे।

वे डॉ. एस. राधाकृष्णन से मिलने के लिए ऑक्सफ़ोर्ड गये, जो उन दिनों प्रतिष्ठित स्पाल्डिंग प्रोफ़ेसर के पद पर आसीन थे। जेपी ग्रेट ब्रिटेन की कम्युनिस्ट पार्टी के संस्थापक सदस्य रजनी पाल्मे दत्त से मिलने के लिए पार्टी के दफ़्तर भी गये। दत्त उन दिनों ब्रसेल्स में थे। जेपी की मुलाक़ात उनके बड़े भाई क्लेमेंस से हुई, जिन्होंने उन्हें कई युवा कम्युनिस्टों से मिलवाया। जब क्लेमेंस ने जेपी से आगामी योजना के बारे में पूछा, उन्होंने समूची दृढ़ता के साथ उत्तर दिया : "मैं (भारत जाकर) कांग्रेस में शामिल हो जाऊँगा और इसे रैडिकल बनाने की कोशिश करूँगा। लेनिन ने भी कम्युनिस्ट इंटरनैशनल की दूसरी कांग्रेस में इसकी वकालत की थी कि कम्युनिस्ट पार्टियों को उपनिवेशों में क्रान्तिकारी मुक्ति आन्दोलनों से ख़ुद को अलग नहीं करना चाहिए, भले ही ये आन्दोलन बुर्जुआ नेता चला रहे हों।"[14]

आख़िरकार जब भारत से पैसा आया, जेपी ऑस्ट्रेलिया जा रहे ओरिएंट लाइन्स नामक जहाज़ में सवार हो गये। वह कोलम्बो में उतरे, त्रिंकोमाली बन्दरगाह के लिए ट्रेन ली, जहाँ से वह धनुषकोडी के लिए जहाज़ पर सवार हुए। धनुषकोडी से रेल पकड़ कर वे मद्रास और फिर कलकत्ता आ गये। इस तरह वे नवम्बर 1929 के अन्त तक पटना पहुँचे और फिर एक मित्र से धोती-कुर्ता उधार लेकर सिताबदियारा चले आये। उनका पुराना घर नदी का प्रवाह बदल जाने की वजह से डूब चुका था। नया घर नदी से एक डेढ़ मील हटकर था, लेकिन लोग वही थे। उनकी माँ लकड़ी के चूल्हे पर उनका मनपसन्द खाना बना रही थीं। प्रभावती भी वहीं आ गयी थीं। जेपी डॉक्टरेट की उपाधि तो हासिल नहीं कर सके थे, लेकिन संयुक्त राज्य अमरीका में बिताये सात वर्षों ने उनके व्यक्तित्व, अन्वेषी दृष्टि और विचारों को आधार और आकार दे दिया था।

उनके अध्यापक उनके गहरे प्रशंसक हो चुके थे।[15] प्रोफ़ेसर ए.बी. वोल्फ, जिन्होंने आर्थिक विचार के इतिहास और जनसंख्या के अर्थशास्त्र पर जेपी को एक पाठ्यक्रम पढ़ाया था, ने लिखा था कि वह "सामान्य से अधिक योग्यता और वैचारिक परिपक्वता वाला युवक है।...उसके भीतर गहरी जिज्ञासु प्रवृत्ति और आलोचनात्मक क्षमता है, जो उत्कृष्ट स्नातक छात्रों

के बीच भी दुर्लभ दिखाई देती है।" समाजशास्त्र संकाय के प्रोफ़ेसर एफ़. ई. लुम्ले ने लिखा कि बौद्धिक स्तर पर जेपी "मेरे अब तक के किसी भी छात्र से बेहतर है। वह एक सजग और आलोचनात्मक विचारक है। उसकी दृष्टि सत्य-शोधक की है। उसका वाचन विशाल है। प्रत्येक अर्थ में वह एक विकासमान विद्वान है।"

प्रोफ़ेसर अल्बर्ट पी. वाइस ने लिखा कि सैद्धान्तिक मनोविज्ञान के पाठ्यक्रम में जेपी उनके "अब तक के सबसे प्रतिभाशाली छात्रों में शुमार" थे। प्रोफ़ेसर रिचर्ड स्टीनमेट्ज़ ने लिखा कि "भौतिकवादी सभ्यता के किसी नागरिक के लिए मिस्टर जेपी नारायण की सबसे उल्लेखनीय विशेषता शायद उनका आदर्शवाद है। यह उनके दैनिक जीवन के साथ उनके वैश्विक दृष्टिकोण में भी परिलक्षित होता है। उनका निःस्वार्थ भाव अप्रत्याशित कर्मों में झलकता है, जो मुझे हमेशा आश्चर्यचकित कर जाता है।"

जेपी के अधिकांश सहयोगी भी अपने इस सुन्दर और गरिमामयी युवक से प्रभावित थे, जिसके भीतर सहज हास्य-बोध था, जो समकालीन राजनीति, साहित्य और दर्शन पर गहरी निगाह रखता था–ख़ासतौर से अनातोले फ्रांस, हेनरिक इब्सन, मैक्सिम गोर्की, बर्ट्रेंड रसेल और जॉर्ज बर्नार्ड शॉ को उन्होंने गहराई से पढ़ा था। अनातोले फ्रांस और हेनरिक इब्सन के नाटकों का उन पर ख़ास प्रभाव पड़ा। वे समकालीन कथा साहित्य भी पढ़ते थे, जिनमें अर्नेस्ट हेमिंग्वे, वर्जीनिया वुल्फ़, गर्ट्रूड स्टीन, टी.एस. एलियट, एफ. स्कॉट फिज़राल्ड, थियोडोर ड्रेइज़र जैसे लेखक शामिल थे–इनमें से कई उन दिनों पेरिस में बतौर प्रवासी रहते थे।

साथ ही, जेपी ने मार्क्सवाद पर हर उस किताब को पढ़कर आत्मसात कर लिया था, जो उनके हाथ लग सकती थी, चाहे वह उधार ली गयी हो या किसी पुरानी दुकान से ख़रीदी हुई फटी हुई सेकेंड हैंड किताब हो। ज़ाहिर है, न्यूनतम संसाधनों में जीते आये उस युवक ने अपने दोस्तों से कभी सिगरेट भी नहीं ली थी। इतने वर्षों के दौरान उसने सिर्फ़ एक बार सिगरेट पी थी–अमरीका से विदाई की पूर्व संध्या पर, विश्वविद्यालय परिसर से दूर, न्यूयॉर्क में आयोजित फ़ेयरवेल पार्टी के दौरान।

# मार्क्सवाद से समाजवाद की ओर

जेपी अमरीका से भारतीय इतिहास के एक निर्णायक मोड़ पर लौटे थे। उस वक़्त राष्ट्रीय भावना चरम सीमा पर थी। भले ही गांधी भारतीय राजनीति की प्रमुख हस्ती थे, भगत सिंह, चन्द्र शेखर आज़ाद, अशफ़ाकुल्ला ख़ान और सूर्य सेन जैसे क्रान्तिकारी अपने बलिदान और उफनती वैचारिक ज्वाला से राष्ट्रीय आन्दोलन को उग्र और हिंसक मोड़ दे रहे थे। क्रान्ति की इस लहर ने आम जनता के भीतर भी आग सुलगा दी थी। किसान और औद्योगिक श्रमिकों ने भी अपने अधिकारों की लड़ाई के लिए 1927 में एक राजनीतिक पार्टी का गठन कर नयी ऊर्जा पैदा कर दी थी।

जवाहरलाल नेहरू हाल ही में पश्चिमी यूरोप और रूस के लम्बे प्रवास से लौटे थे। उन्होंने औपनिवेशिक उत्पीड़न और साम्राज्यवाद के ख़िलाफ़ ब्रसेल्स में हुई अन्तरराष्ट्रीय कांग्रेस में भाग लिया था, जहाँ उन्हें साम्राज्यवाद के ख़िलाफ़ मार्क्सवादी-लेनिनवादी संघ 'लीग अगेंस्ट इम्पीरियलिज़्म' का मानद अध्यक्ष नियुक्त किया गया था। ब्रसेल्स में मार्क्सवाद की दीक्षा लेने से पूर्व ही नेहरू लेनिन के प्रशंसक थे। लेनिन ने क्रान्तिकारियों की एक समूची पीढ़ी को प्रेरणा दी थी। नेहरू साम्राज्यवाद को पूँजीवाद के उच्चतम सोपान के रूप में देखते थे। उन्हें विश्वास था कि साम्राज्यवाद के अन्त के लिए पूँजीवाद को भी मिटाना होगा। यूरोप की रैडिकल परम्परा में दीक्षित हुए नेहरू अब मद्रास में हुए 1927 के कांग्रेस अधिवेशन में पूर्ण स्वराज प्रस्ताव पेश कर रहे थे।[1]

मद्रास अधिवेशन से अनुपस्थित गांधी इस 'हड़बड़ी' में लिखे गये और 'बिना सोचे-समझे पारित किये गये' प्रस्ताव से नाख़ुश थे। कांग्रेस पार्टी का बड़ा तबका अभी भी डोमिनियन स्टेटस से आगे नहीं देख पाता था। गांधी इस

स्टेटस की वकालत कर रहे थे। गांधी ने नेहरू को इस बाबत चेतावनी भी दी थी।[2] भले ही नेहरू गांधी की आलोचना से व्यथित थे, वे अपने रैडिकल एजेंडा पर चलते रहे। नेहरू सर जॉन साइमन की अध्यक्षता में गठित आयोग के राष्ट्रव्यापी बहिष्कार के आन्दोलन में भी शामिल हो गये। साइमन कमीशन का गठन यह विचार करने के लिए हुआ था कि क्या भारत संवैधानिक सुधारों के नये चरण के लिए तैयार है। सभी विचारधाराओं के राष्ट्रवादी नेताओं ने इस कमीशन का यह कहकर विरोध किया कि इसके सभी सदस्य अंग्रेज़ हैं।

यह आयोग जहाँ भी गया, इसका स्वागत 'साइमन, वापस जाओ' के नारे से हुआ। अंग्रेज़ हुकूमत ने दमनकारी नीति अपनाते हुए पलटवार किया। लाहौर में कांग्रेस के पूर्व अध्यक्ष लाला लाजपत राय को पुलिस ने बुरी तरह पीटा और उनके नेतृत्व में चल रहे प्रदर्शनकारियों पर लाठियाँ बरसाईं। लखनऊ में प्रदर्शन का नेतृत्व करते हुए नेहरू ने पुलिस की लाठियों का सामना किया। उनकी क्रान्तिकारी ज्वाला के सम्मोहन ने कांग्रेस के युवा नेतृत्व के भीतर पूर्ण स्वतन्त्रता के स्वप्न को रोप दिया और पार्टी को अपनी नीतियों और कार्यक्रमों में आर्थिक मुद्दों को शामिल करने के लिए प्रेरित किया।

इस युवा उन्माद की वजह से ही गांधी ने सुनिश्चित किया कि गम्भीर विरोध के बावजूद नेहरू को लाहौर में कांग्रेस सत्र की अध्यक्षता के लिए चुना जाये। नेहरू ने इस अवसर का भरपूर लाभ उठाया। दिसम्बर 1929 में लाहौर में रावी के तट पर तने अस्थायी तम्बुओं के बीच नेहरू के अध्यक्षीय भाषण ने सबके दिलों में उम्मीद और उत्साह की मशाल जला दी। 'पूर्ण स्वराज' का प्रस्ताव 'क्रान्ति ज़िन्दाबाद' के उन्मादे नारों के बीच पारित हुआ, और आज़ादी का झण्डा भी फहराया गया। डोमिनियन स्टेटस की वकालत करते आये गांधी को भी पूर्ण स्वतन्त्रता की माँग के आगे झुकना पड़ा। 26 जनवरी को स्वतन्त्रता दिवस घोषित कर दिया गया। इस समय सविनय अवज्ञा आन्दोलन के लिए मंच भी तैयार हो चुका था।

जेपी का भारत आगमन इसी दौर में हुआ। पिछले सात वर्षों में बहुत कुछ बदल गया था। वे मार्क्सवादी हो गये थे, और प्रभावती गांधीवादी। वह प्रभावती के साथ गांधी से मिलने दिसम्बर 1929 में वर्धा गये। कस्तूरबा

और गांधी ने उनका बड़े स्नेह और आत्मीयता से स्वागत किया और जेपी की वैचारिक भूमि को समझने में अत्यधिक रुचि भी दिखाई। वर्धा में उनकी मुलाक़ात कांग्रेस वर्किंग कमेटी की बैठक में आये नेहरू से भी हुई। उस समय उनके बीच अधिक बातचीत नहीं हुई। कुछ दिन वर्धा में रहकर जेपी और प्रभावती गांधी के साथ दिल्ली और फिर वहाँ से लाहौर। अपने मतभेदों को दरकिनार करते हुए जेपी गांधीवादी संघर्ष से जुड़ गये। प्रभावती पहले ही गांधी की राजनीति के रचनात्मक पक्ष से जुड़ी हुई थीं, और अस्पृश्यता उन्मूलन, साम्प्रदायिक सद्भाव, खादी और ग्रामोद्योगों के प्रसार, राष्ट्रीय शिक्षा और लैंगिक समानता के लिए संघर्ष कर रही थीं।

प्रभावती साबरमती में गांधी के आश्रम में रह रही थीं। उस समय आश्रम में महादेव देसाई, नारायण खरे, लक्ष्मीदास आसर, नरहरि पारिख, मगनलाल गांधी थे, इमाम साहब और उनकी बेटी अमीना थीं, और भारतन कुमारप्पा जी थे जो उन्हें अंग्रेजी पढ़ाते थे। वह सभी निवासियों के प्रेम का पात्र बन गयीं। वह आश्रम के कार्य में घण्टों डूबी रहती थीं, जिनमें चरखा कताई, खाना बनाना, कुँए से पानी लाना, कपड़े धोने से लेकर शौचालय की सफ़ाई जैसे निकृष्ट माने जाने वाले काम भी शामिल थे।[3] जब आगे चलकर मगनवाड़ी में हाथ के कूटे हुए चावल, गुड़ और तेल की दुकान खुली, उसे सँभालने का काम भी उन्हें ही मिला। गांधी ने उनकी शिक्षा में विशेष रुचि ली। प्रभावती को संस्कृत व गुजराती सिखाई गयी। जेपी के कहने पर प्रभावती ने अंग्रेज़ी भी सीखी। प्रभावती जो भी ख़त जेपी को लिखती थीं, वे सबसे पहले उसे अपनी डायरी में दर्ज करती थीं, फिर गांधी उन्हें सुधारते थे। उसके बाद वे ख़त जेपी को भेजे जाते थे। वे गांधी के पसन्दीदा ग्रन्थ *गीता* और *रामायण* को पढ़ती व सुनाती थीं। गांधी ने प्रभावती को नियमित डायरी लिखने और निश्चित दिनचर्या का पालन करने के लिए प्रोत्साहित किया, जिसमें सुबह की प्रार्थना के लिए चार बजे से पहले उठना शामिल था। ऐसी ही प्रार्थना शाम पाँच बजे से पहले भी होती थी। अरसे बाद नेहरू मेमोरियल संग्रहालय और पुस्तकालय की मौखिक इतिहास परियोजना के लिए आश्रम में बिताये अपने समय को याद करते हुए प्रभावती ने कहा, एक दफ़ा हुआ कि सब बर्तन रखे थे। गांधीजी

दौड़कर चले गए और बर्तन मांजने लगे। मैं दौड़ कर गयी तो उन्होंने मुझे बहुत डांटा, क्योंकि उन्होंने मुझे गीता याद करने के लिये कहा था। कहने लगे, तुमको जो काम दिया, वह करो।" [4]

धीरे-धीरे प्रभावती के भीतर ऊँच-नीच का भेद मिट गया। उन्हें साबरमती आश्रम की सामान्य दिनचर्या के भीतर गहरा दर्शन दिखाई देने लगा और उन्हें इसके नियमों का पालन करने में कोई समस्या नहीं हुई, जिसमें ब्रह्मचर्य भी शामिल था। गांधी और प्रभावती के बीच सम्बन्ध गहरे हो रहे थे। जेपी लम्बे समय से विदेश में थे। उनके पत्र भी यदा-कदा आते थे। प्रभावती अकेली पड़ गयी थीं। किसी स्नेहिल पिता की तरह गांधी ने प्रभावती को एकाकी खोह से बाहर निकाला। उनके आत्मीय सम्बन्ध की झलक हमें उन पत्रों में मिलती है, जो वे आश्रम से बाहर जाने पर एक-दूसरे को लिखते थे।

गांधी से अलग होने की कसक भी प्रभावती के पत्रों में झलक जाती थी। गांधी उनके अनकहे भावों को समझ लेते थे और उन्हें सांत्वना देते थे। प्रभावती की इस शिकायत पर कि वे नियमित क्यों नहीं लिख रहे हैं, गांधी ने 26 नवम्बर 1928 को उन्हें पत्र लिखा, "क्या तुम हर पोस्ट पर मुझसे एक पत्र की उम्मीद करती हो? यह कैसी लड़की! अच्छा, मैं लिखने की कोशिश करूँगा।"[5]

अगले दिन गांधी ने फिर लिखा, "मेरी अनुपस्थिति को दिल पर मत लेना। एक दिन यह शरीर हमेशा के लिए छूट जायेगा। उससे अलग होने पर क्यों व्यथित होना? हमें उस उद्देश्य के प्रति समर्पण में सुख खोजना चाहिए जो हमारी मृत्यु को कोई अर्थ देगा।"[6]

सिताबदियारा से लिखी प्रभावती की चिट्ठी के जवाब में गांधी ने लिखा, "तुम गयीं तो मुझे दुःख तो हुआ, पर यही सच्चा धर्म था। अतः दुःख को सह लिया।"[7] प्रभावती का मानसिक तनाव और अस्वस्थता गांधी को विचलित कर देती थी, जैसा गुजरात के बोरसद से लिखे पत्र में झलकता है, "जब तक तुम्हारी तबीयत बिल्कुल अच्छी नहीं हो जाये, तब तक तुम्हें मेरे ही साथ रहना चाहिए। तुम्हारे स्वास्थ्य का मन से निकट सम्बन्ध है। मेरे साथ रहने से शायद स्वास्थ्य तथा मन सुधर जायेगा, और तुम कहीं भी निर्भयता से रहने लायक बन जाओगी।"[8]

एक अन्य पत्र में उन्होंने लिखा, "तुम्हारे सभी पत्र मिले...पढ़कर तुरन्त तुम्हारा पत्र फाड़ डाला। पर इसमें ऐसी क्या व्यक्तिगत बात थी कि तुमने चौकसी बरती? व्यक्तिगत बातें तो उसमें कुछ थीं ही नहीं।"[9]

प्रभावती गांधी के साथ बिताये समय को अपने भीतर सँजोकर रखती थीं। गांधी अपने दैनिक 'चरखा' सत्र के दौरान जितना भी वक़्त प्रभावती के लिए निकाल पाते थे, उससे सन्तुष्ट रहती थीं। वह कहा करती थीं कि मेरा पूरा अस्तित्व बापू के कारण है और उन्होंने मेरा पूरा जीवन गढ़ा है। गांधी के पत्र भी इंगित करते हैं कि जब वह अपने माता-पिता के पास या ससुराल जाती थीं, वे प्रभावती की अनुपस्थिति को आसानी से नहीं सह पाते थे। "मेरी दृष्टि से तो अब तुम वहाँ व्यर्थ समय गँवा रही हो। बा (कस्तूरबा) कहती हैं, 'क्या प्रभा मेरे पास या मेरे लिए नहीं आयेगी?'...बार-बार पूछती है, 'प्रभा कब आ रही है?' मुझे 19 तारीख़ को इलाहाबाद पहुँचना है। आ सको तो तुम आओ न, वहाँ से मेरे साथ।"[10]

4 अप्रैल 1941 को लिखे एक ख़त में उनके सम्बन्ध का माधुर्य झलकता है। "तुम्हारा पत्र मिला। तुम्हें ख़ास बुलाना नहीं है, ख़ास कुछ कहना भी नहीं है। पिता अपनी बेटी को जिस तरह बिना कारण ही अपने पास रखना चाहता है, वैसी मेरी स्थिति समझो।"[11]

इसके साथ गांधी उन्हें जेपी के साथ अपने सम्बन्ध को बेहतर बनाने और उनके राजनीतिक विचारों को समझने के लिए भी प्रोत्साहित करते थे। गांधी जेपी द्वारा प्रभावती को लिखे पत्रों का इन्तज़ार करते थे और देरी होने पर चिन्तित भी हो जाते थे।

प्रभावती ने आश्रम के वैराग्यपूर्ण जीवन को सहजता के साथ अपनाकर ब्रह्मचर्य का व्रत ले लिया। यह दुस्साहसी निर्णय था–गांधीवादी दृष्टिकोण से प्रेरित निर्णय, जो जेपी से परामर्श किये बग़ैर लिया गया था। प्रभावती का कहना था कि ब्रह्मचर्य का व्रत उन्होंने जल्दबाज़ी में नहीं लिया था। उनकी वृत्ति बचपन से ही ब्रह्मचर्य की ओर थी। हो सकता है कि काम भावना पर साबरमती आश्रम के निषेधात्मक रुख़ ने उनका संकल्प मज़बूत किया होगा, लेकिन यह सत्य है कि गांधी ने उन्हें इसे अपनाने के लिए प्रोत्साहित नहीं किया

था। दरअसल, वह इस निर्णय से बेहद असहज थे और प्रभावती से कहा था कि वह थोड़ा ठहर कर विचार कर लें और सबसे पहले जेपी के साथ इस विषय पर चर्चा कर लें। उन्होंने यह भी कहा कि जेपी से पूछे बिना प्रण लेने का उनका अधिकार नहीं है। लेकिन प्रभावती अपनी ज़िद पर अड़ी थीं। उनके लिए यह प्रण राष्ट्र के लिए अपना जीवन समर्पित करने की इच्छा का सूचक था, और चूँकि जेपी भी उस लक्ष्य के लिए समर्पित थे, उन्हें नहीं लगा था कि वह इस विषय पर कोई गहरी आपत्ति करेंगे।

उन्होंने जेपी को पत्र लिखा। लेकिन जेपी को यह निर्णय ग़लत लगा भी हो, उन्होंने इसे व्यक्त नहीं किया, सिर्फ़ इतना लिखा कि ऐसे नाज़ुक मसले पर गहन चर्चा होनी चाहिए और इसे पत्रों के ज़रिये हल नहीं किया जा सकता। जेपी जब वापस आये तो महादेव देसाई, पटेल और गांधी ने प्रभावती को बहुत समझाया। जब प्रभावती ने अपने फ़ैसले पर पुनर्विचार करने से इनकार कर दिया, जेपी बुरी तरह बिखर गये। अपनी पत्नी से सात साल के बिछोह के दौरान पुनर्मिलन के जो सपने उन्होंने देखे थे, वे एक झटके में टूट गये। भले ही प्रभावती की इस प्रतिज्ञा ने उन दोनों का साहचर्य अत्यन्त कठिन कर दिया था, उन्होंने गांधी को दोष नहीं दिया। गांधी द्वारा दूसरी शादी की बात छेड़ने पर जेपी ने ज़ोर देकर कहा कि इस जन्म में प्रभावती को छोड़कर कोई अन्य उनकी पत्नी नहीं बन सकती। कई वर्ष बाद उन्होंने इसे गांधी का 'रुथलेस लॉजिक' कहा। उन्होंने अपनी बेचैनी और आन्तरिक झंझावात को हृदय के शून्य में डुबो दिया। प्रभावती के साथ उनके सम्बन्ध लम्बे समय तक कसमसाते रहे। इस आन्तरिक संघर्ष का असर सम्भवतः प्रभावती पर भी पड़ा। वे तनाव और हिस्टीरिया के प्रभाव से बरसों तक जूझती रहीं। प्रभावती ने अपनी प्रतिज्ञा का पालन किया, लेकिन जेपी ब्रह्मचारी नहीं थे। कई महिलाएँ उनकी ओर खिंचती चली आयी थीं–कुछ अवसरों पर इसके भीषण परिणाम भी हुए थे। दशकों बाद भोला चटर्जी से एक साक्षात्कार के दौरान जेपी ने कहा था, "इस ब्रह्मचर्य के व्रत के साथ अपना तालमेल बैठाने में मुझे बहुत कष्ट हुआ। मैं नौजवान था। वह भी नौजवान थी। बात आसान नहीं थी। यह निश्चित है कि वह अपने संकल्प पर अटल रही। लेकिन अपने बारे में मैं ऐसा दावा नहीं कर सकता।"[12]

लाहौर के ऐतिहासिक कांग्रेस अधिवेशन के दौरान जेपी फिर से नेहरू से मिले। नेहरू से मिलकर जेपी अपनी पीढ़ी के अन्य युवाओं की तरह उनके जादुई व्यक्तित्व से प्रभावित हो गये।[13] नेहरू के साथ अपनी मुलाक़ात को जेपी ने 'प्रथम दृष्टि का प्रेम' कहा,[14] प्रशंसा और आकर्षण का यह भाव साझा वैचारिक मूल्यों से पैदा हुआ था।

आधुनिक दृष्टि वाले नेहरू समाजवाद को रूमानी और काव्यात्मक नज़रिए से देखते थे। उनके लिए समाजवाद कोई जड़ विचार नहीं, बल्कि व्यक्तिगत मूल्य था। जेपी और नेहरू समाजवाद पर घण्टों विमर्श करते थे और इसके बुनियादी सिद्धान्तों पर अमूमन सहमत दिखाई देते थे। सबसे बढ़कर, दोनों वर्तमान शक्ति-संरचनाओं को चुनौती दे रहे थे और आश्वस्त थे कि आर्थिक संघर्ष को राष्ट्रीय आन्दोलन का आधार बनना ही था।

उन दिनों जेपी अपने पिता का आर्थिक दायित्व हल्का करने के उद्देश्य से बीएचयू में अध्यापन करना चाहते थे।[15] नेहरू ने कहा कि वे इसके बजाय अखिल भारतीय कांग्रेस कमेटी द्वारा इलाहाबाद में हालिया गठित श्रम अनुसन्धान विभाग का प्रभार 150 रुपये मासिक वेतन पर सँभाल लें। जेपी तब तक अट्ठाईस वर्ष के भी नहीं थे। उनके लिए यह सुनहरा अवसर था। जेपी हमेशा अपने राजनीतिक जीवन के आगाज़ में नेहरू की निर्णायक भूमिका को स्वीकारते थे। इलाहाबाद रवाना होने से पहले जेपी ने गांधी को लिखा था, "मेरे मन में उनके (नेहरू) लिए बहुत सम्मान है और उनके साथ वैचारिक समानता भी है...इसलिए, अगर मैं किसी तरह उनके साथ रह सकूँ, मुझे बहुत सन्तुष्टि मिलेगी।"[16]

1930 के आरम्भ में वह प्रभावती के साथ इलाहाबाद रहने आ गये। शुरू में दोनों जॉर्जटाउन नामक इलाके में किराये के एक छोटे-से घर में रहते थे। उन दिनों नेहरू नैनी जेल में थे। नेहरू ने अपने पिता को पत्र लिखा कि स्वराज भवन में उनके लिए नवीनीकृत हुए कमरे को जेपी और प्रभावती को दे दें। नेहरू प्रभावती को बहन की तरह मानते थे, और जेपी से छोटे भाई जैसा स्नेह करते थे। प्रभावती और नेहरू की पत्नी कमला के सम्बन्ध भी प्रगाढ़ हो रहे थे। ये दोनों अपने जीवन की तमाम समस्याओं को दरकिनार कर एक-दूसरे

से मिलती थीं, और अपना अन्तर्मन साझा करती थीं। जब वे अलग शहरों में थीं, वे एक-दूसरे को लम्बे, मार्मिक और अन्तरंग पत्र लिखती थीं। इन पत्रों में राजनीतिक बहस अनुपस्थित थी। वे इन पत्रों के ज़रिये अपने अन्तर्द्वन्द्वों और कठिन सम्बन्धों को सुलझाया करती थीं। प्रभावती इन ख़तों में कमला को 'मेरी प्यारी भाभी', 'मेरी बहुत प्यारी भाभी' कहकर सम्बोधित किया करती थीं, और कमला के ख़तों को 'प्रेम-पत्र', 'प्रेममय पत्र' की संज्ञा दिया करती थीं। एक बार प्रभावती ने लिखा था, "बहुत इन्तज़ारी में आपका प्रेम-पत्र पाकर अत्यन्त आनन्द हुआ...आपके साथ रहकर मुझे कितना आनन्द होता है यह मैं किसी तरह ज़ाहिर नहीं कर सकती। और ख़ास कर जब मैं आपकी तबीयत का ख़याल करती हूँ तब तो मुझे ऐसा ही लगता है कि बराबर आपके साथ रहूँ।"[17]

एक बार जब प्रभावती गांधी आश्रम में थीं, कमला ने उन्हें आनन्द भवन में उनके साथ कुछ दिन रुकने का आमन्त्रण दिया था। "कृपा करके जल्दी अच्छी हो जाओ और मेरे पास आकर के रहो। फिर हम तुम दोनों ख़ूब ख़ुश रहेंगे।"[18] कलकत्ता से लिखे एक पत्र में उन्होंने प्रभावती से अपनी बेटी इन्दिरा के लिए पटना के खादी भण्डार से खादी की सस्ती साड़ियाँ लाने के लिए लिखा था।[19] जब कमला भवाली में रहते हुए तपेदिक से जूझ रही थीं, दोनों ने एक-दूसरे को कई ख़त लिखे थे। ख़तों का यह सिलसिला 28 फ़रवरी 1936 को कमला की मृत्यु के साथ ही थमा था।

इस बीच जेपी श्रम विभाग के शोधकर्म में पूरी तरह डूब गये थे। लेबर ईयर बुक पर काम शुरू करने के लिए उन्होंने ऑल इंडिया ट्रेड यूनियन कांग्रेस (एआईटीयूसी)[20] के सचिव और एआईटीयूसी की बावन सम्बद्ध यूनियनों के सचिवों को पत्र लिखा कि वह ग़ज़ट, बुलेटिन तथा अन्य प्रकाशनों की पिछली प्रतियाँ पाना चाहते हैं। उन्होंने ब्रिटिश लेबर पार्टी के साथ सम्पर्क स्थापित किया, और उन ट्रेड यूनियनों को भी वापस लाने की कोशिश की जो कांग्रेस से दूर हो गयी थीं। लेकिन इसके बावजूद जेपी कभी-कभी मोहभंग की अवस्था में भी पहुँच जाते। उन्होंने गांधी के सामने क़बूल भी किया। "कभी-कभी मुझे सन्देह होता है कि क्या मेरे लिए उचित है कि देश की वर्तमान स्थिति पर शोध करने के लिए अपना समय समर्पित कर दूँ? ख़ैर, देखता हूँ कि मैं कब तक ख़ुद को दबा सकता हूँ।"[21]

इस दौरान उनके समाजशास्त्र के प्रोफ़ेसर हर्बर्ट मिलर भारत-यात्रा पर आये थे। जेपी ने प्रोफ़ेसर मिलर को पटना, नालन्दा और काशी विद्यापीठ ले जाने के लिए श्रम विभाग के अपने कार्य से छुट्टी ले ली। विद्यापीठ में उनकी मुलाक़ात जिन विद्वानों से हुई उनमें प्रसिद्ध मार्क्सवादी इतिहासकार और दार्शनिक नरेन्द्र देव भी थे, जो आगे चलकर जेपी के सबसे क़रीबी और प्रिय साथियों में शुमार हुए थे। उनका अन्तिम गन्तव्य इलाहाबाद था, जहाँ आनन्द भवन में जेपी ने प्रोफ़ेसर मिलर की नेहरू के साथ मुलाक़ात करवाई थी। एनएमएमएल के मौखिक इतिहास प्रोजेक्ट के लिए जेपी ने इस मुलाक़ात का एक दिलचस्प क़िस्सा रिकॉर्ड किया था। "हम नेहरू के पुस्तकालय और कार्यालय के सामने एक बड़े कमरे में बैठे थे। ऊपर जवाहरलालजी की लाइब्रेरी थी और उनका ऑफिस भी था जो बिलकुल छत तक किताबों से भरा हुआ था। तो उन किताबों पर नज़र डालते हुए मिलर ने पूछा, 'ऐसे स्थान रहते हुए आपको समाजवाद का काम करने में कोई कठिनाई तो महसूस नहीं होती?' नेहरू ने मुस्कुराते हुए उत्तर दिया, 'इससे जरा काम करने की एफिशेंसी बढ़ जाती है।' यह उत्तर सुनकर प्रोफ़ेसर मिलर खिलखिलाने लगे।"[22]

इधर सविनय अवज्ञा आन्दोलन गति पकड़ रहा था। गांधी ने 2 मार्च 1930 को वायसराय, लॉर्ड इरविन को पत्र लिखकर पेशकश की कि यदि सरकार कुछ रियायतें देती है तो आन्दोलन को स्थगित किया जा सकता है।

यह गांधी की 'ग्यारह सूत्री माँग' के रूप में जानी गयी थीं। यह एक रैडिकल घोषणापत्र था, जो माँग करता था कि सिविल सेवकों का वेतन, भूमि राजस्व और सैन्य व्यय आधा किया जाये; विदेशी कपड़ों के आयात पर कर लगाया जाये; सभी राजनीतिक क़ैदियों की रिहाई हो; नमक कर का उन्मूलन हो। गांधी के ये ग्यारह सूत्र आगामी संघर्ष की ज़मीन तैयार कर रहे थे। जब वायसराय इन माँगों के प्रति उदासीन बने रहे, सरकार से उम्मीद लगाये बैठे लोग निराश हो गये।

गांधी ने नमक क़ानून की अवहेलना के ज़रिये आम जनता को राजनीतिक संघर्ष में शामिल कर लिया। उन्हें विश्वास था कि इस प्रतिरोध आन्दोलन को

व्यापक और लोकप्रिय समर्थन मिल जायेगा–यही हुआ भी। 12 मार्च 1930 को गांधी साबरमती आश्रम से भारत के पश्चिमी तट पर दांडी नामक गाँव के लिए पैदल निकले और 6 अप्रैल को समुद्र तट से प्राकृतिक नमक की एक मुट्ठी उठाकर क़ानून तोड़ दिया। इस युगान्तकारी क्षण को यूरोपीय और अमरीकी मीडिया का अभूतपूर्व समर्थन मिला था। अनेक स्थानों पर नमक क़ानून को तोड़ा गया। शराब और विदेशी कपड़ों की दुकानों पर धरना दिया गया। सरकारी संस्थाओं का बहिष्कार किया गया। हड़तालें हुईं और प्रदर्शन हुए।

लेकिन आन्दोलन को विकराल बाधाओं का सामना करना पड़ा था। इरविन ने झटके से कई अध्यादेश लागू कर दिये–असहमति को कुचलने के लिए बंगाल अध्यादेश, राष्ट्रवादी पत्रों का प्रकाशन बन्द करने के लिए प्रेस अध्यादेश, लाहौर षड्यन्त्र केस अध्यादेश, शोलापुर मार्शल लॉ अध्यादेश और सैन्य प्रशासन को नियन्त्रित करने के लिए अध्यादेश। कई कांग्रेस समितियाँ ग़ैर-क़ानूनी घोषित कर दी गयीं। इस दमन ने प्रतिरोध की राष्ट्रव्यापी भावना को और मज़बूत कर दिया। इलाहाबाद जंक्शन पर ट्रेन में चढ़ते समय 4 अप्रैल को नेहरू और 4 मई को गांधी अपने कराची कैम्प से गिरफ़्तार कर लिए गये। इन दोनों गिरफ़्तारियों ने आन्दोलन को और गति दे दी। जनवरी 1931 तक लगभग एक लाख भारतीयों को विभिन्न अपराधों के तहत सज़ाएँ सुनाई जा चुकी थीं। इनमें सरोजनी नायडू, कमलादेवी चट्टोपाध्याय और रुक्मिणी लक्ष्मीपति जैसी प्रतिष्ठित महिला नेता भी शामिल थीं।

जेपी को हमेशा अफ़सोस रहा कि वे इस आन्दोलन में सक्रिय रूप से भाग नहीं ले सके थे। जब आन्दोलन गति पकड़ रहा था, उनकी माँ गम्भीर रूप से बीमार पड़ गयीं। उनका अन्त निकट दिख रहा था। जेपी इलाहाबाद छोड़कर तेजी से अपने गाँव पहुँचे, लेकिन तब तक बहुत देर हो चुकी थी। 25 सितम्बर 1930 को माँ का निधन हो गया। इस घटना के तुरन्त बाद उनके पिता को लकवा मार गया। इस तरह परिवार की देखभाल करने और अपने अमरीका प्रवास के दौरान लिए गये भारी क़र्ज़ को चुकाने और छोटे भाई की पढ़ाई की ज़िम्मेदारी जेपी के ऊपर आ गयी। जेपी आन्दोलन के प्रति प्रतिबद्धता

और व्यक्तिगत समस्याओं के अन्तर्द्वन्द्व के बीच फँसे हुए थे। जब उन्हें कोई समाधान न सूझा, उन्होंने गांधी को पत्र लिखा।

गांधी ने उनसे कहा कि वह अभी अपनी पारिवारिक समस्याओं को सुलझाएँ और साथ ही अपने उद्योगपति अनुयायी घनश्यामदास बिड़ला से जेपी की मदद करने के लिए भी कहा। बिड़ला ने उन्हें अपना निजी सचिव नियुक्त कर लिया। जेपी बिड़ला के लिए काम करने कलकत्ता आ गये, लेकिन देश में चल रहा राजनीतिक तूफ़ान उन्हें रह-रहकर झिंझोड़ रहा था। मार्च 1931 में हुए गांधी-इरविन समझौते के परिणामस्वरूप सविनय अवज्ञा आन्दोलन वापस ले लिया गया था। आन्दोलन के दौरान गिरफ़्तार किये गये कांग्रेस कार्यकर्ताओं की रिहाई हो रही थी। इलाहाबाद के कांग्रेस कार्यालय में काम फिर से गति पकड़ रहा था। कार्यालय को सँभालने के लिए जेपी ने कलकत्ता की नौकरी छह महीने में ही छोड़ दी और इलाहाबाद लौट आये।

उनके नये दायित्वों में पहला काम सविनय अवज्ञा आन्दोलन के इतिहास का दस्तावेज़ीकरण करना था। दुर्भाग्य देखिये कि यह इतिहास कांग्रेस कार्य समिति की वार्षिक रिपोर्ट में तो दर्ज हुआ, लेकिन कभी प्रकाशित नहीं हुआ। अपनी दुर्दशा पर बिसूरती इसकी एक प्रति एनएमएमएल में एआईसीसी के काग़ज़ों के बीच पड़ी हुई है। इस पर कांग्रेस के तीन तत्कालीन महासचिवों –सैयद महमूद, जयरामदास दौलत राम और जवाहरलाल नेहरू–द्वारा हस्ताक्षरित एक प्रस्तावना भी है। यह प्रस्तावना जेपी और कांग्रेस के एक कार्यकर्ता रघुबीर सहाय का आभार व्यक्त करती है। सहाय ने रिपोर्ट के लिए सामग्री एकत्र कर इसके प्रारूप-निर्माण में सहायता की थी, जबकि अधिकांश लेखन जेपी ने किया था।

यह दस्तावेज़ कांग्रेस कार्यकर्ताओं के प्रतिरोध, पुलिस दमन और सरकारी कार्रवाई के बारे में तमाम तथ्य देने के साथ आन्दोलन के महत्त्व को भी रेखांकित करता है। महिलाओं की भूमिका से सम्बन्धित इस पैराग्राफ को देखें, "1930 के सविनय अवज्ञा आन्दोलन ने कई चमत्कारों को अंजाम दिया, लेकिन इस अभियान में महिलाओं की भूमिका से बड़ा कोई चमत्कार नहीं था। इसने लोगों को कितनी गहराई तक प्रभावित किया और भारतीय समाज के

अन्तर्मन को छुआ, इसका प्रमाण उस सामाजिक क्रान्ति से मिलता है, जो बग़ैर किसी शोर-शराबे के चुपचाप घटित हो रही थी। संकोची और घरेलू भारतीय स्त्रियाँ जिनका राजनीति की कठोरता और कोलाहल से कोई परिचय न था, अपने घर की चारदीवारी से बाहर आयीं और संघर्ष में सबसे आगे रहीं।" इस रिपोर्ट में पाँच प्रान्तों में गिरफ़्तार हुई और सज़ायाफ़्ता स्त्रियों का विवरण है। बम्बई में 200, बंगाल में 200, दिल्ली में 221, गुजरात में 109, पंजाब में 100, और कुल मिलाकर लगभग 1500 स्त्रियों को ब्रिटिश अदालत ने सज़ा दी थी। आन्दोलन में मुस्लिम समुदाय ने भी भागीदारी की थी, ख़ासकर पंजाब, बम्बई, दिल्ली और उत्तर-पश्चिम सीमान्त प्रान्त में। रिपोर्ट बताती है कि जमीयत-उल-उलेमा के कई पदाधिकारी जेल गये थे।

लेकिन गांधी-इरविन समझौते के बाद भी राजनीतिक स्थिति तनावपूर्ण बनी रही। सरकार ने तीन युवा क्रान्तिकारियों–भगत सिंह, सुखदेव और राजगुरु–के मृत्यु-दण्ड की माफ़ी की माँग को अनदेखा कर दिया था। समझौते पर हस्ताक्षर करने के सिर्फ़ अठारह दिन बाद यानी 23 मार्च 1931 को इन महान क्रान्तिकारियों को फाँसी दे दी गयी। हालाँकि मार्च 1931 के अन्त में कराची में हुए कांग्रेस के वार्षिक सत्र के दौरान इस समझौते पर मुहर लग गयी थी, लेकिन जनता की माँग को निर्दयता से अनदेखा करने के लिए पार्टी सरकार से नाराज़ थी। दूसरी ओर, अधिकांश ब्रिटिश अधिकारी वायसराय द्वारा कांग्रेस को दिये गये महत्त्व और गांधी के साथ बराबरी के स्तर पर हुई वार्ता को लेकर नाराज़ थे। वे जेल से बाहर निकलने पर कांग्रेसियों को जनता द्वारा मिले ज़ोरदार स्वागत को देखकर भी परेशान थे। विंस्टन चर्चिल को लग रहा था कि सरकार कांग्रेस के प्रति कुछ ज़्यादा ही नर्म है।

इसलिए कांग्रेस के सरकार के साथ सम्बन्ध तनावग्रस्त हो गये थे। एक समय लन्दन में गोलमेज सम्मेलन में कांग्रेस की भागीदारी भी अनिश्चित लग रही थी। हालाँकि किसी तरह मतभेद सुलझ गये और गांधी सम्मेलन में भाग लेने के लिए कांग्रेस के एकमात्र प्रतिनिधि के रूप में 29 अगस्त को बम्बई से रवाना हुए। लेकिन वह लन्दन से ख़ाली हाथ लौट आये। इस बीच भारत की राजनीतिक स्थिति लगातार बिगड़ रही थी। सरकार ने एक-एक कर तमाम कांग्रेस नेताओं को जेल में डाल दिया था। स्थिति का जायज़ा लेने के लिए

गांधी के आगमन के बाद कांग्रेस कार्य समिति (सीडब्ल्यूसी) की बैठक बम्बई में रखी गयी।

कार्यसमिति की बैठक के लिए जेपी नेहरू के साथ इलाहाबाद से ट्रेन में गये और जानबूझकर सभी महत्त्वपूर्ण काग़ज़ात और दस्तावेज़ों को लेकर अलग डिब्बे में बैठे। जैसाकि अनुमान था, ट्रेन के इलाहाबाद से निकलने के तुरन्त बाद नेहरू को शहर न छोड़ने के आदेश का उल्लंघन करने के लिए गिरफ़्तार कर लिया गया। लेकिन जेपी चुपचाप बम्बई पहुँच गये। देश तेज़ी से संघर्ष के दूसरे दौर की ओर बढ़ रहा था। बम्बई पहुँचने के तुरन्त बाद गांधी ने नये वायसराय लॉर्ड विलिंगडन को टेलीग्राम भेजकर राजनीतिक स्थिति पर चर्चा करने के लिए उनके साथ मुलाक़ात का समय माँगा, लेकिन उनका अनुरोध अस्वीकार कर दिया गया।

गांधी के मार्गदर्शन में हुई 1 जनवरी 1932 की कांग्रेस कार्यसमिति की बैठक ने विदेशी कपड़ों के बहिष्कार, शराब की दुकानों पर धरने और देश भर में कर और लगान के विरुद्ध सविनय अवज्ञा आन्दोलन के एक़ नये चरण की योजना तैयार कर ली थी। गांधी को 4 जनवरी को गिरफ़्तार कर लिया गया, लेकिन देश ने कांग्रेस के आह्वान का अत्यन्त उत्साह से स्वागत किया। सरकार ने कड़ा जवाब दिया और पुलिस बर्बरता पर उतर आयी। स्त्री कार्यकर्ताओं को भी नहीं बख़्शा गया। कमला और प्रभावती विदेशी कपड़ा और शराब की दुकानों के ख़िलाफ़ ज़बरदस्त विरोध प्रदर्शन में सबसे आगे थीं।

सरकारी प्रतिबन्ध की अवहेलना करते हुए, वैशाख की चिलचिलाती धूप में इलाहाबाद की सड़कों पर और सिविल लाइन्स से कटरा बाज़ार तक उन्होंने खादी और प्रतिबन्धित नमक बेचती महिला समूहों का नेतृत्व किया। गर्मियों की तीखी धूप में धरने के लिए बाहर न निकलने के मोतीलाल नेहरू के सख़्त निर्देश को उन्होंने मुस्कुराते हुए दरकिनार कर दिया। ये स्त्रियाँ नये युग के लिए नियम लिख रही थीं और कृष्णकान्त मालवीय जैसे नेताओं द्वारा पुरुष कार्यकर्ताओं के संरक्षण के बग़ैर बाहर न निकलने के सुझाव का उपहास उड़ा रही थीं। हज़ारों महिलाएँ प्रतिरोध प्रकट करने के लिए सड़क पर उतर आयी

थीं और पुलिस की लाठियों को बड़े साहस के साथ झेल रही थीं, 'सरफ़रोशी की तमन्ना अब हमारे दिल में है' जैसे गीत गाते हुए।

प्रभावती की डायरी के इस अनमोल पन्ने से आप उस समय के भीतर उतर सकते हैं जो उनके लिये नितान्त व्यक्तिगत होने के साथ राजनीतिक भी था। वे लिखती हैं : "मैं 7:30 बजे कांग्रेस कार्यालय गयी थी। उसके बाद एक सरकारी स्कूल को बन्द कराने के लिए धरना दिया...1:30 बजे मॉडर्न स्कूल गये। लाठी खायीं। 3 बजे घर आये। खादी काती। 6:30 बजे बैठक के लिए गये।"

कमला, प्रभावती, नेहरू की माँ स्वरूप रानी, उनकी बहनें विजयलक्ष्मी और कृष्णा समेत तमाम अन्य महिलाओं को गिरफ़्तार कर लिया गया, जो सरकारी आदेशों की अवहेलना कर रोज़ अपने घरों से बाहर निकल आती थीं।

प्रभावती को 3 फ़रवरी 1932 की शाम को गिरफ़्तार कर लिया गया। उन्हें कुछ दिनों तक इलाहाबाद में रखा गया और उसके बाद लखनऊ के केन्द्रीय कारागार में स्थानान्तरित कर दिया गया, जहाँ विजयलक्ष्मी और कृष्णा भी क़ैद थीं। प्रभावती करीब सत्रह महीने जेल में रहीं। जेपी इस दौरान उनसे सिर्फ़ एक बार मिल पाये, क्योंकि ख़ुफ़िया पुलिस साये की तरह उनके पीछे लगी थी। संयोगवश, जेपी गिरफ़्तारी से बच गये। वह कांग्रेस कार्यकर्ताओं की उस बैठक में देर से पहुँचे जहाँ गिरफ़्तारियाँ हो रही थीं। अत्यधिक सरकारी दमन के चलते सविनय अवज्ञा का यह नया चरण जल्द ही समाप्त हो गया। यदि ऐसी स्थिति में कांग्रेस थोड़ा काम कर पायी, इसका श्रेय कुछ हद तक जेपी को जाता है। कांग्रेस कार्यसमिति की उस बैठक के बाद वह इलाहाबाद लौट आये और कांग्रेस को क्रियाशील बनाये रखने के लिए भरसक प्रयास किया।

जब उन्हें लगा कि संगठन को क्रियाशील रखने और कांग्रेस कार्यकर्ताओं को एकजुट करने के लिए इलाहाबाद सुरक्षित नहीं है, वे बम्बई चले गये। जेपी और लालजी मेहरोत्रा, जो बाद में कराची के मेयर बने, कांग्रेस के कार्यवाहक महासचिव नामित हो गये। इसके बाद उन्होंने कांग्रेस की तत्कालीन कार्यकारी अध्यक्ष सरोजनी नायडू के मार्गदर्शन में देशव्यापी बहिष्कार और कर-मुक्ति के आन्दोलनों को आयोजित किया। यह सुनिश्चित करने के लिए कि देश

के विभिन्न हिस्सों में स्वतन्त्रता आन्दोलन सुलगता रहे, जेपी ने एक सघन ख़ुफ़िया और भूमिगत नेटवर्क के गठन पर भी काम शुरू कर दिया। उनके कार्यकर्ताओं ने इस विषय पर क्रान्तिकारी साहित्य वितरित कर और नये लोगों को संगठन में भर्ती कर राष्ट्रवादी राजनीतिक विचार और गतिविधियों के लिए उस स्पेस का निर्माण किया जिसके बग़ैर ऐसे स्वर अनसुने रह जाते।

इस काम में उनकी मदद आबिद अली और उमाशंकर दीक्षित ने की, जो बाद में कांग्रेस और सरकार में उच्च पद पर आसीन हुए। जेपी की पहल के परिणामस्वरूप खटारा टाइपराइटर पर लिखे गये और साइक्लोस्टाइल की मशीनों पर मुद्रित हुए कांग्रेस के ब्रोशर और दस्तावेज़ नियमित रूप से भारत के विभिन्न हिस्सों में पहुँचने लगे। ऐसे परिपत्रों में विस्तृत निर्देश होते थे। मसलन, 4 जुलाई 1932 को अखिल भारतीय बन्दी दिवस पर अपनाये जाने वाले कार्यक्रम का उल्लेख करते हुए जेपी ने सभी प्रान्तीय कांग्रेस समितियों को जारी परिपत्र में कहा था : "कांग्रेस समितियों को शहरों और क़स्बों में पूरे दिन की हड़ताल का आह्वान करना चाहिए, और दोपहर को जुलूस निकालने चाहिए। जुलूस में चल रहे लोगों के पास जेल में हो रहे अत्याचारों, ख़ासकर महिलाओं और लड़कों के साथ होने वाले बुरे व्यवहार का उल्लेख करती तख़्तियाँ होनी चाहिए। यदि सम्भव हो तो स्थानीय जेलों के सामने प्रदर्शन करने चाहिए। पूरे दिन का कार्यक्रम सार्वजनिक बैठक के साथ समाप्त होना चाहिए।"[23] यह जेपी के प्रयासों का परिणाम था कि लम्बे समय से घिसट रहा *कांग्रेस बुलेटिन* नियमित अन्तराल पर प्रकाशित होने लगा।

जेपी ने कार्यकर्ताओं की एक बैक-अप टीम भी तैयार कर ली। अगर एक दल गिरफ़्तार हो जाये, दूसरा तुरन्त उनकी जगह ले और कांग्रेस के काम में निरन्तरता बनी रहे। संगठनात्मक कार्य के सिलसिले में वे गुप्त रूप से देश भर में भ्रमण भी कर रहे थे। यहाँ तक कि वे बनारस में सीडब्ल्यूसी की एक गुप्त बैठक आयोजित करने में भी कामयाब रहे और नरेन्द्र देव, श्रीप्रकाश, रामबृक्ष बेनीपुरी और बिशेश्वर प्रसाद सिन्हा के साथ मिलकर समाजवादी अनुसन्धान संस्थान का गठन कर लिया। यह संस्थान पुस्तिकाओं, व्याख्यानों और सम्मेलनों के माध्यम से समाजवाद का प्रचार करता था। इसकी स्थापना

इस विश्वास के साथ हुई थी कि भारतीय नागरिक के हितों की सबसे बेहतर रक्षा समाजवाद कर सकता है।

समाजवाद में रुचि रखने वालों के लिए जेपी ने एक विस्तृत पाठ्यक्रम भी तैयार कर दिया था। वह न सिर्फ़ अपने वैचारिक सिद्धान्तों का पालन कर रहे थे, बल्कि कांग्रेस की राजनीति में एक महत्त्वपूर्ण बदलाव भी ला रहे थे। उनके ख़िलाफ़ विभिन्न स्थानों पर गिरफ़्तारी के कई वारंट लम्बित पड़े थे। इन्हें नज़रअन्दाज़ करते हुए वे सरकार के दमन का अध्ययन करने और पुलिस क्रूरता के आरोपों को सत्यापित करने के लिए आयी ब्रिटिश लेबर पार्टी के प्रतिनिधिमण्डल के साथ मद्रास की यात्रा पर भी चले गये। 7 सितम्बर 1932 को जैसे ही उन्होंने मद्रास रेलवे स्टेशन पर इस प्रतिनिधिमण्डल को विदा किया, उन्हें गिरफ़्तार कर लिया गया। अगले दिन, 8 सितम्बर 1932 को बॉम्बे के *फ्री प्रेस जर्नल* की ख़बर थी...'कांग्रेस ब्रेन अरेस्टेड'।

जेपी को चुपचाप बम्बई की आर्थर रोड जेल ले जाया गया। उन्हें एक साल क़ैद की सज़ा सुनाई गयी और नासिक सेंट्रल जेल भेज दिया गया। नासिक जेल ने जेपी के राजनीतिक जीवन में एक महत्त्वपूर्ण मोड़ ला दिया। समाजवादी क्रान्ति का सपना देखने वाले शिक्षित, प्रगतिशील और युवा कांग्रेसियों का एक समूह यहाँ क़ैद था : अच्युत पटवर्धन, मीनू मसानी, अशोक मेहता, एसएम जोशी, एनजी गोरे, चार्ल्स मैस्करेनहास, सीके नारायणस्वामी और एमएल दाँतवाला। यहाँ मोरारजी देसाई, शंकरराव देव, कुमारप्पा बन्धु, मंगलदास पकवासा और केजी मशरूवाला जैसे अन्य राजनीतिक क़ैदी भी थे, लेकिन वे अमूमन इस क्रान्तिकारी मण्डली से दूर रहते थे।

ये राजनीतिक क़ैदी शाम 6 से सुबह 6 बजे तक अकेली कोठरी में बन्द रहते थे। उन्हें एक-दूसरे से मिलने की इजाज़त सिर्फ़ दिन के दौरान बी-क्लास जेल के यार्ड में मिलती थी। इस दौरान वे कसरत करते थे, पढ़ते थे और तमाम विषयों पर बहस किया करते थे। नासिक के दिनों को भीगे हृदय से स्मरण करते हुए कई वर्षों बाद आगरा की सेंट्रल जेल में अपनी कोठरी से जेपी ने मीनू मसानी को ख़त लिखा था, "नासिक के दिन जेल में बीते मेरे सबसे सुखद दिन थे। वहाँ बनी दोस्तियों को मैं बहुत याद करता हूँ।"[24]

जेपी और उनके दोस्त रैडिकल समाजवादी साम्राज्यवाद-विरोधी आन्दोलन की आवश्यकता और उसकी कार्यप्रणाली से सम्बन्धित सैद्धान्तिक मतभेदों पर बहस करते थे। मसानी लन्दन स्कूल ऑफ़ इकोनॉमिक्स से पढ़कर आये थे। उनकी लोकतन्त्र बनाम तानाशाही के सवाल पर अक्सर जेपी से तीखी बहस होती थी। मसानी ने कहा था, "मैं ब्रिटिश लेबर पार्टी का कट्टर लोकतन्त्रवादी था और कम्युनिस्ट कार्यप्रणाली या तकनीक के प्रति मेरी कोई सहानुभूति नहीं थी। दूसरी ओर, जयप्रकाश सर्वहारा वर्ग की सर्वसत्ता में दृढ़ विश्वास रखते थे, चाहे इसका मतलब कुछ भी हो। मार्क्सवाद उनके समाजवादी विश्वास का आधार था।"[25]

यह मण्डली उत्पादन, वितरण और विनिमय के साधनों को प्रगतिशील और समाजोन्मुख बनाने को लेकर सहमत थी। उसके सदस्य गांधी के रचनात्मक कार्यक्रम का तिरस्कार करते थे, और मेहनतकश जनता के क्रान्तिकारी उत्कर्ष की ज़रूरत पर भी एकमत थे। लेकिन वे यह भी जानते थे कि समाजवादी आन्दोलन मॉस्को-समर्थक भारतीय कम्युनिस्ट पार्टी के नेतृत्व में चलाया नहीं जा सकता था, जिसकी राजनीति को रूसी विदेश नीति आकार देती थी। भले ही कई कम्युनिस्ट नेता जेल में थे और मुक़दमों का सामना कर रहे थे, लेकिन उनमें से अधिकांश ने ख़ुद को राष्ट्रीय संघर्ष की मुख्यधारा से अलग कर लिया था और इसे बुर्जुआ वर्ग के हित में छेड़ा गया क़दम कहकर नकार दिया था।

जेपी और उनके दोस्तों का रैडिकल समूह साझा विचारों और गुनगुने सपनों के साथ राजनीतिक रूप से वयस्क हो रहा था, और एक समाजवादी पार्टी के गठन की योजना बना रहा था। उन्होंने तय किया कि नयी पार्टी राष्ट्रवादी आन्दोलन के व्यापक ढाँचे के भीतर काम करेगी और भले ही उस वक़्त राष्ट्रीय आन्दोलन संवैधानिकता की दिशा में बहता हुआ प्रतीत हो रहा था, लेकिन यह पार्टी संवैधानिकता की चिन्ता किये बग़ैर संघर्ष का रास्ता चुनेगी।

उनका प्राथमिक सरोकार कांग्रेस को रैडिकल बनाकर इसे ठोस साम्राज्यवाद-विरोधी संगठन का आकार देना था। इन क्रान्तिकारी विचारों ने नरेन्द्र देव, यूसुफ मेहर अली, पुरुषोत्तम त्रिकमदास, राममनोहर लोहिया, डॉ.

सम्पूर्णानन्द, कमलादेवी चट्टोपाध्याय, श्रीप्रकाश, डॉ. केबी मेनन और गंगा शरण सिन्हा जैसे समानधर्मा युवा नेताओं को अपनी ओर आकर्षित कर लिया। इसके फलस्वरूप 1934 में कांग्रेस सोशलिस्ट पार्टी की स्थापना हुई, जिसके लिए जेपी ने शुरू से ही अग्रणी भूमिका निभाई थी। जैसाकि यूसुफ मेहर अली ने कहा था, "जयप्रकाश नारायण एक विचार, एक उद्‌देश्य और एक दृष्टि लेकर जेल से बाहर आये, जिसके परिणामस्वरूप कांग्रेस सोशलिस्ट पार्टी का जन्म हो सका।"[26]

# कांग्रेस के समाजवादी वर्ष

सविनय अवज्ञा आन्दोलन को असमय वापस लिए जाने से कांग्रेस कार्यकर्ताओं के एक वर्ग के भीतर घनघोर निराशा और आक्रोश पैदा हो गया था। ये कार्यकर्ता कांग्रेस के तरीक़ों से असन्तुष्ट थे। उनका मानना था कि राष्ट्रीय आन्दोलन का समाजवादी कायाकल्प आवश्यक है। समाजवाद कोई अमूर्त दर्शन नहीं था। यह राजनीति का एक शक्तिशाली औज़ार था जो यथार्थ को नया रूप दे सकता था, ठीक जिस तरह लेनिन के बोल्शेविक विद्रोह ने रूस में सदियों से व्याप्त सामन्तवाद को पलट दिया था। इस विचारधारा में आस्था रखने वाले कुछ नेता 1925 में स्थापित भारतीय कम्युनिस्ट पार्टी में शामिल हो गये थे। कई अन्य, जो पूरी तरह से मार्क्सवादी नहीं हुए थे, समाजवादी विचारों की ओर आकर्षित हो गये थे। ग़ौरतलब है कि तब तक इन समाजवादियों तक स्टालिन की तानाशाही की ख़बरें नहीं पहुँची थीं।

उनकी उम्मीदें नेहरू पर टिकी थीं, और यह अकारण नहीं था। दिसम्बर 1933 में जवाहरलाल नेहरू ने मीनू मसानी को एक पत्र लिखा था। मसानी उन दिनों बम्बई में समाजवादी कांग्रेसियों के एक समूह को संगठित कर रहे थे। नेहरू का पत्र कांग्रेस के भीतर उभरती वामपन्थी राजनीति का स्पष्ट समर्थन करता था। "मैं कांग्रेस के भीतर समाजवादी समूहों के गठन का स्वागत करूँगा, ताकि वे कांग्रेस और देश की विचारधारा को दिशा दे सकें। जैसाकि आप जानते हैं, मैं हालिया भाषणों और लेखों में समाजवादी विचार पर बहुत ज़ोर देता रहा हूँ। मेरा मानना है कि समय आ गया है कि देश को इस मुद्दे का सामना करना चाहिए और ठोस आर्थिक समस्याओं से जूझना चाहिए। आज पूरी दुनिया में लोग आर्थिक और सामाजिक परिवर्तन के बारे में सोचने

के लिए मजबूर हो रहे हैं। हम भारतीय केवल राजनीति के दायरे में बने रहने का जोख़िम नहीं उठा सकते। अब निस्सन्देह वह समय आ गया है, जब हमें अधिक स्पष्टता से विचार करना चाहिए और वैज्ञानिक विचारधारा विकसित करनी चाहिए। मेरी दृष्टि में यह विचारधारा समाजवाद है और इसलिए मैं इस विचारधारा के प्रसार के लिए समूहों के गठन का सहर्ष स्वागत करूँगा।"[1]

आर्थिक नीति और मौलिक अधिकारों पर आधारित कराची प्रस्ताव को प्रस्तुत करने में नेहरू की प्रमुख भूमिका थी। पहले समाजवादी चार्टर के रूप में पेश किया गया यह प्रस्ताव प्रमुख उद्योगों और खनिज संसाधनों के राष्ट्रीयकरण की वकालत करता था। यह कहता था, "जनता का शोषण समाप्त करने के लिए राजनीतिक स्वतन्त्रता के साथ लाखों भूखे लोगों को आर्थिक स्वतन्त्रता भी मिलनी चाहिए।"[2] हालाँकि समाजवादियों की युवा मण्डली नाख़ुश थी कि भले ही यह प्रस्ताव कई मसलों पर कांग्रेस की जड़ मान्यताओं को तोड़कर नाटकीय ढंग से नये रास्ते की ओर ले जा रहा था, यह ग्रामीण समुदाय पर बढ़ते ऋण और ज़मींदारी प्रथा के पूर्ण उन्मूलन पर एकदम चुप था। इसके परिणामस्वरूप बिहार में समाजवादी विचारधारा वाले युवा कांग्रेसियों ने रामबृक्ष बेनीपुरी, फूलन वर्मा, बसावन सिंह, योगेन्द्र शुक्ला, अब्दुल बारी, गंगा शरण सिन्हा और अम्बिका सिन्हा जैसे दिग्गजों के नेतृत्व में जुलाई 1931 में बिहार सोशलिस्ट पार्टी की स्थापना कर ली।

जेपी बिहार सोशलिस्ट पार्टी से शुरू से ही जुड़े हुए थे। जेल से 1933 में रिहा होने के बाद उन्हें इसका सचिव नामित किया गया। उन्होंने इसके उद्देश्यों और नियमों की रचना को स्थापित करने में महत्त्वपूर्ण भूमिका निभाई थी। हालाँकि वे मार्क्सवाद के प्रति समर्पित थे, लेकिन राष्ट्रवादी आन्दोलन पर भारतीय साम्यवादियों के रुख़ को देखकर चकित थे। उन्हें विश्वास था कि जब तक भारत विदेशी शासन के अधीन रहेगा, आज़ादी के लिए एकजुट होकर लड़ना पहली प्राथमिकता होनी चाहिए।

जेपी ने पंजाब और यूपी की सोशलिस्ट पार्टी, बॉम्बे प्रेसिडेंसी के समाजवादी समूह और उत्कल कांग्रेस के समाजवादी कर्मी संघ समेत देश के अन्य समाजवादी समूहों से भी सम्पर्क किया। प्रोफ़ेसर ब्रज नारायण, जीवन

लाल कपूर और लाला फिरोज़ चंद के नेतृत्व वाली पंजाब सोशलिस्ट पार्टी अवांगार्द समाजवादियों का समूह था जो खोखली बौद्धिकता में विश्वास नहीं करता था। उत्तर प्रदेश की समाजवादी पार्टी सम्पूर्णानन्द के नेतृत्व में गठित हुई थी। उनकी पुस्तिका 'व्हेन वी आर इन पॉवर' ने समाजवादी विचारों को बख़ूबी परिभाषित किया था। सम्पूर्णानन्द ने 1926 में नरेन्द्र देव के साथ मिलकर किसानों के लिए एक समाजवादी कार्यक्रम को भी निर्धारित किया जिसे 1929 में कांग्रेस ने स्वीकार लिया था। ये समाजवादी श्रमिकों और किसानों को संगठित कर रहे थे। बिहार में रामबृक्ष बेनीपुरी किसानों के शोषण की जड़ ज़मींदारी प्रथा के उन्मूलन के लिए आन्दोलन का नेतृत्व कर रहे थे। इसके साथ, नेहरू की 1927 में सोवियत संघ यात्रा के बाद दिए जोशीले और प्रेरक भाषण व लेख भी स्मृति में बने हुए थे।

जब ख़बर आयी कि मई 1934 में अखिल भारतीय कांग्रेस कमेटी अपना सत्र पटना में आयोजित करने जा रही है, जेपी और उनके समाजवादी साथी कांग्रेस पर मँडरा रहे अस्तित्वपरक संकट को दूर करने की योजना बनाने लगे। उनका विचार था कि कांग्रेस के भीतर धधकती साम्राज्यवाद-विरोधी शक्तियों को पार्टी के बुर्ज़ुआ नेतृत्व से स्वतन्त्र किसी मंच पर एकजुट किया जाये। इस तरह उन्होंने समूचे भारत के समाजवादी विचारधारा वाले कांग्रेसियों का एक समानान्तर सम्मेलन पटना में आयोजित किया। अखिल भारतीय कांग्रेस समिति की निर्धारित बैठक से एक दिन पहले यानी 17 मई 1934 को पटना के अंजुमन इस्लामिया हॉल में नरेन्द्र देव की अध्यक्षता में समाजवादियों का पहला अखिल भारतीय सम्मेलन हुआ।

इस युगान्तकारी बैठक में पाँच प्रान्तों–बिहार, संयुक्त प्रान्त, केरल, मद्रास और बंगाल–के सौ प्रतिनिधियों ने भाग लिया। इन प्रतिनिधियों ने कांग्रेस के शीर्षस्थ दक्षिणपन्थी नेताओं के एक वर्ग द्वारा प्रचारित किये जा रहे पार्टी कार्यक्रम के प्रति अपने मोहभंग को सार्वजानिक अभिव्यक्ति दी। सम्मेलन में उपस्थित युवा रैडिकल समाजवादियों ने सरकारी परिषदों में प्रवेश के प्रस्ताव को नकार दिया और कहा कि यह 1929 के लाहौर प्रस्ताव के विपरीत है, जिसमें विधायिकाओं के बहिष्कार का आह्वान किया गया था और पूर्ण

स्वतन्त्रता से कम किसी भी माँग को अस्वीकार कर दिया गया था। उन्होंने यह भी आरोप लगाया कि "गांधी और पुराने नेताओं के नेतृत्व में राष्ट्रवादी आन्दोलन संवैधानिकता और ब्रिटिश हुकूमत के साथ समझौते की ओर बढ़ रहा था।"[3]

दुनिया पर मँडराते आर्थिक संकट और यूरोप में फैलते फ़ासीवाद के मद्देनज़र समाजवादियों ने घोषणा की कि कांग्रेस के भीतर मार्क्सवादी समाजवादियों का संगठन स्थापित करने का क्षण आ गया है। इसके लिए नरेन्द्र देव की अध्यक्षता में एक समिति का गठन किया गया, जिसके सचिव जेपी बने। प्रोफ़ेसर अब्दुल बारी, पुरुषोत्तम त्रिकमदास, मीनू मसानी, सम्पूर्णानन्द, सीसी बनर्जी, फरीदुल हक़ अंसारी, प्रोफ़ेसर अब्दुल अलीम, एनजी रंगा और राममनोहर लोहिया इसके सदस्यों में शुमार थे। इस समिति को अखिल भारतीय कांग्रेस सोशलिस्ट पार्टी के प्रस्तावित संविधान और कार्यक्रम की रूपरेखा तैयार करनी थी। समिति सजग थी कि ऐसा रैडिकल समाजवादी घोषणापत्र कांग्रेस के समक्ष न रखा जाये, जो पार्टी के रूढ़िवादी वर्ग को उनसे अलग कर दे। समिति ने यह भी तय किया कि गांधी के रचनात्मक कार्यक्रम में बाधा न डाली जाये। जब समाजवादी कार्यक्रम का मसौदा अनुमोदन के लिए एआईसीसी को भेजा गया, कांग्रेस ने भिन्न विचारधारा का प्रतिनिधित्व करते समूह के गठन का स्वागत किया।

जून 1934 में एक बैठक के दौरान कांग्रेस कार्यसमिति ने पाया कि पूँजीपतियों की सम्पत्ति ज़ब्त होने और जनयुद्ध की सम्भावना पर फैल रही अफ़वाहों के मद्देनज़र कांग्रेस कार्यकर्ताओं को मार्च 1931 के कराची प्रस्ताव की याद दिलाना आवश्यक था। इस प्रस्ताव के प्रावधान मुआवज़े या उचित कारण के बग़ैर निजी सम्पत्ति को ज़ब्त करने का सख़्त विरोध करते थे। यह प्रस्ताव यह भी कहता था कि ऐसी ज़ब्ती और जनयुद्ध कांग्रेस के अहिंसा पर आग्रह के विपरीत था।

नेहरू उस समय जेल में थे, और कांग्रेस कार्यसमिति के प्रस्ताव से नाराज़ थे। उन्होंने अपनी डायरी में लिखा, "सीडब्ल्यूसी को धिक्कार है कि उसने एक निरर्थक प्रस्ताव ऐसे विषय पर पारित किया है जिसे वह ज़रा

भी नहीं समझती है।"[4] उन्हें लगा कि कांग्रेस आक्रामक रूप से समाजवाद-विरोधी होती जा रही है। समाजवादियों पर हो रहे हमले से विस्मित नरेन्द्र देव, सम्पूर्णानन्द, श्रीप्रकाश और जेपी ने 22 जून 1934 को बनारस से एक ठोस बयान जारी किया, जिसने यह स्पष्ट किया कि कांग्रेस कार्यसमिति के प्रस्ताव ने समाजवादियों को दुख पहुँचाया है। वे ऐसे प्रहार के लिए ज़रा भी तैयार नहीं थे। "कार्यसमिति का प्रस्ताव हैरान कर देता है। इससे पता चलता है कि कांग्रेस का वर्तमान नेतृत्व कितना प्रतिक्रियावादी हो गया है। हम समाजवादियों के लिए इसका केवल एक अर्थ हो सकता है कि ऐसे नेतृत्व को उखाड़ फेंकने के लिए हम अपने प्रयासों को दोगुना कर दें।"[5]

इस बयान ने सरदार पटेल को विचलित कर दिया। वे कांग्रेस के वामपन्थी झुकाव को नहीं हजम कर पा रहे थे। उन्होंने समाजवादियों पर पार्टी को विभाजित करने का आरोप लगाया।[6] 18 जुलाई 1934 को जारी एक वक्तव्य में जेपी ने कहा कि पटेल को कुछ ग़लतफ़हमी है। उन्होंने कहा कि इस विभाजन की ज़िम्मेदारी स्वयं कांग्रेस नेताओं की थी।[7] यदि कांग्रेस नेता अपने मत पर क़ायम रहे कि समाजवादी कार्यक्रम कांग्रेस के मूल्यों का विरोध करता है, तो इसका केवल एक मतलब होगा कि समाजवादी अपना कार्यक्रम छोड़ दें या कांग्रेस छोड़ दें। नेहरू हाल ही जेल से बाहर आये थे। पार्टी की अन्दरूनी लड़ाई से चिन्तित होकर उन्होंने 13 अगस्त 1934 को गांधी को पत्र लिखकर अपनी पीड़ा व्यक्त की, "मुझे लगता है कि समय आ गया है कि कांग्रेस सामाजिक और आर्थिक मुद्दों पर स्पष्ट रूप से विचार करे। मैं मानता हूँ कि इन मुद्दों का महत्त्व समझने में समय लगेगा और कांग्रेस इस वक़्त उतना आगे नहीं बढ़ पायेगी, जितना मैं चाहता हूँ। लेकिन ऐसा प्रतीत होता है कि कार्यसमिति को भले ही इस विषय के बारे में कुछ पता हो या न हो, वह उन लोगों की आलोचना कर उनका बहिष्कार करने के लिए पूरी तरह तैयार है, जिन्होंने इस विषय का विशेष अध्ययन किया है और इस पर स्पष्ट विचार रखते हैं। उन विचारों को समझने का कोई प्रयास नहीं किया गया है, जिन पर दुनिया के तमाम योग्यतम और आत्म-त्यागी मनुष्य भरोसा करते हैं। ये विचार सही या ग़लत हो सकते हैं, लेकिन यह अपेक्षित था कि उनकी निन्दा करने से पहले कार्यसमिति उन्हें कम-अज़-कम थोड़ा समझ लेती।"[8]

नेहरू का पत्र मिलते ही गांधी ने वर्धा से उत्तर दिया, "मैं आपका दुख समझता हूँ। आपने अपनी भावनाओं को पूर्ण एवं स्वतन्त्र अभिव्यक्ति देकर एकदम ठीक किया...मेरे भीतर भी वही जुनून है...सामूहिक भलाई के लिए... मैं (इन) प्रस्तावों और उनसे जुड़े पूरे घटनाक्रम की पूरी ज़िम्मेदारी लेता हूँ... हालाँकि, हमारे बीच तरीक़ों और साधनों पर आग्रह को लेकर अन्तर है। मेरे लिए (साधन) लक्ष्य जितने ही महत्त्वपूर्ण हैं...मैंने शब्दकोश में समाजवाद का अर्थ देखा है। यह मेरी समझ में कोई इजाफ़ा नहीं करता।"[9]

गांधी को एहसास हो चुका था कि भारत के समाजवादियों की मण्डली में प्रतिभाशाली, श्रेष्ठतम और शिक्षित लोग थे, और वे नेहरू को पार्टी से दूर ले जा सकते थे। इसलिए, शायद थोड़ी जल्दी में उन्होंने यह निर्णय लिया कि नेहरू को कांग्रेस में बनाये रखने के लिए बेहतर होगा कि वे स्वयं कांग्रेस छोड़ दें। उन्होंने 17 सितम्बर 1934 को एक सार्वजनिक वक्तव्य के ज़रिये अपने इस्तीफ़े की घोषणा कर दी। साथ ही, उन्होंने सरदार पटेल को लिखा, "मेरी उपस्थिति बुद्धिजीवियों को कांग्रेस से दूर करती जा रही है।"[10]

यह राष्ट्रीय आन्दोलन का एक दिलचस्प दौर था। दक्षिणपन्थी और वामपन्थी विचारधाराएं टकराव की राह पर थीं। कांग्रेस के भीतर सीएसपी और अन्य वामपन्थी समूहों को लगभग एक तिहाई समर्थन मिल रहा था।

जेपी आडम्बरविहीन जीवन जी रहे थे, जिसके केन्द्र में समाजवाद था। लेकिन वे एक गम्भीर विचारक और राजनीतिक विश्लेषक होने तक सीमित नहीं थे। उन्होंने पार्टी की प्रान्तीय शाखाओं को मज़बूत करने के लिए दिन-रात काम किया। उनके प्रयासों को बेहिसाब जन-समर्थन मिला। जनता के भीतर इस नयी राजनीति के लिए भावनात्मक प्यास थी। परिवर्तनकामी आन्दोलन के स्वप्न को लेकर जी रहे सैकड़ों युवा उनके साथ जुड़ गये थे। जेपी के भाषण भड़काऊ नहीं होते थे। उनकी क्रान्तिकारी आभा और उनकी सम्मोहक वक्तृत्व कला ने युवाओं का दिल जीत लिया था।

केरल के आगामी मुख्यमन्त्री ई.एम.एस नम्बूदरीपाद ने अपनी राजनीतिक चेतना को आकार देने का श्रेय जेपी द्वारा केरल में दिये गये सुलगते भाषणों

को दिया था। "उस यात्रा के दौरान उनके भाषण और अनौपचारिक चर्चाओं ने ट्रेड यूनियन और किसान सभाओं को संगठित करने के महत्त्व को रेखांकित किया, जिनके बिना न तो स्वतन्त्रता के लिए ठोस संघर्ष सम्भव था, और न कांग्रेस नेतृत्व की समझौतावादी नीतियों से लड़ा जा सकता था। उन्होंने सविनय अवज्ञा आन्दोलन के दौरान हुई हड़तालों के आधार पर बताया कि कैसे आक्रोशित जनता द्वारा उठाये इस क़दम ने प्रशासन को पंगु बनाने में मदद की थी। उन्होंने रेखांकित किया कि इस अनुभव को आगे बढ़ाते हुए और मज़दूर वर्ग की शक्ति को संगठित कर शक्तिशाली ब्रिटिश शासन को ध्वस्त किया जा सकता है। हमें यह तरीक़ा सत्याग्रह, संसदीय कार्यवाही और उग्र हिंसा के प्रामाणिक विकल्प के रूप में नज़र आया था," नम्बूदरीपाद ने लिखा था।

नम्बूदरीपाद ने आगे लिखा था कि जेपी द्वारा दिखायी राह ने युवा कांग्रेसियों को इस कदर प्रभावित किया था कि कुछ ही महीनों में हज़ारों युवाओं ने इसे अपना लिया था।[11] अखिल भारतीय कांग्रेस सोशलिस्ट पार्टी का निर्णायक उद्घोष 21-22 अक्टूबर 1934 को बम्बई में आयोजित पार्टी की तेरह प्रान्तीय शाखाओं के सम्मेलन में हुआ, जिसके सभापति सम्पूर्णानन्द थे। जेपी इस पार्टी के महासचिव बने। सम्मेलन में कांग्रेस के झण्डे और मार्क्स व लेनिन के चित्र समान मात्रा में दिखाई दे रहे थे। इस बत्तीस वर्षीय युवक का अखिल भारतीय नेता के रूप में औपचारिक उद्भव हो रहा था। जेपी का कार्यकाल वर्षों तक चला। इस दौरान उन्होंने इस संगठन की मनोभूमि में गाम्भीर्य, जुनून और प्रतिबद्धता को रोप दिया था।

मीनू मसानी, मोहनलाल गौतम, एनजी गोरे और ईएमएस नम्बूदरीपाद इस पार्टी के संयुक्त सचिव चुने गये। कार्यकारिणी समिति के निर्वाचित सदस्य थे नरेन्द्र देव, सम्पूर्णानन्द, कमलादेवी चट्टोपाध्याय, पुरुषोत्तम त्रिकमदास, पीवाई देशपाण्डे, राम मनोहर लोहिया, एसएम जोशी, अमरेन्द्र प्रसाद मित्रा, चार्ल्स मैस्करेनहास, नबकृष्ण चौधरी और अच्युत पटवर्धन। इसके अलावा पाँच लोगों को स्थानापन्न सदस्य के रूप में चुना गया—यूसुफ जे मेहरअली, शरत बाटलीवाला, रोहित मेहता, फरीदुल हक़ अंसारी और रामबृक्ष बेनीपुरी, जिन्हें अनुपस्थित रहे सदस्यों का बारी-बारी से स्थान लेना था। बम्बई सम्मेलन

द्वारा अपनाये गये कांग्रेस सोशलिस्ट पार्टी के संविधान के अनुसार पार्टी का उद्देश्य पूर्ण स्वतन्त्रता प्राप्त करना था। पार्टी की सदस्यता उन कांग्रेस सदस्यों के लिए थी, जिनके पास किसी प्रान्तीय कांग्रेस सोशलिस्ट पार्टी की सदस्यता थी और जो किसी साम्प्रदायिक संगठन या किसी ऐसे राजनीतिक संगठन के सदस्य नहीं थे, जिसके उद्‌देश्य और कार्यक्रम सीएसपी के विपरीत थे। ट्रेड यूनियनों की सामूहिक सम्बद्धता के लिए एक प्रावधान रखा गया था। अपने गठन के तुरन्त बाद सीएसपी ने अखिल भारतीय ट्रेड यूनियन कांग्रेस के साथ समझौता कर इसे भारतीय श्रमिकों का केन्द्रीय संगठन बनाने का वादा किया। सीएसपी कांग्रेस के उन दक्षिणपन्थी नेताओं के ख़िलाफ़ कड़ा रुख़ अपना रही थी, जो कांग्रेस को गांधी-युग से पहले अपनाये जा रहे संवैधानिक आन्दोलन के रास्ते पर वापस ले जाने के लिए प्रयासरत थे।

सीएसपी का कहना था कि ऐसे प्रयास पार्टी के सिद्धान्त और 1920 से अपनायी जा रही नीतियों के विपरीत थे। कांग्रेस को विधानसभाओं में क्रान्तिकारी तेवर अपनाने चाहिए जिनका लक्ष्य पूर्ण स्वतन्त्रता और जनता के आर्थिक और राजनीतिक शोषण को समाप्त करना हो। सीएसपी के सदस्यों ने कई स्थानों पर श्रमिकों की हड़तालों में भाग लिया। इनमें प्रमुख थीं अहमदाबाद की कपड़ा मिल, कालीकट के टाइल और कपड़ा मिल, ब्रिटिश-इंडिया स्टीम नेविगेशन कम्पनी के कर्मचारी, और बरहामपुर और जलगाँव के कपड़ा श्रमिकों की हड़ताल।

इस बीच वाम संगठनों के बीच एकता स्थापित करने के लिए जेपी के प्रयास असफल हो रहे थे। भारतीय कम्युनिस्ट पार्टी ने सीएसपी को बुर्जुआ मुखौटा घोषित कर दिया था। एमएन रॉय के समर्थकों ने शुरू में सीएसपी का साथ दिया लेकिन जल्द ही पता चल गया कि रॉय अपने अनुयायियों से सीएसपी में शामिल होने के लिए इसलिए कह रहे थे कि वे इस दल को विखण्डित कर असली 'सर्वहारा तत्त्वों' को अपनी ओर खींच लें।[12]

बम्बई सम्मेलन के तुरन्त बाद जेपी ने प्रान्तीय पार्टियों को संगठित करने का काम शुरू कर दिया। बनारस में एक केन्द्रीय कार्यालय खोला गया।

आन्ध्र, असम, बंगाल, मध्य प्रान्त और बरार, बम्बई, दिल्ली, गुजरात, केरल, संयुक्त प्रान्त और उत्कल में प्रान्तीय दलों का गठन हुआ। प्रेस का एक वर्ग इन घटनाक्रमों की कड़ी आलोचना कर रहा था। *हिन्दुस्तान टाइम्स* ने सीएसपी को उचक्कों की पार्टी घोषित कर दिया था। द *पायनियर* ने संकेत दिया था कि यह पार्टी रूस से धन प्राप्त कर रही थी। जेपी ने इसे झूठा प्रचार बताते हुए कहा था, "सभी शोषित वर्गों की तरह रूस हमारे लिए भी बहुत बड़ी प्रेरणा रहा है, लेकिन *पायनियर* का यह इशारा बेबुनियाद है कि हमारा उसके साथ ऐसा कोई सम्बन्ध है।"[13]

जेपी की वैचारिक भूमि का सबसे विस्तृत विवरण जनवरी 1936 में सीएसपी द्वारा प्रकाशित उनकी पुस्तक *ह्वाई सोशलिज़्म?* में मिलता है। यह किताब उन्हें अपनी पार्टी के अग्रणी सिद्धान्तकार के रूप में स्थापित करती थी, जिनके पास समाजवाद और उसकी भारतीय परिस्थितियों के लिए उपयुक्तता को लेकर एक सशक्त और निर्णायक दृष्टिकोण था। इस किताब पर नम्बूदरीपाद ने लिखा था, "कांग्रेस सोशलिस्ट पार्टी के जन्म और विकास पर उपलब्ध प्रचुर सामग्री के बीच जयप्रकाश नारायण की पुस्तक, *ह्वाई सोशलिज़्म?*, का प्रमुख स्थान है, जिसने बड़ी संख्या में कांग्रेस के युवा स्त्री और पुरुष सदस्यों की आँखें खोल दीं, जो भारतीय राष्ट्रीय कांग्रेस के दक्षिणपन्थी नेताओं द्वारा अपनाये गये कार्यक्रमों की निरर्थकता से निराश होकर एक नया रास्ता तलाश रहे थे। मैं अपना उदाहरण देकर कह सकता हूँ कि *ह्वाई सोशलिज़्म?* ने केरल के हम युवा कांग्रेसियों को दिखाया कि समाजवाद, गांधीवाद, और संसदीय मार्ग और हिंसक पथ, जो तीन वैचारिक दृष्टिकोण उन दिनों कांग्रेस में प्रभुत्व पाने के लिए प्रतिस्पर्धा कर रहे थे, समाजवाद उन सबसे बेहतर था। इसलिए *ह्वाई सोशलिज़्म?* एक ऐसी पाठ्यपुस्तक बन गयी, जिसके माध्यम से हमने नये वैचारिक तत्त्वों को आत्मसात किया।"

'समाजवाद की नींव' नामक पहला अध्याय मार्क्सवादी दृष्टिकोण से समाजवाद की व्याख्या करता था। इस अध्याय का अन्त असमानता के मूल कारण यानी उत्पादन के साधनों का निजी स्वामित्व ख़त्म करने के आह्वान के साथ होता था। 'कांग्रेस सोशलिस्ट पार्टी का रुख़ क्या है' शीर्षक वाले अगले अध्याय में जेपी ने समाजवाद-विरोधियों के इस तर्क का कड़ा प्रतिवाद किया

कि समाजवाद भारत में सफल नहीं होगा क्योंकि इसकी परम्पराएँ यूरोपीय देशों से अलग थीं, जहाँ समाजवाद का जन्म हुआ था। उन्होंने ज़ोर दिया कि कोई भी सत्ताधारी समाजवादी पार्टी दुनिया के किसी भी हिस्से में समाजवाद की आँच जगा सकती थी।

इसका तीसरा अध्याय समाजवाद के विकल्पों की आलोचना करते हुए गांधीवाद की भी मुख़ालिफ़त करता था। जेपी के अनुसार गांधीवाद एक 'ख़तरनाक सिद्धान्त' था, जो 'नेकनीयती, कमज़ोर आर्थिक विश्लेषण और निष्प्रभावी नैतिक उपदेशों' से मिलकर बना था। यह जनता को धोखा दे रहा था और उच्च वर्गों का वर्चस्व क़ायम रखने में मदद कर रहा था।[14] गांधी के विचारों में जेपी को कुछ भी नया या अनिवार्यतः भारतीय महसूस नहीं हुआ था। जेपी के अनुसार गांधी-दर्शन कुछ पश्चिमी विचारकों के चिन्तन का निचोड़ भर था। गांधी प्रस्तावित करते थे कि वर्ग संघर्ष अभिशाप है, पूँजी और श्रम एक-दूसरे पर निर्भर हैं और एक-दूसरे के लिए आवश्यक हैं, और क्रान्ति निरर्थक है। जेपी इसे "पश्चिम के आत्मसन्तुष्ट बुर्ज़ुआ प्रोफ़ेसर, विचारकों और पादरियों द्वारा प्रचारित अत्यन्त साधारण विचार" मानते थे।[15]

'प्रविधि और तकनीक' शीर्षक वाले चौथे और अन्तिम अध्याय में जेपी ने तर्क दिया था कि समय की माँग है कि किसानों और मज़दूरों को संगठित कर उन्हें ज़ागरूक बनाया जाये। इसके लिए सबसे कारगर होगा कि उनके संगठनों को मज़बूत बनाकर उनके भीतर राजनीतिक चेतना के बीज रोपे जायें। जेपी ने यह दायित्व समाजवादियों को सौंपा था।[16]

*ह्वाई सोशलिज़्म?* का सारांश कुछ इस तरह था–सत्ता उत्पादक जनता के हाथों में; राज्य-नियन्त्रित अर्थव्यवस्था; उत्पादन, वितरण और विनिमय के सभी साधनों का सामाजीकरण; अर्थव्यवस्था के असंगठित क्षेत्रों में उत्पादन, वितरण और ऋण के लिए सहकारी समितियों का संगठन; राजशाही, ज़मींदार और शोषकों का उन्हें बग़ैर कोई मुआवज़ा दिये उन्मूलन; किसानों को भूमि का पुनर्वितरण; राज्य द्वारा सहकारिता और सामूहिक खेती को प्रोत्साहन; किसानों और श्रमिकों पर बकाया ऋणों का अन्त; राज्य द्वारा काम करने के अधिकार को मान्यता; वयस्क मताधिकार; लैंगिक समानता; धर्म, जाति और समुदाय के आधार पर भेदभाव का अन्त।

*ह्वाई सोशलिज़्म?* में प्रतिपादित विचार कांग्रेस सोशलिस्ट पार्टी की वैचारिक भूमि को प्रतिबिम्बित करते थे। जेपी ने पार्टी की कार्ययोजना भी तैयार की थी। 29 जनवरी 1936 में मेरठ में आयोजित पार्टी के दूसरे सम्मेलन में अपनायी गयी यह थीसिस सीएसपी को 'मार्क्सवादी समाजवादियों का एक संगठित समुदाय' के बतौर परिभाषित करती थी। इस सम्मेलन की अध्यक्षता कमलादेवी चट्टोपाध्याय ने की थी। सीएसपी ने स्पष्ट कर दिया था कि वह कांग्रेस में मौजूद साम्राज्यवाद-विरोधी ताक़तों को पार्टी के बुर्जुआ नेतृत्व से मुक्त कर, उन्हें क्रान्तिकारी समाजवाद के दायरे में लाना चाहती है। दिसम्बर 1936 में हुए फ़ैज़पुर में पार्टी के तीसरे वार्षिक सम्मेलन में अपनाया गया प्रस्ताव मेरठ प्रस्ताव का महत्त्वाकांक्षी विस्तार था। यह कांग्रेस को साम्राज्यवाद-विरोधी शक्ति में बदलने की वकालत करता था।[17]

*कांग्रेस सोशलिस्ट* पत्रिका सीएसपी का मुखपत्र होने के साथ राजनीतिक प्रचार का एक शक्तिशाली माध्यम थी। लोहिया और अशोक मेहता जैसे नेता इसके सम्पादक थे। नेहरू मेमोरियल संग्रहालय और पुस्तकालय में मौजूद जेपी के दस्तावेज़ बताते हैं कि वे पार्टी कार्यकर्ताओं और प्रान्तों के कार्यकारी सदस्यों से पत्रिका के लिए लिखने और इसकी सदस्यता का विस्तार करने की लगातार अपील करते थे। ऐसी एक अपील करते हुए जेपी ने लिखा था, "पार्टी का कोई भी सदस्य *कांग्रेस सोशलिस्ट* के प्रति ज़िम्मेदारी से मुक्त नहीं है।"[18]

इसके साथ समाजवादी विचार का विकास, पूँजीवाद और साम्राज्यवाद का विकास, पूँजीवाद का पतन और फ़ासीवाद, भारत में साम्राज्यवाद विरोधी संघर्ष जैसे विषयों पर एक व्याख्यान श्रृंखला शुरू की गयी। जेपी ने साझा राजनीतिक विचार रखने वाले साथियों के लिए समाजवादी अध्ययन मण्डल और शिविर भी आयोजित किये। ऐसा एक आरम्भिक शिविर 15 मई 1937 से दो सप्ताह के लिए अल्मोड़ा में आयोजित हुआ था, जिसके संयोजक यूसुफ मेहर अली थे।[19] एक समाजवादी पुस्तक क्लब की भी स्थापना हुई, जिसके संस्थापक सदस्यों में सुभाष चन्द्र बोस, नरेन्द्र देव, मीनू मसानी, पीसी जोशी, लोहिया, मुल्कराज आनन्द और ज़ेड.ए अहमद शामिल थे। जेपी नेहरू को सदस्य तो नहीं बना पाये, लेकिन नेहरू ने *कांग्रेस सोशलिस्ट* के लिए यथासम्भव राशि देकर मदद की थी।

लेकिन सीएसपी के सभी नेता जेपी की तरह मार्क्सवाद के प्रति प्रतिबद्ध नहीं थे। मीनू मसानी और अशोक मेहता फेबियन समाजवाद से प्रेरित थे, सम्पूर्णानन्द को वेदान्तिक समाजवाद से प्रेरणा मिली थी, और अच्युत पटवर्धन जैसे अन्य नेता गांधी से प्रभावित थे। मीनू मसानी ने उन सुनहरे समाजवादी दिनों के बारे में लिखा था, "कांग्रेस सोशलिस्ट पार्टी के बारे में यह महत्त्वपूर्ण प्रश्न कि क्या यह मार्क्सवादी पार्टी थी या नहीं, और कम्युनिस्ट पार्टी के साथ इसके सम्बन्धों...पर कार्यकारी समिति के निजी सत्रों में चर्चा होती थी।... मेरे, यूसुफ मेहर अली और अन्य नेताओं की ओर से काफ़ी प्रतिरोध के बाद जेपी कार्यकारिणी को इस बात पर सहमत करने में कामयाब रहे कि हमारी पार्टी मार्क्सवादी पार्टी थी।"[20] जेपी ने 1935 में सीपीआई और सीएसपी के गठबन्धन पर चर्चा करने के लिए मसानी को मास्को भेजा था। मास्को पहुँच कर उनकी गहरी चर्चा हैरी पोलिट, बेन ब्रैडली और रजनी पाल्मे दत्त के नेतृत्व वाले ब्रिटिश साम्यवादियों से हुई थी। मसानी के इस सुझाव को कि सीपीआई को भंग कर एक एकीकृत सोशलिस्ट पार्टी का गठन होना चाहिए, ख़ारिज कर दिया गया।

1936 और 1937 में नेहरू लगातार कांग्रेस के अध्यक्ष चुने गये। समाजवादियों को पता था कि नेहरू को अधिकांश वरिष्ठ कांग्रेस नेताओं का समर्थन नहीं है, फिर भी उन्हें लगा कि अपने रैडिकल समाजवादी एजेंडे के साथ वह दक्षिणपन्थी ताक़तों के ख़िलाफ़ प्रभावी हो सकते हैं, और समाजवादी व नेहरू मिलकर दक्षिणपन्थी नेतृत्व को परास्त कर सकते हैं। जेपी ने गम्भीरता दिखाते हुए अपना रुख़ नरम किया, और कांग्रेस के रूढ़िवादियों को आश्वस्त किया कि उनकी पार्टी पर समाजवादियों का क़ब्ज़ा नहीं होगा। उन्होंने कहा कि सीएसपी का "उद्देश्य कांग्रेस को एक पूर्ण समाजवादी पार्टी में परिवर्तित करना नहीं है। हम सिर्फ़ इस संगठन की विषयवस्तु और नीति को बदलना चाहते हैं ताकि यह सही मायने में जनता का प्रतिनिधित्व कर सके, और इसका उद्देश्य जनता को विदेशी शासन से तथा अपने देश में हो रहे शोषण से मुक्त कराना हो।"[21]

*कांग्रेस सोशलिस्ट* के लिए लिखे एक निबन्ध में उन्होंने कांग्रेस के भीतर असहमत स्वरों को शान्त करने की भी कोशिश की थी। "हमारी नीति इस सरल विचार से तय होती है कि एक संगठन जिसका काम साम्राज्यवाद के ख़िलाफ़ सभी वर्गों को एकजुट करना है, उसे समाजवाद की नहीं बल्कि एक व्यापक साम्राज्यवाद-विरोधी कार्यक्रम की ज़रूरत है।"[22] अप्रैल 1938 में लाहौर में सीएसपी सम्मेलन के दौरान उन्होंने कहा, "समाजवादियों और कांग्रेस के बीच लाल झण्डे और तिरंगे को लेकर कोई झगड़ा नहीं है। जो लोग ग़रीब किसानों और उत्पीड़ित मज़दूरों की लड़ाई लड़ने के लिए लाल झण्डे के नीचे खड़े होते हैं, वे अपनी आज़ादी की लड़ाई लड़ने के लिए भारत के राष्ट्रीय ध्वज के नीचे खड़े होने में गर्व महसूस करते हैं।"[23]

अप्रैल 1936 के लखनऊ कांग्रेस अधिवेशन ने 1935 के भारत सरकार अधिनियम को अस्वीकार करते हुए एक प्रस्ताव पारित किया था। जेपी आश्चर्यचकित थे कि इस अधिनियम ने एक-व्यक्ति एक-मत के सिद्धान्त की अनदेखी करते हुए सत्ता के सीमित हस्तान्तरण का प्रावधान कर दिया था। सम्पत्ति के स्वामित्व या शैक्षिक योग्यता के आधार पर तीन करोड़ चालीस लाख लोगों को मताधिकार दिया गया था। प्रान्तीय सरकारों को सभी क़ानूनों पर वीटो करने का अधिकार था। नेहरू ने भी इस अधिनियम की कड़ी निन्दा की, ख़ासकर इस मुद्दे पर कि यह प्रतिक्रियावादी ताक़तों को मज़बूत करने के लिए लाया गया था। नेहरू ने यह भी महसूस किया कि इस अधिनियम के अन्तर्गत किसी सरकारी पद को स्वीकार करना एक प्रतिगामी क़दम होगा जो कांग्रेस के विघटन का कारण बन सकता है।[24] हालाँकि कांग्रेस ने 1935 अधिनियम की निन्दा की थी, इसने 1937 के प्रान्तीय विधानसभा चुनावों में भाग लेने का फ़ैसला किया। इसके चुनावी घोषणापत्र ने संविधान सभा के गठन का वायदा भी किया था।

प्रेस से बातचीत करते हुए जेपी ने कहा, "हालाँकि लखनऊ कांग्रेस का सत्र निराशाजनक रहा, लेकिन इसके ऊपर इसके अध्यक्ष के व्यक्तित्व की छाप है। युद्ध, कृषि और नागरिक स्वतन्त्रता जैसे मसलों पर पारित प्रस्ताव कांग्रेस अध्यक्ष और, अगर सही कहूँ तो, हमारी पार्टी (सीएसपी) की वजह से सम्भव हुए हैं। अपने कमज़ोर स्वरूप में भी ये प्रस्ताव प्रशंसनीय प्रगति

का सूचक हैं।"[25] नेहरू ने अपना रुख़ अध्यक्षीय भाषण में स्पष्ट रूप से व्यक्त कर दिया था। उन्होंने कहा था कि दुनिया और भारत की समस्याओं के समाधान की कुंजी समाजवाद में निहित है : "इसका (समाजवाद) अर्थ हुआ कि हमारी राजनीतिक और सामाजिक संरचना में व्यापक और क्रान्तिकारी परिवर्तन हों, भूमि और उद्योग में निहित स्वार्थी तत्त्वों के साथ सामन्ती और निरंकुश राजशाही का अन्त हो...कुछेक सीमित उदाहरणों को छोड़कर निजी सम्पत्ति का अन्त हो और लाभ पर टिकी वर्तमान प्रणाली की जगह सहजीविता का उच्च आदर्श स्थापित हो...इस प्रकार मेरे लिए समाजवाद केवल आर्थिक सिद्धान्त नहीं है जिसका मैं समर्थन करता हूँ। यह एक महत्त्वपूर्ण मार्ग है जहाँ मेरा हृदय और मस्तिष्क बसता है।"[26]

अखिल भारतीय किसान सभा का गठन भी समाजवादी आदर्श की दिशा में एक महत्त्वपूर्ण क़दम था।[27] किसान सभा आन्दोलन बिहार में शुरू हुआ था, जब सहजानन्द सरस्वती ने 1929 में बिहार प्रोविंशियल किसान सभा का गठन किया था। इसके बाद 1936 में अखिल भारतीय किसान सभा का गठन हुआ था, जिसके अध्यक्ष सहजानन्द थे और एनजी रंगा सचिव। 1939 तक इसके आठ लाख सदस्य हो गये थे। नेहरू रैडिकल आकांक्षाओं के केन्द्र बन चुके थे। उनके वैचारिक समर्थन के सहारे समाजवादियों को लगता था कि ऐतिहासिक ताक़तें उनके पक्ष में हैं। सीएसपी चुनाव लड़ने का गहरा विरोध करती आयी थी। अब इस मुद्रा में एक रणनीतिक बदलाव लाते हुए पार्टी ने मन्त्रालयों के गठन का विरोध करने की मुद्रा अपना ली। नरेन्द्र देव जैसे प्रमुख नेताओं और विचारकों सहित कई समाजवादी चुनाव में प्रत्याशी के रूप में उतर आये। ख़ुद जेपी चुनाव प्रचार में डूब गये।

बिहार में चुनाव-प्रचार के दौरान वे नेहरू की प्रशंसा करना नहीं भूलते थे। एक जगह उन्होंने कहा था, "यह (चुनाव-प्रचार) पण्डित नेहरू की तूफ़ानी यात्रा के बाद सही मायने में शुरू हुआ था। इसने पूरे प्रान्त को इस तरह हिलाकर रख दिया जैसा कोई अन्य नहीं कर पाया। मानो किसी विराट व्यक्तित्व ने आकर सोते हुए प्रान्त को उठाया और उसे एक ज़ोरदार झटका दिया, जिससे वह ऊर्जावान और चैतन्य हो गया। लोगों की प्रतिक्रिया और उत्साह हमारे लिए आश्चर्यजनक है...कांग्रेस के प्रति इतना गहन विश्वास...

कांग्रेस उनकी उम्मीद है...यह उन्हें संकट से मुक्ति दिलायेगी। भूखे किसान की मतदान केन्द्र तक यात्रा रणभूमि की ओर प्रस्थान की प्रस्तावना है।"[28]

अप्रैल 1936 में कांग्रेस के लखनऊ सत्र के तुरन्त बाद गांधी के आदेश पर और नेहरू के समर्थन से जेपी, नरेन्द्र देव और अच्युत पटवर्धन को पन्द्रह सदस्यीय कांग्रेस कार्यसमिति के सदस्य के रूप में नामित किया गया। यह एक बड़ा सम्मान था क्योंकि उस समय जेपी केवल चौंतीस वर्ष के थे। हालाँकि उन्हें कुछ महीने बाद इस्तीफ़ा देना पड़ा क्योंकि वह अखिल भारतीय कांग्रेस कमेटी के सदस्य नहीं थे और इसलिए उनके पास कार्यसमिति का सदस्य होने की पात्रता नहीं थी। लेकिन कांग्रेस में उनका क़द लगातार बढ़ता गया। तीन साल बाद पार्टी के त्रिपुरी अधिवेशन में उन्हें 'द नैशनल डिमांड' पर प्रस्ताव तैयार करने का दायित्व सौंपा गया।

इस डर से कि 'हाशिये पर ठहरे समाजवादी विचार' अब मुख्यधारा में आ जायेंगे, पार्टी के भीतर नेहरू के आलोचकों ने शिकायत की कि वह समाजवादी कार्यसमिति का गठन करने की कोशिश कर रहे थे। नेहरू को सम्बोधित एक संयुक्त पत्र में वल्लभ भाई पटेल, सी राजगोपालाचारी, राजेन्द्र प्रसाद, जेबी कृपलानी, जयरामदास दौलतराम, जमनालाल बजाज और पार्टी के अन्य दक्षिणपन्थी तत्त्वों ने धमकी दी कि ऐसी परिस्थिति में वे चुनाव नहीं लड़ पायेंगे। अन्ततः शान्ति बहाल करने के लिए गांधी को हस्तक्षेप करना पड़ा। कांग्रेस ने ज़ोरदारी और आत्मविश्वास के साथ चुनाव लड़ते हुए बहुत अच्छा प्रदर्शन किया। ग्यारह में से छह प्रान्तों में स्पष्ट बहुमत हासिल किया और अन्य तीन में सबसे बड़ी पार्टी बनकर उभरी।

चुनावों में कांग्रेस की अभूतपूर्व सफलता ने सीएसपी द्वारा मन्त्रालय स्वीकार करने के विरोध को महत्त्वहीन बना दिया। सीएसपी के इस मत का विजयलक्ष्मी पण्डित, शरत चन्द्र बोस और रफी अहमद किदवई जैसे कई अन्य नेता समर्थन कर रहे थे। लेकिन जब इस मसले पर अन्तिम चर्चा हुई, मन्त्रालयों के सशर्त गठन पर राजेन्द्र प्रसाद और पटेल द्वारा पेश किये गये प्रस्ताव को स्वीकार कर लिया गया। इस प्रस्ताव पर जेपी का संशोधन पराजित हो गया। इस तरह सात प्रान्तों–बम्बई, मद्रास, संयुक्त प्रान्त, बिहार,

मध्य प्रान्त, उड़ीसा और उत्तर-पश्चिम सीमा प्रान्त–में कांग्रेस मन्त्रिमण्डलों का गठन हुआ।

जेपी उसी कार्य में जुटे हुए थे जिसके लिए वह सीएसपी की स्थापना के बाद से काम कर रहे थे–किसानों और श्रमिकों को संगठित करना और असमानता को समाप्त करने के लिए ज़मीनी स्तर के सामाजिक आन्दोलनों और पार्टी की नीतियों के अन्तर को पाटना। "हमारे स्वराज का अर्थ ग़रीबों के लिए स्वराज होना चाहिए। राजनीतिक लोकतन्त्र से ऊपर उठकर, स्वराज का अर्थ आर्थिक लोकतन्त्र होना चाहिए। इस उद्देश्य के लिए पूँजीवादी कुलीनतन्त्र को नष्ट कर आर्थिक शक्ति को जनता तक पहुँचाना होगा। स्वराज की स्थापना के बाद समाजवाद को लागू करने में कुछ समय लगेगा। लेकिन सत्ता का हस्तान्तरण जनता के हाथों में तुरन्त होना चाहिए, ताकि यह मनुष्य के लिए कार्य कर सके, कृषि और उद्योग का विकास कर सके।"[29]

जेपी ने ग्रामीण क्षेत्रों में वार्षिक कांग्रेस सत्र आयोजित करने के नवाचार का स्वागत किया था। ऐसा पहला अधिवेशन जलगाँव ज़िले के फ़ैज़पुर में 1937 में हुआ था। यद्यपि जेपी कांग्रेस नेतृत्व से यह वायदा नहीं ले पाये कि पार्टी के पदाधिकारी 1935 के अधिनियम के तहत सरकारी दायित्व स्वीकार करने से परहेज करेंगे, उन्होंने कहा था, "फ़ैज़पुर कांग्रेस कई मायनों में सफल रही। सबसे पहले, यह पहली ग्राम कांग्रेस थी। इस अधिवेशन में उमड़े लाखों किसानों ने इसे ऐसे अर्थ और विषय दिये जो कांग्रेस के इतिहास में एकदम नये थे...दो साल बाद गांधीजी कांग्रेस के मंच पर उपस्थित हुए। कांग्रेस के अध्यक्ष (जवाहरलाल नेहरू) ने अपना प्रेरक भाषण समाप्त ही किया, और जैसे ही गांधीजी ऊपर चढ़े और उनकी छोटी-सी काया नज़र आयी, मानवता के उस विशाल सागर के भीतर ख़ुशी और उत्साह की लहर दौड़ गयी।"[30]

साम्राज्यवाद के ख़िलाफ़ एक संयुक्त राष्ट्रीय मोर्चे की रूपरेखा तैयार करने में फ़ैज़पुर कांग्रेस की भूमिका महत्त्वपूर्ण थी। जैसे ही कृषि सुधारों पर केन्द्रित फ़ैज़पुर प्रस्ताव कांग्रेस के चुनावी घोषणापत्र में शामिल हुआ, इसने चुनावों को साम्राज्यवाद के ख़िलाफ़ राष्ट्रीय एकजुटता के विशाल प्रतिरोध आन्दोलन में बदल दिया। भले ही इस प्रस्ताव की दो महत्त्वपूर्ण माँगें–ज़मींदारी

उन्मूलन और भूमि का पुनर्वितरण–घोषणापत्र में जगह नहीं बना पायी थीं, इसे सीएसपी और अखिल भारतीय किसान सभा की जीत के रूप में देखा गया था। समाजवादियों को इससे सन्तुष्ट होना पड़ा था कि घोषणापत्र ने कृषि पर आयकर को समाप्त कर सहकारी खेती को समर्थन दिया था। खेतिहर मज़दूरों पर कर की समाप्ति के साथ उनके जीवनयापन योग्य मज़दूरी सुनिश्चित करने का उल्लेख हुआ था, साथ ही किसान संघों को मान्यता मिली थी।

फ़ैज़पुर प्रस्ताव के बाद समाजवादियों ने कृषि सुधारों के लिए आन्दोलन करना शुरू कर दिया, जिसके कारण उनकी कांग्रेस के भूमिपति पदाधिकारियों के साथ तीखी झड़पें हुईं। प्रेस के एक वर्ग ने भी उनकी कड़ी आलोचना की। जेपी को पटना से प्रकाशित कांग्रेस-समर्थक अख़बार *सर्चलाइट* के सम्पादक के व्यक्तिगत हमलों का सामना करना पड़ा, मसलन देशद्रोही ताक़तों ने किसान आन्दोलन को संचालित किया था। बिहार की किसान सभा पर राजेन्द्र प्रसाद ने भी तीखा बयान दिया जो 7 जनवरी 1938 को *सर्चलाइट* में प्रकाशित हुआ था। इसके प्रत्युत्तर में जेपी ने लिखा, "अपने आरोप-पत्र में राजेन्द्र बाबू ने पटना में आयोजित किसान रैलियों का उल्लेख किया है। यह मेरी समझ से परे है कि उन्हें कोई कैसे आपत्तिजनक मान सकता हैं? मेरे लिए वे हमारे आन्दोलन के दो महत्त्वपूर्ण शिखर हैं। किसान लामबन्दी इसलिए नहीं की गयी थी कि हमें कांग्रेस मन्त्रालय पर भरोसा नहीं था, बल्कि इसलिए कि हम स्वतन्त्र माहौल में आन्दोलन को ऊँचा उठा देना चाहते थे ताकि जन शक्ति (याद रखें कि यह राष्ट्रीय आन्दोलन की भी प्रेरक शक्ति है) को विधानमंडल के कार्यों से जोड़ा जा सके।"[31]

जेपी ने राजेन्द्र प्रसाद पर ऐसे बेबुनियाद आरोप लगाने के लिए कटाक्ष किया कि 'मालगुजारी लोगे कैसे, डण्डा हमारा ज़िन्दाबाद'[32] जैसे नारों का व्यापक इस्तेमाल हो रहा है। "यह तकलीफ़देह है कि राजेन्द्र बाबू जैसे इन्सान गम्भीरता से ऐसा आरोप लगा रहे हैं...हम नहीं भूले हैं कि पिछले विधानसभा चुनाव के दौरान तरह-तरह के नारे, गाने और व्यंग्य सुनाई पड़े थे। वे सभी नवजाग्रत जनता के मानस की उपज थे। ये नारे अपरिष्कृत और बेडौल थे, अक्सर कांग्रेस के आदर्शों और मानकों पर खरे नहीं उतरते थे। लेकिन वे हमारे आन्दोलन का प्रतीक थे।"[33]

बिहार से सबक लेते हुए अन्य प्रान्तों के ज़मींदारों ने दमनकारी तरीक़ों का सहारा लिया। किरायेदारों को उनकी सदियों पुरानी सम्पत्ति से बेदख़ल कर दिया गया, कृषि दंगे भड़काये गये और कृषि विधेयकों की आँच को मद्धिम कर दिया गया। नेहरू को लिखे पत्र में जेपी ने पार्टी के भीतर बढ़ते वैचारिक तनाव के बारे में अपनी आशंका व्यक्त की थी जो कांग्रेस को 'लाखों वंचितों के लोकतान्त्रिक संगठन के बजाय कुछ लोगों के स्वार्थों की सेविका' में तब्दील कर रहा था।[34] उन्होंने आरोप लगाया कि एक गलत प्रकार का गांधीवाद इस परिवर्तन को सम्भव कर रहा है और कांग्रेस को अपने बचाव के लिए एक छिछला तर्क भी दे रहा है। जेपी ने कांग्रेस मन्त्रालयों द्वारा नागरिक स्वतन्त्रता के उल्लंघन के मुद्दे को भी उठाया। वे निराश थे कि ये मन्त्रालय ग़ैर-कांग्रेसी राजनीतिक क़ैदियों को रिहा करने, ऐसे संगठनों को वैधानिकता देने और उनकी पत्रिकाओं की ज़ब्त हुई प्रतिभूतियों को वापस करने में देरी कर रहे थे।[35]

सबसे ख़राब रिकॉर्ड सी राजगोपालाचारी के नेतृत्व वाले मद्रास मन्त्रालय का था। हालाँकि इसने पिछली ग़ैर-कांग्रेसी सरकार द्वारा गिरफ़्तार किये गये समाजवादी कार्यकर्ताओं को रिहा कर दिया था, और यह भी घोषणा की थी कि वह वर्गों के ख़िलाफ़ घृणा फैलाने वालों और हिंसा करने वालों के ख़िलाफ़ आवश्यक क़दम उठायेगी। बाटलीवाला जैसे समाजवादियों को देशद्रोह के आरोप में गिरफ़्तार कर लिया गया। आन्ध्र प्रदेश में भी समाजवादी प्रभाव को ख़त्म करने का ज़बरदस्त अभियान चलाया गया। जेपी इस सबसे दुखी थे। उन्होंने हरिपुरा के अगले कांग्रेस सत्र से पहले रणनीति तैयार की और प्रण लिया कि वह कांग्रेस को जनता के प्रति उत्तरदायी बनायेंगे।[36]

सीएसपी ने लगातार चल रहे दमन के लिए ज़िम्मेदार दक्षिणपन्थी नेताओं पर हमला किया, जो श्रमिकों और किसान संघर्ष को कुचल रहे थे। सीएसपी ने राज्यों में हस्तक्षेप न करने की कांग्रेस की नीति, कानपुर में श्रमिक नेताओं पर प्रतिबन्ध लगाने का आदेश, किसान सभाओं पर निरन्तर हमले और किसान और श्रमिक क़ानूनों के विषय पर पूँजीपतियों और ज़मींदारों के साथ समझौते करने की प्रवृत्ति की भी अलोचना की।

मन्त्रालय ग्रहण करने के बाद कांग्रेस के आन्तरिक मतभेद बढ़ गये थे। ये मतभेद कहीं गहरे हो गये जब राज्यपाल द्वारा राजनीतिक क़ैदियों की रिहाई से इनकार करने पर यूपी और बिहार के कांग्रेस मन्त्रिमण्डलों ने इस्तीफ़ा दे दिया। और तब समाजवादियों के विरोधियों ने विचित्र आरोप लगाया कि वे कांग्रेस मन्त्रालयों को बदनाम करने और उनके पतन को सुनिश्चित करने के लिए ज़िम्मेदार थे। पटेल जैसे नेता खुलकर विध्वंसक बयान दे रहे थे।

ऐसे में समाजवादियों ने सुभाष चन्द्र बोस की अध्यक्षता में आयोजित कांग्रेस के 1938 के हरिपुरा अधिवेशन का स्वागत किया। ब्रिटिश भारत के प्रत्येक प्रान्त और ज़िले और कई भारतीय राज्यों से दो लाख से भी अधिक लोगों ने इस सत्र में भाग लिया था। जेपी ने इस घटना का वर्णन काव्यात्मक स्वर में किया था : "ताप्ती का वीरान किनारा कुछ दिनों के लिए जगमगाने लगा था। वे तट फिर से अँधेरे में डूब जायेंगे लेकिन वहाँ से फूटती प्रकाश की किरणें भारत के हर घर में समा जायेंगी और हमारी राह को तब तक रोशन करेंगी जब तक हम एक साल बाद फिर से अपनी अँधेरी सड़क पर एक और दीपक जलाने के लिए इकट्ठा नहीं हो जाते।"[37]

लेकिन उन्हें नहीं मालूम था कि हरिपुरा सत्र वाम और दक्षिणपन्थ के संघर्ष के रुग्ण रंगमंच में बदल जायेगा।[38]

हरिपुरा सत्र से हासिल हुई सीख पर जेपी ने लिखा, "मेरी राय में हरिपुरा (सत्र) का मुख्य योगदान कांग्रेस के वाम और दक्षिण गुटों के सम्बन्ध में एक नया अध्याय खोलना है...सरदार वल्लभभाई का आक्रमण, श्री जयरामदास और श्री भूलाभाई की वाम और दक्षिण पर टिप्पणियाँ, श्री कृपलानी की परोक्ष धमकियाँ–इन सभी ने कहीं गहरे मनमुटाव की ओर संकेत किया और एक द्वेषपूर्ण व प्रतिबद्ध लड़ाई की ओर इशारा किया, जो कांग्रेस के लिए विनाशकारी साबित होने वाली है। प्रोफ़ेसर (हेरोल्ड) लास्की के शब्दों में कहें तो, पंखों पर बहुत अधिक और लगातार ध्यान देकर हम पक्षी की उड़ान को भूल जाते हैं।"[39]

सरकारी पद स्वीकार करने के मुद्दे और गांधी के नेतृत्व को लेकर जेपी के रवैये में एक सूक्ष्म लेकिन महत्त्वपूर्ण परिवर्तन इसी सत्र के दौरान

आया। यह परिवर्तन एकदम स्पष्ट हो गया जब पटेल की कटु आलोचना पर वे शान्त रहे और आत्मालोचन में डूब गये। उन्होंने महसूस किया कि समाजवादी कभी-कभी कांग्रेस मन्त्रिमण्डलों की अत्यधिक आलोचना करने लगते थे और उनकी उपलब्धियों को कमतर आँकते थे। उन्होंने कांग्रेस के प्रस्तावों और घोषणापत्रों की इबारत में दक्षिणपन्थ के बजाय वामपन्थी झुकाव को रेखांकित करना शुरू कर दिया, जिससे दोनों समूहों के लिए मतभेदों को त्यागकर एकसाथ काम करने की सम्भावना बनने लगी। गांधी चाहते थे कि उन्हें समझने के लिए जेपी उनके साथ थोड़ा समय बितायें, जिसके लिए उन्होंने प्रभावती से मदद माँगी। 10 दिसम्बर 1938 को गांधी ने वर्धा से लिखा, "जयप्रकाश से कहो कि थोड़े दिन मेरे साथ रहें, ऐसा मैं चाहता हूँ। एक-दूसरे को समझें, यह मेरी तीव्र इच्छा है।"[40]

सितम्बर 1938 में दिल्ली में आयोजित एआईसीसी की अगली महत्त्वपूर्ण बैठक में दोनों गुटों का टकराव फिर उभर आया। जब एक प्रस्ताव में वामपन्थ की निन्दा की गयी कि उनका ध्यान हिंसा भड़काने वाले जन संगठनों पर केन्द्रित रहता है, वामपन्थियों का एक वर्ग बैठक छोड़कर चला गया। सत्र में उपस्थित नहीं होने के बावजूद गांधी ने वाकआउट की निन्दा की और उन्हें झिड़का कि लोकतान्त्रिक व्यवस्था में बहुमत के दृष्टिकोण को 'गरिमापूर्ण' तरीक़े से स्वीकारना चाहिए। समाजवादियों ने इसका यह कहते हुए जवाब दिया कि यह 'बहुमत' अत्यन्त कमज़ोर था, नाममात्र का था। उस दिन उपस्थित 155-160 सदस्यों में से लगभग पचास ने बहिर्गमन किया था और पच्चीस ने प्रस्ताव के ख़िलाफ़ मतदान किया था।[41] प्रस्ताव पर बहस के दौरान समाजवादियों ने ज़ोर देकर कहा कि वे हिंसा का समर्थन नहीं करते हैं।

1939 में त्रिपुरी कांग्रेस अधिवेशन में एक बार फिर वाम-दक्षिण विभाजन केन्द्र में आ गया था। इस सत्र ने अत्यन्त नाटकीय मोड़ ले लिया था। गांधी और अन्य वरिष्ठ नेता अध्यक्ष पद के लिए पट्टाभि सीतारमैया को चाहते थे, लेकिन उनकी इच्छा के विपरीत सुभाष चन्द्र बोस को दूसरे कार्यकाल के लिए चुन लिया गया।[42] बोस की जीत कांग्रेस के रैडिकल धड़े की जीत के रूप में देखी गयी थी। इसके जवाब में पिछली पीढ़ी के क्रोधित नेताओं ने

गांधी के नेतृत्व में विश्वास व्यक्त करते हुए एक प्रस्ताव पेश कर दिया। इसे यूपी कांग्रेस मन्त्रिमण्डल के प्रमुख गोविन्द बल्लभ पन्त ने पेश किया था। चूँकि उस अधिवेशन में सीएसपी के प्रतिनिधियों की अच्छी-ख़ासी संख्या थी, उन्होंने पन्त प्रस्ताव की कड़ी आलोचना की। बोस को हमलों से बचाने के लिए जेपी ने पन्त प्रस्ताव में एक संशोधन पेश किया, लेकिन यह पारित नहीं हो पाया। प्रस्ताव के ख़िलाफ़ लड़ाई जारी रखने की बजाय जेपी ने अपने स्वभाव के अनुकूल घोषणा कर दी कि वे और उनके सहयोगी इसके प्रति तटस्थ रहेंगे। इसके बाद यह प्रस्ताव भारी बहुमत से पारित हो गया। अन्ततः बोस को अध्यक्ष पद से इस्तीफ़ा देना पड़ा। कई लोगों ने जेपी की आलोचना की, लेकिन उन्होंने अपनी तटस्थता को यह कहकर उचित ठहराया कि इस वक़्त कांग्रेस को गांधी के नेतृत्व की आवश्यकता थी।

"महात्मा गांधी इतिहास रच रहे हैं। वह इतिहास की एक अद्‌भुत शक्ति हैं। हमें इतिहास के साथ आगे बढ़ना चाहिए," जेपी ने *हरिजन* में प्रकाशित गांधी के 'द डिसेंशियंस' नामक उत्तेजक लेख का जवाब देते हुए कहा। जेपी का लेख 26 जनवरी 1940 को *नैशनल हेराल्ड, सर्चलाइट* और *अमृता बाज़ार पत्रिका* में एकसाथ प्रकाशित हुआ। "हम मुट्‌ठी भर समाजवादी अकेले लड़कर स्वराज नहीं जीत सकते। पूरी कांग्रेस को लड़ना होगा और कांग्रेस आज गांधीजी के नेतृत्व में ही लड़ सकती है। और गांधीजी अपने नेतृत्व के लिए शर्तें लगाते हैं। हम इन शर्तों को बिना शर्त स्वीकार करते हैं। लेकिन इसका अर्थ यह नहीं है कि हमारी मूल विचारधारा में कोई बदलाव सम्भव है।"[43]

यह मसला वामपन्थी राजनीतिक हलकों और मीडिया में विवाद का विषय बन गया था। जेपी का यह तर्क कई लोगों को नहीं जँचा कि उन्होंने प्रस्ताव का इसलिए समर्थन नहीं किया क्योंकि वे इसके वैचारिक निहितार्थ स्वीकार करने में असमर्थ थे। उन पर आरोप लगा कि उन्होंने गांधी के सामने आत्मसमर्पण कर दिया है और उनकी तटस्थता दिखावटी है, और 'गांधीवाद की अन्धभक्ति' है।[44] लेकिन जेपी इन कटु प्रहारों से अप्रभावित रहे और

'नैशनल डिमांड' पर एक मौलिक प्रस्ताव पेश कर दिया जो स्व-निर्णय की दिशा में निर्णायक क़दम था। यह दिलचस्प विरोधाभास है कि त्रिपुरी सत्र ने कांग्रेस की पिछली पीढ़ी के नेताओं को भी राहत दी थी क्योंकि यह पार्टी को बोस की मण्डली, साम्यवादी और कांग्रेसी समाजवादियों जैसे 'अवांछनीय' तत्त्वों से मुक्त कराने का पहला क़दम था। 'वामपन्थी तत्त्वों' को ख़त्म करने के उनके प्रयास त्रिपुरी कांग्रेस से पहले ही शुरू हो गये थे। आन्ध्र सीएसपी के प्रभारी और कम्युनिस्ट नेता पी सुन्दरैया को कांग्रेस प्रतिनिधियों के चुनाव में खड़े होने से रोक दिया गया। अकेले पश्चिम कृष्णा ज़िले में वाम सम्बद्धता वाले 35,000 से अधिक सदस्यों को अयोग्य घोषित कर दिया गया।[45] दूसरी ओर, बोस के फॉरवर्ड ब्लॉक, रॉय की रैडिकल लीग, किसान सभा के नेताओं, सीएसपी और सीपीआई जैसे दलों को एक मंच पर लाकर वामपन्थी समन्वय समिति बनाने का प्रयास विफल रहा था। इसके बीच दक्षिणपन्थ का आक्रमण जारी रहा और जून 1939 में बम्बई में एआईसीसी की बैठक में पारित एक प्रस्ताव ने प्रान्तीय कांग्रेस समितियों की पूर्व अनुमति के बग़ैर किसी भी प्रकार के सत्याग्रह पर प्रतिबन्ध लगा दिया। कम्युनिस्टों को उम्मीद थी कि सभी वामपन्थी एकजुट होकर इस प्रतिगामी प्रस्ताव के ख़िलाफ़ जनता को संगठित करेंगे।

ठीक उन दिनों जेपी द्वितीय विश्व युद्ध पर कांग्रेस के दृष्टिकोण से भी जूझ रहे थे। जर्मनी द्वारा पोलैंड पर आक्रमण के बाद द्वितीय विश्वयुद्ध 1 सितम्बर 1939 से शुरू हो गया था। जेपी ने अपने संक्षिप्त बयान में ज़ोर देकर कहा कि कांग्रेस के पास कोई और विकल्प नहीं, सिवाय इसके कि वह अपनी पूरी ताक़त से ब्रिटेन द्वारा भारतीय संसाधन, जनता और धन को उस युद्ध में झोंकने का विरोध करे जो उसकी साम्राज्यवादी महत्त्वाकांक्षाओं के लिए लड़ा जा रहा था। प्रतिरोध का आह्वान करते हुए जेपी ने ब्रिटेन पर भारत के ख़िलाफ़ आक्रामक होने का आरोप लगाया कि वह कांग्रेस की घोषणाओं की निरन्तर अनदेखी कर रहा है, और पार्टी देश को युद्ध की विभीषिका में झोंक देना बर्दाश्त नहीं करेगी। "ब्रिटिश आक्रामकता के दृढ़ प्रतिरोध के अलावा भारत के पास और क्या उत्तर हो सकता है...यदि हमारे पास थोड़ा भी

स्वाभिमान है और यदि हम पूर्ण स्वतन्त्रता के अपने उद्देश्य को बनाये रखते हैं, तो हम इससे कम कुछ और नहीं कर सकते। इन परिस्थितियों में प्रतिरोध अवसरवादिता नहीं बल्कि राजनीतिक और नैतिक आवश्यकता है... "[46]

कांग्रेस ने युद्ध में ब्रिटेन का सहयोग करने से इनकार कर दिया, जो 'जोंक की तरह अपने साम्राज्य से चिपका हुआ था।'[47] सीपीआई ने भी युद्ध के फ़ासीवादी और साम्राज्यवादी चरित्र को रेखांकित कर इसका विरोध किया। जबकि हिन्दू महासभा और मुस्लिम लीग ने सरकार के साथ सहयोग की पेशकश की थी।

इस बीच वामपन्थी एकता का विचार जेपी के भीतर सुलग रहा था। उनका अटूट विश्वास था कि समाजवाद लाने के लिए सभी मार्क्सवादियों को मिलकर काम करने की ज़रूरत है। इसलिए सीएसपी कम्युनिस्टों के साथ एकता का प्रयास करती रही। कम्युनिस्टों को भी कॉमिन्टर्न से एक नया निर्देश प्राप्त हुआ था। कांग्रेस का अब बहिष्कार नहीं करना था, न इसे नष्ट करने का कोई प्रयास करना था, बल्कि साम्राज्यवाद-विरोधी राष्ट्रीय मोर्चे के रूप में उसका समर्थन किया जाना था। इस मोड़ पर गांधी और कांग्रेस के प्रति कम्युनिस्ट पार्टी ने एकदम विपरीत रुख़ अपना लिया था। वह अब तक कांग्रेस के बुर्जुआ राष्ट्रवाद पर हमला करती आयी थी और गांधी को भारतीय पूँजीपतियों का पिट्ठू कहती थी। अब रजनी पाल्मे दत्त और बेन ब्रैडली की प्रसिद्ध थीसिस राष्ट्रीय स्वतन्त्रता संग्राम में एक जन संगठन बतौर कांग्रेस की भूमिका का समर्थन कर रही थी।[48] इस घटनाक्रम ने वामपन्थी एकता को रेखांकित किया और सीपीआई के पूर्वाग्रह ख़त्म करने में मदद की। इस थीसिस को आधिकारिक तौर पर सीपीआई के पोलित ब्यूरो ने अनुमोदित किया था। इस अप्रत्याशित घटनाक्रम ने जेपी को बहुत राहत और ख़ुशी दी थी।

जेपी साम्राज्यवाद-विरोधी संयुक्त मोर्चे का सपना देख रहे थे। उन्होंने जनवरी 1936 में मेरठ के समाजवादी सम्मेलन में सीपीआई सदस्यों को सीएसपी में जगह देने के लिए प्रस्ताव पेश किया। सीपीआई के सदस्य न केवल सीएसपी में महत्त्वपूर्ण पद ले सकते थे, बल्कि सीपीआई महासचिव पीसी जोशी के साथ हुए समझौते के बाद कांग्रेस में भी प्रवेश कर सकते थे।

बहुत जल्द ईएमएस नम्बूदरीपाद और सज्जाद ज़हीर को राष्ट्रीय स्तर पर सीएसपी का संयुक्त सचिव नामित कर दिया गया। ज़ेड ए अहमद, के एम अशरफ़, दिनकर मेहता और सोली बाटलीवाला जैसे कई साम्यवादी नेता सीएसपी की राष्ट्रीय कार्यकारिणी के लिए चुने गये थे।

पी. सुन्दरैया ने आन्ध्र में सीएसपी का कार्यभार सँभाला, नम्बूदरीपाद ने मालाबार इकाई का नेतृत्व किया और एके गोपालन व पी राममूर्ति ने मद्रास इकाई की बागडोर अपने हाथ में ले ली। यह सहमति बन गयी कि दोनों पार्टियाँ एक-दूसरे को प्रामाणिक समाजवादी पार्टियों के रूप में पहचानेंगी और विलय के लिए सहयोग और प्रयास करेंगी। राम मनोहर लोहिया, मीनू मसानी, अशोक मेहता और अच्युत पटवर्धन की घनघोर आशंकाओं के बावजूद एकता के ये प्रयास अन्ततः विफल हो जायेंगे, इस समझौते ने ट्रेड यूनियन आन्दोलनों के एकीकरण और किसान और छात्र आन्दोलनों को मज़बूत करने में महत्त्वपूर्ण भूमिका निभायी। संयुक्त समाजवादी आन्दोलन की भावना को बनाये रखने के लिए कई संघ, अध्ययन मण्डल और मंच बनाये गये। इनमें सबसे महत्त्वपूर्ण था मुंशी प्रेमचन्द, जोश मलीहाबादी, मौलाना अब्दुल हक़, मुल्कराज आनन्द और सज्जाद ज़हीर के नेतृत्व वाला भारतीय प्रगतिशील लेखक संघ। नेहरू द्वारा संयुक्त मोर्चे की वकालत और ज़ेड ए अहमद और एम अशरफ़ जैसे कम्युनिस्टों की एआईसीसी कार्यालय में अहम पदों पर हुई नियुक्ति ने न सिर्फ़ उम्मीद की एक महत्त्वपूर्ण किरण दे दी, बल्कि पूरे राजनीतिक परिदृश्य को भी परिवर्तित कर दिया। कुछ समय के लिए लगा कि एकता का यह बिगुल अपने पंचम स्वर तक पहुँच गया है। सीएसपी और सीपीआई आर्थिक और सामाजिक नीति के मुद्दों पर मिलकर काम कर रहे थे। जेपी और पीसी जोशी ने सीपीआई पर अंग्रेज़ सरकार द्वारा लगाया प्रतिबन्ध हटाने के लिए एक संयुक्त अपील भी जारी की थी।[49]

यह अपील क्रान्तिकारी आन्दोलनों की समृद्ध वैश्विक विरासत को राष्ट्रीय आन्दोलन में पिरोने के लिए सीपीआई की भूमिका रेखांकित करती थी। इसके बाद मई दिवस 1939 को एक संयुक्त बयान जारी किया गया : "त्रिपुरी प्रस्ताव ने साम्राज्यवाद के ख़िलाफ़ राष्ट्रव्यापी संघर्ष और स्वतन्त्रता के लिए राष्ट्रीय माँग को लागू करने का नारा दिया है। उस संकल्प को लागू करने के

लिए हमें सर्वांगीण एकता की आवश्यकता है, सबसे बढ़कर समाजवादी-कम्युनिस्ट एकता जो वामपन्थी गठबन्धन की नींव है और संयुक्त राष्ट्रीय मोर्चे की वाहक है।"[50]

अपने प्रवेश का मार्ग खुल जाने के बाद कम्युनिस्ट, समाजवादियों के बहुरंगी दल में आसानी से समाते गये। जेपी जहाँ भी जा रहे थे, उनका स्वागत 'भारतीय लेनिन' के नारे से हो रहा था। वे अत्यन्त उत्साहित थे। लेकिन उनकी मासूमियत ने उनके क़रीबी अनुयायियों को भी हैरान कर दिया। जेपी हवाओं का रुख़ पढ़ना ही नहीं जानते थे।

धरातल पर दिखाई देती एकता के बावजूद दोनों तरफ़ से आरोप और प्रत्यारोपों की झड़ी लगी थी। इस बीच सीएसपी नेता मीनू मसानी, जो कम्युनिस्टों के कटु आलोचक थे, ने पार्टी की राष्ट्रीय कार्यकारिणी के सदस्यों के बीच सीपीआई के गुप्त दस्तावेज़ों को प्रसारित करके सभी को दहला दिया था। ये दस्तावेज़ सीपीआई को एकमात्र सच्ची समाजवादी पार्टी कहकर परिभाषित कर रहे थे और जनता पर इसके विस्तृत प्रभाव का भी उल्लेख कर रहे थे। इन दस्तावेज़ों पर तीव्र प्रतिक्रियाएँ आयीं। सीपीआई द्वारा प्रकाशित ख़ुफ़िया प्रकाशनों को सन्देह की दृष्टि से देखा जाने लगा। 5 सितम्बर 1939 को लिखे एक पत्र में सीपीआई महासचिव पीसी जोशी ने जेपी पर वामपन्थी राष्ट्रवाद को बढ़ावा देने का, और संघर्षरत ताक़तों को एकजुट कर पाने व दक्षिणपन्थ का सार्थक प्रतिरोध कर पाने में असमर्थ होने का आरोप लगाया।[51]

पार्टी की इकाइयों और सदस्यों को सम्बोधित 31 दिसम्बर 1939 के अपने 'वॉर सर्कुलर 2' में जेपी ने अफ़सोस के साथ स्वीकार किया कि "एकता के लिए हमारी छटपटाहट के कारण हमने कई कम्युनिस्टों (जब मैं कम्युनिस्ट शब्द का प्रयोग करता हूँ, तो मेरा अर्थ सीपीआई के सदस्यों से है) को अपनी पार्टी में शामिल किया है और वे खुले तौर पर...सीएसपी को कमज़ोर करने की पूरी कोशिश कर रहे हैं...कम्युनिस्टों की नीति हमारी एकता की नींव और यहाँ तक कि उद्देश्य को भी नकारती है। यह नीति सीएसपी को कुचलने की उनकी क्षमता के अतिरंजित आकलन पर आधारित है। उनके नेता सीएसपी को कुचलने का खुलेआम दावा करते हैं।"[52] सीपीआई पर तीखा

प्रहार करते हुए उन्होंने कहा कि इसने अपना मुखौटा पूरी तरह उतार दिया है और सीएसपी समेत हर उस प्रगतिशील संगठन का कट्टर दुश्मन बन गया है जिसके साथ इसने कभी काम किया था। युद्ध के मुद्दे पर भी दोनों दलों के बीच तीखे मतभेद पैदा हो गये थे, जिससे एकता के सभी स्वर कमज़ोर पड़ गये।

इन दोनों का सम्बन्ध एक घातक व्यूह में फँस चुका था। सीपीआई ने पलटवार करते हुए सीएसपी पर समाजवाद के साथ धोखा करने और अवसरवादी होने का आरोप लगाया, और उन्हें 'ट्रॉट्स्कीवादी गद्दार' कहकर लांछित किया।[54] मार्च 1940 तक यह स्पष्ट हो गया था कि पार्टी से कम्युनिस्टों को निकाल बाहर करने में हुई देरी के लिए सीएसपी को गहरा नुक़सान उठाना पड़ेगा। अन्ततः जब रामगढ़ में सीएसपी की राष्ट्रीय कार्यकारिणी ने यह क़दम उठाया, दक्षिणी राज्यों में सीएसपी की अधिकांश राज्य, ज़िला और स्थानीय इकाइयों के सदस्य सीपीआई की ओर जा चुके थे। श्रमिक संगठनों की भी लगभग यही स्थिति थी। सीएसपी के सामने सहसा अस्तित्वगत संकट आ खड़ा था, और जैसाकि मधु लिमये ने कहा था यह पार्टी 'लगभग समाप्त' हो गयी थी।[54]

कम्युनिस्ट यहीं नहीं रुके। उन्होंने राष्ट्रीय आन्दोलन को बुर्जुआ घोषित किया, तथा गांधीवादी नेतृत्व पर बौद्धिक दिवालियापन और पाखण्ड का आरोप लगाया, साथ ही यह भी कहा कि इस नेतृत्व ने राष्ट्रीय संघर्ष को पटरी से उतार दिया है। उन्होंने कांग्रेस के भीतर रैडिकल वामपन्थी सहयोगियों पर हमला जारी रखा। यहाँ तक कि उन्होंने नेहरू को भी नहीं छोड़ा और कहा कि नेहरू कम्युनिस्टों पर चिल्लाते हैं और कांग्रेस कार्यसमिति के प्रस्तावों पर क्रान्तिकारी आवरण लटका देते हैं। उन्होंने 'सर्वहारा पथ' शीर्षक से एक नया नीतिगत वक्तव्य भी प्रकाशित किया। इसकी माँग थी कि युद्ध से उपजे संकट के दौरान प्रमुख उद्योगों में काम ठप किया जाये और सशस्त्र विद्रोह किया जाये। उन्होंने बम्बई की कपड़ा मिलों के डेढ़ लाख श्रमिकों को अपने दल में शामिल कर इन कारख़ानों को पंगु बनाना शुरू कर दिया। सरकार की प्रतिक्रिया भी कम नहीं थी। अधिकांश कम्युनिस्ट नेताओं को भारत रक्षा

अधिनियम के तहत हिरासत में ले लिया गया। फ़रवरी 1941 तक लगभग 480 कम्युनिस्ट या कम्युनिस्ट समर्थक गिरफ़्तार किये गये थे। मार्क्सवादी एकता स्थापित करने के लिए जेपी का अभियान विफल हो गया और उन्होंने इसके लिए पूरी ज़िम्मेदारी ले ली।

लेकिन उनके राजनीतिक चिन्तन के विकास की दृष्टि से यह अनुभव महत्त्वपूर्ण था। इसने उनके भीतर कम्युनिस्टों के प्रति घृणा पैदा कर दी थी। ट्रॉट्स्कीवादियों और रूस की रेड आर्मी के कई शीर्ष अधिकारियों के ख़िलाफ़ मास्को की सत्ता द्वारा चलाये जा रहे मुक़दमों ने उनकी आशंकाओं को और मज़बूत कर दिया। युद्ध के मुद्दे पर पोलितब्यूरो के विचलन ने भी उन्हें हतप्रभ कर दिया। जब 22 जून 1941 को जर्मनी ने रूस पर आक्रमण किया, साम्राज्यवादी युद्ध रातोरात जन-युद्ध में बदल गया। कम्युनिस्टों की इस प्रस्तावना के ख़िलाफ़ सीपीआई में थोड़ा आरम्भिक प्रतिरोध देखने को ज़रूर मिला था, लेकिन 1942 के मध्य तक यह काफ़ी हद तक दूर हो गया। जेपी गांधी का वर्षों से वैचारिक विरोध करते आ रहे थे और उनके कार्यक्रम के ख़िलाफ़ एक राजनीतिक पद्धति निर्मित करते रहे थे। लेकिन उनसे तमाम बहसों और असहमतियों के बावजूद, साम्यवाद से अलग होने का वैचारिक झंझावात झेलते हुए जेपी अब गांधी के क़रीब आ रहे थे। साम्राज्यवादी युद्ध को लेकर भी दोनों के विचार मिलते थे।

जेपी मार्क्सवाद में अपनी आस्था को उसकी जड़ रूढ़िवादिता से अलग कर रहे थे, साथ ही यह भी स्वीकार रहे थे कि कांग्रेस का प्रभावी नेतृत्व केवल गांधी कर सकते हैं, और उनसे लड़ना आत्मघाती होगा। अपने देश को साम्यवाद की सुनहरी भोर की ओर ले जाने का उनका सपना धूमिल होता जा रहा था...

# भूमिगत और सशस्त्र आन्दोलन का दौर

यह वह दौर था जब जेपी राष्ट्रीय राजनीति में महत्त्वपूर्ण भूमिका निभा रहे थे और एक लोकतान्त्रिक लेकिन रैडिकल असहमति के नायक के रूप में उभर रहे थे। उन्हें अपनी ग़ैर-समझौतावादी और संघर्षशील राजनीति के लिए व्यापक सम्मान मिलने लगा था। वे सैकड़ों युवा भारतीयों के नायक बन चुके थे और जब भी ब्रिटेन की युद्ध नीति के ख़िलाफ़ जनमत जुटाने जाते थे, प्रशंसकों की भीड़ उन्हें घेर लेती थी। वे किसान और मज़दूर आन्दोलनों के लिए काम कर रहे थे। उन्हें बिहार में सीएसपी के नेतृत्व में हुई सफल हड़तालों पर गर्व था। वे आज़ादी की आख़िरी लड़ाई के सपने देख रहे थे।

अंग्रेज़ हुकूमत ने यह नीति अपना ली थी कि युद्ध का विरोध करने वाले और औद्योगिक केन्द्रों में हड़ताल कराने वाले लोगों को गिरफ़्तार किया जाये। एसए डांगे, बीटी रणदिवे, एस मिराजकर, एएसके अयंगर और एसपी पारुलेकर जैसे मज़दूर नेता बम्बई में गिरफ़्तार हो चुके थे। देश के अन्य हिस्सों से सज्जाद ज़हीर, एसवी घाटे, एनजी रंगा, राहुल सांकृत्यायन और सहजानन्द सरस्वती जैसे प्रमुख नेताओं को गिरफ़्तार कर लिया गया था। जेपी को 7 मार्च 1940 को उनके एक मित्र के आवास से गिरफ़्तार कर लिया गया। उन पर आरोप था कि उन्होंने दूसरे विश्वयुद्ध के मुद्दे पर कठोर रुख़ अपनाया और टाटा आयरन एंड स्टील कम्पनी (टिस्को) के मज़दूरों से हड़ताल करने की सार्वजनिक अपील की थी। इन आरोपों को स्वीकार करते हुए जेपी ने कहा, "मुझ पर युद्ध के लिए आवश्यक गोला-बारूद के उत्पादन और अन्य आपूर्तियों में बाधा डालने का प्रयास करने और ब्रिटिश भारत की सुरक्षा को ख़तरे में डालने के लिए जनता के आचरण और दृष्टिकोण को प्रभावित

करने का आरोप लगाया गया है। मैं इन आरोपों को स्वीकार करता हूँ...जहाँ तक ब्रिटिश भारत की सुरक्षा को ख़तरे में डालने के आरोप का सवाल है, मुझे लगता है कि इससे बड़ी विडम्बना नहीं हो सकती। एक ग़ुलाम का यह दायित्व नहीं है कि वह अपनी ग़ुलामी की रक्षा करे। उसका एकमात्र दायित्व अपनी ग़ुलामी से मुक्ति पाना है। मुझे उम्मीद है कि जब हम अपनी आज़ादी प्राप्त कर लेंगे। उस दिन हम अपनी आत्मरक्षा भी कर लेंगे।"[1]

जेपी की गिरफ़्तारी और उन पर चले मुक़दमे ने उन्हें प्रतिरोध के प्रतीक में बदल दिया। उनकी ऐसे व्यक्ति के रूप में पहचान होने लगी जो अपने मूल्यों को किसी भी तात्कालिक राजनीतिक लाभ से ऊपर रखता था। अपने वैचारिक मतभेदों के बावजूद गांधी उनके समर्थन में उतर आये। गांधी ने जेपी की उस टिप्पणी को *हरिजन* के पहले पृष्ठ पर 'बहादुर योद्धा का बयान' शीर्षक से प्रकाशित किया। गांधी ने लिखा : "जयप्रकाश की गिरफ़्तारी एक दुर्भाग्यपूर्ण घटना है। वे कोई साधारण कार्यकर्ता नहीं हैं। वे तो समाजवाद के एक अधिकारी प्रवक्ता हैं। यह कहा जा सकता है कि अगर पश्चिमी समाजवाद के बारे में कुछ ऐसा है जो उन्हें नहीं मालूम, उसे भारत में कोई और नहीं जानता। वे बेहतरीन योद्धा हैं। उन्होंने अपने देश के उद्धार के लिए सब कुछ त्याग दिया...उनका परिश्रम अथक है और जानता ही नहीं कि थकावट किसे कहते हैं। पीड़ा सहने की उनकी क्षमता का कोई मुक़ाबला नहीं है। क्या यह गिरफ़्तारी पहले से तय थी, या किसी अति-उत्साही अधिकारी ने कोई भारी चूक की है? अगर ऐसा है, तो इसे सुधारना चाहिए।"[2]

नेहरू ने भी जेपी की गिरफ़्तारी पर चिन्ता जतायी और कहा कि वे एक प्रिय कॉमरेड हैं और उनके ख़िलाफ़ कार्रवाई कांग्रेस के ख़िलाफ़ सरकार की सख़्ती का संकेत है।[3] जेपी को नौ महीने की सज़ा सुनाई गयी और उन्हें हज़ारीबाग सेंट्रल जेल भेज दिया गया। देश में फैले कोलाहल की अपेक्षा जेल का माहौल शान्त था। उनके दोस्त तमाम किताबें लाते रहते थे। उन्हें घण्टों तक लगातार पढ़ने में आनन्द मिलता था। इस दरमियाँ उन्होंने *द ग्रेप्स ऑफ़ रौथ*, चीन और जापान पर किताबें, पीजी वुडहाउस को ख़ूब पढ़ा। हालाँकि वे कभी-कभी सेंसरशिप की शिकायत भी किया करते थे, जिसकी वजह से *न्यू लीडर* और *लेबर एक्शन* जैसी पत्रिकाएँ उनके पास नहीं पहुँच पाती थीं।

इस अध्ययन का उत्साह उनके उस पत्र में झलकता है जो उन्होंने अपने क़रीबी दोस्त मीनू मसानी को जेल से लिखा था। "मुझे आपको धन्यवाद देना है...बेहतरीन किताबों के लिए...द *ग्रेप्स ऑफ़ रौथ* अद्भुत किताब है। जीवन्तता और वैज्ञानिक दृष्टि का अनोखा मेल। वुडहाउस तो सबसे उदास समय को भी ख़ुशनुमा बना देते हैं। मैं पूरे दौरान हँसता रहा और इन्हें एक सांस में पढ़कर ख़त्म कर दिया।"[4]

वे साथी क़ैदियों के आदर्श बन गये थे और उन्हें समाजवाद की कक्षाएँ देते थे। उन्होंने समकालीन राजनीतिक घटनाक्रमों पर समाचार पत्रों में टिप्पणी करने के लिए भी समय निकाल लिया था। वे 'अ कांग्रेस सोशलिस्ट' के छद्मनाम से लिख रहे थे, जो उन दिनों तमाम युवा समाजवादियों का एक सामान्य उपनाम हुआ करता था। इस समय जेपी क्रान्तिकारी मार्ग की ओर बढ़ रहे थे। उन्होंने महसूस किया था कि कांग्रेस का नेतृत्व ऐसे गुट के पास केन्द्रित था जो मज़दूर-विरोधी, किसान-विरोधी और पूरी तरह से बुर्जुआ रुझान वाला था। वे मार्क्सवाद-लेनिनवाद के आधार पर एक नयी क्रान्तिकारी पार्टी बनाने का काम शुरू कर रहे थे। उनका उद्देश्य था कि नयी पार्टी को अन्य राजनीतिक संगठनों से स्वतन्त्र रखा जाये। उन्होंने इसे क्रान्तिकारियों के भूमिगत नेटवर्क की तरह परिकल्पित किया था जिसका उद्देश्य प्रतिबन्धित गतिविधियों को अंजाम देना था। उन्होंने लिखा था, "हमें संघर्ष के लिए और सत्ता पर क़ब्ज़ा करने के लिए जन संगठनों की आवश्यकता है। मुझे ये सम्भावना प्रमुख रूप से किसान और मज़दूर सभाओं में नज़र आती है। इन्हें एक शक्तिशाली संगठन के तहत एकजुट होना होगा। इसका गठन हमारे आगामी उद्देश्यों में शामिल होना चाहिए।"[5] जेपी मुस्लिम लीग की ख़ामियों और स्वतन्त्रता संग्राम से उसकी दूरी को भी लगातार रेखांकित कर रहे थे। उन्हें जिन्ना हिटलर की तरह दिखाई देता था, एक अहंकारी मूर्ख जो देशद्रोही भी था।

जब कांग्रेस ने मार्च 1940 में रामगढ़ में हुए अपने पचासवें अधिवेशन में सविनय अवज्ञा आन्दोलन शुरू करने का फ़ैसला लिया था, जेपी ने इसका स्वागत किया था। लेकिन वे सी राजगोपालाचारी जैसे कांग्रेस नेताओं के

ख़िलाफ़ थे जो चाहते थे कि युद्ध में सहयोग के लिए पार्टी को प्रस्ताव पारित करना चाहिए। वे डोमिनियन स्टेट्स के लिए वायसराय लॉर्ड लिनलिथगो के प्रस्ताव की भी आलोचना करते थे, जबकि कांग्रेस अध्यक्ष राजेन्द्र प्रसाद ने इसकी यह कहते हुए सराहना की थी कि यह अंग्रेज़ हुकूमत द्वारा लाये गये अब तक के सभी प्रस्तावों से कहीं स्पष्ट है।[6] इसके ख़िलाफ़ कड़ा रुख़ अपनाते हुए जेपी ने 20 जुलाई 1940 को नेहरू को एक पत्र लिखा था। "प्रिय भाई, आप कल्पना कर सकते हैं कि हाल की घटनाओं ने हमें कितना दुखी और आहत किया है। राजाजी ने हमारी पीठ में छुरा घोंपा है। हम सभी आपसे उम्मीद करते हैं और आपसे आग्रह करते हैं कि आप अखिल भारतीय कांग्रेस कमेटी का और देश के विपक्ष का नेतृत्व करें। आपको समिति में अपने पद से इस्तीफ़ा दे देना चाहिए। और अगर ऐसी परिस्थिति बन जाये तो आपको कांग्रेस छोड़ देनी चाहिए तथा अपने राजनीतिक लक्ष्य व भारतीय क्रान्ति के सामाजिक पहलू को पूरा करने के लिए एक नये राजनीतिक दल का गठन करना चाहिए। क्या आप ऐसा करेंगे?"[7]

जब नेहरू इसका जवाब देने में विफल रहे, तो जेपी ने एक विशेष दूत के माध्यम से सुभाष चन्द्र बोस को एक गुप्त और बिना तारीख़ वाला पत्र भेजा था। "मेरे ख़याल से आज हमें कांग्रेस से स्वतन्त्र एक कार्य-पद्धति तैयार करनी है...इसमें कोई सन्देह नहीं है कि यदि सविनय अवज्ञा शुरू हुआ तो इसका उद्देश्य साम्राज्यवाद से रियायतें प्राप्त करने के सिवाय कुछ नहीं होगा...अब हमें पूरी तरह से यह ध्यान में रखकर आगे बढ़ना चाहिए कि कांग्रेस राजनीतिक अभियान का मुख्य आधार नहीं रह गयी है। हमें वर्तमान कांग्रेस नेतृत्व के (नकारात्मक) चरित्र को जनता को समझाना चाहिए। हमें उन्हें संघर्ष के साधन बनाने में मदद करनी चाहिए और उन्हें केवल इन साधनों पर निर्भर रहना सिखाना चाहिए।"[8]

बोस के भीतर कुछ और ही चल रहा था। वे भारत से भागने की तैयारी कर रहे थे। इस पत्र पर उनकी भी प्रतिक्रिया नहीं आयी। 1940 के अन्तिम महीने विश्वयुद्ध से सम्बन्धित चर्चाओं में बीते थे। वायसराय द्वारा युद्ध सलाहकार परिषद स्थापित करने और अपनी कार्यकारी परिषद के विस्तार का प्रस्ताव

जनता की बढ़ती अपेक्षाओं को पूरा नहीं कर पाया था। वायसराय ने रियासतों और "भारत के राष्ट्रीय हितों"[9] को परिषद में शामिल करने का प्रस्ताव दिया था। इस वक़्त लग रहा था कि गांधी द्वारा प्रस्तावित सविनय अवज्ञा आन्दोलन कभी भी शुरू हो सकता है। 1940 के अन्त में सज़ा पूरी कर जेल से बाहर आने के बाद जेपी को 1941 की शुरुआत में बम्बई में फिर गिरफ़्तार कर लिया गया। उन्हें कुछ समय के लिए आर्थर रोड जेल में रखा गया और फिर बिना किसी मुक़दमे के अजमेर से 80 मील दूर देवली में एक कुख्यात कैम्पनुमा जेल में भेज दिया गया, जिसे कठोर राजनीतिक क़ैदियों के लिए बनाया गया था। इन क़ैदियों में ज़्यादातर कम्युनिस्ट, कांग्रेस के समाजवादी, भगत सिंह की हिन्दुस्तान सोशलिस्ट रिपब्लिकन एसोसिएशन के क्रान्तिकारी, एमएन रॉय के अनुयायी, इंग्लैंड की लेबर पार्टी के सहयोगी, फॉरवर्ड ब्लॉक के सदस्य, रिवोल्यूशनरी सोशलिस्ट पार्टी के सदस्य और अब्दुल गफ्फार ख़ान के हकीम ख़ान जैसे क़रीबी सहयोगी शामिल थे।[10]

जेपी ने इस जेल को एक महान अवसर के रूप में देखा, जहाँ वे उस सशस्त्र संघर्ष के लिए समर्थन जुटा सकते थे जिसका वे सपना देख रहे थे। उन्होंने समाजवाद के आलोचक राजनीतिक सहयोगियों पर तीखी टिप्पणी की। "स्टालिन शासन से मोहभंग होने के कारण किसी को भी समाजवाद या साम्यवाद से मोहभंग होने का अधिकार नहीं है...यह उसी तरह होगा जैसे कांग्रेस मन्त्रिमण्डल से मोहभंग के बाद गांधीवाद से मोहभंग हो जाये। मुझे कोई सन्देह नहीं है कि अगर गांधीवादी राज्य की स्थापना होती है, तो गांधीवादी स्टालिन अपने बेहतरीन इरादों के बावजूद वही संकट पैदा कर देंगे जो लेनिन के उत्तराधिकारी ने सोवियत राज्य के साथ किया है। लेकिन इस वजह से किसी का गांधीवाद से मोहभंग थोड़े हो जायेगा।"[11]

जेपी भूमिगत गतिविधियों की कार्य-योजना बना रहे थे। उन्होंने बसावन सिंह जैसे पुराने सहयोगियों को निर्देश दिया कि वे भूमिगत हो जायें और प्रचार तथा भर्ती शुरू कर दें। देवली में क़ैदी दो बैरकों में रहते थे। कुछ समय बाद अधिकारियों ने थोड़ा ढीला रुख़ अपनाया और दोनों बैरकों के क़ैदियों को सुबह और शाम को खेल के मैदान में एकत्र होने की अनुमति दे दी।

इस समय का जेपी ने बढ़िया उपयोग किया और क्रान्तिकारी समाजवादी पार्टी जैसे संगठनों को सीएसपी के पाले में लाने के लिए तैयार करने लगे। मार्क्सवाद पर उनकी 'कक्षाएँ' लोकप्रिय हो रही थीं। इन्होंने एक जूनियर अधिकारी का ध्यान आकर्षित किया, जो इस कैम्प से पत्रों की तस्करी के लिए सहमत हो गया। एक क़रीबी दोस्त को जेपी ने लिखा था कि शिविर में कोई मार्क्सवादी किताब उपलब्ध नहीं थी। "कृपया मार्क्स, एंगेल्स, लेनिन की किताबों की एक-एक प्रति भेजें...ये किताबें यहाँ चल रही कक्षाओं के लिए आवश्यक हैं।"[12]

उनके दोस्त किताबें भेजते रहे जिससे जेपी को अपनी 'स्प्रिंग क्लीनिंग (बौद्धिक परिष्कार)' में मदद मिली। उन्हें मार्क्सवादी विचारधारा वाली किताबें पसन्द थीं। लुसिएन लॉरेट की 'मार्क्सिज़्म एंड डेमोक्रेसी' और बीसवीं सदी का अत्यन्त प्रसिद्ध राजनीतिक उपन्यास आर्थर केस्लर का 'डार्कनेस एट नून', जो 1938 में स्टालिन द्वारा किये गये अत्याचार पर केन्द्रित है, इन किताबों में शुमार था। जेपी को केस्लर का इतिहास और नियति पर किंचित मार्क्सवादी दृष्टि से किया गया चिन्तन सम्भवत: आकर्षित करता था। वे इस दौरान एसए डांगे, मुज़फ़्फ़र अहमद, एसएस मिराजकर, अजय घोष और बीटी रणदिवे जैसे कम्युनिस्ट नेताओं के साथ युद्ध पर भारत की स्थिति पर संवाद भी करते थे।

जेपी की राजनीति की सबसे गहरी आलोचकों में उनकी पत्नी प्रभावती शामिल थीं। 1930 के दशक में वे कुछ समय के लिए साथ रहे थे–इलाहाबाद के स्वराज भवन में और पटना के क़दमकुआँ में अपने समाजवादी मित्र गंगा शरण सिन्हा के साथ किराये के एक छोटे-से घर में। यह पैसे की तंगी का दौर था और गांधी अक्सर छोटे अनुदान देकर उनकी मदद कर दिया करते थे। जेपी के सहयोगी याद करते हैं कि कैसे वे अक्सर बिना टिकट यात्रा करने को मजबूर हो जाते थे। वे अठारह घण्टे राजनीति में डूबे रहते थे, जिसके कारण गांधी ने टिप्पणी की थी कि जेपी ने प्रभावती की बजाय समाजवाद से विवाह किया है। प्रभावती अपने पति की राजनीतिक मान्यताओं और संगठित धर्म के प्रति अनास्था, दोनों को नहीं समझ पाती थीं। वे गीता पाठ और चरखे पर

घण्टों बिताती थीं, जबकि जेपी ग्राम-निर्माण और ग़रीबी-उन्मूलन में चरखे की भूमिका पर सवाल उठाते थे।

गांधी को लिखे कई पत्रों में उन्होंने जेपी के साथ अपने जीवन के बारे में संशय व्यक्त किया था। गांधी ने इन पत्रों का बहुत सावधानी से जवाब दिया। वैचारिक मतभेदों के बावजूद वे जेपी का आदर करते थे। वे प्रभावती के संशय से असहमत थे और उन्हें जेपी के साथ समय बिताने के लिए प्रोत्साहित करते थे। उन्होंने जेपी को एक पत्र में लिखा, "मैं तुम दोनों के आदर्श में भेद पाता हूँ। प्रभावती के आदर्श बनने में मेरा हाथ है सही। उसका मुझे दु:ख नहीं है। लेकिन तुम्हारा प्रेम उसे तुम्हारे आदर्श की ओर खींच (ले) जाये, तो मैं राज़ी हूँगा, मेरी ज़िम्मेवारी कम होगी, तुमको सन्तोष होगा...अब तुमसे जितना प्रहार उसकी बुद्धि पर और हृदय पर हो सकता है, अवश्य करो।"[13]

सच तो यह था कि गांधी स्वयं भी जेपी से सम्मोहित हो रहे थे। जब भी प्रभावती रुष्ट होकर कहतीं कि जेपी गांधी के रास्ते पर नहीं जा रहे, गांधी उनसे कहते थे, "वह मेरे नज़दीक नहीं है, ऐसा तुम क्यों मान लेती हो? हमारे दोनों के उद्देश्यों में मुझे तो कोई फ़र्क़ नहीं दीखता। हाँ, रास्ता भिन्न है सही, लेकिन आख़िर हर व्यक्ति को अपनी अन्तरात्मा के प्रति वफ़ादार रहना चाहिए।"[14]

जेपी और प्रभावती के बीच आमतौर पर वैचारिक बहस नहीं होती थी। जेपी ने प्रभावती पर अपनी अपेक्षाओं का भार नहीं डाला, अपनी दैहिक इच्छा का शमन कर लिया। इसी तरह, प्रभावती जेपी के जीवन की जटिलताओं और उनकी बेहिसाब प्रतिबद्धताओं को धीरे-धीरे स्वीकारती गयीं। एक समाजवादी कॉमरेड ने बहुत बाद में कहा था कि जब मार्च 1940 में उन्होंने जेपी की गिरफ़्तारी की ख़बर प्रभावती को दी, वे कांग्रेस के पचासवें अधिवेशन में भाग लेने के लिए रामगढ़ आयी थीं। वहाँ उन्होंने स्वयंसेविका दल की कमांडर की ज़िम्मेदारी सँभाली थी। प्रभावती की चिन्ता और बेचैनी देखकर सभी चौंक गये थे। वह जेपी से मिलने हज़ारीबाग जेल और बाद में देवली अधिकाधिक जाया करती थीं। इस तरह प्रभावती भी जेल से पत्रों की तस्करी के ख़ुफ़िया अभियान का हिस्सा बन गयीं।

इस तस्करी को अंजाम देने के लिए जेपी ने विस्तृत और बारीक़ योजना बनायी थी। "एक मोटी जिल्द वाली पुरानी किताब लो। जिल्द को फाड़ कर

पत्र को उस जगह रखकर फिर से जिल्द बनवाओ और भेज दो...अगर तुम्हें यह पत्र मिले, तो कल साक्षात्कार में कहो कि, 'कल रात तुम्हें सिरदर्द था।' यह मेरे लिए पत्र के मिलने का संकेत होगा।"[15] यह बताने के लिए कि उन्हें पिछले पत्रों का बंडल मिल गया है, प्रभावती को निम्नलिखित कोड का उपयोग करने के लिए कहा गया था : "मुरार और डाल्टनगंज दोनों जगहों पर बबुनी के घर पर सब ठीक हैं।"[16]

इन पत्रों की तस्करी सहसा थम गयी, जब इस जेलनुमा कैम्प के अधीक्षक ने इनका एक महत्त्वपूर्ण बंडल ज़ब्त कर लिया। जेपी यह बंडल प्रभावती को चुपके से दे रहे थे, एक काग़ज़ के नीचे छुपाकर जिस पर चप्पलों का माप दर्ज था। सहसा प्रभावती हड़बड़ा गयीं और जेल अधिकारी का ध्यान उन पर चला गया। इसके बाद जेपी और अधिकारी के बीच छीना-झपटी हुई। अधिकारी ने शोर मचा दिया। अन्य कर्मचारी तुरन्त एकत्र हो गये। जेपी को अधीक्षक के कार्यालय में ले जाया गया। जब अधीक्षक ने उनसे पूछा कि क्या उन्हें अपने व्यवहार पर अफ़सोस है? जेपी ने कहा कि उन्हें सिर्फ़ इतना अफ़सोस है कि वे विफल रहे और पकड़े गये। उन दिनों वे अपने को 'प्रोफ़ेशनल क़ानून ब्रेकर' कहते थे। गृह मन्त्रालय ने तय किया कि जेपी के पत्रों को सार्वजनिक कर दिया जाये, जिससे उनकी छवि ख़राब हो और उनके व कांग्रेस नेताओं के बीच दरार पैदा हो जाये।

18 अक्टूबर 1941 को, मद्रास के *द हिन्दू*, दिल्ली के *हिन्दुस्तान टाइम्स* और बॉम्बे के *फ्री प्रेस* को छोड़कर लगभग सभी अख़बारों ने इन पत्रों को प्रकाशित किया। लेकिन दरार तो दूर, इन पत्रों को पढ़कर जनता उनकी कहीं अधिक प्रशंसा करने लगी। जो लोग उनके सिद्धान्तों को स्वीकार नहीं करते थे, उन्होंने भी देश को स्वतन्त्र कराने के लिए जेपी के साहस और दृढ़ संकल्प की सराहना की थी। यह भाव 21 अक्टूबर 1941 को जारी गांधी के बयान में झलकता था। गांधी ने कांग्रेस से आह्वान किया कि वह अहिंसा पर आस्था रखे, और साथ ही जेपी की गिरफ़्तारी पर सरकार से सवाल भी किया। "सरकार किस मुँह से जयप्रकाश की निन्दा करती है? सच तो यह है कि आज सभी राष्ट्रवादी ताक़तें, चाहे उन्हें कोई भी नाम दें, सरकार के ख़िलाफ़ संघर्षरत हैं। संघर्ष के सिद्धान्तों के अनुसार जयप्रकाश नारायण के

अपनाये गये साधन पूरी तरह से वैध हैं...उन्होंने सात वर्षों तक अमेरिका में लम्बा प्रशिक्षण लिया है और इसका गहराई से अध्ययन किया है कि पश्चिमी देशों ने स्वतन्त्रता की लड़ाई में कौन-से तरीक़े अपनाये थे। छल, ख़ुफ़िया तरीक़े और यहाँ तक कि हत्या की साज़िश भी सम्मानजनक क़दम हैं और कथित अपराधियों को राष्ट्रीय नायकों में बदल देते हैं। क्या (रॉबर्ट) क्लाइव और वारेन हेस्टिंग्स राष्ट्रीय नायक नहीं हैं? यदि जयप्रकाश नारायण ब्रिटिश राजनयिक होते और गुप्त कूटनीति से कुछ महत्त्वपूर्ण हासिल कर लेते, उन्हें अति-विशिष्ट उपाधियाँ मिलतीं।"[17] 16 अक्टूबर को सरकार ने एक विज्ञप्ति जारी कर आरोप लगाया कि जेपी से कुछ काग़ज़ात बरामद हुए हैं, जिन्हें वे अपनी पत्नी के ज़रिये तस्करी करने की योजना बना रहे थे। यह काग़ज़ात कहते हैं कि सीएसपी आतंकवादी संगठनों को अपने खेमे में लाकर अपनी स्थिति मज़बूत करने की योजना बना रही थी।

इस आरोप पर तीखी प्रतिक्रिया व्यक्त करते हुए गांधी ने लिखा कि "इस घटना को सनसनी के साथ उजागर किया गया है (और) इस विज्ञप्ति में की गयी टिप्पणियाँ सम्भवतः एकदम अनुचित हैं। यह देखते हुए कि जयप्रकाश नारायण पर अभी मुक़दमा नहीं चला है, ये टिप्पणियाँ एकदम छिछली लगती हैं। सरकार को जयप्रकाश नारायण को ज़ब्त किये गये दस्तावेज़ दिखाने चाहिए थे, और उनका उत्तर प्रकाशित करना चाहिए था।"[18] गांधी ख़ासतौर पर प्रभावती पर हुई टिप्पणी से नाराज़ थे। "यह दुर्भाग्यपूर्ण है कि उनकी पत्नी को इस प्रकरण में घसीटा गया है। उन्हें इस बारे में कुछ भी पता नहीं था, क्योंकि उन तक कोई भी सामग्री पहुँचने से पहले ही यह प्रकरण विफल हो गया था। मैं जनता को बता सकता हूँ कि प्रभावती जयप्रकाश नारायण के विचारों का समर्थन नहीं करतीं। उनके माता-पिता ने उन्हें मेरे सुपुर्द कर दिया था जब वे पन्द्रह वर्ष की भी नहीं थीं और उनके पति जयप्रकाश अमेरिका में थे। उन्होंने भारतीय राजनीति के बारे में मेरे दृष्टिकोण को पूरी तरह से स्वीकारा है और वह मेरी सबसे निष्ठावान सहकर्मियों में शामिल हैं। जयप्रकाश नारायण और प्रभावती देवी एक आदर्श दम्पति हैं। जयप्रकाश ने कभी भी प्रभावती पर अपने विचार थोपने की कोशिश नहीं की।"[19]

गांधी ने जेपी को भी एक पत्र लिखा था, जिसकी विषयवस्तु का अनुमान जेपी के उत्तर से लगाया जा सकता है। "मैंने उन पत्रों के सम्बन्ध में आपके एक वक्तव्य को पढ़ा है। इससे मुझे बहुत सन्तुष्टि मिली। यह केवल आपकी महानता को सिद्ध करता है। प्रभावती का हाल जानकर मुझे आश्चर्य हुआ और दुःख भी। हमारा जीवन-सम्बन्ध कभी भी विचारों की समानता पर आधारित नहीं था, फिर वह मेरे विचारों पर इतना परेशान क्यों हों? आप कृपया उन्हें समझायें।"[20]

ग़ौरतलब है कि इस पूरे प्रकरण पर प्रभावती की डायरी एकदम मौन है।

जल्द ही जेपी ने देवली में क़ैदियों की माँग के समर्थन में विरोध-प्रदर्शन करने के लिए व्यक्तिगत मुद्दों को दरकिनार कर दिया। इन माँगों में कैम्प जेल को भंग करना और क़ैदियों को उनके गृह प्रान्तों में वापस भेजना शामिल था। वे इन माँगों के लिए भूख हड़ताल पर बैठ गये, जो इकतीस दिनों तक जारी रही। इस बढ़ती जाती अवधि से चिन्तित होकर गांधी ने उन्हें एक टेलीग्राम भी भेजा था, "आपको और अन्य लोगों को भूख हड़ताल समाप्त करने की दृढ़ सलाह दे रहा हूँ। क़ैदियों की माँगों पर जनमत तैयार किया जा रहा है।"[21]

अपनी ज़िद पर अड़े होने की वजह से जेपी को एकान्त कारावास में भेज दिया गया, लेकिन उन्होंने भूख हड़ताल तभी ख़त्म की जब प्रमुख मुद्दे हल हो गये थे–जेल को ध्वस्त कर क़ैदियों को उनके गृह प्रान्तों में भेज दिया गया। इसके बाद जेपी को हज़ारीबाग़ केन्द्रीय कारागार भेज दिया गया, जहाँ उनके जीवन का एक और यादगार अध्याय शुरू हुआ। उन्हें वह कोठरी मिली थी जिसमें ख़ान अब्दुल गफ़्फ़ार ख़ान रहे थे। जेपी भीषण वैचारिक झंझावात से गुज़र रहे थे। 8 अगस्त 1942 को एआईसीसी द्वारा भारत छोड़ो प्रस्ताव को अपनाये जाने की ख़बर, कांग्रेस कार्यकारिणी के सभी सदस्यों की गिरफ़्तारी, देशव्यापी विरोध प्रदर्शन और सत्ता के क्रूर दमन ने उनके भीतर सुलगती आग को हवा दे दी। जब देश इतने ऐतिहासिक संघर्ष से गुज़र रहा था, उनके जैसा निडर स्वतन्त्रता सेनानी जेल में बेकार नहीं बैठ सकता था। उन्हें तो आज़ादी की आख़िरी लड़ाई लड़नी थी। जेल की इस लम्बी अवधि के दौरान वे कहीं अधिक रैडिकल हो गये थे और 'अभी नहीं तो कभी नहीं' के ज्वार में डूब गये

थे। उन्होंने सशस्त्र क्रान्तिकारियों का एक मज़बूत भूमिगत नेटवर्क बनाने का सपना देखना शुरू कर दिया। उन्हें विश्वास था कि राजनीतिक रूप से अस्थिर माहौल में गुरिल्ला युद्ध एकदम उपयुक्त रहेगा। उन्होंने बिहार के एक वरिष्ठ क्रान्तिकारी योगेन्द्र शुक्ला, जो उन्हीं की बैरक में बन्द थे, के साथ जेल से भागने की योजना बनाना शुरू कर दी।

आख़िरकार 8 नवम्बर 1942 को दीपावली की रात, कोलाहल का फ़ायदा उठाते हुए वे अपने साथियों की देह को सीढ़ी बनाकर 17 फ़ीट ऊँची दीवार की बुर्ज पर चढ़ गये, और धोतियों से बनी रस्सी की मदद से नीचे उतर आये। इस बीच उनके चार साथी कहानियाँ सुनाकर सुरक्षाकर्मियों का ध्यान भटकाते रहे। इस तरह जेपी और उनके पाँच सबसे क़रीबी साथी आठ-दस मिनट के अन्दर ही जेल से बाहर आ गये–योगेन्द्र शुक्ला, सूरज नारायण सिंह, रामनन्दन मिश्र, गुलाब चन्द्र गुप्ता और शालिग्राम सिंह। एक साथी को वह गठरी उठाने की ज़िम्मेदारी दी गयी थी जिसमें सबके जूते थे, और थोड़ा चिवड़ा-चना भी। लेकिन यह गठरी पीछे छूट गयी। अगले दो दिनों तक साइटिका के दर्द से जूझते हुए जेपी दुर्गम भूगोल, प्रतिकूल और कठिन परिस्थितियों से लड़ते रहे। वे पाँचों जंगली फलों, चिवड़े और मुरमुरे पर गुज़ारा करते थे, जो शुक्ला ने दूर किसी झोंपड़ी से चार आने में ख़रीदे थे। नवम्बर की ठण्डी रातों में बिना किसी चादर के खुले आसमान के नीचे खुरदुरी पृथ्वी पर सोते थे। अन्त में स्थिति इतनी बिगड़ गयी थी कि जेपी के पैरों में फफोलों से ख़ून टपकने लगा। उनके साथियों को उन्हें कुछ दूर तक उठाकर चलना पड़ा था। उन्हें राहत मिली जब पैंतालीस घण्टों बाद उन्हें जंगल की एक छोटी बस्ती में कांग्रेसी परिवार के एक शिक्षक ने उन्हें पनाह दी। इसी शिक्षक ने उन्हें कपड़े और जूते इत्यादि देकर मदद की।

वे गया पहुँचे। वहाँ से तीन दिन बाद योगेन्द्र शुक्ला के नेतृत्व में एक समूह उत्तर बिहार की ओर रवाना हुआ। दूसरे दल में जेपी, रामनन्दन मिश्र और शालिग्राम सिंह थे। वे बैलगाड़ियों में जूट के ढेर के नीचे छिपकर चुपचाप डेहरी तक पहुँच गये। वहाँ से उन्होंने बनारस के लिए ट्रेन पकड़ी और रामनगर में उतर गये, नाव से गंगा पार की और काशी आ गये।

जेपी ने कुछ समय बीएचयू में बिताया और उसके बाद तमाम तरह के भेष धारण कर और नाम बदल कर दिल्ली और बम्बई की यात्रा की, अच्युत पटवर्धन, लोहिया और अरुणा आसफ़ अली जैसे साथियों से मिले, गुप्त बैठकों को सम्बोधित किया और अवैध मार्क्सवादी साहित्य वितरित किया। जल्द ही सरकार ने जेपी की सूचना देने वाले के लिए 5,000 रुपये इनाम घोषित कर दिया, जिसे बाद में बढ़ाकर 10,000 रुपये कर दिया गया। जेपी हेगेलियन और मार्क्सवादी परम्परा में दीक्षित हुए थे। उनकी वैचारिक जड़ें द्वन्द्वात्मक पद्धति तक जाती थीं। इन भूमिगत दिनों के दौरान उन्होंने स्वतन्त्रता सेनानियों को दो अत्यन्त विचारोत्तेजक और सुलगते पत्र लिखे थे। ये पत्र स्वतन्त्रता आन्दोलन की तमाम बारीकियों को उजागर करते थे। जेपी इनके ज़रिये बहस छेड़ रहे थे और अपने समाजवादी आधार को स्वर दे रहे थे। आवेग में डूबे इन पत्रों का अन्त उस दौर के सबसे लोकप्रिय नारे 'करो या मरो' के साथ हुआ था।

फ़रवरी 1943 में लिखे अपने पहले पत्र में जेपी ने स्वतन्त्रता सेनानियों को 1942 के आन्दोलन के दमन से निराश न होने का आह्वान किया। "क्रान्तियों का इतिहास बताता है कि क्रान्ति कोई घटना नहीं है। यह एक चरण है, एक सामाजिक प्रक्रिया है। किसी क्रान्ति के दौरान उतार और चढ़ाव सामान्य प्रक्रिया हैं।"[22] जेपी ने रेखांकित किया था कि भारतीय क्रान्ति अंग्रेज़ों की शक्ति की वजह से नहीं, बल्कि दो अन्य कारणों से धीमी पड़ रही थी। पहला, ऐसा कोई सक्षम संगठन नहीं था जो अगस्त क्रान्ति के बाद सतह पर आयी ताक़तों का प्रभावी नेतृत्व कर सके। दूसरे, विद्रोह का पहला चरण समाप्त होने के बाद इसे आगे ले जाने की कोई योजना नहीं थी। जेपी ने लिखा था, "असफलता हमारी थी...हमें उन्हें (जनता को) अगले चरण के लिए एक नया कार्यक्रम देना चाहिए था। इसके अभाव में विद्रोह के आन्दोलन थम गये।"[23]

अब प्रमुख उद्द्देश्य यह था कि कमियों को दूर कर अगले चरण की तैयारी की जाये। यह उद्घोष करते हुए कि हिंसा अपरिहार्य है, उन्होंने एक चेतावनी भी दी, "मुझे यह स्वीकार करने में कोई हिचकिचाहट नहीं है कि वीर की अहिंसा यदि बड़े पैमाने पर अपनायी जाये, तो किसी क़िस्म की हिंसा

की आवश्यकता नहीं होगी। लेकिन अगर ऐसी अहिंसा नहीं है, तो मैं शास्त्रीय तर्कों में लिपटी कायरता को क्रान्ति को विफल करने की अनुमति नहीं दूँगा... दुनिया भर में जहाँ लोग आज संघर्ष कर रहे हैं, मर रहे हैं और पीड़ित हैं, एल्केमिस्ट अपना काम कर रहा है; यही स्थिति भारत में भी है, जहाँ उसने सामाजिक उथल-पुथल मचा दी है।"[24]

उसी वर्ष सितम्बर में लिखे दूसरे पत्र में जेपी ने साध्य और साधन के मुद्दे पर चर्चा की थी। उन्हें विश्वास था कि स्वतन्त्रता के प्रभावी संघर्ष के लिए हिंसा आवश्यक है, लेकिन वे यह भी महसूस कर रहे थे कि स्वतन्त्रता हासिल करने की पद्धति पर दुविधाग्रस्त होने से बचना चाहिए।

"प्रत्येक स्वतन्त्रता सेनानी अपना तरीक़ा चुनने के लिए स्वतन्त्र है...जो लोग अहिंसा में विश्वास करते हैं, उन्हें यह डर हो सकता है कि हिंसा के पैरोकार गांधीजी के महत्त्व को कम कर सकते हैं। यह डर निराधार है। गांधीजी की अहिंसा में आस्था इतनी प्रगाढ़ है कि एक लाख चर्चिल और (इंग्लैंड के फ़ासीवादी नेता) अमेरी भी मिलकर उन्हें डिगा नहीं सकते।"[25] जेपी ने इस पत्र में सी राजगोपालाचारी, भूलाभाई देसाई और केएम मुंशी जैसे नेताओं को 'स्वतन्त्रता आन्दोलन को पटरी से उतारने वालों' के रूप में परिभाषित किया था।[26] ये नेता राजनीतिक गतिरोध ख़त्म करने के लिए काम कर रहे थे। जेपी को लगता था कि ऐसे क़दमों से भारत के हितों को नुक़सान होगा क्योंकि राजनीतिक गतिरोध का जारी रहना आवश्यक था। यह गतिरोध साबित करता था कि भारत की आत्मा अजेय और उसके भीतर प्रतिरोध की अदम्य भावना अभी जीवित थी। बोस की निन्दा करने वाले कम्युनिस्टों की आलोचना करते हुए जेपी ने तीखी टिप्पणी की थी, "जो लोग ख़ुद ब्रिटेन के भगोड़े हैं, उनके लिए उनकी निन्दा करना सबसे आसान है। लेकिन राष्ट्रवादी भारत उन्हें उमंग से भरे देशभक्त और ऐसे व्यक्ति के रूप में जानता है जो आज़ादी की लड़ाई में हमेशा सबसे आगे रहे हैं।"[27]

साथ ही उन्होंने इस पर भी ज़ोर दिया कि भारत की आज़ादी जापान से उपहार के रूप में नहीं आयेगी। यह भारतीय नागरिकों की इच्छाशक्ति और संसाधनों पर निर्भर करेगा। सिर्फ़ भारत "पृथ्वी के वंचितों की आकांक्षाओं का

प्रतिनिधित्व करता है। स्वतन्त्रता के लिए भारत की लड़ाई साम्राज्यवाद-विरोधी है (और इसलिए फ़ासीवाद-विरोधी भी है, क्योंकि साम्राज्यवाद फ़ासीवाद का जनक है), और सामान्य मनुष्य के हस्तक्षेप से युद्ध को समाप्त करने का अभियान भी है। हम किसी एक पक्ष की विजय की कामना नहीं करते, न हम किसी से कोई उम्मीद रखते हैं। हम दुनिया के आम लोगों द्वारा साम्राज्यवाद और फ़ासीवाद की पराजय के लिए संघर्षरत हैं। अपने संघर्ष के द्वारा हम युद्ध की समाप्ति और श्वेत और अश्वेत प्रजाति की मुक्ति की राह प्रशस्त करते हैं।"[28]

उनके मुखर विचार छात्रों को सम्बोधित एक पत्र में अभिव्यक्त हुए थे जो आज भी रैडिकल राजनीति में प्रवेश करने के लिए आतुर लोगों के लिए कसौटी बना हुआ है। अगस्त विद्रोह में छात्रों की भूमिका को रेखांकित करते हुए और उनसे क्रान्ति के प्रति प्रतिबद्धता का नया आह्वान करते हुए जेपी ने लिखा, "हमें प्रत्येक क्षेत्र में आपकी मदद की ज़रूरत है। हमें गाँवों और औद्योगिक केन्द्रों में, रेलवे और खदानों में, सेना और सरकारी सेवाओं के क्षेत्र में काम करना है। हमें अपना साहित्य प्रकाशित और वितरित करना है, अपने सम्पर्क-सूत्र और संचार व्यवस्था बनाये रखनी है, हमें उपद्रव के लिए मिलिशिया और तकनीकी कर्मचारियों के समूह को प्रशिक्षित करना है, और हमें दुश्मन के साथ अपने संघर्ष और झड़पों को जारी रखना है। एक समन्वित और केन्द्रीय कमान के तहत संगठनों का नेटवर्क बनाया जा रहा है। हम आप तक पहुँचने का प्रयास करेंगे और प्रत्येक (विद्यार्थी) को क्रान्ति-सेना के भिन्न दायित्व सौंपेंगे।"[29]

छात्रों को कॉलेज और विश्वविद्यालय छोड़ने के लिए प्रोत्साहित करते हुए जेपी ने उन्हें याद दिलाया कि किसी राष्ट्र के जीवन में ऐसे क्षण भी आते हैं जब राष्ट्रीय उन्नति के लिए व्यक्तिगत विकास को दरकिनार करना अनिवार्य होता है। चीन और रूस के उन छात्रों का उदाहरण देते हुए जिन्होंने युद्ध के मैदान में जाकर अपने प्राण न्यौछावर कर दिये, जेपी ने अपने युवा अनुगामियों को सलाह दी कि वे अन्य नेताओं के कायर भाषणों को न सुनें और राष्ट्रीय आन्दोलन के 'भँवर' में कूद पड़ें।[30] उन्होंने भारत में मौजूद

अमेरिकी अधिकारियों और सैनिकों से भारतीय स्वतन्त्रता संग्राम को समर्थन देने का भावनात्मक आह्वान भी किया।[31] उन्होंने इस सिलसिले में सुभाष बाबू से भी सम्पर्क करने की कोशिश की।

इससे पहले कि वे 'आज़ाद दस्ता' नामक सशस्त्र गुरिल्ला क्रान्तिकारियों के दलों का दक्षिणी नेपाल के तराई जंगलों में गठन करते, जेपी के पत्रों और उनके दुस्साहसिक कारनामों ने उन्हें एक रैडिकल विचारक का दर्जा दे दिया था। इन दस्तों में सूरज नारायण सिंह, गुलाब चन्द्र गुप्ता और रामनन्दन मिश्र जैसे उनके कुछ पुराने सहयोगी शामिल थे। इनके अलावा कई अन्य कार्यकर्ता भी शामिल हुए, जिनमें कार्तिक प्रसाद सिंह, आनन्दी प्रसाद, बैद्यनाथ झा, रामेश्वर और नित्यानन्द सिंह और राम मनोहर लोहिया भी थे। उनमें से कई लोग तीस से कम उम्र के थे और इस नयी राजनीति के स्वप्न को लेकर उत्साहित थे। 'आज़ाद दस्ता' ने कोसी नदी पर बकरो का टापू नामक एक जंगली इलाक़े में अपना बेस कैम्प बनाया था। यहीं से जेपी को देशव्यापी क्रान्ति शुरू करने की उम्मीद थी। कांग्रेस रेडियो पर उषा मेहता के प्रसारण और सुभाष चन्द्र बोस के बर्लिन रेडियो प्रसारण की तर्ज़ पर उन्होंने भूमिगत समाचार प्रसारित करने के लिए एक गुप्त रेडियो स्टेशन की स्थापना के प्रयास किये। यह क्रान्तिकारी ज्वाला बिहार के पूर्णिया, भागलपुर, बांका, मुंगेर, मुज़फ़्फ़रपुर, चम्पारण, शाहाबाद और संथाल परगना जैसे क्षेत्रों में फैल गयी। लैंगिक सीमाओं का अतिक्रमण करते हुए अच्युत पटवर्धन की लन्दन में पढ़ी बहन विजया पटवर्धन भी जेपी के गुरिल्ला लड़ाकों में शामिल हो गयीं।

विजया जब बम्बई में अच्युत के भूमिगत ठिकाने पर जेपी से मिली थीं, तभी से उन्हें अपना आदर्श और आराध्य मानने लगी थीं। उन्होंने हाल ही विश्वविद्यालय की पढ़ाई पूरी की थी और इस रैडिकल और विध्वंसक आन्दोलन का हिस्सा बनकर उत्साहित थीं। कई साल बाद उन उन्मादे दिनों को याद करते हुए उन्होंने लिखा, "मैं जेपी की दीवानी थी...मैं उनके साथ रहना चाहती थी। अच्युत ने मुझे उनके पास जाने से मना किया था, लेकिन मैंने उन्हें नहीं सुना और 15 मार्च 1943 को जेपी के समूह में शामिल हो गयी। नेपाल के जंगलों में उनके गुप्त ठिकाने तक पहुँचने से पहले हमने कुछ

स्थानों की एकसाथ यात्रा भी की थी।"[32] विजया के पास अब एक नया नाम और पहचान थी। उत्साह से भरी वे जेपी द्वारा दिये विविध दायित्वों का निर्वाह करने लगीं।

विजया ने गिरफ़्तारी से बचने के लिए भेष बदले और इस क्षेत्र में समर्थन जुटाने के लिए जेपी की मदद करने लगीं। ये दिन रोमांचक थे, और रोमानी भी। एक कामुक तनाव दोनों के बीच ठहरा रहता था। अपने व्यक्तिगत जीवन में चल रहे उफान के बीच उन दोनों का साहचर्य पनपता रहा। यह उस वक़्त ख़त्म हुआ जब पुलिस को उनके गुप्त अड्डे के बारे में पता चल गया। वह बच कर कलकत्ता भाग गयीं, लेकिन आख़िरकार उन्हें बाध्य होकर अपने परिवार के पास पुणे लौटना पड़ा। विजया को मानसिक रूप से अस्थिर घोषित कर दिया गया और जेपी के प्रति जुनूनी प्रेम से छुटकारा पाने के लिए उन्हें बिजली के झटके दिये गये। जेपी के जीवन से विजया के अध्याय को, क्रान्तिकारी आन्दोलन में उनकी भूमिका को मिटा दिया गया या दरकिनार कर दिया गया। उन्होंने अपना बाक़ी जीवन एकान्त में बिताया।[33]

गुरिल्ला युद्ध के लिए प्रशिक्षण केन्द्र सुरंगा की पहाड़ियों में स्थापित किया गया था। इन लड़ाकों को आज़ाद हिन्द फ़ौज के सदस्य सूरज नारायण सिंह और सरदार नित्यानन्द सिंह ने प्रशिक्षित किया था। उन्हें सड़कों और पुलों को उड़ाना, रेलवे के सिग्नल और टेलीफ़ोन संचार को बाधित करना और कारख़ानों, खदानों तथा बन्दरगाह पर हमला करना सिखाया जाता था। उन्हें आग लगाने, दुश्मन के दफ़्तरों और गोदामों इत्यादि को जलाने का भी प्रशिक्षण दिया गया। जेपी को उम्मीद थी कि ये कैडर जन-विद्रोह के दूत बन जायेंगे।

ब्रिटिश अधिकारियों को जल्द ही इनके बारे में पता चल गया। गृह विभाग की इंटेलिजेंस ब्यूरो का ध्यान दो 'ख़तरनाक' दस्तावेज़ों पर गया था : 'ए.बी. सी. ऑफ़ डिसलोकेशन' और 'इंस्ट्रक्शंस-सैबोटाज ऑफ़ कम्युनिकेशन'। कहा जाता था कि इन दोनों को जेपी ने लिखा था।[34] बरौनी और अन्य जंक्शनों पर रेल और बारूद की वैगन लुटने की ख़बरें आ रही थीं। बिहार की खुफ़िया ब्यूरो की एक रिपोर्ट कहती थी आत्मघाती दस्ते बन चुके हैं और चार गुरिल्ला

प्रशिक्षण केन्द्रों का गठन भी हो गया है।[35] नेपाल सरकार को उनकी हरकतों का अन्दाज़ा था, लेकिन वह उनके प्रति सहानुभूतिपूर्ण बनी रही। अंग्रेज़ों ने नेपाल सरकार पर जेपी और उनके साथियों को गिरफ़्तार करने और उन्हें भारत निर्वासित करने के लिए दबाव डाला। जल्द ही नेपाली अधिकारियों ने जेपी और लोहिया को मई 1943 में कार्तिक प्रसाद सिंह, बैद्यनाथ झा और दो अन्य सहयोगियों के साथ गिरफ़्तार कर लिया।

आज़ाद दस्ता के सदस्यों को बैलगाड़ी में बिठाकर जनकपुर के पास हनुमान नगर में एक अस्थायी जेल में रखा गया, जिसका नाम था 'बड़ा हकीम का जेल'। जब अगली सुबह जेपी नदी पर फारिग़ होने गये, उन्हें वहाँ एक परिचित लड़का दिखाई दिया। जेपी ने उससे कहा कि उनकी गिरफ़्तारी की ख़बर आज़ाद दस्ता के अन्य सदस्यों और ख़ासकर सूरज बाबू को दे दें। और फिर एक नाटकीय घटनाक्रम के तहत तीसरे दिन आधी रात से थोड़ा पहले इस जेल को जेपी के साथियों और कई युवा नेपाली समर्थकों ने घेर लिया। पुलिस ने तत्परता से जवाब दिया, लेकिन इन साथियों ने पड़ोस की किसी झोपड़ी में रखे हुए भूसे में आग लगाकर उनका ध्यान भटका दिया। इस बीच गोलाबारी शुरू हो गयी और उनके दो कांस्टेबलों को गोली लग गयी। अपनी जान जोख़िम में डालकर गुरिल्ला लड़ाकों ने जेल के चारों ओर लगे बिजली के तारों को काट दिया। जेपी, लोहिया और अन्य साथी भाग निकले और दरभंगा पहुँच गये। उसके बाद भागते-छिपते वे कलकत्ता और फिर दिल्ली आ गये। जेपी ने यूरोपीय कपड़े पहन कर एक नयी पहचान अपना ली।

लेकिन जेपी की स्वतन्त्रता अल्पकालिक थी। जब वे अफ़गान विद्रोहियों से मिलने भेष बदलकर अंग्रेज़ी पोशाक में फ्रंटियर मेल के पहले दर्जे के डिब्बे में दिल्ली से रावलपिंडी जा रहे थे, 18 सितम्बर 1943 की सुबह लाहौर पुलिस प्रमुख विलियम रॉबिन्सन ने उन्हें अमृतसर रेलवे स्टेशन के क़रीब गिरफ़्तार कर लिया—हज़ारीबाग जेल से बच निकलने के ठीक दस महीने और कुछ दिन बाद उन्हें लाहौर क़िले में ले जाया गया। इस जेल में बेशुमार सुरक्षाकर्मी तैनात थे और क़ैदियों का जीवन भयावह था। सरकार ने जेपी की गिरफ़्तारी की ख़बर दबाने की पूरी कोशिश की, लेकिन ऐसा नहीं हो पाया। उनके अनुयायी

छटपटा रहे थे, लेकिन जेपी शान्त थे और लम्बी पूछताछ व यातना का सामना करने के लिए तैयार थे। उनकी गिरफ़्तारी के कुछ समय बाद यह गुरिल्ला आन्दोलन कमज़ोर पड़ गया।

फ़रवरी 1944 में जेपी ने पंजाब सरकार के गृह सचिव को अपनी यातना के बारे में पत्र लिखा था। "मुझे पिछले साल 18 सितम्बर को अमृतसर में गिरफ़्तार किया गया था और उसी दिन इस क़िले में लाया गया था। लगभग एक महीने की हिरासत के बाद, मुझे उस कार्यालय में ले जाया गया जहाँ पंजाब, बिहार और बंगाल सीआईडी के अधिकारी मौजूद थे। मुझे बताया गया था कि मुझे कुछ सवालों के जवाब देने होंगे और अपनी हाल की गतिविधियों के बारे में बयान देना होगा। मैंने उपस्थित अधिकारियों को स्पष्ट कर दिया कि मैं ऐसे किसी भी प्रश्न का उत्तर देने के लिए तैयार हूँ जो मेरी 'भूमिगत' गतिविधियों से सम्बन्धित नहीं है, और जहाँ तक बयान का सवाल है, मेरे पास कहने के लिए इससे अधिक कुछ नहीं है कि मैं ब्रिटेन के भारतीय साम्राज्य (ब्रिटेन या ब्रिटिश राष्ट्रमण्डल की नहीं) का दुश्मन हूँ। मैं अपने देश की स्वतन्त्रता के लिए काम कर रहा था और तब तक करता रहूँगा जब तक कि या तो उद्देश्य प्राप्त नहीं हो जाता या मृत्यु हस्तक्षेप नहीं करती।"[36]

जेपी को दिन और रात में कई बार पूछताछ के लिए ले जाया जाता था। उन्हें सोने की इजाज़त नहीं थी। यह पूछताछ 20 अक्टूबर से 10 दिसम्बर 1943 तक लगातार चलती रही। उन्होंने जाँच अधिकारियों की क्रूरता का उल्लेख मार्मिक शब्दों में किया था। "सुबह से दोपहर 12 बजे तक मुझे लगातार कार्यालय में रखा जाता था। फिर एक घण्टे के लिए कोठरी में ले जाया जाता था। उसके बाद एक या दो घण्टे के लिए फिर कार्यालय में बुला लिया जाता था, फिर एक घण्टे के लिए वापस ले जाया जाता और इस तरह सुबह तक चलता रहता था। मुझे सोने का ज़रा भी समय नहीं मिलता था। मैं जैसे ही अपनी कोठरी में आकर ऊँघने लगता कि समय समाप्त हो जाता और मुझे फिर से बाहर ले जाया जाता। ऊपरी तौर यह प्रक्रिया शायद इतनी यातनापूर्ण न लगे, लेकिन मैं पूरी ईमानदारी से कह सकता हूँ कि जब [यह] कई दिनों तक जारी रहता है, तो यह सबसे अधिक दमनकारी और तोड़ देने वाला अनुभव है।"[37]

बाहरी दुनिया से उनका एकमात्र सम्पर्क ब्रिटिश स्वामित्व वाले दो समाचार पत्र थे, जिन पर भी भारी सेंसरशिप थी। लेकिन जेपी की ऊर्जा अखण्डित रही, और उनका स्वर उग्र विरोध में डूबा रहा। आख़िरकार पूछताछकर्ताओं ने उनसे ख़ुफ़िया जानकारी हासिल करने की कोशिश छोड़ दी। उन्हें समाचार पत्र, पुस्तकें और पत्रिकाएँ मिलने लगीं और उन्हें सप्ताह में तीन पत्र लिखने की अनुमति मिल गयी।

उन्होंने पन्द्रह महीने से अधिक समय एकान्त कारावास में बिताया था। उन्हें अपनी स्याह कोठरी से बाहर जाकर सुबह और शाम एक-एक घण्टे के लिए व्यायाम करने की अनुमति मिल गयी थी–इस दौरान वे हथकड़ी पहने रहते थे। यह 15 फ़ीट लम्बी और 12 फ़ीट चौड़ी कोठरी थी जिसकी दीवारें गहरी भूरी थीं। जेल के चौकीदारों को सख़्त निर्देश था कि जेपी के साथ कोई संवाद न करें। ये चौकीदार कोठरी पर लगी लोहे की मोटी सलाखों से भोजन अन्दर धकेल देते थे। जेपी के लिए मनोरंजन का एकमात्र सहारा था जेल में विचरता एक बिल्ला, जिसका नाम 'चर्चिल' रख दिया गया था। "केवल सिगार की कमी थी, जिसके बाद यह उस प्रसिद्ध इन्सान जैसा दिखाई देने लगता जो यूरोप की उम्मीद है–वह यूरोप जो पूरी तरह से ख़त्म हो चुका है, लेकिन हाथ-पैर पीटते हुए जीने की कोशिश कर रहा है," जेपी ने लिखा था।[38]

यह स्थिति अक्सर उनके भीतर घनघोर निराशा और कड़वाहट भर देती थी। "हाँ, मेरे संसार में कुछ भी उल्लेखनीय घटित नहीं हो रहा," जेपी ने लिखा था। "फिर भी यहाँ कुछ चीजें हैं, जिन्हें न मैं और न ही सूरज की किरणें देख सकती हैं। लेकिन दीवारें रौशनी पर पहरा लगा सकती हैं, ध्वनियाँ उनसे रिस आती हैं। इसलिए, कभी-कभी जब सूरज ढल जाता है और जीवन पर अँधेरा छा जाता है, तो मैं बन्दियों की चीख़ें और राक्षस के प्रहार की चिंघाड़ सुनता हूँ, वह राक्षस जो इस सृष्टि पर शासन करता है। राक्षस कोई व्यक्ति नहीं है। वह ब्रह्म के समान है–सर्वव्यापी। वह एक आत्मा है, इस व्यवस्था की आत्मा, ऐसी व्यवस्था जो मनुष्य को जानवर बना देती है। जब मैं उन चीख़ों को सुनता हूँ, मेरे भीतर बहुत कुछ उमड़ने लगता है। मैं महसूस करता हूँ कि कहीं मैं ख़ूँखार जानवर में न बदल जाऊँ–मेरे भीतर एक उग्र और चीरता हुआ

क्रूर प्रतिशोध सुलगने लगता है। मैं अपनी मानवता को बचाने के लिए अपने आप से कड़ा संघर्ष करता हूँ। यह कठिन है, बहुत कठिन है, बहुत अधिक कठिन है, और मुझे यक़ीन नहीं है कि मैं पूरी तरह सफल हो पाऊँगा।"[39]

गहरी बाधाओं के बावजूद उन्होंने स्वतन्त्रता के स्वप्न को नहीं त्यागा था। गांधी को लिखे एक पत्र में उन्होंने ज़ोर देकर कहा था, "हालाँकि जेल इन्सानों के रहने की जगह नहीं है, फिर भी मैं आपको विश्वास दिलाता हूँ कि मैं न तो अपनी रिहाई के दिन गिन रहा हूँ, न यह सोच रहा हूँ कि मैं पश्चात्ताप कर रहा हूँ। क्रान्ति की राह के लिए यह अपरिहार्य है कि कुछ मारे जायेंगे, कुछ बर्बाद होंगे और कुछ जेलों में सड़ जायेंगे। इस पर किसी विमर्श का प्रश्न ही नहीं है। हज़ारों लोग अभी भी जेलों में सड़ रहे हैं—भविष्य में भी हज़ारों लोग सड़ते रहेंगे।"[40]

जेपी की 'सृष्टि' सहसा बेहतर हो गयी जब 25 अक्टूबर 1944 को लोहिया को उनकी कोठरी में लाया गया। यह किसी भी प्रत्याशा से परे था। "यह मेरे लिए एक महान क्षण था—पेरिस या यूरोप की मुक्ति से भी बड़ा। मेरी सृष्टि की दीवारें एक पल के लिए टूट गयीं, और मैं अब राक्षस का बन्दी नहीं था, बल्कि एक इन्सान था, जो इन्सानों की दुनिया में आ गया था।"[41] लोहिया को मई या जून 1944 में लाहौर क़िले में लाया गया था। वे भी अकथनीय कष्ट से गुज़र रहे थे। दोनों दोस्तों को रोज़ एक घण्टा बतियाने की अनुमति मिल गयी थी।

पूछताछ की प्रताड़ना समाप्त होते ही उन्हें किताबें व लेखन सामग्री दे दी गयी। जेपी ने जेल में अपने समय का उपयोग पढ़ने और लिखने के लिए किया। फ़र्श पर बिछे उनके सादे बिस्तर के बग़ल में किताबों की दो छोटी पंक्तियाँ उनकी जीवनरेखा बन गयी थीं। उन्हें एक महीने में क़रीब दस किताबें मिला करती थीं। मीनू मसानी, यूसुफ मेहरअली, कमलाशंकर पंड्या और श्री प्रकाश जैसे क़रीबी दोस्तों से उनकी किताबों की माँग अक्सर आपूर्ति से ज़्यादा होती थी। किताबें मिलने से हासिल हुई ख़ुशी मीनू मसानी को लिखे एक पत्र में साफ़ झलकती थी : "आपकी किताबें मेरे लिए इनायत थीं। मैं सबकुछ भूल कर उनमें डूब गया। यूसुफ ने बड़ी मेहरबानी से इतनी प्यारी

किताबें मुझे भेज दी थीं...प्रभावती ने मुझे बताया कि उन्होंने जेल में बन्द दोस्तों को लगभग दस हज़ार रुपये की किताबें भेजी हैं। इतना विचारशील क़दम उठाकर और इस तरह संसाधन ख़र्च कर उन्होंने हमारी अद्वितीय सेवा की है।"

वे उन दिनों लाहौर और उसके बाद आगरा सेन्ट्रल जेल में विविध किताबें पढ़ रहे थे–बर्नार्ड शॉ, बर्ट्रेंड रसेल, डगलस रीड, रोमाँ रोलाँ, आन्द्रे मौरोइ, मार्कस ऑरेलियस, अगाथा क्रिस्टी के अलावा बेडन पावेल की *लैंड रेवेन्यु सिस्टम इन इंडिया* जैसी भारतीय अर्थव्यवस्था और राजनीति पर किताबें। इनके अलावा वे किताबें भी थीं जो उन्हें विस्तृत टिप्पणियाँ लिखने के लिए उकसाती थीं–ऑस्कर पॉल की *अंडरग्राउंड यूरोप कॉलिंग,* रेने गुएनन की *द क्राइसिस ऑफ़ द मॉडर्न वर्ल्ड,* जिम फेलन की *जेल जर्नी* और लुइस फिशर की *ए वीक विद गांधी।* हेमिंग्वे की *फॉर हूम द बेल टोल्स* और एरिक फ्रॉम की द *फियर ऑफ़ फ्रीडम* ने उन्हें मन्त्रमुग्ध कर दिया था। इस पुस्तक में एरिक फ्रॉम ने मनुष्य को केन्द्र में रखकर मानवतावादी समाजवाद की प्रस्तावना दी थी। जेपी को इस प्रस्तावना में अपने विचार दिखाई दे रहे थे। इस किताब को पढ़ने के बाद जेपी अपने मार्क्सवादी नज़रिए को लोकतान्त्रिक समाजवाद कहने लगे।

जेपी ने उन दिनों बेहिसाब लिखा, निरन्तर लिखा। उन्होंने हिन्दू-मुस्लिम एकता जैसे मुद्दों को बारीकी से समझा और आगामी दिनों का पूर्वानुमान लगा लिया। सितम्बर 1943 और जनवरी 1945 के दौरान कारावास की अवधि में हुए इस लेखन ने नोट्स और पत्रों के ज़रिये आकार पाया था। उनके इस लेखन में गहरी और चुभती हुई अन्तर्दृष्टियाँ थीं।[42] ऐसा एक उल्लेखनीय नोट उन्होंने 5 अगस्त 1944 को लिखा था–'क्रान्ति को नकार दिया गया क्योंकि यह विफल रही थी'। यह गांधीवादी राजनीति द्वारा हो रहे उस नुक़सान का विश्लेषण करता था जब गांधी ने हिंसा की वजह से 1942 के आन्दोलन से ख़ुद को अलग कर लिया था। "कई हफ़्ते हो गये, जब से गांधीजी ने अगस्त आन्दोलन पर टिप्पणी की है, मेरे दिल में गहरी कड़वाहट भर गयी है। मुझे पता है कि मुझे कटु नहीं होना चाहिए और शायद मैं चीज़ों को बहुत गम्भीरता से लेता हूँ। शायद चीज़ों को देखने का मेरा समाजवादी दृष्टिकोण मुझे वर्तमान राजनीतिक परिदृश्य में पूरी तरह डुबो देता है।"[43]

जेपी ने लिखा, "जो कुछ हुआ वह हिंसा नहीं थी।" उन्होंने गांधी पर सवाल उठाया कि वे हिंसा से 'कलंकित' आन्दोलन को स्वीकार करने से क्यों कतराते हैं। "इस आन्दोलन का बड़ा हिस्सा अहिंसक जन-प्रदर्शन के रूप में घटित हुआ था। हमने वीरता के महान उदाहरण, अहिंसक वीरता के उदाहरण देखे थे जो राष्ट्रीय इतिहास और लोक गीतों में अमरत्व पाने के हक़दार हैं। 1921, 1930 या 1932 में ऐसा कुछ नहीं हुआ था। लेकिन मुझे डर है कि उन्हें कांग्रेस और इसके झण्डे की साख पर धब्बा लगाने वालों के रूप में देखा जायेगा। जिन लोगों ने थोड़ा उपद्रव किया है, उन्हें पहले ही देश की स्वतन्त्रता का दुश्मन कहकर बदनाम किया जा चुका है। 1942 के उस भीषण आन्दोलन में भाग लेने वाले उन हज़ारों अज्ञात स्वतन्त्रता सेनानियों ने यह नहीं सोचा था कि जो चक्रवात उन्हें अपने आगोश में लेकर बढ़ा चला जा रहा है, वह तकनीकी रूप से कांग्रेस के राजनीतिक फ़ॉर्मूले के अनुरूप था या नहीं।"[44]

अपने लेखन में जेपी ने देश के विभाजन के लिए दी जा रही प्रस्तावनाओं में निहित विरोधाभासों को भी उजागर किया। अपनी बेचैनी को अभिव्यक्ति देते हुए उन्होंने लिखा, "विभाजन के लिए मुस्लिम लीग का दावा इस सिद्धान्त पर आधारित है कि भारत में मुसलमान एक अलग राष्ट्र हैं, और इसलिए उनका अपना स्वतन्त्र राज्य होना चाहिए। हमें नहीं लगता कि यह दावा किसी वैज्ञानिक जाँच पर ख़रा उतरेगा। यदि हम इस भूमि पर उपलब्ध जातियाँ, भाषा, इतिहास, संस्कृति, भूगोल, धर्म, परम्परा सभी को एक साथ लें, तो इस देश में रहने वाले अलग-अलग समुदायों की तुलना में इन सभी का समायोजन सही मायने में एक भारत राष्ट्र का निर्माण करता है।"[45] द्वि-राष्ट्र सिद्धान्त पर तीखा प्रहार करते हुए जेपी ने लिखा, "अगर हम यह स्वीकार भी कर लें कि भारत के मुसलमान एक अलग राष्ट्र बनाते हैं। क्या इसका यह अर्थ है कि उन्हें देश के बाक़ी हिस्सों से अलग होकर एक स्वतन्त्र राज्य बनाना चाहिए? क्या दो राष्ट्रों के लिए एक ही राज्य में एक साथ रहना सम्भव नहीं है? क्या इतिहास में ऐसे राज्यों के उदाहरण नहीं हैं? क्या स्कॉट, वेल्श और अंग्रेज़ एक ही सरकार के तहत एक साथ नहीं रहते? क्या जर्मन, फ्रांसीसी और इतालवी एक स्विट्ज़रलैंड राज्य नहीं बनाते हैं? क्या ब्रिटिश और फ्रांसीसी कनाडाई

एक साथ नहीं रहते हैं? क्या महान अमेरिकी राष्ट्र यूरोप की सभी राष्ट्रीयताओं के मिश्रण का परिणाम नहीं है? क्या सभी दक्षिण अमेरिकी राष्ट्र अमूमन बहुराष्ट्रीय नहीं हैं? देश के विभाजन की माँग इसलिए कहीं अधिक अतार्किक लगती है कि भारतीय मुसलमान ख़ुद को एक अलग राष्ट्र मानते हैं।"[46]

जेपी ने लाहौर क़िले में क़ैदियों के साथ हो रही क्रूरताओं की ओर ध्यान आकर्षित करने के लिए लाहौर उच्च न्यायालय को तीन याचिकाएँ भी भेजी थीं। उन्होंने लिखा, "मैं इस तर्क से अवगत हूँ कि जो लोग हिंसा को एक राजनीतिक पद्धति के रूप में मानते हैं, उन्हें बलपूर्वक दमन के लिए तैयार रहना चाहिए....लेकिन ऐसे दमन के भी वैध साधन हैं। दोषी पाये जाने पर किसी राजनीतिक क्रान्तिकारी को क़ानूनन उसके अपराधों के लिए फाँसी दी जा सकती है, लेकिन उससे कोई सूचना ज़बरन हासिल करने के लिए उसे यातना नहीं दी जा सकती। युद्ध राजनीतिक संघर्ष का सबसे घातक, सबसे क्रूर और हिंसक रूप है। इसके बावजूद युद्धबन्दी के पास कुछ अधिकार और प्रतिरक्षाएँ होती हैं जिनका सभ्य समाज पूरी निष्ठा से सम्मान करता है। वह इन्सान जो युद्ध के मैदान में अत्यन्त निर्दयता से संगीनों से मारा जा सकता है, उसके साथ युद्धबन्दियों के शिविर में दुर्व्यवहार नहीं होता और उसे सम्बन्धित देशों के मानकों और उसकी अपनी हैसियत के अनुसार सुविधाएँ मिलती हैं।"[47]

लाहौर उच्च न्यायालय के मुख्य न्यायाधीश आर्थर ट्रेवर हैरिस को तीसरी याचिका भेजने के बाद जेपी और लोहिया को फ़रवरी 1945 में आगरा सेंट्रल जेल स्थानान्तरित कर दिया गया। दूसरा विश्व युद्ध सितम्बर 1945 में समाप्त हो गया। कांग्रेस कार्यकारिणी समिति के लगभग सभी सदस्यों को जून 1945 तक रिहा कर दिया गया ताकि वे शिमला में हो रहे एक सम्मेलन में वावेल योजना पर विमर्श कर सकें। गांधी को 8 मई 1944 को ही अस्वस्थता के कारण रिहा कर दिया गया था। वे इस विमर्श में शामिल नहीं हुए थे।

सरकार की कार्यकारी परिषद में भारतीय सदस्यों के नामांकन के लिए राजनीतिक दलों की वायसराय के साथ वार्ता उस बिन्दु पर टूट गयी जब मोहम्मद अली जिन्ना ने कहा कि मुस्लिम सदस्यों को नामित करने का अधिकार सिर्फ़ उनके पास है। देश में चल रही भयंकर उथल-पुथल ने

राजनीतिक अस्थिरता को गहरा कर दिया था। हड़तालें और आन्दोलन देश के हर कोने में भड़क उठे। इन दैनिक संघर्षों के साथ तेलंगाना और तेभागा के किसान आन्दोलन घटित हो रहे थे, और इंडियन नैशनल आर्मी (आईएनए) के मुक़दमे भी शुरू हो गये थे। पूरे देश में हलचल मच गयी थी।

ऐसी ही एक घटना थी, 18 फ़रवरी 1946 को हुआ रॉयल इंडियन नेवी का विद्रोह। 19 फ़रवरी तक बम्बई के बन्दरगाह पर मौजूद साठ जहाज़ों और ग्यारह तटीय प्रतिष्ठानों ने यूनियन जैक उतार दिया और कांग्रेस, मुस्लिम लीग और भारतीय कम्युनिस्ट पार्टी के झण्डे फहरा दिये। 20 फ़रवरी की सुबह तक हड़ताल कलकत्ता, कराची, मद्रास, जामनगर, विशाखापत्तनम, कोचीन और नौसेना के अन्य स्टेशनों तक फैल गयी थी।

विद्रोहियों के लिए जनता का समर्थन सर्गेई आईसेन्सटाइन की फ़िल्म *बैटलशिप पोटेमकिन* के दृश्यों की याद दिला रहा था। इंग्लैंड की सत्ताधारी लेबर पार्टी पूरी तरह से हिल गयी। गांधी इस विद्रोह के प्रति एकदम उदासीन थे। पटेल ने तो विद्रोहियों को युवा उग्र लोगों का समूह करार दे दिया जो घटनाक्रम में अनावश्यक दख़ल दे रहा था।[48] वहीं, जेपी और सीएसपी के कॉमरेड नौसेना विद्रोह को ऐसी ऐतिहासिक घटना के रूप में देखते थे, जिसने क्रूर दमनकारी सरकार को खुली चुनौती दी थी।

# कांग्रेस से मोहभंग

जेपी लम्बे समय तक आगरा की जेल में बन्द रहे। ऐसे वक़्त उनका एकमात्र सहारा थीं मीनू मसानी द्वारा भेजी किताबें और उनके हज़ारों पन्नों में फैलते जा रहे नोट्स। उनकी और लोहिया की रिहाई के लिए लगातार प्रयास हो रहे थे। गांधी ने सरकार से दोनों की बिना शर्त रिहाई की माँग की। मार्च 1946 में जब तीन सदस्यीय कैबिनेट मिशन भारत आया, गांधी ने उस पर भी रिहाई के लिए दबाव डाला। लेकिन वायसराय वावेल को आशंका थी कि इन दोनों की रिहाई से उन्माद भड़क सकता है। उन्हें इसकी ख़ास फ़िक्र थी कि रिहाई का सरकार व राजनीतिक दलों के बीच सम्भावित समझौते पर क्या असर पड़ेगा। नतीजतन, 11 अप्रैल 1946 में जाकर ही उनकी और लोहिया की रिहाई पर फ़ैसला हुआ।

जेपी कांग्रेस नेताओं द्वारा की जा रही वार्ता के ख़िलाफ़ थे। उनका स्पष्ट मानना था कि अगर बातचीत विफल होती है तो देश को एक और संघर्ष के लिए तैयार रहना होगा। अपनी रिहाई के तुरन्त बाद यानी 13 अप्रैल को दिल्ली के इम्पीरियल होटल में कैबिनेट मिशन के सदस्यों के साथ उनकी संक्षिप्त बैठक हुई। दो दिन बाद एसोसिएटेड प्रेस के सवालों का जवाब देते हुए उन्होंने कहा, “कैबिनेट मिशन के साथ बातचीत ब्रिटिश लेबर सरकार की सद्भावना का नतीजा नहीं है। यह 1857 के बाद के सबसे भीषण राष्ट्रीय आन्दोलन, बाह्य दबाव और बदलती वैश्विक स्थिति का परिणाम है।”[1] भारतीय कम्युनिस्ट पार्टी पर उन्होंने कहा, “मैं कम्युनिस्टों को रूस का पाँचवाँ स्तम्भ मानता हूँ और इसलिए वे देश के लिए एक सतत ख़तरा हैं, भले ही उन्होंने किसी समय पर किसी भी नीति को चुना हो।”[2]

जेपी की रिहाई की ख़बर पहले पन्ने पर छपी थी। वे जहाँ भी गये, भारी भीड़ उनका इन्तज़ार कर रही थी। इस उन्मादे माहौल में जब वे रिहाई के बाद 21 अप्रैल 1946 को अपनी पहली सार्वजनिक सभा को सम्बोधित करने पटना के गांधी मैदान पहुँचे, हज़ारों की संख्या में उनके प्रशंसक उमड़ आये।

यह एक लोकनेता का आगमन था–खादी का सफ़ेद धोती-कुर्ता पहने इस इन्सान ने बड़ी संख्या में उपस्थित स्त्री और पुरुषों को सम्मोहित कर दिया। वे बाँह उठाकर और मुट्ठियाँ तानकर जेपी का स्वागत कर रहे थे। वरिष्ठ कांग्रेस नेता श्रीकृष्ण सिन्हा ने बैठक की अध्यक्षता की और राष्ट्रकवि रामधारी सिंह दिनकर ने इस अवसर के लिए विशेष रूप से लिखी कविता 'कहते हैं उसको जयप्रकाश' पढ़ी : *सेनानी करो प्रणाम अभय/भावी इतिहास तुम्हारा है।*

जेपी के भाषण ने भी श्रोताओं को मुग्ध कर दिया : "यह सम्मान मेरा नहीं। 1942 की लोकचेतना का सम्मान है...हालाँकि हम अगस्त 1942 में 'भारत छोड़ो' प्रस्ताव ले आये थे, अंग्रेज़ों ने अभी तक देश नहीं छोड़ा है। हमारे नेता कहते हैं कि स्वराज आ रहा है और कुछ ही समय में आ जायेगा। मैं सोचता हूँ कि वह स्वराज कैसा होगा। आप जानते हैं कि किसी देश को आज़ादी वार्ता से हासिल नहीं होती। लेकिन आज दिल्ली में जो हो रहा है, वह एक अन्य गोलमेज सम्मेलन मात्र नहीं है। ब्रिटेन के कैबिनेट मन्त्री भारतीय नेताओं के साथ बातचीत करने के लिए यहाँ आये हैं। यह स्वतन्त्रता के लिए हमारी लड़ाई और सुभाष चन्द्र बोस के नेतृत्व में आज़ाद हिन्द फ़ौज के साहस का परिणाम है। आज सवाल यह है कि इस ऊर्जा को कैसे दिशा दी जाये और जनता को–छात्रों, किसानों, मज़दूरों और अन्य लोगों को–स्वतन्त्रता-संग्राम के लिए कैसे संगठित किया जाये।"[3]

पटना की सभा के बाद देश के विभिन्न हिस्सों में कई अन्य बैठकें हुईं। जेपी जहाँ भी गये, उनका ज़ोरदार स्वागत हुआ। वे लोगों से अन्तिम संघर्ष के लिए तैयारी करने और उस आत्मतुष्टि और झूठी उम्मीद का मुक़ाबला करने का आह्वान कर रहे थे जो मानती थी कि वार्ता से आज़ादी मिल जायेगी। सत्ताईस अप्रैल को जेपी गांधी से दिल्ली में मिले। उनके साथ लोहिया, अरुणा आसफ़ अली और अच्युत पटवर्धन भी थे। गांधी ने कांग्रेस का नेतृत्व नेहरू और पटेल के हाथों में दे दिया था। लम्बी वार्ता के बाद नेहरू ने घोषणा की कि

कांग्रेस संविधान सभा में शामिल हो जायेगी। जब 6 जुलाई 1946 को बम्बई में अखिल भारतीय कांग्रेस कमेटी के सामने यह प्रस्ताव रखा गया, जेपी इसके विरोध में आ खड़े हुए। यह घटनाक्रम इतना मार्मिक था कि भयंकर रूप से अस्वस्थ यूसुफ मेहरअली अपने मित्र का समर्थन करने के लिए स्ट्रेचर पर आये थे। जेपी ने अपने गरजते भाषण में कहा, "देश के सामने सवाल यह नहीं है कि ब्रिटिश साम्राज्यवाद द्वारा प्रायोजित तथाकथित संविधान सभा को स्वीकार किया जाये या नहीं, बल्कि यह कि भारत छोड़ो आन्दोलन के दौरान पैदा हुई ऊर्जा का उपयोग अंग्रेज़ों को भारत से बाहर निकालने के लिए कैसे किया जाये।"[4]

इसके बाद उन्होंने 28 जुलाई को एक लम्बा बयान जारी किया, 'स्वतन्त्रता के सभी सेनानियों के लिए–III'। यह हज़ारीबाग़ जेल से भागने के बाद लिखे गये दोनों पत्रों की शृंखला की अगली कड़ी था। जेपी ने इस बयान में अन्तिम प्रहार की तैयारी करने पर ज़ोर दिया था। "स्वतन्त्रता के लिए संघर्ष ब्रिटेन के संवैधानिक प्रस्तावों को स्वीकार करने के साथ समाप्त नहीं होता है। यह संघर्ष जारी रहेगा। उस संघर्ष का स्वरूप और दायरा और भी गहरा और व्यापक होता जायेगा। स्वतन्त्रता के संघर्ष में राष्ट्रीय एकता और रोटी के लिए संघर्ष भी जुड़ जायेगा।"[5]

उन्होंने किसान और मज़दूर संघों, स्वयंसेवी दलों, छात्र और युवा संगठनों, ग्राम गणराज्यों, बुनकरों की सहकारी समितियों जैसे संगठनों को मज़बूत करने पर ज़ोर दिया, जो जनता की सामूहिक शक्ति और चेतना को विकसित करते थे। उन्होंने कांग्रेस को पुनर्जीवित करने की आवश्यकता पर भी बल दिया और चेतावनी दी, "अगर वर्तमान कांग्रेस नेतृत्व संगठन पर अपना आधिपत्य बनाये रखकर बग़ैर किसी रचनात्मक कार्यक्रम के पार्टी को केवल एक संसदीय निकाय में बदलने की कोशिश में लगा रहेगा, जो लोगों की सेवा या शासन करने के लिए पूरी तरह से सरकारी मशीनरी पर निर्भर है, यह नौकरशाही का स्वरूप लेता जायेगा, और हम उसके ख़िलाफ़ संघर्ष करने को बाध्य हो जायेंगे। लेकिन, अगर हम ऊर्जा और समर्पण के साथ जनता के बीच अपना काम जारी रखते हैं, हम कांग्रेस के कार्यकर्ताओं को अपने साथ ले आयेंगे और इसे संसदीय मलबे से बाहर निकाल कर पुनर्जीवित कर पायेंगे।"[6]

लेकिन जेपी के इस फ़ैसले को बहुमत ने नकार दिया कि सीएसपी के सदस्यों को संविधान सभा में शामिल नहीं होना चाहिए। इन सदस्यों को लगा कि सीएसपी संविधान सभा में पर्याप्त प्रतिनिधित्व हासिल कर सकती थी और इसके ज़रिये संविधान में अपने सामाजिक-आर्थिक कार्यक्रम को पिरो सकती थी।

पीछे मुड़कर देखने पर लगता है कि जेपी का यह निर्णय ठीक नहीं था, और यह उनकी पार्टी के प्रमुख कार्यकर्ताओं के बीच विवाद का विषय बन गया। जब 2 सितम्बर 1946 को अन्तरिम सरकार का गठन हुआ, नेहरू जेपी को कांग्रेस कार्यसमिति में शामिल करना चाहते थे। जेपी ने पहले तो यह प्रस्ताव अस्वीकार कर दिया लेकिन उन्हें आख़िरकार मना लिया गया। 13 सितम्बर 1946 को प्रेस से बात करते हुए उन्होंने कहा, "कांग्रेस कार्यसमिति में मेरी उपस्थिति कांग्रेस की एकजुटता का प्रतीक है। कार्यसमिति के सभी प्रमुख सदस्यों के अन्तरिम सरकार में शामिल होने के बाद मुझे लगा कि कांग्रेस के लोकप्रिय, ग़ैर-सरकारी और क्रान्तिकारी चरित्र पर भी ज़ोर देना चाहिए। मुझे यह कहने की आवश्यकता नहीं कि यदि मुझे कभी ऐसा लगा कि कार्यसमिति में मेरी उपस्थिति क्रान्तिकारी संघर्ष के लिए मेरी प्रतिबद्धता को बाधित कर रही है, मैं समिति छोड़ने में संकोच नहीं करूँगा, जैसाकि मैंने पहले भी ऐसा विभिन्न कारणों से किया है।"[7] अन्तरिम सरकार के प्रति उनकी पार्टी के रुख़ के बारे में पूछे जाने पर जेपी ने कहा, "हम इस संवैधानिक उपक्रम के विरोधी थे, लेकिन जब अन्ततः निर्णय ले लिया गया है और कांग्रेस के सहयोग से अन्तरिम सरकार का गठन हो गया है, तो हम कांग्रेसजन होने के नाते इसका विरोध नहीं करना चाहते, न ही कोई बाधा डालना चाहते हैं। बल्कि हमारा यह कर्तव्य है कि हम स्वतन्त्रता के लिए कांग्रेस की नीति का पालन करते हुए अपने संगठन को मज़बूत करें।"[8]

इस तरह उन्होंने औपनिवेशिक नीतियों के प्रति अपना अडिग विरोध जारी रखा। वे कई मुद्दों पर कांग्रेस के ख़िलाफ़ बोले और अन्तरिम सरकार में गृहमन्त्री वल्लभ भाई पटेल के साथ तीखी बहस भी की।

इस दरमियान जेपी का प्रभावती के साथ सम्बन्ध पुराने धरातल पर ठहरा रहा था। प्रभावती अपना अधिकांश समय गांधी और कस्तूरबा के साथ बिताती थीं।

1944 में आग़ा ख़ान पैलेस में अठारह महीने की क़ैद के दौरान जब कस्तूरबा अपने अन्तिम दिनों में थीं, उन्होंने प्रभावती को बुलाने के लिए कहा था। प्रभावती उस समय भागलपुर जेल में थीं, लेकिन उन्हें कस्तूरबा और गांधी के साथ रहने की अनुमति मिल गयी थी। उन्होंने कस्तूरबा की बहुत प्यार से देखभाल की और 22 फ़रवरी 1944 उनकी मृत्यु के बाद लगभग दो महीने तक आग़ा ख़ान पैलेस में रहीं।

वे गांधी का सान्निध्य पाकर ख़ुश थीं। जब वे गांधी को छोड़कर जा रही थीं, बेहिसाब रोयी थीं। लेकिन अपने लम्बे कारावास को उन्होंने दृढ़ता से जिया था। जब जेल वार्डन ने कांग्रेस के प्रति उनकी प्रतिबद्धता के बारे में पूछा, उन्होंने जवाब दिया कि उन्होंने इस समर्पण को अपने पिता से पालने में ही ग्रहण कर लिया था और यह आजीवन उनके साथ रहेगा।[9] जून 1945 में भागलपुर जेल से रिहा होने के बाद प्रभावती गांधीजी के पास लौट आयीं और उनके साथ दिल्ली, पूना और उसके क़रीबी गाँव उरुली कंचन की यात्रा की। वह आगरा की सेंट्रल जेल में जेपी से भी अक्सर मिलने जाती थीं। जब जेपी रिहा होकर लौटे, प्रभावती उन्हें लेने के लिए दिल्ली जंक्शन पर ज़बरदस्त भीड़ के बीच मौजूद थीं।

भले ही वह उस वक़्त इन भावनाओं को नहीं समझ पायी थीं, उन्होंने उस रात गांधीज़ी को लिखा : "जयप्रकाश के साथ मेरे रहने के बारे में आपने यह कहा कि जयप्रकाश जैसा चाहे वैसा करना। लेकिन आप जानते ही हैं कि वे तो हमेशा मेरी इच्छा पर छोड़ते हैं, और मैं ख़ुद कोई निर्णय नहीं कर सकती... वह जेल से बाहर आये हैं, मुझे मालूम नहीं कि कैसे विचार लेकर आये हैं। इसलिए उनके साथ रहूँ तो मैं उनके विचार समझ सकूँगी...आपके जो विचार मैं समझी हूँ, वह उनको मैं बता सकूँगी, समझा सकूँगी...हमेशा मेरी इच्छा ऐसी है कि जयप्रकाश आपके ज़्यादा नज़दीक आयें और आपको समझें और आपके पाँच सच्चे सिपाहियों में एक बनें... "[10]

गांधीजी ने उत्तर दिया कि जेपी के साथ रहना और उनकी देखभाल करना उनका धर्म है। उन्होंने अन्त में पुनश्च जोड़ दिया, "तू स्वयं भी विचार करती रह। मेरे मरने के बाद क्या करेगी?"[11]

इस बीच अन्तरिम सरकार पर अपना प्रभुत्व हासिल करने में विफल रहने पर मुस्लिम लीग ने कैबिनेट मिशन के प्रति अपना रुख़ बदलते हुए इसके प्रति अपने समर्थन को वापस ले लिया, और 16 अगस्त 1946 को डायरेक्ट एक्शन प्लान का आगाज़ कर दिया। इसके परिणामस्वरूप कई जगहों पर साम्प्रदायिक दंगे फूट पड़े। दंगों की शुरुआत कलकत्ता से हुई और ये पूर्वी बंगाल के नोआख़ाली तक फैल गये। बड़ी संख्या में हिन्दू मारे गये। इस आकस्मिक भड़की हिंसा ने सबको स्तब्ध कर दिया।

इसकी तत्काल प्रतिक्रिया के रूप में अक्टूबर और दिसम्बर के बीच बिहार में मुसलमानों के ख़िलाफ़ दंगे भड़क उठे। इस हिंसा से मगध का क्षेत्र सबसे अधिक प्रभावित हुआ। नेहरू के नेतृत्व वाली अन्तरिम सरकार ने दंगाइयों के ख़िलाफ़ कड़ी कार्रवाई की सिफ़ारिश की। लेकिन साम्प्रदायिक तनाव बढ़ता रहा, और जब नेहरू ने 4 से 9 नवम्बर 1946 के बीच प्रभावित क्षेत्रों का दौरा किया, उन्हें नफ़रत भरे नारों और काले झण्डों का सामना करना पड़ा। पटना विश्वविद्यालय के व्हीलर सीनेट हाउस (जहाँ मेरे पिता बिमल प्रसाद मौजूद थे) में हुई बैठक के दौरान जब नेहरू छात्रों को सम्बोधित करने के लिए उठे, उन्हें बोलने नहीं दिया गया। नेहरू के साथ मंच पर बैठे जेपी ने छात्रों को अभद्र व्यवहार के लिए डाँट लगायी। उन्होंने कहा कि ऐसी हरकतें करने वाले लोग स्वतन्त्रता के दुश्मन हैं। "ऐसी अशान्ति पैदा करके इन तत्त्वों ने ख़ुद को 'गद्दार' साबित कर दिया है...उनके प्रति दया क्यों दिखानी चाहिए?"[12]

जेपी दंग थे कि *सर्चलाइट* और *इंडियन नेशन* जैसे कांग्रेस-समर्थक अख़बार भी साम्प्रदायिक कार्ड खेलने लगे थे। उन्हें यक़ीन था कि साम्प्रदायिक बर्बरता मुस्लिम लीग और ब्रिटिश सरकार के बीच हुई साज़िश का नतीजा थी। उन्हें लगा कि कांग्रेस जन आन्दोलन के बजाय वार्ता के लिए राज़ी होकर दुश्चक्र में फँस गयी है। उन्होंने छात्रों को सम्बोधित करते हुए कहा, "ब्रिटिश शासक भारत को ग़ुलाम बनाये रखने की नापाक साज़िश के तहत मुस्लिम लीग को मोहरे के रूप में इस्तेमाल कर रहे हैं। साम्प्रदायिकता भारत को पचास साल पीछे ले जायेगी। नोआख़ाली का बदला अंग्रेज़ों को भगाकर

और देश को स्वतन्त्र करके ही लिया जा सकता है। इसलिए, प्रत्येक देशभक्त भारतीय का यह कर्तव्य है कि वह जानबूझकर भड़काई जा रही साम्प्रदायिक भावनाओं में न बहकर इस साज़िश को विफल करे।"[13]

एक दिन बाद अमेरिका के एसोसिएटेड प्रेस को दिये गये एक साक्षात्कार में उन्होंने ज़ोर देकर कहा कि साम्प्रदायिक हिंसा को रोकने का एकमात्र क्रान्तिकारी उपाय ब्रिटिश शासन को उखाड़ फेंकना है।[14] उन्होंने पीड़ितों को राहत देने के लिए छात्रों के साथ बिहार के दंगा-प्रभावित क्षेत्रों का भी दौरा किया और पटेल की इस धारणा को चुनौती दी कि बिहार में कोई संकट नहीं है। जब उन्होंने पुलिस को मुस्लिम घरों की तलाशी करने से रोका, पटेल उनसे नाराज़ हो गये थे।

पंजाब की हिंसा ने भी उन्हें बहुत दुख दिया था। "पंजाब में वर्तमान अशान्ति बड़े योजनाबद्ध तरीक़े से फैलाई गयी है। यह मुस्लिम लीग को सत्ता में लाने की साज़िश का हिस्सा है और पाकिस्तान के गठन की दिशा में पहला क़दम है। यह संयोग नहीं हो सकता कि जिन ज़िलों में गम्भीर दंगे भड़के, वे ठीक वही ज़िले हैं, जहाँ ब्रिटिश शासन है।"[15]

जैसी उम्मीद थी, ब्रिटिश अधिकारी उनके उग्र तीखे रवैये से नाराज़ हो गये थे। उन्होंने आरोप लगाया कि जेपी बिगड़ते साम्प्रदायिक माहौल का इस्तेमाल पुलिस के भीतर विद्रोह भड़काने के लिए कर रहे हैं। वावेल को सम्बोधित एक नोट में बिहार के गवर्नर सर ह्यूग डॉव ने लिखा, "जेपी नारायण ने फिर से पुलिस को भड़काने की कोशिश की है। वे देश के हालात अस्थिर कर रहे हैं। वे कहते हैं कि कांस्टेबल बेहतरीन इन्सान हैं जिन पर देश आगामी संघर्ष के दौरान भरोसा कर सकता है, आईजी से लेकर सहायक उप-निरीक्षक तक सभी अधिकारी बेईमान और अविश्वसनीय हैं। रामानन्द तिवारी[16] खुलकर पुलिस कांस्टेबलों से हड़ताल पर जाने और अपने अधिकारियों की बात मानने से इनकार करने का आग्रह कर रहे हैं।"[17]

फ़रवरी 1947 में माउंटबेटन को अन्तिम वाइसराय नियुक्त किया गया और उन्हें जल्द से जल्द सत्ता का हस्तान्तरण करने का दायित्व दिया गया। माउंटबेटन ने 'डिकी बर्ड' नामक प्रस्ताव दिया, जिसके तहत ब्रिटिश भारत के

ग्यारह प्रान्तों और 559 रियासतों को भारत या पाकिस्तान में शामिल होने या स्वतन्त्र रहने का विकल्प था। नेहरू ने इसका विरोध किया क्योंकि उन्हें लगा कि यह भारत को कई टुकड़ों में विभाजित कर देगा। इसके बाद माउंटबेटन ने भारतीय सिविल सेवक वी.पी. मेनन के प्रस्ताव को पेश किया। इसके तहत देश को दो डोमिनियन, भारत और पाकिस्तान, में विभाजित किया जाना था और ये दोनों ब्रिटिश महारानी के अधीन होने थे। सीमा आयोग का भी गठन हुआ जिसने पुराने नक़्शों और जनगणना के आँकड़ों की मदद से तथा ब्रिटिश बैरिस्टर सिरिल रैडक्लिफ द्वारा खींची गयी सीमाओं के आधार पर जल्दबाज़ी में पूर्वी और पश्चिमी पाकिस्तान की रेखाएँ तय कर दीं। जब एआईसीसी की बैठक में विभाजन प्रस्ताव पर मतदान हुआ, समाजवादियों ने इससे ख़ुद को दूर कर लिया।

जेपी अभी भी इस दरकती उम्मीद को थामे हुए थे कि कांग्रेस विभाजन को अस्वीकार कर देगी, अन्तरिम सरकार से इस्तीफ़ा दे देगी और देश की आज़ादी को लेकर नये सिरे से ब्रिटिश सरकार को चुनौती देगी। उनका इस विषय पर आग्रह उनकी लाहौर की जेल डायरी में भी देखने को मिलता है। "स्वतन्त्र और अखण्ड हिन्दुस्तान में एक साथ रहने की भरपूर कोशिश करने के पहले ही बँटवारा क़बूल कर लेने के ख़िलाफ़ मेरा घोर विरोध है। देश के ऐसे बँटवारे से हमारी आज की एक भी समस्या का कोई हल निकलेगा नहीं, बल्कि बँटवारे की वजह से दूसरी बहुत-सी गम्भीर समस्याएँ उठ खड़ी होंगी।"[18]

लेकिन माउंटबेटन प्लान अन्ततः 15 अगस्त को इतिहास में दर्ज हो गया। भारत और पाकिस्तान ब्रिटिश राष्ट्रमण्डल के भीतर स्वशासित डोमिनियन बन गये थे। पूर्ण स्वराज 1950 में जाकर हासिल हुआ था। देश का विभाजन फूट डालो और राज करो की साम्राज्यवादी नीति का अपरिहार्य परिणाम था, और भारतीय इतिहास के सबसे काले क्षणों में से एक था।

भारत को सिर्फ़ स्वतन्त्रता नहीं मिली थी। पंजाब, बंगाल, बिहार, उत्तर प्रदेश, कश्मीर, सिन्ध जैसे कई इलाक़े साम्प्रदायिक हिंसा से झुलस उठे थे। सआदत हसन मंटो ने लिखा था कि इस दौरान "सभ्यता के सभी मूल्य

दरकिनार कर दिये गये थे"[19]। विभाजन के दौरान हुए नरसंहार में दस लाख लोग मारे गये, एक करोड़ से अधिक लोग विस्थापित हो गये। करीब छह सौ अस्थायी शरणार्थी शिविर बनाये गये थे, जहाँ बीमारी से अनगिनत मौतें हुईं। सत्तर हज़ार से ज़्यादा महिलाओं को यौन हिंसा का सामना करना पड़ा–उनमें से कई को बर्बर मौत नसीब हुई। इसकी क्रूरता यूरोप के होलोकास्ट से कम नहीं थी। गांधी ने दंगा-प्रभावित क्षेत्रों में उपवास रखे, प्रार्थना की लेकिन वे इस आग को नहीं बुझा पाये, और 30 जनवरी 1948 को बिड़ला हाउस में शाम की प्रार्थना के वक़्त एक हिन्दू कट्टरपन्थी की गोली से शहीद हो गये।

इस मोड़ पर जेपी एक बार फिर अपनी बुनियादी राजनीतिक मान्यताओं को चुनौती दे रहे थे, और मार्क्स, गांधी तथा पश्चिमी लोकतान्त्रिक मूल्यों से हासिल शिक्षा की नयी व्याख्या कर रहे थे। 1946 में सीएसपी के मुखपत्र *जनता* के लिए 'माई पिक्चर ऑफ़ सोशलिज़्म' लेख में उन्होंने मार्क्सवादी विचार, मार्क्सोत्तर वैश्विक परिदृश्य और भारतीय राजनीतिक इतिहास के ढाँचे के भीतर समाजवादी आन्दोलन के निर्माण पर ज़ोर दिया। "मार्क्सवाद समाज का विज्ञान है और सामाजिक परिवर्तन की एक वैज्ञानिक पद्धति है जिसमें सामाजिक क्रान्ति शामिल है। मार्क्सवादी चिन्तन में रूढ़िवादिता या कट्टरपन्थ के लिए कोई स्थान नहीं हो सकता।"[20]

भले ही लोकतन्त्र जेपी का सतत सरोकार था, मार्क्स और इतिहास का भौतिकवादी दृष्टिकोण जेपी के चिन्तन का आधार बना रहा। वे मानते थे कि लोकतन्त्र के बिना समाजवाद नहीं आ सकता। "लोग अक्सर यह ग़लत धारणा बना लेते हैं कि समाजवादी राज्य में सर्वहारा वर्ग की तानाशाही होती है। यह मार्क्स की शिक्षा के ख़िलाफ़ है...मार्क्सवादी चिन्तन सर्वहारा वर्ग की तानाशाही को अन्तरिम काल के लिए आवश्यक मानता है...यह अवधि समाप्त हो जाने के बाद राज्य को पूरी तरह से लोकतान्त्रिक बनना होगा...इस प्रकार समाजवादी भारत मेरी तस्वीर में आर्थिक और राजनीतिक लोकतन्त्र है। इस लोकतन्त्र में मनुष्य न तो पूँजीवाद का ग़ुलाम होगा, न किसी पार्टी या राज्य का। मनुष्य स्वतन्त्र होगा।"[21]

उन्होंने उद्योगों के स्वामित्व और प्रबन्धन को लोकतान्त्रिक करने, और तानाशाही के मँडराते ख़तरे से निबटने के लिए गाँवों को लोकतान्त्रिक गणराज्यों के रूप में विकसित करने पर गहरा ज़ोर दिया था। जेपी को हमेशा लगता रहा कि सीएसपी भारत में समाजवाद के विकास का मुख्य साधन बन सकती है। "सीएसपी इस देश में समाजवाद की पार्टी है, भविष्य की पार्टी। देश की तरह सीएसपी भी संक्रमण के दौर से गुज़र रही है और उसे जल्द ही ऐसे स्वरूप अपनाने होंगे जो उत्पीड़ित जनता की राजनीतिक, आर्थिक और सामाजिक आकांक्षाओं का प्रतिनिधित्व कर उन्हें अभिव्यक्त कर सकें।"[22]

उन्होंने इसके बाद जनवरी 1947 में 'द ट्रांज़ीशन टू सोशलिज़्म' नामक लेख भी लिखा था।[23] 1872 की प्रथम इंटरनैशनल के हेग कन्वेंशन के दौरान मार्क्स द्वारा दिये गये दृष्टिकोण के आधार पर उन्होंने उन मार्क्सवादियों का विरोध किया जो मानते थे कि हिंसक क्रान्ति अनिवार्य है। यह लेख समाजवाद के दो विपरीत रास्तों पर केन्द्रित था : शान्तिपूर्ण और लोकतान्त्रिक, तथा हिंसक और अलोकतान्त्रिक। किस रास्ते पर चलना है, यह किसी ख़ास वक़्त पर उस देश की ज़मीनी स्थिति पर निर्भर करता था। रूस में लेनिन ने हिंसक क्रान्ति का रास्ता अपनाया, लेकिन ब्रिटेन की लेबर पार्टी ने 1945 में सत्ता में आने के बाद लोकतान्त्रिक तरीक़े से समाजवादी मेनिफेस्टो को लागू किया था। जेपी को लगता था कि समाजवाद की राह सीधी नहीं, बल्कि परस्पर विरोधी रास्तों का अन्तर्जाल है। इसलिए तत्कालीन परिस्थितियों के अनुसार संक्रमण काल की नीतियों को लेकर शुद्धतावादी होना सम्भव नहीं था। "मैं लोकतान्त्रिक समाजवाद में अपनी आस्था की फिर से पुष्टि करता हूँ। यह एकमात्र सच्चा समाजवाद है...लेकिन जब हम अलोकतान्त्रिक ताक़तों का सामना कर रहे हैं, जिन्हें समाजवाद के आगमन से पहले परास्त कर नष्ट करना है, तो मैं कोलाहल और उथल-पुथल की कल्पना करता हूँ, संक्रमण का क्रान्तिकारी चरण, जब न केवल लोकतान्त्रिक क्रान्ति पूर्ण होगी बल्कि समाजवाद की दिशा में भी काफ़ी प्रगति होगी। ऐसी क्रान्ति से गुज़र कर आने वाला देश और समाज लोकतान्त्रिक तरीक़े से पूर्ण समाजवाद की ओर प्रवेश करने के लिए सक्षम होगा।"[24]

जेपी इसी क्रान्तिकारी रुख़ के लिए जाने जाते थे। स्वतन्त्रता संग्राम में मुसलमानों की भूमिका पर जेपी ने कहा था कि उनकी भूमिका उतनी ही महत्त्वपूर्ण है जितनी अन्य भारतीयों की। आज ज़रूरत है कि आम मनुष्य की समस्याओं को उठाया जाये और उन्हें हल किया जाये। इस मनुष्य को किसान या मज़दूर की तरह बरता जाये, न कि किसी समुदाय के सदस्य की तरह। उन्होंने दरभंगा का उदाहरण दिया जहाँ दो हज़ार मुसलमान किसान सभा में शामिल हुए थे।[25]

उन दिनों सीएसपी एक पूर्ण राजनीतिक पार्टी के रूप में उभरने की तैयारी कर रही थी कि कांग्रेस के साथ उसके मतभेद बढ़ गये। दोनों जल्द ही टकराव की राह पर थे। कांग्रेस-शासित प्रान्तों में मज़दूर और किसान आन्दोलनों में सक्रिय समाजवादी कार्यकर्ताओं के उत्पीड़न और गिरफ़्तारी की ख़बरें आने लगीं। इनमें जेपी के क़रीबी दोस्त सूरज नारायण सिंह भी शामिल थे। बिहार सोशलिस्ट पार्टी में जेपी के कई सहयोगियों को झरिया कोयला खदान के आन्दोलन के दौरान भी गिरफ़्तार किया गया था। ये लोग बेहतर मज़दूरी की माँग कर रहे थे। जल्द ही जेपी के पटेल के साथ सम्बन्ध टूटने लगे। यहाँ तक कि 10 अक्टूबर 1946 को पटना पुलिस लाइंस में हुई एक सार्वजनिक बैठक में उनका सामान्य भाषण भी विवादास्पद बन गया, जब जेपी ने स्वतन्त्रता संग्राम में पुलिस कांस्टेबलों की भूमिका की सराहना की और अगस्त क्रान्ति के दौरान अमानवीय व्यवहार करने वाले अधिकारियों को हटाने की माँग की। 1942 में जमशेदपुर में हुई पुलिस हड़ताल के नेता रामानन्द तिवारी बैठक में मौजूद थे। इस हड़ताल में सात सौ पुलिस कांस्टेबलों ने भाग लिया था। जेपी के भाषण का एक किंचित विकृत संस्करण पटेल को भेजा गया। पटेल बहुत क्रोधित हुए और 17 अक्टूबर 1946 को जेपी को पत्र लिखकर चेतावनी दी।

यह ख़ुफ़िया पत्र कहता था : "मुझे नहीं मालूम कि यह कितना सत्य है, लेकिन क्या यह बेहतर नहीं होता कि इस मामले को सार्वजनिक रूप से उठाने के बजाय आप संवैधानिक तरीक़े से अपने राज्य के मन्त्रालय से सम्पर्क करते? कार्यसमिति के सदस्य के रूप में आपसे अपेक्षा है कि यदि आपको

मन्त्रालय के विरुद्ध कोई शिकायत है तो आप इस मामले को कार्यसमिति या संसदीय बोर्ड के समक्ष रखें। आपका आन्दोलन और अधिप्रचार मन्त्रालय को और कुछ हद तक हमें भी शर्मिन्दा कर देगा जो बहुत कठिन परिस्थिति में काम कर रहे हैं, ख़ासकर इस साम्प्रदायिक तनाव में।"[26]

जेपी ने जवाब दिया कि पटेल को इस बैठक और उनके भाषण के बारे में जो पता चला है, वह 'कुछ हद तक भ्रामक' है। उन्होंने अपने भाषण का सत्यापित संस्करण संलग्न कर कहा कि पटेल की जानकारी के विपरीत उन्होंने इस गम्भीर मुद्दे पर चर्चा करने के लिए बिहार के मुख्यमन्त्री श्रीकृष्ण सिन्हा से दो बार मुलाक़ात की थी और उन्हें पत्र भी लिखा था। लेकिन इस मसले पर लोगों का समुचित ध्यान नहीं गया है।[27]

पटेल ने नौसेना विद्रोह के मसले पर कांग्रेस के समाजवादियों के प्रति भी नाराज़गी व्यक्त की। अरुणा आसफ़ अली जैसे समाजवादियों पर प्रान्तीय आपराधिक जाँच विभाग ने विद्रोहियों की सहायता करने और उन्हें भड़काने का आरोप लगाया था जो कांग्रेस की नीति का सीधा उल्लंघन था। चूँकि कांग्रेस के प्रति जेपी का अविश्वास कई मुद्दों पर बढ़ने लगा था, यह तर्कसंगत बनने लगा था कि सीएसपी अब एक स्वतन्त्र राजनीतिक दल के रूप में अपने दायित्व का निर्वाह करे। इस तरह फ़रवरी 1947 के अन्त में हुए कानपुर सम्मेलन में पार्टी ने अपने नाम से कांग्रेस शब्द हटा दिया और सिर्फ़ समाजवादी पहचान पर ज़ोर दिया।

इस सम्मेलन ने सामाजिक परिवर्तन को नयी गति प्रदान करने के लिए एक कार्य-योजना भी अपनायी। समाजवाद पर जेपी के निबन्ध इस दस्तावेज़ का आधार थे। समाजवादियों ने सदस्यता के नियमों में भी परिवर्तन किया, अब वे लोग भी पार्टी से जुड़ सकते थे जो कांग्रेस के सदस्य नहीं बनना चाहते थे। लगभग एक महीने बाद जेपी ने अमरीकी पत्रकार लुई फिशर को लिखा, "एक महत्त्वपूर्ण निर्णय हमने यह लिया कि कांग्रेस सोशलिस्ट पार्टी का नाम बदलकर सोशलिस्ट पार्टी कर लिया। यह राष्ट्रीय संघर्ष के बजाय सामाजिक संघर्ष पर ज़ोर देने का संकेत है।" गांधी के विचारों से सहमत होते हुए उन्होंने कहा, "मुझे लगता है कि सबसे बेहतर यह होगा कि कांग्रेस पार्टी ख़ुद को भंग

कर दे ताकि सामाजिक-आर्थिक कार्यक्रमों पर आधारित नये दल अस्तित्व में आ सकें।"[28]

नेहरू ने कांग्रेस और समाजवादियों के बीच की खाई को पाटने की भरपूर कोशिश की, लेकिन जेपी के पटेल के साथ रिश्ते ख़राब होते रहे। दोनों पक्ष हवा में तलवार भाँज रहे थे। कभी ऐसा भी लगा कि जेपी अगुआई कर रहे हैं। अप्रैल 1947 में कोयंबटूर ज़िले में कपड़ा मज़दूरों को सम्बोधित करते हुए उन्होंने कहा, "सरदार पटेल हमसे कांग्रेस न छोड़ने की अपील करते हैं। जबकि सरदार और उनके दोस्तों ने हमें कांग्रेस से बाहर करने के लिए पाँच साल तक कोशिश की, लेकिन इसके बावजूद हम बने रहे। अब हम एक नये मुकाम पर पहुँच गये हैं। अब हम कांग्रेस के नाम का प्रयोग नहीं करना चाहते। हम ख़ुद की नीतियों और कार्यक्रमों को आगे ले जायेंगे। भारतीय समाजवादी पार्टी अब सीधी जनता से सम्पर्क करेगी।"[29]

26 अप्रैल 1947 को पटेल ने जेपी को एक पत्र में लिखा था कि वे समाजवादियों और कांग्रेस के बीच समझौते को अंजाम नहीं दिला पाये। "अपनी रिहाई के बाद से मैंने आपकी पार्टी और कांग्रेस के बीच एकता लाने की पूरी कोशिश की है। दुर्भाग्य से मैं आपको बदल पाने में असफल रहा हूँ, हालाँकि मैं आपकी पार्टी के कई महत्त्वपूर्ण सदस्यों को अपने विचारों को समझा पाया हूँ। मैंने कभी ऐसा न सोचा और न किया जिससे आपकी पार्टी के उद्देश्य को या किसी व्यक्ति को कोई नुक़सान हो। मैं केवल इतना कह सकता हूँ कि मुझे खेद है कि मैं आपके समक्ष अपनी ईमानदारी साबित नहीं कर पाया। यह अफ़सोस की बात है कि जब हमें एक साथ खड़े होने की आवश्यकता है, आप जानबूझकर या अनजाने में हमें विभाजित करने की कोशिश कर रहे हैं।"[30]

जेपी ने इस पत्र का किंचित कड़ा जवाब दिया। उन्होंने हमेशा की तरह उन्हें 'सरदार साहब' कहकर सम्बोधित करते हुए लिखा, "यह सच है कि मैंने कहा था कि आप हमारे उन नेताओं में से हैं, जो समाजवादियों को पसन्द नहीं करते और कांग्रेस में उनकी उपस्थिति को कमतर करने की भी कोशिश करते हैं।

हो सकता है मैं ग़लत हूँ, लेकिन कांग्रेस की राजनीति के अपने कई वर्षों के अनुभव के दौरान मेरी यही धारणा बनी है। एआईसीसी के भीतर और बाहर आपके हम पर तीव्र हमले, एसके पाटिल और शंकरराव देव जैसे आपके कुछ भरोसेमन्द सिपहसालारों की गतिविधियाँ और हर प्रान्त में दक्षिणपन्थी ताक़तों के नियन्त्रण वाली कांग्रेस का हमारे प्रति रवैया–इन सबने मेरे मन में यह धारणा बना दी है।"

हालाँकि, वे सहमत थे कि आपसी मतभेदों को दूर करने की ज़रूरत है। "मैं और मेरे साथी कांग्रेस के दोनों धड़ों के बीच सहयोग पर चर्चा करने के लिए आपके और अन्य नेताओं के साथ बैठने के लिए तैयार हैं। हम भी आप लोगों की तरह आने वाले कठिन समय के प्रति सचेत हैं और अपनी समूची शक्ति के साथ देश को सुरक्षित भविष्य की ओर ले जाना चाहते हैं। जब हम पिछली बार दिल्ली में थे, तो बापूजी और जवाहरलालजी, दोनों ने हमें बुलाया था और साथ मिलकर काम करने तथा कांग्रेस को मज़बूत बनाने की आवश्यकता पर ज़ोर दिया था। हम इस सुझाव पर सैद्धान्तिक तौर पर पूरी तरह सहमत थे, लेकिन इसके क्रियान्वयन को लेकर हमें सन्देह था।"[31]

इसके जवाब में पटेल ने मसूरी से 23 मई 1947 को ख़त लिखा, जो लगभग आरोप लगाता हुआ प्रतीत होता था। "कई अवसरों पर मैंने आपसे और आपकी पार्टी के साथ समझौता करने तथा आपसे सहयोग प्राप्त करने के ईमानदार प्रयास किये, लेकिन हर बार हमें झिड़क दिया गया। मेरा यह दुखद अनुभव है कि यद्यपि अक्सर आप हमारे निर्णयों या हमारी नीति से सहमत होते थे, लेकिन बाद में आप अपनी पार्टी के अनुशासन या पार्टी हित के आधार पर असहमत हो जाते थे। कांग्रेस के कई लोग महसूस करते हैं कि कांग्रेस में अनुशासनहीनता का एक बड़ा कारण आपकी पार्टी का कांग्रेस में होना है। आपकी पार्टी के सदस्य केवल अपने हित में या इसे मज़बूत करने के लिए काम करते हैं। इससे स्वाभाविक रूप से अविश्वास पैदा होता है, संघर्ष की स्थिति पैदा होती है। लेकिन जहाँ तक मेरा सवाल है, भले ही मैं आपकी पार्टी से कितना ही असहमत क्यों न रहा हूँ, मैंने अपनी रिहाई के बाद से कुछ भी

ऐसा नहीं कहा या नहीं किया जिससे आपके या आपकी पार्टी के काम में कोई बाधा आये।"[32]

दोनों के बीच बातचीत जारी रही–संक्षिप्त, विनम्र लेकिन तीखे शब्द जो कटुता को उजागर करते थे। जेपी ने 29 मई के ख़त में पटेल का प्रत्येक बिन्दु पर ज़ोरदार खण्डन किया।

"मैं 23 मई के पत्र के लिए आपको धन्यवाद देता हूँ...इसकी अन्तर्निहित कड़वाहट से गुज़रने के बावजूद मुझे ख़ुशी है कि आपने मुझे आपको बेहतर ढंग से समझने में सक्षम बना दिया है। आप लिखते हैं कि आपने कई अवसरों पर सुलह के लिए और हमारा सहयोग हासिल करने के लिए ईमानदार प्रयास किये लेकिन हर बार आपको झिड़क दिया गया। यह अत्यन्त आश्चर्यजनक बयान है। क्योंकि मैं केवल उस धुँधली बातचीत के बारे में जानता हूँ, जिसमें वृद्धावस्था और हमारे द्वारा आपकी जगह लेने जैसी टिप्पणियाँ की गयी थीं, लेकिन मुझे हमारे सहयोग को हासिल करने के लिए किसी भी ईमानदार प्रयास की जानकारी नहीं है। दूसरी ओर, मेरा व्यक्तिगत अनुभव यह रहा है कि मेरे सहयोग को तब भी स्वीकार नहीं किया गया जब मैंने किसी महत्त्वपूर्ण अवसर पर हाथ बढ़ाया था...मैंने अपने पिछले पत्र में जो उदाहरण दिये थे, वे यह साबित करने के लिए थे कि जब भी मैंने सहयोग का प्रस्ताव रखा, मुझे दीवार से टकरा कर लौटना पड़ा।"[33]

पटेल ने इसके बाद समाजवादियों से 'आग्रह' किया कि वे ख़ुद को आन्दोलनकारी गतिविधियों तक सीमित रखने के बजाय किसी प्रान्त के प्रशासन की ज़िम्मेदारी सँभालें और उसके मुद्दों को हल करें। यह चुनौती 10 अगस्त 1947 को नयी दिल्ली की एक बैठक में समाजवादियों को दी गयी थी। जेपी ने अगले ही दिन एक प्रेस वक्तव्य जारी कर दिया। वे थोड़े बचाव की मुद्रा में थे, और थोड़े अक्खड़ भी। "हमें कांग्रेस छोड़ने की जल्दी नहीं है। हम अगले चुनाव के बारे में नहीं सोच रहे हैं। हम सभी को अपने विचार व्यक्त करने और राष्ट्रीय सरकार द्वारा समाजवादी कार्यक्रम को लागू करने के माहौल बनाने के लिए प्रचार करने की स्वतन्त्रता है।"[34]

जेपी और पटेल की बहस ख़तों और प्रेस वक्तव्यों तक सीमित नहीं थी। वे कई मंचों पर भी खुलकर भिड़ गये थे। ऐसा एक टकराव देखने को मिला जब कांग्रेस ने माउंटबेटन प्लान को स्वीकार करने के बाद इसकी पुष्टि के लिए 14-15 जून 1947 को एआईसीसी का सत्र आयोजित किया था। उस वक़्त जेपी और लोहिया ने पटेल और नेहरू के साथ विभाजन के मुद्दे पर ज़ोरदार बहस की। जब मतदान का समय आया, समाजवादियों ने भाग नहीं लिया।

गांधी की हत्या से दो-तीन दिन पहले जेपी ने उनसे कांग्रेस छोड़ने की अपनी इच्छा ज़ाहिर की। गांधी ने कहा, "ठीक है। मैं जानता हूँ कि तुम जहाँ रहोगे, वहाँ देश की सेवा करोगे।"[35] 29 जनवरी को जेपी गांधी से फिर मिले, और उनसे विदा लेकर बम्बई चले गये। अगले दिन उनकी हत्या हो गयी, और जेपी ने गृहमन्त्री पटेल की ज़िम्मेदारी की ओर इशारा किया। 3 फ़रवरी 1948 को लोहिया, कमलादेवी चट्टोपाध्याय और जेपी ने एक संयुक्त बयान जारी कर कहा कि हत्यारा कोई एक व्यक्ति नहीं था, बल्कि हिन्दू महासभा, राष्ट्रीय स्वयंसेवक संघ (आरएसएस) और मुस्लिम लीग जैसे संगठनों की बड़ी और व्यापक साज़िश थी। जेपी ने कहा कि इस 'पाप के प्रतीकात्मक प्रायश्चित्त' के तौर पर सरकार को इस्तीफ़ा देना चाहिए और गृह मन्त्रालय को किसी ऐसे नेता को सौंपा जाना चाहिए जिनके पास कोई अन्य विभाग न हो और जो साम्प्रदायिक नफ़रत फैलाने वाले संगठनों पर अंकुश लगाने और उन्हें कुचलने के लिए तैयार हो।[36] जेपी ने यह भी स्पष्ट किया कि उनकी माँग पटेल को मन्त्रिमण्डल से हटाने की नहीं थी। वे दरअसल गृह, स्टेट्स और सूचना जैसे महत्त्वपूर्ण विभागों को किसी एक व्यक्ति को सौंपने के निर्णय पर सवाल उठा रहे थे। "क्या भारत में इन्सानों की कमी है कि एक आदमी तीन विभागों को सँभाल रहा है।...इससे साफ़ संकेत मिलता है कि सरदार पटेल ऐसी सत्ता चाहते हैं जो तानाशाही की ओर ले जाये।"[37]

इसके बाद भी जेपी अपने भाषणों में सरकार पर बरसते रहे : "सरकार को साम्प्रदायिकता के ख़तरे का अहसास महात्मा गांधी की हत्या के बाद ही

क्यों हुआ? ख़ुफ़िया पुलिस कहाँ थी? अगर ख़ुफ़िया पुलिस ने सरकार को पहले से सूचित कर दिया था, तो ख़तरे से निपटने के लिए कोई कार्रवाई क्यों नहीं की गयी?"[38]

पटेल के साथ कटुता के बावजूद जेपी केन्द्र में कांग्रेस के नेतृत्व वाली सरकार को लगातार समर्थन देते रहे, जिसका मुख्य कारण गांधी का आग्रह था कि साम्प्रदायिक राजनीति के फैलते ज़हर को क़ाबू करने के लिए हरसम्भव एकता क़ायम रहे। जेपी ने साम्प्रदायिकता के मुद्दे पर कई सभाओं को सम्बोधित किया। उन्होंने लोगों को चेतावनी दी कि हिन्दू राष्ट्र के विचार को बढ़ावा देने से देश के टुकड़े-टुकड़े हो जायेंगे। "अगर आप जनता का शासन स्थापित करना चाहते हैं, अगर आप ग़रीबी, भुखमरी, बीमारी और अशिक्षा को दूर करना चाहते हैं, अगर आप ऐसा देश बनाना चाहते हैं जहाँ सभी को समान अधिकार और अवसर मिल सकें, तो साम्प्रदायिकता के नासूर से छुटकारा पाना होगा। यह नासूर बहुत गहराई तक जा चुका है और इसने पूरी राजनीति को विषाक्त कर दिया है। इसने न केवल हिन्दुओं को मुसलमानों से अलग किया है, बल्कि हिन्दुओं को हिन्दुओं से भी अलग कर दिया है। अगर इसे अनियन्त्रित रहने दिया गया, यह पूरे देश के लिए विनाशकारी साबित होगा।"[39] उन्होंने हिन्दू महासभा और आरएसएस जैसे 'साम्प्रदायिक संगठनों' पर तत्काल प्रतिबन्ध लगाने का आग्रह किया।[40]

इस तरह समाजवादी कांग्रेस द्वारा यथास्थिति की राजनीति का विरोध करते रहे। वे यहीं तक नहीं रुके। उन्होंने बम्बई नगर निगम के चुनावों में अपने उम्मीदवार खड़े किये और कांग्रेस द्वारा नामित कई उम्मीदवारों को हरा दिया। इसे राजनीतिक शिष्टाचार का गम्भीर उल्लंघन माना गया था, लेकिन यह सोशलिस्ट पार्टी के इतिहास में एक महत्त्वपूर्ण घटना थी। ऐसी घटनाएँ मार्च 1948 तक तेज़ी से बढ़ती गयी थीं। पार्टी के महासचिव की वार्षिक रिपोर्ट (मार्च 1948) के अनुसार पार्टी के 5139 सदस्य थे, और 3671 प्रोबेशनर थे। जिनमें सबसे अधिक संख्या बिहार से थी 1150 सदस्य और 1923 प्रोबेशनर। देश भर की 797 ट्रेड यूनियन पार्टी के प्रभाव में थीं और इनके 5 लाख से अधिक सदस्य थे। खनन और चीनी उद्योग में दो राष्ट्रीय महासंघ बन चुके थे और कपड़ा तथा जल परिवहन उद्योग में दो और बनने वाले थे।

29 दिसम्बर 1947 को पार्टी की बम्बई शाखा ने ज़बरदस्त हड़ताल आयोजित की थी। इस हड़ताल में लगभग दस लाख कार्यकर्ता शामिल हुए थे जो पार्टी की बढ़ती ताक़त का सूचक था। किसान आन्दोलन भी नयी शक्ति हासिल कर रहे थे। बिहार में लगान न चुका पाने के एवज़ में ज़मींदारों द्वारा हड़पी गयी ज़मीन के लिए बकाश्त संघर्ष ने एक जनान्दोलन का रूप ले लिया, जो गया, दरभंगा, मुज़फ़्फ़रपुर, भागलपुर और मुंगेर जैसे ज़िलों में फैल गया। सोशलिस्ट पार्टी के प्रभाव वाली बिहार की प्रान्तीय किसान सभा की इस वक़्त सोलह ज़िला शाखाएँ, बीस अनुमण्डल शाखाएँ और थाना स्तर पर 128 शाखाएँ थीं। इनकी सदस्य संख्या एक लाख दस हज़ार से ज़्यादा थी। वे लगान-मुक्ति की माँग और ज़मींदारों द्वारा किसानों की ज़मीन को बड़े खेतों में बदलने का विरोध कर रहे थे। उत्तर प्रदेश के 46 ज़िलों के और महाराष्ट्र के नौ ज़िलों के किसान संघ पार्टी के प्रभाव में थे। असम, केरल, बंगाल, गुजरात, पंजाब और राजपूताना जैसे कई राज्यों में भी पार्टी की अच्छी-ख़ासी उपस्थिति थी।

पार्टी अब अच्छे से समझने लगी थी कि मज़दूरों को प्रशिक्षण देना अनिवार्य था। कई प्रान्तों में ट्रेड यूनियन मज़दूरों के प्रशिक्षण के लिए स्कूल खोले गये, जिनमें महिला मज़दूरों के लिए भी प्रावधान था। बम्बई में एक मज़दूर कॉलेज की स्थापना की गयी। पार्टी की बिहार शाखा ने राजनीति की शरदकालीन और शीतकालीन पाठशाला आयोजित की। उत्तर प्रदेश में कई अध्ययन मण्डल और लघु विचार मंच शुरू किये गये। यूरोप के मिलान और एंट्वर्प शहरों में आयोजित अन्तरराष्ट्रीय समाजवादी सम्मेलनों में भारत ने भागीदारी की। *जनवाणी, संघर्ष, जनमत, जनता, सोशलिस्ट, जागृति, मज़दूर, कृषक, क्रान्ति* जैसी पत्रिकाओं में प्रकाशित क्रान्तिकारी साहित्य वैश्विक समाजवादी लेखन का विस्तार कर रहा था।

इस दरमियान कांग्रेस सरकार से पार्टी को लगभग कोई समर्थन नहीं मिला। 11 जनवरी 1948 को नेहरू को पत्र में जेपी ने लिखा, "हमारे और कांग्रेस के बीच की दूरी हर दिन बढ़ती जा रही है...बिहार में हमारे लगभग

500 कार्यकर्ता या तो गिरफ़्तार हैं या पुलिस उनके पीछे पड़ी है।" जेपी ने खेद व्यक्त किया कि वे सभी लोग जो कांग्रेस को जनता के लिए समर्पित सेवकों का संगठन बनाना चाहते थे, वे यह लड़ाई हार गये हैं, जिसके परिणाम विनाशकारी होंगे। "कई लोगों को यह मुद्दा हठधर्मी या अकादमिक लगेगा। वे कहेंगे कि आज मुख्य मुद्दा राष्ट्रीय अस्तित्व और एक शक्तिशाली और समृद्ध देश का निर्माण है। कुछ दिन पहले ही सरदार पटेल ने सभी 'वादों' का मखौल उड़ाया था और समाजवादियों की चीख़-पुकार की निन्दा की थी। हमें नहीं लगता कि 'वादों' के द्वारा उठाये गये मुद्दे और राष्ट्र-निर्माण के बीच कोई विरोधाभास है। दरअसल, न केवल कोई विरोधाभास नहीं है, बल्कि हम मानते हैं कि नये भारत के निर्माण में 'वादों' पर ध्यान देना आवश्यक है। हमारा मानना है कि समाजवाद के आधार पर ही मज़बूत और समृद्ध भारत का निर्माण सम्भव है। कांग्रेस सत्ता और व्यक्तिगत उन्नति का स्रोत बन गयी है। सदस्यों के नामांकन से शुरू होने वाले कांग्रेस के चुनाव एक रैकेट बन गये हैं और स्वार्थ और सत्ता की राजनीति व्याप्त हो गयी है। स्वार्थी राजनीति की बढ़ती लहर कांग्रेस के समाजवाद की ओर बढ़ने के मार्ग में सबसे बड़ी बाधा है।"[41]

चूँकि सोशलिस्ट पार्टी मानती थी कि संविधान सभा का झुकाव पूँजीवाद की ओर है, दिसम्बर 1947 तक इसने भारतीय संविधान का अपना मसौदा तैयार कर लिया था। इस मसौदे के केंद्र में स्वतन्त्रता, समानता, समाजवाद और धर्मनिरपेक्षता जैसे मूल्य थे। मसौदे की प्रस्तावना में संविधान सभा पर हमला करते हुए जेपी ने कहा, "इसकी (सभा के) बहसों पर उत्साहहीन और ठण्डे वकीलों का दबदबा रहा है, जो ऐसा कोई संकेत नहीं देते कि वे यह समझते हों कि घनघोर कोलाहल के दौरान एक राष्ट्र के जन्म का क्या महत्त्व है।"[42] इसका नतीजा यह हुआ कि संविधान अपनी प्रस्तावना में निर्दिष्ट लोकतान्त्रिक सिद्धान्तों से काफ़ी पीछे रह गया। यह अत्यधिक केन्द्रीकृत संविधान था जो कार्यपालिका द्वारा अध्यादेश बनाने की शक्तियों तले दब गया। आपातकालीन प्रावधानों के तहत राष्ट्रपति और राज्यपालों को बेहिसाब शक्तियाँ प्रदान की गयी थीं। इसके अलावा जेपी ने कई अन्य खामियों की

ओर इशारा किया, जिन पर अगर ध्यान नहीं दिया गया तो स्थिति कभी भी बिगड़ सकती थी।

जेपी ने नेहरू द्वारा तीन मूर्ति मार्ग पर स्थित ब्रिटिश कमांडर-इन-चीफ़ के आलीशान आधिकारिक निवास फ्लैगस्टाफ हाउस को अपना आवास बनाने की भी आलोचना की। "दिसम्बर 1947 में नेहरू के साथ एक बैठक के दौरान मैंने उनसे पूछा कि क्या एक ग़रीब देश के प्रधानमन्त्री को आलीशान महल में रहना शोभा देता है। मैंने उन्हें याद दिलाया कि यूएसएसआर की यात्रा से लौटने पर उन्होंने अपनी किताब में कितनी प्रशंसा के भाव से लिखा था कि महान नेता लेनिन क्रेमलिन में दो कमरों के छोटे-से फ़्लैट में रहते हैं। नेहरू ने जवाब दिया कि कुछ दिन पहले उनसे मिलने आये रूसी राजदूत एक शानदार लिमोजिन में आये थे, और उनके काफ़िले में दो उतनी ही भव्य कार भी थीं। मैंने प्रत्युत्तर में कहा कि रूस आज एक विकसित देश और वैश्विक शक्ति बन चुका है, लेकिन भारत अभी लेनिन के रूस की तरह विकास के आरम्भिक दौर में है...(नेहरू की) उस शुरुआती ग़लती के नतीजे हमारे शासकों के आडम्बर और दिखावटी भव्यता में देखे जा सकते हैं। यह दिखावा "राज्य की गरिमा" के नाम पर लाखों बदहाल नागरिकों का मज़ाक़ उड़ाता है।"[43]

सत्ता के प्रति अरुचि और ग़रीबों व वंचितों के लिए फ़िक्र ने जेपी और गांधी को वैचारिक रूप से क़रीब ला दिया था। दरअसल, जब कृपलानी ने 1947 में कांग्रेस अध्यक्ष पद से इस्तीफ़ा दिया था, गांधी चाहते थे कि जेपी उनकी जगह लें। लेकिन नेहरू शुरू में पटेल के पक्ष में थे और अन्ततः राजेन्द्र प्रसाद को यह पद देना चाहते थे। गांधी की मृत्यु के साथ समाजवादियों और कांग्रेस का सम्बन्ध पूरी तरह टूट गया और दरारें गहरी हो गयीं। फ़रवरी 1948 में कांग्रेस की संविधान समिति ने संगठित समूहों और स्वतन्त्र संविधान वाले दलों को कांग्रेस से बाहर करने का फ़ैसला कर लिया।

इस निर्णय के कुछ हफ़्ते बाद यानी मार्च 19-21 को नासिक में आयोजित सोशलिस्ट पार्टी के वार्षिक सत्र में समाजवादी कांग्रेस से एकदम अलग हो गये। इसके बाद जेपी ने नवम्बर 1948 में अखिल भारतीय श्रमिक सम्मेलन बम्बई में आयोजित किया, जो बेहद सफल रहा। अब रास्ते बदल चुके थे।

पार्टी ने नया संविधान अपना लिया था जो लोकतान्त्रिक समाजवाद, अहिंसा, विकेन्द्रीकरण और रचनात्मक राजनीति में जेपी के विश्वास का सूचक था। राष्ट्र के पुनर्निर्माण, पुनरुद्धार और उत्थान जैसे विषयों पर प्रस्ताव लाकर पार्टी ने अपनी राजनीतिक मंशा को साबित कर दिया था। पार्टी के महासचिव जेपी को भरोसा था कि उनकी पार्टी कांग्रेस के एक विश्वसनीय संसदीय विकल्प के रूप में उभरेगी।[44] नेहरू स्मारक संग्रहालय एवं पुस्तकालय के मौखिक इतिहास संग्रह को दिए वक्तव्य में उन्होंने कहा कि वे मानते थे कि कांग्रेस 'कंजरवेटिव' पार्टी रहेगी या बहुत होगा तो एक बुर्जुआ लिबरल पार्टी बनेगी। इसलिए जितना जल्दी हो सके, कांग्रेस से अलग हो जाना इस वक़्त आवश्यक था।

जेपी द्वारा पेश की गयी वार्षिक रिपोर्ट ने पार्टी की आगामी दिशा का बारीक़ विश्लेषण किया। उन्होंने कांग्रेस के पुराने मित्रों को यह आश्वासन दिया कि उनके व्यक्तिगत और वैचारिक सम्बन्ध कभी नहीं टूटेंगे। "कांग्रेस और सोशलिस्ट पार्टी के बीच काफ़ी समानताएँ है : धर्मनिरपेक्ष लोकतन्त्र में उनका विश्वास उन्हें देश की अन्य पार्टियों की तुलना में (हमारे) अधिक क़रीब ले आता है। इसका अर्थ हुआ कि सोशलिस्ट पार्टी देश और लोकतन्त्र की रक्षा के लिए तथा साम्प्रदायिकता और प्रतिक्रियावादी ताक़तों के ख़िलाफ़ लड़ने के लिए हमेशा तैयार रहेगी, और इस लड़ाई में वह हमेशा कांग्रेस के साथ रहेगी।"[45]

इन टिप्पणियों के पश्चात जेपी ने कांग्रेस की उसकी ग़लतियों और समझौतों के लिए ज़बरदस्त आलोचना की, और जो साथी कांग्रेस छोड़ने के फ़ैसले से सहमत नहीं थे उन्हें याद दिलाया कि सीएसपी का गठन कांग्रेस में बढ़ती 'संसदीय मानसिकता' की प्रतिक्रिया के रूप में हुआ था। उन्होंने कहा कि विभाजन को स्वीकारना सबसे ख़राब राजनीतिक क़दम था। "यदि विभाजन को स्वीकार नहीं किया गया होता, कांग्रेस को अन्तरिम सरकार से इस्तीफ़ा देना पड़ता और पूर्ण स्वतन्त्रता तथा अविभाजित भारत के मुद्दे पर एक बार फिर अंग्रेज़ों का सामना करना पड़ता।"[46] इस रिपोर्ट का सबसे भावपूर्ण हिस्सा राजनीति में नैतिकता की भूमिका और साध्य तथा साधन के सम्बन्ध से जुड़ा था, जो साबित करता था कि जेपी रूढ़िवादी मार्क्सवाद से कितनी दूर चले गये थे और गांधी के कितने क़रीब आ गये थे। मौखिक

इतिहास संग्रह को दिए साक्षात्कार में उन्होंने यह स्वीकारा कि वे गांधी के खिलाफ़ नहीं थे। खिलाफ़ थे पटेल के, राजेंद्र प्रसाद के, राजगोपालाचारी के. 'ये सब लोग कैपिटलिस्ट सोसाइटी कायम करेंगे, ऐसा हम मानते थे।'

उन्होंने इस दृष्टिकोण को ख़ारिज कर दिया था कि सारी राजनीति सत्ता के लिए होती है और राज्य सामाजिक कल्याण का एकमात्र साधन है। यह उनके राजनीतिक चिन्तन में नये चरण का आरम्भ था, जो बाद में सत्ता की राजनीति के सम्पूर्ण त्याग में परिणत हो गया था। उन्होंने यह आगे चलकर कहा था कि जब वे गांधी की मृत्यु से एक दिन पहले उनसे मिले थे, गांधी ने उन्हें आने वाले कठिन समय के बारे में आगाह किया था।

# नयी विभाजन रेखाएँ

समाजवादियों के साथ मतभेद ने कांग्रेस को ऐसे ज़ख़्म दे दिये जिन्हें भरने में कई साल लग गये। कांग्रेस और समाजवादी अधिकांश मुद्दों पर एकदम विपरीत किनारों पर खड़े दिखाई दे रहे थे। वे कटु बहसों में उलझते रहे। इन बहसों का स्वर और स्वरूप गरिमामयी राजनीतिक मतभेदों से परे चला गया था। यह सच है कि नेहरू ने बिखरे टुकड़ों को सँजोने की कोशिश की थी, लेकिन वे दशकों पुरानी अपनी पार्टी की परिपाटी में फँसे हुए थे जो परिवर्तन को आसानी से नहीं स्वीकारती थी। उनके लिए सम्भव नहीं था कि वे महत्त्वपूर्ण मसलों पर दोनों दलों के आपसी मतभेद को सुलझा सकें। सोशलिस्ट पार्टी के नासिक अधिवेशन की पूर्व संध्या पर, 15 मार्च 1948 को उन्होंने भावुक होकर जेपी को पत्र लिखकर साथ रहने की आवश्यकता पर ज़ोर दिया था। "आप जल्द ही सत्र आयोजित कर रहे हैं और महत्त्वपूर्ण निर्णय लेने वाले हैं। आप जो निर्णय लेंगे, उसका स्वाभाविक रूप से देश पर गहरा असर पड़ेगा। आपने अतीत में मेरे साथ इन विषयों पर चर्चा की है और आप मेरे विचारों से भली-भाँति अवगत हैं। मुझे लगता है कि समय आ गया है जब आपको अपने लिए स्वयं निर्णय लेना चाहिए और किसी अन्य इन्सान को आपके निर्णय में हस्तक्षेप नहीं करना चाहिए। इसलिए मैं इस बारे में कुछ भी कहना नहीं चाहता। लेकिन अगर आप अनुमति दें तो मैं यह उम्मीद रखना चाहूँगा कि जो भी फ़ैसला होगा, वह दूसरों के प्रति मित्रतापूर्ण भावना से और यथासम्भव सहयोग करने की इच्छा के साथ लिया जायेगा। आन्तरिक स्थिति काफ़ी कठिन है, बाह्य स्थिति भी ख़तरे से भरी है...इसलिए हमें एक साथ

मिलकर काम करने और इन दोनों ख़तरों का सामना करने की पूरी कोशिश करनी चाहिए।"[1]

जेपी ने नेहरू की भावनाओं का सम्मान करते हुए अपने पुराने सम्बन्धों का उल्लेख किया, जिनकी गहरी स्मृति अभी भी बनी हुई थी। "मैं यहाँ बताना चाहूँगा कि हालाँकि हमने अक्सर कांग्रेस के भीतर वामपन्थी अल्पसंख्यक की भूमिका निभाई, लेकिन कई अवसरों पर हम पूरी तरह से बहुमत के साथ थे। ख़ासतौर पर राष्ट्रीय मुद्दों पर संघर्ष के दौरान पार्टी के सदस्यों ने कांग्रेस के जोशीले सिपाही की तरह और कांग्रेसियों के साथ मिलकर काम किया। हमारे काम के इस सकारात्मक पहलू को आलोचक अक्सर अनदेखा कर देते हैं। हमारे काम को इस तरह देखें कि हम समझौते की राजनीति पर लगाम लगाते थे, संगठन को मज़बूत कर उसे संघर्ष का साधन बनाते थे और कांग्रेस के भीतर समाजवाद का माहौल बनाते थे। यह तथ्य कि आज हर कांग्रेसी ख़ुद को समाजवादी बताने के लिए उत्सुक है, भले वह समाजवादी हो या न हो, हमारी पार्टी के काम का उत्कृष्ट परिचायक है। मुझे पता है कि जब हम कांग्रेस छोड़ेंगे तो हम अपने पीछे कई दोस्त और सम्मानित साथी छोड़ जायेंगे, जिनके साथ हमारा व्यक्तिगत और वैचारिक लगाव कभी नहीं मिटेगा।"[2]

यह पत्र 19 मार्च 1948 को भेजा गया था। लगभग एक हफ़्ते बाद जेपी ने फिर नेहरू को एक पत्र लिखा, "मुझे यह कहने की ज़रूरत नहीं है कि पुराने दोस्तों से अलग होना हममें से ज़्यादातर के लिए कितने गहरे दुःख का सबब रहा है। मेरे लिए व्यक्तिगत रूप से इसका क्या अर्थ है, मैं शायद ही बता पाऊँगा। लेकिन मुझे कोई सन्देह नहीं है कि हमारे पास कोई अन्य राजनीतिक विकल्प नहीं था और मुझे उम्मीद है कि अलग होते वक़्त हमने ऐसा कुछ नहीं किया है जिससे हमारे सम्बन्धों में कड़वाहट आये। मैं और सोशलिस्ट पार्टी के कई वरिष्ठ सदस्य उम्मीद करते हैं कि हमें आपसे प्रेरणा और मार्गदर्शन मिलता रहेगा और हमारे व्यक्तिगत सम्बन्ध और निष्ठाएँ बनी रहेंगी।"[3]

हालाँकि यह उम्मीद कि सम्बन्ध नहीं टूटेंगे, कुछ हद तक भ्रामक थी। देश की अर्थव्यवस्था ठहरी हुई थी। जेपी सरकार की कई कमियों को रेखांकित कर रहे थे, और आश्वस्त थे कि समाजवाद प्रचलित तन्त्र को झटके से तोड़ देगा

और पूँजीवाद व कांग्रेस का क्रान्तिकारी विकल्प प्रदान करेगा। वहीं, नेहरू ने अपने सहयोगियों को सलाह दी कि वे ऐसा कुछ न कहें या करें जिससे दरार गहरी हो जाये। उन्होंने अगस्त 1948 में जेपी को एक और भावुक पत्र लिखा : "मुझे भारत की कई चीज़ें विचलित करती हैं, लेकिन जो बात मुझे शायद सबसे ज़्यादा परेशान करती है, वह यह कि हममें से कई लोगों और सोशलिस्ट पार्टी के बीच की खाई बढ़ती जाती रही है।"[4] नेहरू को पूरा यक़ीन था कि जेपी ने इस राह को चुनकर बड़ी ग़लती कर दी है। नेहरू मानते थे कि जेपी "अक्सर भटक जाया करते हैं और ग़ैर-ज़िम्मेदाराना तरीक़े से काम करते हैं", लेकिन वह रेखांकित करते थे कि "जितने भी लोगों को मैं जानता हूँ, वे उनमें सबसे बेहतरीन और स्पष्टवादी इन्सानों में शुमार हैं। अगर चरित्र का कोई महत्त्व है, और निश्चित ही है, तो वे अत्यधिक मूल्यवान इन्सान हैं। मैं इसे त्रासदी की तरह देखता हूँ कि उनके जैसा व्यक्ति परिस्थितियों के कारण गुमनामी में धकेल दिया गया है।"[5]

जेपी के निर्णय को लेकर नेहरू के भीतर कोई कड़वाहट नहीं थी। वे जेपी का मूल्य समझते थे और उनके भीतर भावी प्रधानमन्त्री को देखते थे।[6] लेकिन जेपी के उग्र विचार उन्हें परेशानी में डाल देते थे। उन्होंने यहाँ तक कहा कि इस वक़्त जेपी का वामपन्थ के लिए इस क़दर समर्पण विचलन और विघटन की ओर ले जा सकता है। उनके पत्रों में थोड़ी मार्मिकता झलकने लगी थी। "मैं परिस्थितियों के कारण काफ़ी कुछ नहीं कर पाता जो मैं करना चाहता हूँ। हम सभी कुछ हद तक नियति और परिस्थितियों के क़ैदी हैं। लेकिन मैं हमेशा की तरह एक विशेष दिशा में चलना और देश को अपने साथ ले जाना चाहता हूँ और मुझे उम्मीद है कि इस राह मुझे आपसे कुछ मदद मिलेगी।"[7]

जिन निर्वाचन क्षेत्रों से समाजवादियों ने इस्तीफ़ा दिया था, वे अधिकांश उत्तर प्रदेश में थे। इस्तीफ़े के बाद हुए उपचुनावों ने दोनों गुटों के बीच मिलन की भ्रामक उम्मीदों को चकनाचूर कर दिया। गोविन्द बल्लभ पन्त जैसे दक्षिणपन्थी कांग्रेसी नेताओं के पतन को देख जेपी चकित रह गये। पन्त ने उन्हें बदनाम करने के लिए ज़हरीला अभियान चलाया और यह आरोप लगाया कि स्वार्थी समाजवादियों ने व्यक्तिगत लाभ के लिए कांग्रेस छोड़ दी और उन्हें

वोट देना रज़ाकारों और कश्मीर पर हमला करने वाले क़बालियों को वोट देने जैसा है। पन्त का स्वर अत्यन्त साम्प्रदायिक था। उन्होंने यह भी आरोप लगाया कि अगर समाजवादी सत्ता में आये तो हिन्दी की जगह हिन्दुस्तानी लायेंगे और मन्दिरों को तोड़ कर मिट्टी में मिला देंगे।[8] जेपी को पन्त द्वारा बार-बार यह कहना भी नागवार गुज़रा था कि 'विपक्ष' पश्चिम से आयातित राजनीतिक अवधारणा है, जो भारत के लिए पूरी तरह अनुपयुक्त है।

समाजवादी ज़्यादातर निर्वाचन क्षेत्रों में हार गये, लेकिन इसलिए नहीं क्योंकि वे चुनावी तौर पर कमज़ोर थे। उनकी हार का असल कारण था कि कुछ कांग्रेसी नेताओं ने जानबूझकर डर का माहौल बनाने की कोशिश की थी ताकि लोग अपने मताधिकार का इस्तेमाल करने से डर जायें। यहाँ तक कि नरेन्द्र देव जैसे प्रतिष्ठित और योग्य नेता भी हार गये। जेपी ने 4 जुलाई 1948 को *जनता* के लिए लिखे लेख 'फ़ासीवाद की ओर' में अपनी पीड़ा व्यक्त की थी। "मैंने सोचा था कि हमारे और कांग्रेस के बीच कुछ चीज़ें समान थीं। मसलन, स्वतन्त्रता और लोकतन्त्र की रक्षा, प्रांजल और सभ्य सार्वजनिक जीवन, साम्प्रदायिकता और नस्लवाद का विरोध। लोकतन्त्र में जब तक विपक्षी दलों के पास ऐसा साझा आधार नहीं होता, लोकतन्त्र काम नहीं कर सकता। अगर कांग्रेस सिर्फ़ वोट पाने के लिए साम्प्रदायिकता का सहारा लेने लगेगी, तो भारत का क्या होगा?"[9] *जनता* में प्रकाशित एक अन्य लेख में उन्होंने 'कड़ी मेहनत और बेहतर संगठन' के महत्त्व को रेखांकित किया।[10] जेपी के सबसे क़रीबी साथियों में नरेन्द्र देव, यूसुफ मेहरअली, अच्युत पटवर्धन, राम मनोहर लोहिया, कमलादेवी, अरुणा आसफ़ अली, गंगा शरण सिन्हा, रामनन्दन मिश्र, मुंशी अहमद दीन, सुरेन्द्रनाथ द्विवेदी, अशोक मेहता और मधु लिमये जैसे नेता शामिल थे। वे सहमत थे कि पार्टी के संगठनात्मक ढाँचे को सुधार कर आम जनता को पार्टी की नींव बनाना चाहिए।

पार्टी का एक गुट मानता था कि पार्टी की सदस्यता अनियन्त्रित ढंग से और किसी भी इच्छुक व्यक्ति को नहीं दी जा सकती। जेपी ने तर्क दिया कि मार्क्सवादी सिद्धान्त यह नहीं कहता कि किसी समाजवादी पार्टी को अपनी सदस्यता को चुनिन्दा लोगों तक सीमित रखना चाहिए। जेपी ने रूस और भारत

की तुलना करते हुए कहा कि चूँकि ज़ार के रूस में लोकतन्त्र नहीं था, इसलिए बोल्शेविक पार्टी के सामने अपनी सदस्यता को सीमित कर ख़ुद को संगठित करने का एक वाजिब आधार था। चूँकि भारत् में लोकतान्त्रिक संविधान लागू होने वाला था, सदस्यता पर प्रतिबन्ध उचित नहीं था। समाजवादी पार्टी को ब्रिटिश लेबर पार्टी के मॉडल पर आधारित होना चाहिए, और किसानों, श्रमिकों तथा मज़दूर वर्ग के संगठनों को समाहित कर लेना चाहिए। ऐसी आवेश भरी चर्चा और बहस के ज़रिये समाजवादी अपने आन्तरिक मतभेद और अन्तर्विरोधों को हल करते रहे। अन्ततः समाजवादियों ने 8 मार्च 1949 को एक नया संविधान अपना लिया, जो जेपी की कई बुनियादी प्रस्तावनाओं को प्रतिध्वनित करता था। पार्टी के उद्देश्यों में आस्था रखने वाले लोगों के लिए सदस्यता खोल दी गयी थी, लेकिन किसानों और श्रमिकों के संगठनों के साथ जुड़ने का जेपी का प्रस्ताव साकार नहीं हो पाया था।

जेपी ज़मीनी आन्दोलन मज़बूत करने के लिए काम करते रहे। जुलाई 1950 में समाजवादी पार्टी के मद्रास सम्मेलन में उन्होंने एक राजनीतिक दस्तावेज प्रस्तुत किया था।[11] यह दस्तावेज़ समाजवाद के बुनियादी मूल्यों पर आधारित था। जेपी का मानना था कि समाजवाद के अकादमिक सिद्धान्तों और इसके बुनियादी मूल्यों के बीच टकराव की स्थिति में मूल्यों को वरीयता देनी होगी। समाजवाद उद्योगों के राष्ट्रीयकरण और कृषि के सामूहिकीकरण तक सीमित नहीं किया जा सकता। समाजवाद का अर्थ है शोषण, अन्याय और उत्पीड़न का अन्त, तथा सभी के लिए समान अवसर। इस सम्मेलन में पार्टी ने मधु लिमये द्वारा प्रस्तुत राष्ट्रीय पुनरुद्धार के लिए कार्य-योजना को भी अपनाया था। यह योजना अमीर और ग़रीब के बीच की खाई को पाटने, गाँवों के पुनर्निर्माण और सामाजिक एकीकरण जैसे समाजवादी और गांधीवादी लक्ष्यों पर केन्द्रित थी।[12] लेकिन इसके बाद हुई बहस पार्टी के भीतर चल रहे मतभेदों को गहराई से प्रतिबिम्बित करती थी। इस योजना के ख़िलाफ़ गहरा असन्तोष व्यक्त करते हुए बिहार के सदस्य बीपी सिन्हा ने कहा, “मैं महासन्नित द्वारा दी गयी लोकतान्त्रिक प्रणाली की परिभाषा से सन्तुष्ट नहीं हूँ। मैं उनसे पूछना चाहता हूँ कि क्या लोकतान्त्रिक प्रणाली से उनका आशय केवल शान्तिपूर्ण प्रणाली से है। मेरा मानना है कि लोकतान्त्रिक माध्यमों में सशस्त्र विद्रोह भी शामिल है।”[13]

उड़ीसा के कुलोमणि महापात्र ने आरोप लगाया कि जेपी हर समस्या को 'गांधीवादी चश्मे' से देखते हैं। "हमारा आदर्श गांधीवादी विचारों को थोड़ा तराशकर और उन्हें मार्क्सवाद का जामा पहनाकर हासिल नहीं किया जा सकता।"[14] उड़ीसा के एक अन्य सदस्य गोबिन्द दास ने कहा कि इस दस्तावेज़ की 'एकमात्र ख़ूबी इसकी अस्पष्टता' है। "यह दस्तावेज़ एक नैतिक-राजनीतिक स्वप्नलोक को प्रस्तावित करता है। क्या इन काल्पनिक अवधारणाओं की वजह से ही यूरोप में सामाजिक लोकतन्त्र विफल नहीं हो गया?"[15] बम्बई के डीएस महाजनी ने सदस्यता का मुद्दा उठाते हुए कहा कि हम ट्रेड यूनियनों को अपनी पार्टी से जुड़ने के लिए राज़ी नहीं कर सकते "क्योंकि हम श्रमिकों को लोकतान्त्रिक समाजवाद का अर्थ नहीं समझा सकते। इसकी वजह यह है कि हम स्वयं इसे लेकर स्पष्ट नहीं हैं।"[16] बंगाल के प्रतिनिधि अमोलेश मजूमदार ने तर्क दिया कि यदि विद्रोह के माध्यमों को जनता का समर्थन प्राप्त हो, तो उन्हें पूरी तरह लोकतान्त्रिक माना जा सकता है। बिहार के कर्पूरी ठाकुर जो जेपी के साथ अधिकांश मुद्दों पर साथ रहते थे, उन्होंने लोकतान्त्रिक समाजवाद का विरोध करने वालों को 'छद्म क्रान्तिकारी' घोषित करते हुए कहा कि वे किताबी कीड़े हैं, ज़मीनी कार्यकर्ता नहीं।[17]

1950 का वर्ष जेपी के लिए आन्तरिक पीड़ा लेकर आया था। मार्च के महीने में उनके अत्यन्त क़रीबी साथी अच्युत पटवर्धन सक्रिय राजनीति को छोड़कर शिक्षा के क्षेत्र में केन्द्रित हो गये। 2 जुलाई को एक अन्य क़रीबी दोस्त यूसुफ मेहरअली का लम्बी बीमारी के बाद सिर्फ़ सैंतालीस की उम्र में निधन हो गया। जेपी एकदम टूट गये। उन्होंने लिखा था, "महात्मा गांधी की मृत्यु के बाद यूसुफ मेहरअली की विदाई ने मुझे सबसे गहरा आघात दिया है। देश को अब कोई दूसरा मेहरअली नहीं मिलेगा। वे समाजवादी पार्टी के स्तम्भ, सबके दोस्त, अज़ीज़ और अपने आदर्शों के प्रति प्रतिबद्ध थे।"[18]

इस बीच नेहरू के साथ चली आ रही क़रीबी के कारण जेपी और लोहिया के सम्बन्ध ख़राब होने लगे थे। लोहिया का मानना था कि नेहरू जेपी का इस्तेमाल कांग्रेस में रूढ़िवादी तत्त्वों (जिनका नेतृत्व पटेल कर रहे थे) को दूर रखने के लिए कर रहे थे।[19] अरुणा आसफ़ अली के साथ भी जेपी के मतभेद बढ़ रहे थे। यह सार्वजनिक हो चुका था कि वह लोकतान्त्रिक समाजवाद के

प्रति उनके नज़रिए से असहमत थीं। बहुत जल्द वे इस्तीफ़ा देकर सीपीआई में शामिल हो गयीं।

जेपी का निजी जीवन कहीं शान्त और स्थिर था। 1948 तक उन्होंने और प्रभावती ने अपने अन्तर्विरोधों पर क़ाबू पा लिया था। वह उनके कार्यक्रमों को लेकर चिन्तित रहती थीं और उनकी आवश्यकताओं के प्रति सजग रहती थीं। जब 1 अप्रैल 1949 को डाल्टनगंज के पास एक सड़क दुर्घटना में जेपी के दाहिने हाथ की हड्डी टूटी, प्रभावती छाया की तरह उनके साथ बनी रहीं।

1952 में पुणे में जेपी के लम्बे उपवास के दौरान वह उनके साथ थीं। एकसाथ बिताये इस वक़्त ने प्रभावती के आश्रम जीवन की स्मृतियों को वापस ला दिया था। अब वह जेपी की अधिकांश यात्राओं में उनके साथ रहने लगी थीं–रेलवे कर्मचारियों की रैलियाँ, उत्तर बिहार के अकाल और बाढ़ प्रभावित क्षेत्र, धरने और जुलूस से लेकर सैकड़ों सार्वजनिक बैठक। सफ़ेद खादी की साड़ी पहने वह जेपी के साथ चलती थीं और अपने इर्द-गिर्द गूँजती समाजवाद पर राजनीतिक बहसों की साक्षी बनती थीं।

प्रभावती का छोटा-सा किराये का घर हमेशा जेपी के सहयोगियों और पार्टी कार्यकर्ताओं के लिए खुला रहता था। वह उनकी ज़रूरतों का ख़याल रखतीं, उनके क़िस्से ग़ौर से सुनतीं और ज़रूरत पड़ने पर उन्हें सलाह भी दिया करतीं। जेपी की क़रीबी सहयोगी कमलादेवी चट्टोपाध्याय ने उनके जीवन में प्रभावती की भूमिका का भावनात्मक वर्णन किया है। "वह उनसे बहुत गहराई से जुड़ी हुई थीं और उन पर बहुत गर्व करती थीं। मैं उन्हें अक्सर उनकी (जेपी) ओर देखते हुए पाती थी। उनकी आँखों में लगभग आराधना का भाव होता था। लेकिन वह उनकी (जेपी) कमज़ोरियों और दुर्बलताओं के प्रति भी सचेत थीं, और ऐसे वक़्त उनकी प्रतिक्रिया बदल जाया करती थी। जेपी की असंगत माँगों पर झगड़ा भी होता था। वे कड़े स्वर में कहते कि यात्रा के दौरान कम सामान लेकर चलें, लेकिन उनके (प्रभावती) कड़वे अनुभवों ने उन्हें ऐसे निर्देशों को नज़रअन्दाज़ करना सिखा दिया था। 'वे जिस भी सामान को अतिरिक्त बताते हैं कि मैं उसे न ले चलूँ, दरअसल वे उनकी आवश्यक वस्तुएँ हैं। इसलिए भले ही वे झुँझलाते रहें, मुझे यह (सामान) लेकर चलना पड़ता है। ऐसे मौक़ों पर वे बच्चे की तरह व्यवहार करते हैं।'"[20]

प्रभावती को यह भी अच्छे से मालूम था कि बोझिल लम्हों को कैसे हल्का कर दिया जाये कि सभी की हँसी फूट पड़े। उनका एक पसन्दीदा क़िस्सा था, जब वह अपने विवाह के बाद रेल में अपने ससुर हरसू दयाल के साथ सिताबदियारा गयी थीं। वह प्रथम श्रेणी के डिब्बे में बैठीं और पाया कि खिड़की बन्द थीं ताकि कोई उन्हें देख न सके। उन्हें जल्द ही घुटन होने लगी। उन्होंने खिड़की खोली, लेकिन ससुरजी ने फिर से बन्द कर दी। यह तब तक चलता रहा, जब तक कि हरसू दयाल को एहसास नहीं हो गया कि उनका वास्ता एक सबल और स्वतन्त्र इन्सान से पड़ा है।

चरखे से उनका सम्बन्ध गांधी के साथ उनके सम्बन्ध जितना ही पुराना और आत्मीय था। समाजवादी बैठकों, सम्मेलनों और धरना-प्रदर्शनों के दौरान भी उन्हें आप एक शान्त कोने में चरखे पर काम करते देख सकते थे। किसी ने कहा भी था कि प्रभावती का समाजवादियों के बीच बैठे चरखा चलाना विसंगत और विचित्र लगता है। इसके बाद प्रभावती ने जो शब्द कहे उनका सत्य लम्बे समय बाद चरितार्थ होना था। “मैं कभी समाजवादी नहीं बनूँगी। हाँ, किसी न किसी दिन जेपी गांधीवादी बन सकते हैं।”[21]

जब वे पटना आयीं, उन्होंने क़दमकुआँ में सोशलिस्ट पार्टी के कार्यालय और पटना कॉलेज के पास छोटी गुमटियों में चरखे की कक्षाएँ शुरू कर दीं और महिलाओं और लड़कियों को अपनी और अपने देश की आज़ादी हेतु चरखा चलाने के लिए प्रोत्साहित करने लगीं। जब ये कक्षाएँ उस भवन में चली गयीं, जहाँ अब महिला चरखा समिति है, इन महिलाओं को अपनी जगह मिल गयी थी। 1957-58 में प्रभावती ने मित्रों से एकत्र हुई राशि से कमला नेहरू के नाम पर एक मोंटेसरी स्कूल भी पटना के सदाकत आश्रम में स्थापित किया।

इस बीच जेपी पार्टी को मज़बूत करने और ट्रेड यूनियन आन्दोलन पर इसके प्रभाव को बढ़ाने के लिए देश भर की यात्राएँ कर रहे थे। इन यात्राओं ने पार्टी और उसके सहयोगी संगठनों के लिए धन-संग्रह में भी महत्त्वपूर्ण भूमिका निभाई थी। चूँकि वे तीन प्रमुख राष्ट्रीय यूनियनों के अध्यक्ष थे–रेलवे कर्मी (अखिल भारतीय रेलवे कर्मचारी संघ), टेलीग्राफ़ कर्मचारी और रक्षा

मन्त्रालय का असैन्य कर्मचारी संघ–मज़दूरों के मुद्दों पर अक्सर उनका सरकार के साथ टकराव हो जाता था। उन्हें अन्ततः सीपीआई के आक्रोश का भी सामना करना पड़ा, जिसने जेपी पर मुद्दों को कमज़ोर करने और हड़तालों को रोकने के लिए सरकार के साथ मिलकर काम करने का आरोप लगाया था। कम्युनिस्ट पूरी तरह से ग़लत नहीं थे। हालाँकि जेपी ने सरकार की नीतियों की कड़ी आलोचना की थी, लेकिन कश्मीर और हैदराबाद जैसे राष्ट्रीय हित के मसलों पर वे कांग्रेस के ख़िलाफ़ नहीं थे। सोशलिस्ट पार्टी ने हैदराबाद में सशस्त्र प्रतिरोध आन्दोलन का और इस राज्य के भारत में विलय का समर्थन किया था। उनके समर्थक भी हैरान रह गये थे जब उन्होंने सरकार का पक्ष लेते हुए अखिल भारतीय रेलवे कर्मचारी महासंघ को हड़ताल से बचने की सलाह दी थी। जब जेपी ने 1950-51 में संचार मन्त्री रहे वरिष्ठ कांग्रेस नेता रफ़ी अहमद किदवई द्वारा हड़ताल पर गये डाक और टेलीग्राफ़ कर्मचारियों के वेतन को लेकर दी गयी ज़बानी प्रतिबद्धता पर सहज विश्वास कर लिया था, उनकी काफ़ी आलोचना हुई थी। चूँकि वे इन कर्मचारियों के अखिल भारतीय संघ के अध्यक्ष थे, उन्होंने प्रायश्चित्त स्वरूप इक्कीस दिन उपवास का प्रण किया, हालाँकि यह उपवास किसी कारणवश स्थगित हो गया।

इस बीच जेपी का ध्यान पार्टी के काम पर केन्द्रित रहा था। अपने साथियों के साथ मिलकर उन्होंने किसान रैलियों, किसान तथा मज़दूर पंचायतों के आयोजन में अग्रणी भूमिका निभाई। ये पंचायत समाजवादी पार्टी से सम्बद्ध थीं। किसान और मज़दूर आन्दोलन से उनका जुड़ाव बिहार की डालमियानगर चीनी मिल में हुए आन्दोलन से स्पष्ट हो जाता है। इस मिल की मज़दूर संघ का नेतृत्व जेपी के पुराने और प्रिय समाजवादी सहयोगी बसावन सिंह कर रहे थे। इस लम्बी हड़ताल के दौरान क़रीब ढाई हज़ार मज़दूर बर्ख़ास्त किये जा चुके थे। उनकी बहाली का जटिल और असम्भव दिखाई देता मुद्दा राजेन्द्र प्रसाद की मध्यस्थता के ज़रिये सुलझा दिया गया था।

जेपी सरकार के रवैये से सबसे अधिक आक्रोशित थे। न सिर्फ़ वह मज़दूरों की माँगों के प्रति उदासीन थी, बल्कि वह भारतीय राष्ट्रीय ट्रेड यूनियन कांग्रेस को प्रतिद्वन्द्वी के रूप में बढ़ावा देकर समाजवादियों को कमज़ोर करने

की खुली साज़िश कर रही थी। "आज कांग्रेस की यूनियन हड़ताल तोड़ने की भूमिका निभा रही हैं। वे गांधीवादी तरीक़ों की बात करते हैं, लेकिन फ़र्ज़ी सदस्यता के मामले में वे कम्युनिस्टों से बेहतर नहीं हैं और गुंडागर्दी पर भी नहीं रुकते," जेपी ने कहा था।[22] उन्होंने बम्बई में बन्दरगाह के मज़दूरों का उदाहरण दिया, जिन्होंने भर्तियों से सम्बन्धित मुद्दे पर पोर्ट ट्रस्ट के सामने शान्तिपूर्ण प्रदर्शन किया था। इसके बावजूद उनके नेताओं को शान्ति भंग होने की आशंका के 'काल्पनिक आरोप' के आधार पर सार्वजनिक सुरक्षा अधिनियम के तहत गिरफ़्तार कर जेल में डाल दिया गया। वे हड़तालों और आवश्यक सेवाओं को ग़ैरक़ानूनी घोषित करने वाले क़ानून से भी नाख़ुश थे। उन्होंने 2 मार्च 1949 को नेहरू को एक टेलीग्राम भेजकर इसे उनके प्रशासन पर एक धब्बा और बढ़ते भारतीय फ़ासीवाद का उदाहरण बताया था।[23]

जेपी यह भी महसूस कर रहे थे कि भीषण होती जाती सामाजिक और आर्थिक असमानता के समाधान के लिए उन्हें उपलब्ध राजनीतिक विचारधाराओं से परे जाने की ज़रूरत है। इसके परिणामस्वरूप अप्रैल 1948 में कलकत्ता में खोज परिषद की स्थापना हुई। इस संस्था ने अगस्त 1948 में कलकत्ता में प्रमुख अर्थशास्त्रियों का एक सम्मेलन आयोजित कराया था। सम्मेलन से कुछ दिन पहले जेपी ने कहा था कि आज़ादी निरर्थक हो गयी है। "कष्ट और अव्यवस्था, बढ़ता भ्रष्टाचार और स्वार्थ, बेतहाशा मुनाफ़ा और मुनाफ़ाखोरी, हत्याएँ और लड़ाइयाँ, और सबसे बढ़कर वह भीषण चूक जिसकी वजह से राष्ट्रपिता की जान चली गयी, इन सबने आज़ादी के उत्सव को एक ऐतिहासिक मज़ाक़ बना दिया है।"[24]

कलकत्ता में एक जनसभा को सम्बोधित करते हुए जेपी ने देश की बिगड़ती आर्थिक स्थिति पर अपनी चिन्ता व्यक्त की थी। वे देश के मिश्रित आर्थिक विकास मॉडल और 1948 की औद्योगिक नीति से प्रभावित नहीं थे। उन्होंने औद्योगिक उत्पादन में गिरावट, वस्तुओं की कमी, बढ़ती बेरोज़गारी और लागत, भीषण ग़रीबी और पसरते भ्रष्टाचार को रेखांकित किया। जेपी ने इस भयावह स्थिति के लिए प्रशासन को दोषी ठहराया।

उन्होंने गहरी पीड़ा के साथ नेहरू को लिखा, "आप प्राथमिकता के अनुसार काम करने में विश्वास करते हैं। मुझे लगा था कि सबसे पहला काम जो आप करेंगे, वह प्रशासन और सेवाओं की प्रणाली में सुधार होगा। आप वर्तमान प्रणाली से वह परिणाम नहीं प्राप्त कर सकते जिसके लिए यह नहीं बनी थी। ब्रिटिश शासन के दौरान भ्रष्टाचार व्याप्त था जिसके ख़िलाफ़ हम सभी पूरी शक्ति से खड़े थे। कांग्रेस के शासन में कहीं अधिक भ्रष्टाचार है और मुझे इसे जड़ से ख़त्म करने और यहाँ तक कि इसे रोकने के लिए भी कोई गम्भीर प्रयास नहीं दिखाई देता। भाई-भतीजावाद और पक्षपात उच्च पदों पर फैला हुआ है और अक्सर भ्रष्ट सिविल सेवक समृद्ध हो रहे हैं, जो अपने आकाओं को ख़ुश करने की कला में पारंगत हैं, चाहे वे आका कोई भी हों।"[25]

उन्होंने आर्थिक मोर्चे पर सरकार की विफलताओं की सूची बनायीं, जिन्हें अगर सुधारा नहीं गया तो चीन के 'कुओमिन्तांग जैसा संकट', यहाँ तक कि फ़ासीवाद भी पैदा हो सकता है। जेपी नेहरू के नेतृत्व की कड़ी आलोचना करने लगे थे और नेहरू को लिखे उनके पत्र कटु हो रहे थे। "इसमें कोई सन्देह नहीं कि आप इस विश्वास पर अडिग रहेंगे कि आप देश को समाजवाद की ओर ले जा रहे हैं। लेकिन मैं बिना किसी द्वेष या कड़वाहट के कहना चाहता हूँ कि आपके सर्वोत्तम इरादों के बावजूद देश विपरीत दिशा में फिसल रहा है। आप दो घोड़ों की सवारी करने की कोशिश कर रहे हैं जो सर्कस में तो सम्भव है लेकिन ऐतिहासिक विकास की अवस्था में नहीं। इतिहास एक समय में केवल एक दिशा में आगे बढ़ सकता है, दो दिशाओं में नहीं। आप समाजवाद की ओर जाना चाहते हैं, लेकिन इस सिलसिले में आप पूँजीपतियों की मदद चाहते हैं। आपको असफल होना ही है। यदि आप चाहते हैं कि पूँजीवाद देश के औद्योगिकीकरण में भूमिका निभाये, तो वह अपनी क़ीमत माँगेगा और यदि आप क़ीमत चुकाते हैं तो आप समाजवाद को छोड़ देंगे। आज ठीक यही हो रहा है।"[26]

जेपी को देश में नागरिक स्वतन्त्रता की बिगड़ती स्थिति भी चिन्तित कर रही थी। 10 दिसम्बर 1948 को लिखे उसी पत्र में उन्होंने रेलवेकर्मियों के महासंघ की एक बैठक के सिलसिले में नागपुर-यात्रा के अपने अनुभव का ज़िक्र किया। धारा 144 लागू होने के कारण समाजवादी पार्टी की स्थानीय

शाखा ने मजिस्ट्रेट से सभा करने की अनुमति माँगी, लेकिन उसे अनुमति नहीं मिली। इसके बाद समाजवादियों ने राज्य के गृह मन्त्री से सम्पर्क किया। उन्होंने भी यह कहकर मना कर दिया कि कम्युनिस्टों को भी अनुमति नहीं दी गयी है। पीड़ा व्यक्त करते हुए जेपी ने लिखा था, "मैं स्वतन्त्रता के अलावा कुछ नहीं माँगता–किसी तरह का कोई लाभ नहीं; लेकिन कम से कम मैं एक स्वतन्त्र समाज में एक नागरिक की स्वतन्त्रताओं का अधिकारी होने की उम्मीद करता हूँ। अगर मेरे भाषण से शान्ति भंग होने का ख़तरा है, तो मैं केवल इतना कह सकता हूँ कि उस स्थिति में शान्ति को भंग होना ही चाहिए।"[27]

उन्होंने अच्युत पटवर्धन की गिरफ़्तारी पर भी आक्रोश व्यक्त किया था। अच्युत जिस रैली को सम्बोधित करने वाले थे, उस पर कांग्रेस के गुंडों ने हल्ला बोल दिया था। लेकिन स्थानीय प्रशासन ने बदमाशों के बजाय अच्युत को गिरफ़्तार कर लिया और उन्हें एक खुले ट्रक में पुलिस स्टेशन ले जाया गया और उसके बाद नासिक जेल में विचाराधीन क़ैदियों के साथ बन्द कर दिया गया। अच्युत पटवर्धन की गिरफ़्तारी के बाद 25 मई 1949 को लोहिया और पचास अन्य समाजवादियों को गिरफ़्तार कर लिया गया जब वे नेपाली नेता बीपी कोइराला की रिहाई की माँग करते हुए नेपाल दूतावास के सामने प्रदर्शन कर रहे थे। इस गिरफ़्तारी के ख़िलाफ़ अगले दिन जेपी ने कड़ा प्रेस बयान जारी किया।

"स्वतन्त्र भारत को धीरे-धीरे एक विशाल जेल में बदला जा रहा है...एक स्वतन्त्र देश में नागरिकों के पास शान्तिपूर्वक एकत्र होने का मौलिक अधिकार है और इस अधिकार को सभाओं को ग़ैरक़ानूनी घोषित करने के सरल उपाय से नहीं छीना जा सकता। आज कांग्रेस के शासन में नागरिकों की स्वतन्त्रता पर सबसे क्रूर ब्रिटिश तानाशाहों की तुलना में अधिक प्रतिबन्ध हैं। यह इस देश के स्वतन्त्रता-प्रेमियों के लिए गहरी चिन्ता का विषय होना चाहिए और शायद वह दिन दूर नहीं है जब उन्हें इस देश को फ़ासीवाद से बचाने के लिए दलगत राजनीति से परे जाकर एक साथ आना होगा।"[28]

जेपी के दो क़रीबी सहयोगियों, गंगा शरण सिन्हा और श्रीधर महादेव जोशी को ग्वालियर में हुई हिंसा के दौरान गिरफ़्तार किया गया, जबकि उनकी

इसमें कोई भूमिका नहीं थी। पटेल को सम्बोधित एक आक्रोशित पत्र में जेपी ने इस कदम को पागलपन का दर्जा दिया।[29] जेपी को बालेश्वर दयाल की गिरफ़्तारी से भी गहरा दुःख पहुँचा। दयाल ने मध्य भारत की भील जनजाति पर ज़मीनी स्तर पर अद्भुत काम किया था। उन्हें घास और लकड़ी पर लगाये गये सरकारी कर के ख़िलाफ़ हो रहे आन्दोलन के दौरान गिरफ़्तार किया गया था। इस कर ने भील समुदाय और उसकी अर्थव्यवस्था को तोड़ दिया था।

जेपी ने व्यंग्य भरे लहजे में नेहरू को लिखा था, "मैं बस यही सोच रहा हूँ कि चीज़ों के प्रति हमारा दृष्टिकोण कितना अलग हो गया है।"[30] इन व्यक्तिगत आक्षेपों से आहत नेहरू ने परिस्थितियों को यह कहकर उचित ठहराया कि अगर राज्य की सुरक्षा और उसके नागरिकों की स्वतन्त्रता के बीच चुनाव हो, तो सुरक्षा को प्राथमिकता दी जायेगी। इस बिन्दु पर नेहरू का स्वर पटेल की तरह हो गया था। नेहरू ने कहा कि समाजवादी ग़ैरज़िम्मेदाराना तरीक़े से काम कर रहे हैं, और "वे सभी असंतुष्ट और मानसिक रूप से टूटते हुए दिखाई दे रहे हैं।"[31] जेपी को उनके शब्दों की विडम्बना समझ में आ रही थी। उन्होंने अरुणा आसफ़ अली को एक पत्र में लिखा था, "तानाशाह स्वतन्त्रता के दमन और अपनी तानाशाही को ठीक इसी तरह उचित ठहराते हैं।"[32]

जेपी वैश्विक घटनाओं पर भी खुलकर टिप्पणी कर रहे थे। उन्होंने चीनी गृहयुद्ध में अमेरिकी हस्तक्षेप की निन्दा की, दक्षिण कोरिया पर उत्तर कोरिया के आक्रमण पर सवाल उठाया, ट्यूनीशिया के स्वतन्त्रता संघर्ष का समर्थन किया और राष्ट्रमण्डल में बने रहने के भारत के फ़ैसले की आलोचना की। "राष्ट्रमण्डल में बने रहने का मतलब होगा भारत की विदेश नीति को ब्रिटिश विदेश मन्त्रालय के अधीन करना और दक्षिण अफ़्रीका तथा ऑस्ट्रेलिया जैसे देशों के समूह में शामिल होना, जो भारतीयों के साथ नस्लीय भेदभाव करते हैं। सबसे बढ़कर, भारत अमेरिकी ब्लॉक में शामिल होकर सोवियत संघ का स्थायी दुश्मन बन जायेगा।"[33] जेपी को जवाब देते हुए नेहरू ने कहा कि राष्ट्रमण्डल के साथ जुड़ने से कम से कम दो या तीन साल तक भारत को कुछ स्तरों पर समर्थन मिल जायेगा। इससे इस बहस का कमोबेश अन्त हो गया।

जयप्रकाश नारायण के आरम्भिक दिनों की तस्वीर

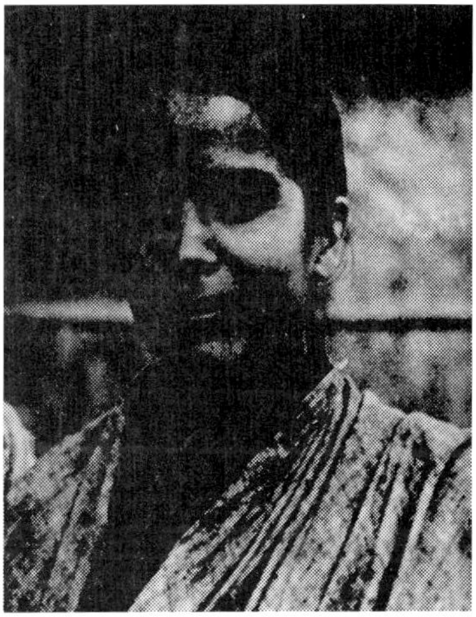

प्रभावती

प्रभावती

कांग्रेस सोशलिस्ट पार्टी की शुरुआती बैठक, बम्बई, 21 अक्टूबर 1924

जेपी उपवास के दौरान, 1942

जेपी गया के सुखदेवरा आश्रम के एकान्त में चरखा कातते हुए

महात्मा गांधी के साथ प्रभावती

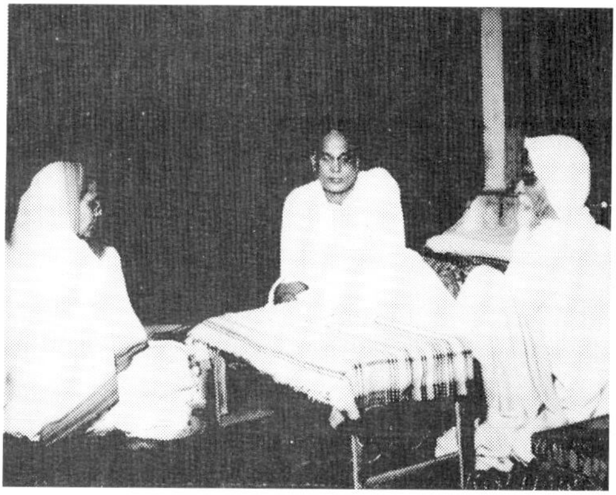

प्रभावती और जेपी विनोबा भावे के साथ, वर्धा का पवनार आश्रम

सर्चलाइट की जलती हुई इमारत, 18 मार्च 1974

महिलाओं का मौन प्रतिरोध, अप्रैल 1974

पटना की सड़कों पर

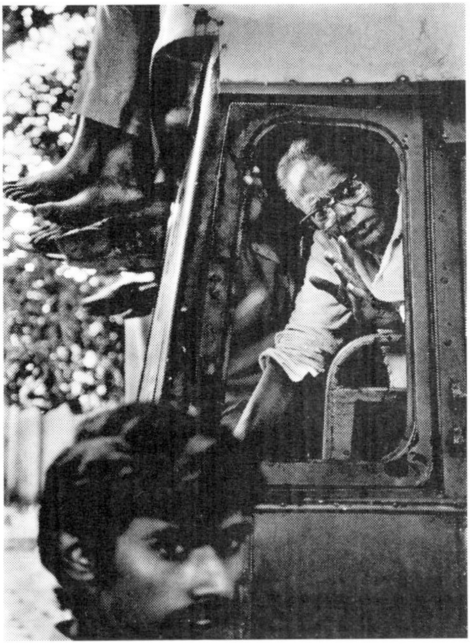

हिरासत में लिये गये साथियों के साथ, 4 नवम्बर 1974

पुलिस का हमला, 4 नवम्बर 1974

आन्दोलन में शामिल होने के लिए लोग रेल से पटना की ओर जाते हुए

गांधी मैदान में विशाल जनसभा को सम्बोधित करते हुए

जननायक

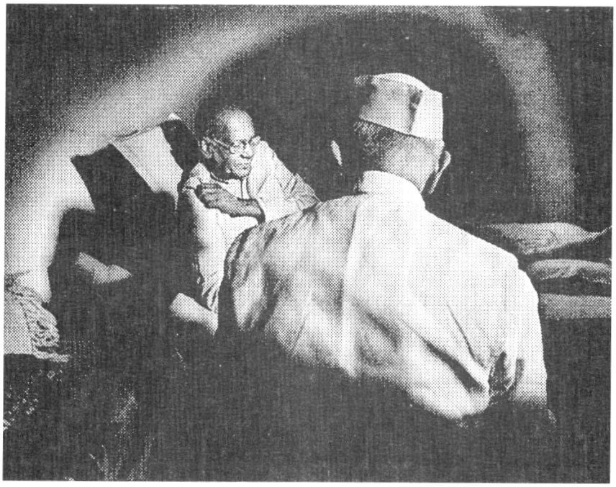

मोरारजी देसाई के साथ

राजघाट पर शपथ ग्रहण, जेपी और जेबी कृपलानी की उपस्थिति में, 24 मार्च 1977

जवाहरलाल नेहरू के साथ

इन्दिरा गांधी जेपी के साथ, पटना में उनके महिला चरखा समिति के निवास पर, 14 अगस्त 1977

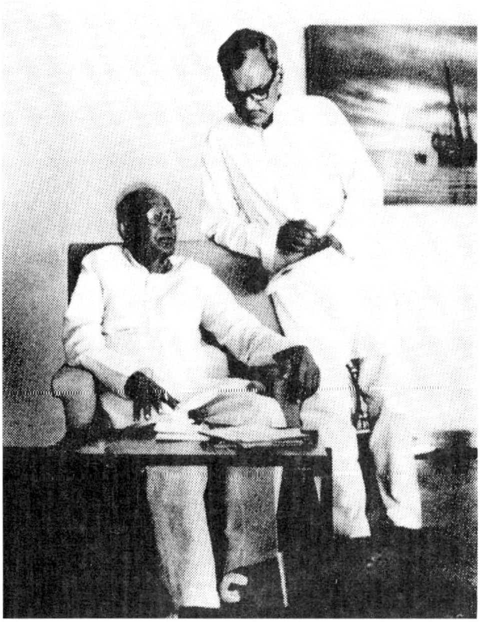

बिमल प्रसाद अस्वस्थ जेपी के साथ, 1979

लेकिन कई अन्य मुद्दे भी थे। जेपी पूर्वी पाकिस्तान से हिन्दुओं के बढ़ते पलायन से भी व्यथित थे। उन्होंने एक सख़्त प्रेस बयान जारी कर कहा कि अगर भारत इस पलायन को रोकने में विफल होता है, उसे सैन्य हस्तक्षेप का सहारा लेना होगा। प्रेस के एक वर्ग ने उन पर युद्धोन्मादी होने का आरोप लगाया, लेकिन इसने उन्हें पश्चिम बंगाल में नायक बना दिया। जब उन्होंने पाया कि आरएसएस और हिन्दू महासभा इस मुद्दे को साम्प्रदायिक बनाने की कोशिश कर रहे हैं, उनका रुख़ बदल गया। 29 मार्च 1950 को उन्होंने अपना दृष्टिकोण एकदम बदल दिया और वही कहा जो उनके समर्थकों को उम्मीद थी। "हम नहीं चाहते कि भारत पाकिस्तान के ख़िलाफ़ युद्ध छेड़े। हमें भारत के मुसलमानों में यह भरोसा पैदा करना होगा कि इस देश में उनकी जान-माल की सुरक्षा है और उन्हें हिन्दुओं के बराबर आत्म-अभिव्यक्ति और आत्म-विकास के अधिकार और अवसर हैं। हम साम्प्रदायिकता से नफ़रत करते हैं। हम हिन्दू राज की सभी धारणाओं को ख़ारिज करते हैं। हम भारत में धर्मतन्त्रीय राज्य के सिद्धान्त को ख़ारिज करते हैं।"[34] उन्होंने दंगा-प्रभावित क्षेत्रों का दौरा कर इन इलाक़ों में शान्ति स्थापित करने के लिए कार्यकर्ताओं का एक कैडर भी तैयार किया।

इस बीच नेहरू ने पाकिस्तान के प्रधानमन्त्री लियाकत अली ख़ान के साथ समझौता कर भारत और पाकिस्तान के बीच मँडराती युद्ध की सम्भावनाओं को मद्धिम कर दिया। जेपी ने 8 अप्रैल 1950 को हस्ताक्षरित इस दिल्ली समझौते का स्वागत किया, जो शान्ति का माहौल बनाने और अल्पसंख्यकों के अधिकारों की रक्षा के लिए छह दिनों तक चली वार्ता का परिणाम था।

जेपी की नेपाल में चल रहे लोकतान्त्रिक संघर्ष में गहरी दिलचस्पी थी, जिसका नेतृत्व बिशेश्वर प्रसाद कोइराला कर रहे थे। कोइराला भारतीय स्वतन्त्रता आन्दोलन से भी गहराई से जुड़ गये थे, जब वे 1930 के दशक में भारत पढ़ाई करने आये थे। वह अपने छात्र जीवन से ही नेहरू, जेपी और लोहिया के क़रीबी दोस्त थे। जब उन्होंने मई 1949 में काठमांडू जेल में भूख हड़ताल की, जेपी विचलित हो गये। जेपी ने 12 मई को *सर्चलाइट* और अन्य अख़बारों को दिये प्रेस वक्तव्य में भारतीय जनता की नेपाल की स्थिति के प्रति

उदासीनता की आलोचना की और सोशलिस्ट पार्टी और युवाओं से अपील की कि वे देश भर में धरने दें और कोइराला की रिहाई की माँग करें। जेपी 28 मई को हुई कोइराला की रिहाई से अत्यन्त प्रसन्न हो गये थे। जेपी का कोइराला और उनकी पत्नी सुशीला के साथ नियमित पत्राचार होता था।

इस बीच 1951-52 की सर्दियों में हुए पहले आम चुनावों के दौरान सोशलिस्ट पार्टी को बड़ा झटका लगा। जेपी और अन्य कद्दावर नेताओं की प्रसिद्धि के बावजूद समाजवादी नेहरू को कोई गम्भीर चुनौती नहीं दे पाये। नेहरू की लोकप्रियता आसमान छू रही थी। ऐसा लग रहा था कि सभी वर्गों और समुदायों के मतदाता उनके प्रभाव क्षेत्र में आ गये थे। कांग्रेस एक अजेय ताक़त थी, जिसने लोकसभा की 489 सीटों में से 364 सीटें जीत लीं। पार्टी की जीत को नेहरू के पक्ष में जनमत संग्रह माना गया।[35]

एके गोपालन के नेतृत्व वाली भारतीय कम्युनिस्ट पार्टी सोलह सीटें जीतकर विपक्षी खेमे का नेतृत्व कर रही थी, जबकि सोशलिस्ट पार्टी को बारह सीट मिली थीं। परिस्थितियाँ शुरू से ही समाजवादियों के पक्ष में नहीं थीं। जेपी ने कोशिश की कि नेहरू का ध्यान मतपेटियों से छेड़छाड़ की सम्भावना और अन्य अनियमितताओं की ओर आकर्षित किया जाये। उन्होंने देश भर में अभियान चलाकर सामाजिक और आर्थिक मुद्दों को सामने रखा जिन्हें कांग्रेस ने नज़रअन्दाज़ कर दिया था। उन्होंने कांग्रेस के साथ जनसंघ की भी कड़ी आलोचना की और भारतीय संस्कृति पर ख़तरे को लेकर उनके शोरगुल पर तीखा प्रहार किया। "जनसंघ नारा लगा रहा है कि संस्कृति ख़तरे में है। अगर साम्प्रदायिक दलों का राजनीति में दबदबा बना रहा, तो ग़रीबी, भुखमरी और आर्थिक शक्ति जैसे वास्तविक मुद्दे पृष्ठभूमि में चले जायेंगे।"[36]

आरोप-प्रत्यारोपों का सिलसिला जारी रहा। जेपी सबसे अधिक क्रोधित इस बात पर हुए कि कुछ कांग्रेसी नेताओं ने समाजवादियों को अमेरिकी एजेंट कहकर बदनाम करने की कोशिश की। बिहार के कुछ निर्वाचन क्षेत्रों में यह शरारती नारा प्रचलन में आ गया था : "अमेरिका के तीन दलाल : मेहता, लोहिया, जयप्रकाश।"

वह इस अफ़वाह से भी नाराज़ थे कि लोहिया चुनाव अभियान के लिए अमेरिका से हज़ारों डॉलर लेकर आये हैं। लेकिन जिस चीज़ ने उन्हें सबसे

ज़्यादा आहत किया वह पटना में नेहरू का भाषण था, जिसमें नेहरू ने इशारा किया था कि समाजवादियों ने जनसंघ के साथ समझौता कर लिया है। इसकी वजह से जेपी ने पहले राष्ट्रपति चुनाव के दौरान राजेन्द्र प्रसाद के साथ अपने लम्बे जुड़ाव को दरकिनार कर विपक्षी उम्मीदवार का समर्थन किया।

चुनाव परिणाम ने जेपी के नेतृत्व पर गहरा प्रश्न खड़ा कर दिया। पार्टी के भीतर अनिश्चितता, चिन्ता और झगड़े का माहौल बन गया। पार्टी के कट्टरपन्थी उन्हें बदनाम करने की कोशिश कर रहे थे। यह आश्चर्य की बात थी कि पहला वार रामानन्द मिश्रा ने किया, जो उनके पुराने सहयोगी थे और जिनके साथ वे हज़ारीबाग़ जेल से भागे थे। मिश्रा ने बिहार में हुए पार्टी सम्मेलन में एक नोट प्रसारित किया जो पार्टी के शीर्ष नेताओं को हार के लिए ज़िम्मेदार ठहराता था। वहाँ मौजूद हर इन्सान समझ गया कि यह इशारा किसकी ओर था। कई अन्य प्रतिनिधियों ने भी यही बात कही। जेपी टूट गये थे। जब वह बाहर निकले, तो मेरे पिता बिमल प्रसाद, जो एक युवा समाजवादी के रूप में बैठक में मौजूद थे, ने उन्हें अपने आँसुओं को रोकने का संघर्ष करते हुए देखा था। यह स्पष्ट था कि वह पार्टी पर अपनी पकड़ खो चुके थे।

23 से 27 मई 1952 के बीच हुए पार्टी के पचमढ़ी अधिवेशन में जेपी पर कहीं तीखा हमला हुआ। जेपी ने हार की ज़िम्मेदारी स्वीकार कर ली, लेकिन पार्टी की नीतियों और कार्यक्रमों को लेकर उन्हें अफ़सोस नहीं था। "मैं पार्टी की नीति और कार्यक्रम के लिए मुख्य रूप से ज़िम्मेदार रहा हूँ। इसलिए चुनावों की पूरी ज़िम्मेदारी मुझे लेनी चाहिए। यह किसी अन्य से अधिक मेरी आलोचना और निन्दा है। हार से कहीं अधिक पार्टी की शाखाओं द्वारा इस पर हो रही प्रतिक्रिया मुझे चिन्तित कर रही है। मुझे इस प्रतिक्रिया से बहुत कष्ट पहुँचा है। मैंने पार्टी की नीतियों में ख़ामियों को खोजने, उनका पुनः परीक्षण करने का प्रयास किया, लेकिन मुझे कोई ख़ामी नहीं मिली। पार्टी की नीति या कार्यक्रम में कुछ भी ग़लत नहीं था।"[37]

यदि जेपी नीतियों को लेकर रक्षात्मक थे, लोहिया एक सशक्त सिद्धान्तकार के रूप में उभर रहे थे, जो पार्टी के प्रमुख विचारक जेपी के आधिपत्य

को चुनौती दे सकते थे। इस सम्मेलन में दोनों के बीच राजनीतिक मतभेद अपेक्षाकृत मद्धिम रहे। लोहिया ने जेपी को सीधे तौर पर दोषी नहीं ठहराया, लेकिन पार्टी के लिए एक मज़बूत सैद्धान्तिक आधार बनाने की आवश्यकता पर बल दिया। "इसे कभी भी कांग्रेस पार्टी की सहायक टीम और न कम्युनिस्ट पार्टी का पैदल सिपाही बनना चाहिए।"[38] उन्होंने चुनावी हार की जटिल वजहों को बेजोड़ बौद्धिकता के साथ विश्लेषित किया और कहा कि सभी उम्मीदवारों में समाजवादी सबसे युवा थे, पार्टी दो भिन्न स्वरों में बोलती सुनाई दे रही थी, इसने कोई ख़ास रचनात्मक कार्य और संघर्ष नहीं किया था, और चुनावों पर बमुश्किल पैसा ख़र्च किया था। पैसे की कमी के सिवाय हार के सभी अन्य कारणों को सुधारा जा सकता था। यह पराजय अस्थायी थी। उन्होंने अपने भाषण को इन शब्दों के साथ समाप्त किया, "जो लोग एक नयी सभ्यता का निर्माण करना चाहते हैं, उन्हें हार के लिए तैयार रहना चाहिए, संघर्ष करने और पराजित होने के लिए तैयार रहना चाहिए और फिर से संघर्ष करना चाहिए।"[39]

सम्मेलन के दौरान जेपी ने पार्टी के सैद्धान्तिक आधार का बचाव किया था। उन्होंने कहा कि हालाँकि जड़ विचारों और सिद्धान्तों के साथ आगे बढ़ना सम्भव नहीं था, मार्क्सवाद मताग्रही विचारधारा नहीं है। यह सामाजिक परिवर्तनों का अध्ययन करने और सामाजिक परिवर्तन लाने की वैज्ञानिक पद्धति है। भारतीय परिस्थितियों के लिए जेपी ने गांधीवादी व्यवहार को मार्क्सवादी विचार के साथ मिलाकर ऐसी विचारधारा बनाने की कोशिश की जिसके भीतर इस भूमि की महक हो।[40]

जेपी ख़ुद को यह भी विश्वास दिला रहे थे कि चुनावी पराजय पार्टी की मिड-लाइफ़ क्राइसिस का परिणाम नहीं थी। आख़िरकार पार्टी केवल चार साल पुरानी थी। इसे ख़ुद को फिर से जीवन्त करने की ज़रूरत थी, और मार्क्स और गांधी के सहज संगम से ऐसा हो सकता था। लेकिन लगातार हो रहे व्यक्तिगत हमलों और समाजवादियों के 'नेहरू के प्रति नरम रुख़' जैसी अपमानजनक टिप्पणियों से वह हताश हो गये थे। समाजवादियों पर गहरा भावनात्मक आघात करते हुए प्रेस और कांग्रेसियों के एक वर्ग ने उन्हें 'नेहरू की बी टीम' और 'नेहरू की सेकिंड एलेवन' तक कह दिया था।

इस दौरान जेपी द्वारा नेहरू को लिखे पत्रों के लहजे में गहरी चोट और निराशा का भाव झलकता था। उन्होंने नेहरू पर सोशलिस्ट पार्टी को कमज़ोर करने का आरोप लगाया। "आपने समाजवाद के साथ जो किया, उससे मुझे दुख पहुँचा है। क्या आपने इस पर विचार करने के लिए कुछ समय निकाला है कि आपने उस उद्देश्य को कितना नुक़सान पहुँचाया है, जिसमें आप इतना विश्वास करते हैं। एक तरफ़ आप ख़ुद को समाजवादी घोषित करते रहे और दूसरी तरफ़ समाजवाद का विरोध करते और उपहास उड़ाते रहे। आपने कई मौक़ों पर समाजवादी विचार और व्यवहार के सभी मौजूदा स्वरूपों की आलोचना की है, लेकिन मैं भरसक प्रयासों के बावजूद आपके हाल के लेखों और भाषणों में समाजवाद का आपका अपना स्वप्न नहीं तलाश पाया हूँ।"[41]

नेहरू का जवाब अत्यन्त संक्षिप्त था। "आप कहते हैं कि मैंने समाजवाद को नुक़सान पहुँचाया है। मैं इस पर तो कुछ नहीं कह सकता, लेकिन मुझे लगता है कि मैंने समाजवाद के ख़िलाफ़ कभी भी एक शब्द नहीं कहा है। चुनावी भाषणों में मैंने शायद ही कभी सोशलिस्ट पार्टी का ज़िक्र किया हो। यह भी मुख्य रूप से उनकी विदेश नीति और भारत में उनके गठबन्धनों के सम्बन्ध में था। मैं औपचारिक रूप से समाजवादी होने का दावा नहीं करता, लेकिन निश्चित रूप से समाजवाद पर किसी विशेष समूह का एकाधिकार नहीं है।"[42]

जेपी ने यह घोषणा कर सभी को चौंका दिया कि वे 23 जून 1952 से तीन सप्ताह तक पुणे में आत्म-परिष्कार के लिए उपवास करेंगे।[43] यह एक गांधीवादी क्षण था, लेकिन इसके बाद क्या होगा इसका कोई संकेत नहीं था। डॉ. दिनशॉ मेहता[44] की देखरेख में उनके प्राकृतिक चिकित्सालय में हुआ उपवास तो ठीक से बीत गया, लेकिन अत्यधिक लम्बे उपवास ने जेपी के असंख्य मित्रों और अनुयायियों को गहरी फ़िक्र से भर दिया। नेहरू भी बहुत चिन्तित लग रहे थे। इस दौरान जेपी को लिखे उनके पत्रों में ऊष्मा थी, और क्षमाभाव भी। 8 जुलाई को लिखे पहले पत्र में उन्होंने लिखा, "आपने जो कठिन परीक्षा ख़ुद पर थोपी है, उस दौरान मैं आपको लिखने से झिझक रहा हूँ। आपने हमें बहुत चिन्तित कर दिया है और मेरी संवेदनाएँ आपके साथ हैं। मुझे पूरी उम्मीद है कि आप इस कठिन परीक्षा से सफलतापूर्वक गुज़रेंगे

और इसके कारण आपका स्वास्थ्य ख़राब नहीं होगा। यह थोड़ी राहत की बात है कि आपके पास बेहतरीन चिकित्सक हैं और परिस्थितियाँ इतनी कड़ी परीक्षा के लिए अनुकूल हैं। आपका जीवन हम सभी और भारत के लिए बहुत क़ीमती है।"[45]

नेहरू का पत्र पाकर जेपी ख़ुशी से भर उठे। उन्होंने गहरे प्रेम और कृतज्ञता के साथ जवाब दिया, "प्रिय भाई, आपका पत्र पाकर मुझे बहुत ख़ुशी हुई। इतने दिनों से मैं आपके प्यार और प्रोत्साहन भरे शब्दों को खोज रहा था। आपने शर्मिन्दगी का उल्लेख किया है। आपको बिल्कुल भी शर्मिन्दा होने की ज़रूरत नहीं है क्योंकि मैं आपके, आपकी सरकार या आपके किसी सहयोगी के ख़िलाफ़ उपवास नहीं कर रहा हूँ।"[46]

नेहरू ने दो दिन बाद जवाब दिया और उन्हें किसी संक्षिप्त बातचीत के लिए नहीं बल्कि 'किसी और चीज़' के लिए आमन्त्रित किया।[47] कुछ दिनों बाद नेहरू ने फिर ख़त लिखा और जेपी को मशोबरा या कश्मीर जाने का निमन्त्रण दिया ताकि वह कुछ दिन शान्ति से बिता सकें।[48] उन्होंने जेपी को जन्मदिन की शुभकामनाएँ भी बड़े उत्साह से भेजी थीं : "मैं आपके जन्मदिन पर आपको प्यार काफ़ी पहले ही भेज रहा हूँ। आप आधी सदी पूरी कर लेंगे। मेरे भीतर उम्र के इस पड़ाव के लिए काफ़ी सम्मान हुआ करता था, लेकिन अब जब मैं 62 वर्ष का हो गया हूँ, तो यह मुझे बड़ी यौवन भरी उम्र लगती है।"[49]

उपवास के दौरान जेपी गीता, उपनिषद और हक्सले की द *पेरेनियल फ़िलॉसफ़ी* आदि पुस्तकें पढ़ते रहे। उनसे मिलने लुई फिशर और कोलंबिया विश्वविद्यालय के प्रोफ़ेसर रिचर्ड पार्क जैसी हस्तियाँ आयीं। इस बीच जेपी ने क़रीब आठ किलो वज़न कम कर लिया था, और उनका आन्तरिक मन्थन निर्बाध चलता रहा। उपवास ने जिस आत्मचिन्तन और आत्मावलोकन को प्रेरित किया था, उसने मानव समाज को आकार देने में नैतिकता के महत्त्व पर उनके विश्वास को मज़बूत कर दिया। 'कामोद्दीपक बनाम वास्तविक जीवन शक्ति' शीर्षक वाले एक लेख में, उन्होंने अपने समाजवादी साथियों से ग्राम-आधारित रचनात्मक कार्य के लिए 'गाँव की ओर वापसी' का आह्वान किया। "आइए हम नये और लुभावने की तलाश को छोड़ दें। आइए हम कुछ

समय के लिए साधारण मनुष्य बन जायें। 'गाँव की ओर वापसी' एक पुराना नारा हो सकता है, लेकिन मुझे विश्वास है कि अगर हम इसे गम्भीरता से व्यवहार में लायें, तो पार्टी में ऐसी ऊर्जा और जीवन शक्ति प्रवाहित हो जायेगी कि समाजवाद का कोई प्रतिरोध नहीं बचेगा।"[50]

उन्होंने गाँव के साथ शहरी क्षेत्रों के लिए भी रचनात्मक कार्य के महत्त्व और आवश्यकता पर ज़ोर दिया। उन्होंने पार्टी नेताओं से अपील की कि इसे पार्टी के एजेंडा का पहला बिन्दु बना लें। सबसे महत्त्वपूर्ण यह कि वे अपने भीतर उस आवेग को महसूस कर रहे थे जो उन्हें रूढ़िवादी मार्क्सवाद से दूर ले जा रहा था। इसके कारणों को खोजना मुश्किल नहीं था। स्टालिनवादी दमन की ख़बरें विश्वसनीय कम्युनिस्ट स्रोतों से जेपी तक पहले ही पहुँच चुकी थीं। उनकी इस गांधीवादी विचार पर आस्था हो चुकी थी कि साधन और साध्य को समान धरातल पर होना चाहिए। ज़ाहिर है, इसके निहितार्थ बड़े क्रान्तिकारी थे। उन्हें लगने लगा कि भौतिकवादी दर्शन अच्छा मनुष्य बनने की आदर्शवादी कामना को समाहित करने में सक्षम नहीं था, जो मानव प्रगति की नींव थी। "बहुत वर्षों तक मैंने द्वन्द्वात्मक भौतिकता की देवी की आराधना की है। यह मुझे किसी भी अन्य दर्शन की तुलना में बौद्धिक रूप से अधिक सन्तोषकारक लगी थी। लेकिन भले ही मेरी दार्शनिक तलाश पूरी नहीं हुई है, मेरे लिए आज यह स्पष्ट हो गया है कि किसी भी तरह का भौतिकवाद इन्सान को सच्चा मनुष्य बनने के साधनों से बिल्कुल वंचित कर देता है। किसी भौतिक सभ्यता में मनुष्य के पास अच्छा बनने के लिए कोई तार्किक प्रेरणा नहीं होती। हो सकता है कि द्वन्द्वात्मक भौतिकवाद की अवस्था में भय मनुष्य को नियम का पालन करना सिखा दे, और पार्टी ईश्वर की जगह ले ले। लेकिन ऐसी स्थिति में ईश्वर दुष्ट बन जाता है और दुष्टता सार्वभौमिक नियम बन जाती है।"[51]

जेपी ने यह भी कहा, "उपवास के दिनों में अन्दर से यह सवाल उठता रहा कि मनुष्य को भलाई की प्रेरणा कहाँ से मिलती है? भौतिकवाद से ऐसी प्रेरणा कभी नहीं मिल सकती। इस बात का चिन्तन करते-करते मैंने मार्क्स का भौतिकवाद छोड़ा, और मुझमें अध्यात्म के प्रति रुझान पैदा हुआ।"[52]

मीनू मसानी ने इसे जेपी का मार्क्सवाद से सम्बन्ध-विच्छेद कहा। द्वन्द्वात्मक भौतिकवाद से जेपी के मोहभंग ने उनके कई समाजवादी अनुयायियों को भले ही हैरान कर दिया हो, लेकिन इसने उनके भीतर चल रहे समाजवाद और गांधीवाद के संश्लेषण को सशक्त बना दिया। यह 7 जनवरी 1953 को रंगून में हुए प्रथम एशियाई समाजवादी सम्मेलन के दौरान उनके भाषण 'समाजवाद की वैचारिक समस्याएँ' में सबसे बेहतर ढंग से चित्रित हुआ था, जहाँ उन्होंने मानवीय मूल्यों के महत्त्व के बारे में बात की और समाजवादी आन्दोलन में तात्कालिकता की कसौटी से सम्बन्धित लोहिया के सिद्धान्त का भी दृढ़ता से समर्थन किया।[53]

उन्होंने कई ऐसे मुद्दे उठाये जो मार्क्स के विचारों की विकृत व्याख्या का संकेत देते थे। सबसे पहले उन्होंने मावनीय मूल्यों को अपनाने में आयी विफलता और उसका राजनीतिक और क्रान्तिकारी गतिविधियों पर पड़ते प्रभाव का उल्लेख किया। दूसरे, उन्होंने यूगोस्लाविया के उन प्रयासों का हवाला दिया जहाँ लोकतन्त्र की बहुदलीय प्रणाली के गुणों पर विचार किये बिना कम्युनिस्ट पार्टी के शासन को विखण्डित कर लीग ऑफ़ कम्युनिस्ट्स में परिवर्तित करने का प्रयास हुआ था। तीसरे, उन्होंने सोवियत संघ में नौकरशाही द्वारा मज़दूर वर्ग के शोषण पर ज़ोर दिया। चौथे, उन्होंने रेखांकित किया कि मार्क्सवाद नये सामाजिक और लोकतान्त्रिक आन्दोलनों की वैकल्पिक ऐतिहासिक सम्भावनाओं को समझना नहीं चाहता है। उन्होंने भूदान, ग्रामदान जैसे भारतीय भूमि सुधार आन्दोलनों का उदाहरण देकर बताया कि सामाजिक क्रान्तियाँ शान्तिपूर्ण और स्वैच्छिक रूप से भी सम्भव हो सकती हैं और ज़रूरी नहीं कि पूँजीवादी उत्कर्ष के बाद ही समाजवाद का आगमन होगा।[54]

यह प्रस्तावना स्टालिनवाद की आलोचना से कहीं अधिक गहरी थी। यह जेपी की परिवर्तित होती आस्था का उद्घोष था जो तात्कालिक घटनाओं और समाजवाद को गांधीवाद के अनुरूप ढालने की प्रतिबद्धता से निर्धारित होता था। जेपी के दृष्टिकोण में आये इस परिवर्तन ने सोशलिस्ट पार्टी के कृषक मज़दूर प्रजा पार्टी (केएमपीपी) के साथ विलय को आसान बना दिया, जिसका नेतृत्व जेबी कृपलानी कर रहे थे, जिन्हें राजनीतिक दृष्टिकोण से समाजवादियों की तुलना में कांग्रेस के अधिक क़रीब माना जाता था।

चुनावी पराजय के बाद से ही जेपी, लोहिया और अशोक मेहता देश में बेहतर राजनीतिक सन्तुलन और समीकरण बनाने के लिए एक बड़े राजनीतिक एकीकरण के बारे में सोच रहे थे। लेकिन यह वैचारिक एकता का कतई सूचक नहीं था। सितम्बर 1952 में जब इन दोनों पार्टियों के विलय के बाद प्रजा सोशलिस्ट पार्टी (पीएसपी) का गठन हुआ, नरेन्द्र देव जैसे कट्टरपन्थी समाजवादियों के भीतर चिन्ता की लहर दौड़ गयी। हालाँकि जयप्रकाश ने पार्टी कार्यकर्ताओं को आश्वासन दिया कि पीएसपी सामाजिक, राजनीतिक और आर्थिक शोषण से मुक्त एक लोकतान्त्रिक समाजवादी समाज के निर्माण के लिए प्रतिबद्ध है। कृपलानी को पार्टी का अध्यक्ष और अशोक मेहता को महासचिव नियुक्त किया गया। इसके बाद फॉरवर्ड ब्लॉक का एक हिस्सा भी नवगठित पार्टी में विलय हो गया। पार्टी ने आर्थिक संकट और हाशियाग्रस्त समूहों के उत्पीड़न पर ध्यान केन्द्रित किया। इसने किसान आन्दोलनों के लिए एक राजनीतिक माध्यम के रूप में भी काम किया। कुछ समय के लिए यह विलय बेहतर काम करता दिखाई दे रहा था। जेपी को सिर्फ़ यह अफ़सोस था कि यह फ़ैसला वरिष्ठ नेता नरेन्द्र देव से सलाह किये बग़ैर लिया गया था, जो उस वक़्त पहले भारतीय सद्भावना मिशन के सदस्य के रूप में चीन का दौरा कर रहे थे।

चूँकि नरेन्द्र देव को चल रही चर्चाओं की जानकारी थी, इसलिए मान लिया गया था कि वे विलय का समर्थन करेंगे। लेकिन उन्होंने समर्थन नहीं किया, और जेपी व्यथित हो गये। इस बीच कुछ पुराने मुद्दे फिर से उभरने लगे थे, जो समाजवादियों के पुराने गुट को विभाजित कर रहे थे। इसकी वजह से जेपी पर नये हमले भी हुए। पीएसपी के गठन के तुरन्त बाद नेहरू और जेपी, कृपलानी और नरेन्द्र देव के बीच एक साथ काम करने की सम्भावनाओं को तलाशने के लिए कई बैठकें हुईं। उन सबकी ओर से जेपी ने नेहरू को आश्वस्त किया था कि समाजवाद के प्रति उनका दृष्टिकोण रूढ़िवादी नहीं है। जब नेहरू ने उनका सहयोग माँगा, तो जेपी ने कहा, "अगर इसका मतलब केवल इतना है कि हममें से कुछ लोगों को आपकी कैबिनेट या राज्यों की कैबिनेट में शामिल होना है ताकि सरकार को मज़बूत किया जा सके और

आपकी वर्तमान नीतियों को लागू करने में आपका हाथ बँटाया जा सके, तो यह प्रयास निरर्थक है। लेकिन अगर इसका अर्थ राष्ट्रीय पुनर्निर्माण के लिए एक साहसी और संयुक्त उद्यम की शुरुआत है, तो यह निश्चित ही एक ऐतिहासिक क़दम होगा।"[55]

ग़ौरतलब है कि नेहरू के कटु आलोचक लोहिया इस चर्चा का हिस्सा नहीं थे।

इस बीच नेहरू सरकारी योजनाओं के आमूलचूल पुनर्गठन का सपना देख रहे थे। जिसके परिणामस्वरूप 2 अक्टूबर 1952 को सामुदायिक विकास परियोजनाओं और 1953 में राष्ट्रीय विस्तार सेवा की शुरुआत हुई। अपने तमाम भाषणों में वह कह रहे थे, "मैं तब तक सन्तुष्ट नहीं होऊँगा जब तक इस देश के हर पुरुष, महिला और बच्चे को उचित सुविधाएँ न मिलें और उन्हें न्यूनतम जीवन स्तर न हासिल हो जाये...किसी देश का मूल्यांकन करने के लिए पाँच या छह साल बहुत कम समय है। दस साल और इन्तज़ार करें और आप देखेंगे कि हमारी योजनाएँ देश की तस्वीर इस तरह बदल देंगी कि दुनिया हैरान रह जायेगी।"[56]

नेहरू एक समतामूलक व्यवस्था की तलाश में थे। वह वादा कर रहे थे कि आय और सम्पत्ति की असमानता को कम करने, निजी कम्पनियों के एकाधिकार को कमज़ोर करने और चन्द इन्सानों के हाथ में जमा हो रही आर्थिक शक्ति को ख़त्म करने के लिए क़दम उठाये जायेंगे। जेपी को यह एक आदर्श समाजवादी घोषणापत्र लगा और इसलिए जब नेहरू ने उन्हें राष्ट्रीय पुनर्निर्माण प्रक्रिया में सहयोग के लिए आमन्त्रित किया, वे बहुत ख़ुश हुए थे। नेहरू और जेपी ने राष्ट्रीय पुनर्निर्माण के उद्देश्यों और सिद्धान्तों पर चर्चा करने के लिए 1953 फ़रवरी के पहले सप्ताह में मुलाक़ात की। वे ज़्यादातर मुद्दों पर सहमत दिखे लेकिन जेपी को लगा कि किसी भी साझा कार्यक्रम पर प्रभावी सहयोग के लिए एक स्पष्ट और लिखित समझौता आवश्यक है। उन्होंने सहयोग के बिन्दुओं को निर्धारित करने में कुछ समय लिया, और फिर एक चौदह-सूत्रीय नीति का मसौदा तैयार कर 4 मार्च 1953 को नेहरू को भेज दिया।

इसके साथ भेजे पत्र में जेपी ने स्वीकार किया कि नेहरू द्वारा सहयोग का प्रस्ताव एक साहसिक और असामान्य क़दम था क्योंकि कांग्रेस को "केन्द्र या अधिकांश राज्यों में गठबन्धन की कोई आवश्यकता नहीं थी। लेकिन आपने पूर्वाग्रही विचारों से ऊपर उठकर एक सच्चे राजनेता जैसा क़दम उठाया। मेरे विचार से आपका प्रस्ताव सरलीकृत अर्थों में संसदीय गठबन्धन नहीं था, बल्कि एक नये भारत के निर्माण के लिए संयुक्त प्रयास था। इसलिए बहुत कुछ इस पर निर्भर करेगा कि आप अपने इस क़दम तक कैसे पहुँचें कि हमसे सहयोग माँगा जाये।"[57]

उन्होंने नेहरू के सामने एक 'वैचारिक प्रस्तावना' को रखते हुए कहा, "चीन और भारत एशिया के दो ऐसे देश हैं, जिनकी ओर पूरा एशिया और अफ्रीका देख रहा है। अगर भारत कल्याणकारी राज्य का सिर्फ़ एक धुँधला चेहरा प्रस्तुत कर पाता है, तो मुझे डर है कि चीन का सम्मोहन हावी हो जायेगा, जिससे लाखों लोगों के जीवन पर असर पड़ेगा और इतिहास की दिशा विनाशकारी रूप से बदल जायेगी।"[58]

यह ड्राफ्ट नीति संवैधानिक सुधारों के बाद राजनीतिक प्रशासनिक सुधारों पर ज़ोर देती थी जिसके भीतर सत्ता का विकेन्द्रीकरण, राज्यों का पुनर्गठन, भ्रष्टाचार के ख़िलाफ़ प्रभावी कार्रवाई, क़ानूनी और अदालतों की कार्यप्रणाली में सुधार, आर्थिक विषमता और शोषण को दूर करने के लिए भूमि का पुनर्वितरण, भूमिहीन मज़दूरों और ग़रीब किसानों को वरीयता, भूमि के एकत्रीकरण के लिए उपयुक्त क़ानून, ज़मींदारी प्रथा की समाप्ति, पड़ती ज़मीन पर भूमिहीन मज़दूर का अधिकार, बैंकों और बीमा कम्पनियों का राष्ट्रीयकरण, राज्य की व्यापार जगत में उपस्थिति, लघु उद्योग को बढ़ावा, कोयला और अन्य खदानों का राष्ट्रीयकरण, सरकारी उद्यमों के प्रबन्धन में श्रमिक संघों की उपस्थिति, संगठित और एकीकृत ट्रेड यूनियन आन्दोलन, आर्थिक समानता के लिए सरकारी सेवाओं में वेतन की कटौती और स्वदेशी की भावना को प्रोत्साहन जैसे क़दम शामिल थे।

नेहरू ने 17 मार्च 1953 को जेपी को उत्तर दिया, "आपका पत्र पढ़कर मुझे हमारे बुनियादी दृष्टिकोण की तमाम समानताओं के साथ कुछ फ़र्क़ का

भी एहसास हुआ।"[59] यह स्पष्ट था कि नेहरू के भीतर कोई क्रान्तिकारी भाव नहीं उमड़ रहा था, ख़ासकर वह किसी आश्वासन से बँधना नहीं चाहते थे। "आपका पत्र पढ़ने और आपसे बातचीत के बाद मुझे लगता है कि शायद इस समय कोई भी औपचारिक क़दम मदद नहीं करेगा। हमें अपने कार्यक्रम की दिशा में सहज रूप से आगे बढ़ना है, उसे कृत्रिम रूप से सम्भव नहीं करना है। आपने मुझे एक मसौदा कार्यक्रम भेजा है जिसमें अन्य बातों के अलावा बुनियादी संवैधानिक परिवर्तन भी शामिल हैं। ज़ाहिर है, मेरे लिए इन परिवर्तनों को अंजाम देना सम्भव नहीं है, भले ही मैं उनका विरोधी न हूँ। लेकिन मैं बतौर प्रधानमन्त्री और कांग्रेस अध्यक्ष ऐसे महत्त्वपूर्ण मामलों पर आश्वासन नहीं दे सकता। इनमें से कई विषय तार्किक और न्यायसंगत हो सकते हैं, लेकिन कई अन्य बाधा भी बन सकते हैं। लेकिन फिर भी कोई इन सभी चीज़ों को एक साथ नहीं समेट सकता।"[60]

जब वे मिले, तो नेहरू ने एक बार फिर आपसी सहयोग की सम्भावना को लेकर संवाद शुरू करने का प्रयास किया। यहाँ ग़ौरतलब यह है कि नेहरू के भीतर क्या चल रहा था? 1950 में सरदार पटेल की मृत्यु के बाद क्या वह जेपी के साथ घनिष्ठ सम्बन्ध चाहते थे? या यह संवाद अपनी पार्टी के रूढ़िवादियों को साधने के लिए समाजवादियों के साथ तात्कालिक दोस्ती का प्रस्ताव था? जो भी वजह रही हो, नेहरू के रवैये ने उन समाजवादी नेताओं को उचित ही नाराज कर दिया था, जिन्होंने कुछ क्रमिक बदलावों के लिए समझौता करने से इनकार कर दिया। जेपी की प्रतिक्रिया सन्तुलित थी। वे नेहरू से मिलते रहे, साझा उद्देश्यों पर सहयोग करने के लिए सहमत भी हुए, लेकिन उफनते विचारों में डूबी इन बैठकों ने बहुत जल्द एक राजनीतिक तूफ़ान को जन्म दे दिया था।

इस मसले पर अपना रुख़ स्पष्ट करते हुए जेपी ने पत्रकारों से कहा : "आज कोई भी एक पार्टी इस देश का निर्माण नहीं कर सकती। देश में सभी लोकतान्त्रिक और प्रगतिशील ताक़तों के बीच घनिष्ठ सहयोग होना चाहिए।"[61] बैतूल में 14-18 जून 1953 को हुए पीएसपी सम्मेलन के दौरान जेपी के सहयोगियों ने उनकी नेहरूवादी विचारों से सहमति की तीखी आलोचना की।

उनके ऊपर कई व्यक्तिगत आरोप भी लगाये गये। लेकिन जेपी अपने पक्ष पर अड़े रहे : "यदि कोई मेरा सहयोग चाहता है तो मैं कभी इनकार नहीं करूँगा, बशर्ते उद्‌देश्यों पर सहमति हो। कुछ लोग ऐसा संकेत दे रहे हैं मानो कांग्रेस हमारे सहयोग के लिए बेताब हो रही है। इस बारे में कोई ग़लती न करें। कांग्रेस को भी अपनी विशिष्टता के फीके पड़ जाने का उतना ही डर है जितना आप में से कुछ साथियों को है।"[62] इस बीच जेपी के सबसे मुखर आलोचक लोहिया तमाम भड़काऊ ख़बरों के साथ समाचार-पत्रों का एजेंडा तय कर रहे थे।

कांग्रेस और कम्युनिस्टों से समान दूरी बनाने पर लोहिया का सैद्धान्तिक आग्रह कई युवा समाजवादियों की प्रेरणा बन गया था। निरन्तर हो रहे हमलों के बीच जिस बात ने जेपी को सबसे ज़्यादा परेशान किया था, वह यह अफ़वाह थी कि वे नेहरू के उत्तराधिकारी के रूप में उभरने के लिए कैबिनेट में पद हासिल करने की कोशिश कर रहे थे। पार्टी की बैठकों में चल रहे आरोप-प्रत्यारोपों ने जेपी को झुलसा दिया था। उन्हें लग रहा था कि उनके सहकर्मी ही उनकी पीठ में छुरा घोंप रहे हैं। आख़िरकार उन्होंने 15 जून को पीएसपी की राष्ट्रीय कार्यकारिणी से इस्तीफ़ा दे दिया, यह प्रस्ताव देते हुए कि सरकार के साथ सहयोग का विरोध करने वाले लोग आगे आकर संगठनात्मक ज़िम्मेदारियाँ सँभाल सकते हैं। अशोक मेहता और पार्टी के तीन संयुक्त सचिव उनके साथ शामिल हो गये। पार्टी के भीतर कड़वे विभाजन को रोकने की ज़िम्मेदारी अब लोहिया पर थी। उन्होंने इस अवसर पर सदाशयता का परिचय देते हुए जेपी से अपने पद पर बने रहने के लिए कहा। "मैं जयप्रकाश और अपने रिश्ते के बारे में इससे अधिक क्या कह सकता हूँ कि अतीत में हम दोनों ने एक साथ गोलियों का सामना किया है। इसके सिवाय कुछ और कहना अनावश्यक है कि मेरा कोई (अन्य) भाई नहीं है।"[63] अरसे बाद डॉक्टर हरिदेव शर्मा के साथ हुए साक्षात्कार में जेपी ने स्वीकार किया, "चौदह पॉइंट्स यानी मुद्‌दों के कार्यक्रम का ड्राफ्ट (मसविदा) मैंने लोहिया को नहीं दिखाया। यह मेरी ग़लती हुई। उसमें मैंने उनसे 'कंसल्ट' नहीं किया, उसका लोहिया ने बहुत बुरा माना। और वाकई हमारा वह 'पेटीनेस' यानी छोटापन था। नाराज़ था मैं उनसे, क्योंकि कैसे-कैसे 'रिमार्क्स' (आक्षेप) किये थे उन्होंने!"[64]

पीएसपी के लोहिया गुट ने दिसम्बर 1953 में कांग्रेस के प्रति अपना विरोध स्पष्ट कर दिया। जेपी को भले ही इस्तीफ़ा वापस लेने के लिए राज़ी कर लिया गया था, लेकिन उनका पार्टी से अलगाव दिखाई देने लगा था। यह जेपी के जीवन का एक महत्त्वपूर्ण मोड़ था। सत्ता की राजनीति के प्रति उनका गहराता तिरस्कार जनवरी 1954 में इलाहाबाद में आयोजित पीएसपी के पहले अखिल भारतीय सम्मेलन में उभर कर आया था, जब वे अपने स्वाभाव के विपरीत एकदम चुप रहे। पीएसपी भी अब पहले जैसी नहीं रहने वाली थी। कांग्रेस-समर्थक और कांग्रेस-विरोधी सदस्यों के बीच मतभेद उभर रहे थे। छोटी-छोटी बातों पर तलवारें निकल आती थीं। पार्टी सदस्य समाजवाद को ढाल बनाकर बयानबाज़ी करते रहे, और पतन के नये गर्त में गिरते गये। त्रावणकोर-कोचीन की घटना इसका अच्छा उदाहरण है। जब वहाँ चुनाव की घोषणा हुई, पीएसपी ने नैतिकता को ताक पर रखकर कांग्रेस को सत्ता से बाहर रखने के लिए कम्युनिस्टों के साथ चुनावी गठबन्धन कर लिया। लेकिन कांग्रेस ने पैंतरा चलते हुए कम्युनिस्टों को बाहर रखने के लिए पीएसपी को समर्थन देने की पेशकश की। पीएसपी ने यह पेशकश स्वीकार कर ली। 117 सदस्यों वाले सदन में भले ही पीएसपी की सीटों की संख्या केवल उन्नीस थी, लेकिन स्थानीय पीएसपी प्रमुख पत्तम थानु पिल्लई ने अप्रैल 1954 में देश की पहली समाजवादी और ग़ैर-कांग्रेसी सरकार बनायी। यह मामला सरकार के गठन तक ही सीमित नहीं था। गुटबाज़ी से ग्रसित राजनीतिक माहौल में पार्टी त्रावणकोर-कोचीन के तमिल-भाषी इलाक़ों के मद्रास में विलय को लेकर चले आन्दोलन को ठीक से नहीं सँभाल पायी। इसकी वजह से पुलिस की गोलियों से कई आन्दोलनकारियों की मौत हुई। उस वक़्त लोहिया उत्तर प्रदेश में भूमिहीन मज़दूरों के संघर्ष का नेतृत्व करने के आरोप में इलाहाबाद जेल में बन्द थे।

उन्होंने जेल से ही मुख्यमन्त्री पिल्लई को इस्तीफ़ा देने के लिए एक तार भेजा, जिससे लोहिया के समर्थकों और विरोधियों के बीच की खाई और गहरी हो गयी। जब पिल्लई ने इस्तीफ़ा देने से इनकार कर दिया, यह संकट गहरा गया। पीएसपी की राष्ट्रीय कार्यकारिणी को यह भी लगा कि लोहिया को इस आँच को बढ़ावा नहीं देना चाहिए था। लोहिया ने पार्टी के महामन्त्री पद तथा राष्ट्रीय समिति से इस्तीफ़ा दे दिया।

जब समझौते के लिए गुपचुप प्रयास चल रहे थे, एक नया संकट उमड़ आया। अशोक मेहता ने 1955 में मद्रास के अवाडी में हुए कांग्रेस अधिवेशन के प्रस्ताव का सार्वजनिक स्वागत किया। कांग्रेस द्वारा पारित यह प्रस्ताव समाजवादी समाज की स्थापना पर ज़ोर देता था। लोहिया और उनके गुट ने इस प्रस्ताव को विराट धोखा करार दिया। स्थिति तेज़ी से बेक़ाबू हो रही थी। मधु लिमये ने अशोक मेहता पर तीखा व्यक्तिगत प्रहार किया, जिसके बाद लिमये को पार्टी ने निलम्बित कर दिया गया। इसके विपरीत उत्तर प्रदेश की पीएसपी कार्यकारिणी ने लिमये का समर्थन किया और उन्हें ग़ाज़ीपुर में अपने सम्मेलन को सम्बोधित करने के लिए भी आमन्त्रित किया। इस घोर अनुशासनहीनता के लिए पार्टी ने पूरी राज्य कार्यकारिणी को निलम्बित कर दिया।

स्थिति इतनी बिगड़ गयी कि लोहिया और मधु लिमये ने दिसम्बर 1955 में एक नयी सोशलिस्ट पार्टी बना ली। पार्टी को एकजुट करने के जेपी के प्रयास विफल हो रहे थे। अन्ततः 1957 में उन्होंने पार्टी से त्यागपत्र दे दिया और दलगत राजनीति को छोड़ दिया। अपनी राजनीतिक ग़लतियों के भँवर में फँसी पीएसपी बुरी तरह विभाजित हो चुकी थी और अन्दरूनी कलह से जूझ रही थी। नतीजतन 1962 में हुए तीसरे आम चुनाव में इसे बुरी तरह हार का सामना करना पड़ा। 1965 तक सुचेता कृपलानी, डीपी मिश्रा और चन्द्रशेखर जैसे प्रमुख नेता कांग्रेस में शामिल होने के लिए पार्टी छोड़ चुके थे। अशोक मेहता भी पार्टी छोड़कर योजना आयोग के उपाध्यक्ष बन गये थे। जून 1964 में लोहिया की सोशलिस्ट पार्टी का प्रजा सोशलिस्ट पार्टी में विलय हुआ, जिसके बाद इसका नाम संयुक्त सोशलिस्ट पार्टी हो गया। समाजवादी आन्दोलन बुरी तरह लड़खड़ा रहा था। इसे फिर से खड़ा होने में काफ़ी समय लगना था।

# अहिंसक क्रान्ति के लिए जीवनदान

इतिहास की इस सन्धि पर समाजवादी विचार बिखरे दिखाई दे रहे थे। राजनीतिक सत्ता के संघर्ष से परे जेपी का ध्यान विनोबा भावे के नेतृत्व में सामाजिक पुनर्निर्माण के आन्दोलन पर था, जिसके भीतर किसान राजनीति को क्रान्तिकारी और ज़मीनी आन्दोलनों को ऊर्जावान बनाकर परिवर्तन को अंजाम देने की सम्भावना थी। वे तीस मई 1952 को उत्तर प्रदेश के बाँदा ज़िले में चल रही विनोबा की पदयात्रा में शामिल हुए–अहिंसक जन-क्रान्ति के इस आन्दोलन ने जेपी को वशीभूत कर लिया। यह गांधी विचार और गांधी-मार्ग का पुनराविष्कार ही तो था। गांधी के रचनात्मक कार्य का क्रान्तिकारी स्वरूप।

वे विनोबा के प्रशंसक बन गये और सर्वोदय-भूदान आन्दोलन के भीतर एक ऐसे दलविहीन लोकतन्त्र के क्रान्तिकारी बीज देखने लगे जहाँ 'लोकनीति' के तहत सर्वसम्मति से निर्णय लिया जा सकता था, और जिसमें सामाजिक-राजनीतिक और आर्थिक ढाँचे को सम्पूर्ण रूप से बदलने की क्षमता थी। इस आन्दोलन की शुरुआत 18 अप्रैल 1951 को हुई थी, जब तेलंगाना के पोचमपल्ली गाँव के बुजुर्ग मुखिया रामचन्द्र रेड्डी ने भूमिहीनों को अपनी 100 एकड़ ज़मीन स्वेच्छा से दान कर दी थी। यह वह समय था जब साम्यवादी गुरिल्ला हिंसा के ज़रिये समृद्ध ज़मींदारों के भूमि पर एकाधिकार को मिटाने की कोशिश कर रहे थे।

जेपी अपने भाषणों में भूदान का उल्लेख करने लगे। "भूदान में ऐसा क्या है कि हम इससे इतने प्रभावित होते हैं? सतह से देखने वालों के लिए भूदान सिर्फ़ एक कृषि सुधार आन्दोलन है, जो आगामी क़ानूनों के लिए ज़मीन तैयार कर रहा है। लेकिन गहराई से देखने वालों के लिए यह कहीं महत्त्वपूर्ण

आन्दोलन है। यह एक सर्वांगीण सामाजिक और मानवीय क्रान्ति की शुरुआत है–मानवीय, क्योंकि इसका उद्देश्य समाज के साथ-साथ मनुष्य को बदलना है।"[1] जेपी ने निश्चय किया कि वे इसके लिए अपना जीवन समर्पित करेंगे। उन्होंने नेहरू को पत्र लिखा कि इस आन्दोलन के ज़रिये उनके लिए गांधी का नया आविष्कार हो रहा है और वे उन्हें नये सिरे से समझ रहे हैं। गांधी-मार्ग को समझने की आकुलता उन्हें अगस्त 1950 में वर्धा भी ले गयी थी। वे मगनवाड़ी, सेवाग्राम, गोपुरी आदि स्थानों पर चल रहे रचनात्मक कार्यों को बारीकी से समझने गये। विनोबा के साथ बिताये समय के दौरान वे चरखा और ग्रामोद्योगों का महत्त्व भी समझ पाये। "विनोबा के साथ जुड़ने से पूर्व उनके साथ की चर्चाओं में मैं आश्वस्त हो गया था कि उनका मक़सद मात्र भू-वितरण नहीं, बल्कि मनुष्य और समाज का समग्र परिवर्तन है, जिसे मैंने दोहरी क्रान्ति, मानवीय क्रान्ति द्वारा सामाजिक क्रान्ति कहा," उन्होंने लिखा।[2] उन्होंने यह भी कहा, "सर्वोदय की भी एक राजनीति है, किन्तु यह राजनीति भिन्न प्रकार की है। मैं इसको जनता की राजनीति कहता हूँ, जो सत्ता और दल की राजनीति से सर्वथा पृथक है। विनोबा ने इसे 'लोकनीति' जैसा उपयुक्त और यथार्थ नाम दिया है।"[3] अगर जेपी के मन में कोई दुविधा अभी भी थी, वह अप्रैल 1953 में चांडिल में हुए सर्वोदय सम्मेलन के दौरान विनोबा के प्रवचन सुनकर मिट गयी। उन्होंने कहा, "आज मेरे सन्देह समाप्त हो चुके हैं। मैं अपने आप को विनोबा का शिष्य कहने और कहलाने को तैयार हूँ।"[4]

भूदान ने समाजवाद के ऐसे ग़ैर-सत्ताधारी स्वरूप को प्रमाणित कर दिया जो जनता के सशक्तीकरण, उसकी सम्प्रभुता और स्वायत्तता पर आधारित था। जेपी महसूस कर रहे थे कि यह लोकतन्त्र में एक महान प्रयोग था, शायद इतिहास का महानतम प्रयोग। यह सम्पूर्ण क्रान्ति की ओर पहला क़दम था–सामाजिक, राजनीतिक, आर्थिक, नैतिक और बौद्धिक क्रान्ति। भूदान मार्क्सवादी आदर्श को भी प्रतिध्वनित करता था–सबसे उसकी क्षमतानुसार, सबको उसकी आवश्यकतानुसार। अगस्त 1953 तक भूदान आन्दोलन ने भूमिहीनों को तमाम भूमि सुधार क़ानूनों द्वारा मिली भूमि से कहीं अधिक भूमि वितरित कर दी थी। जेपी को विश्वास था कि इस आन्दोलन के ज़रिये भूमिहीन

और बेदख़ल लोगों में एक नयी चेतना जन्म ले लेगी। ये लोग पहचान रहे थे कि उनका ज़मीन पर उतना ही अधिकार है जितना कि ज़मींदारों का। ज़मीन समुदाय की है, और उस पर काम करने वाले हर व्यक्ति को इसकी उपज में हिस्सा लेने का अधिकार है। जब भूमिहीन किसानों ने ज़मीन जोतने से इनकार किया, जेपी को उसमें आर्थिक क्रान्ति के बीज दिखाई दिये, यहाँ तक गांधी के नमक सत्याग्रह की प्रतिध्वनि भी सुनाई देने लगी।[5]

इस आन्दोलन के ज़रिये सर्व सेवा संघ नामक अहिंसक क्रान्तिकारियों के समूहों का गठन हो गया। भूदान ने एक अन्य विचार को भी जन्म दिया जब उड़ीसा के एक ज़िले ने अपने लगभग सभी गाँवों को दान कर दिया। इन सभी गाँवों की सारी ज़मीन का समानता के आधार पर बँटवारा हुआ। उत्तर प्रदेश के हमीरपुर ज़िले के मंगरौठ गाँव का भी दान हुआ। इस तरह भूमि के स्वैच्छिक साम्यीकरण के लिए 'ग्रामदान' आन्दोलन का जन्म हुआ जो भूस्वामियों को स्वामित्व के अधिकार छोड़ने और ज़मीन का एक हिस्सा भूमिहीनों को और अपनी उपज का एक हिस्सा गाँव के लिए दान करने के लिए राज़ी कर रहा था। जेपी इसे एक ठोस क़दम मानते थे जिसके भीतर गांधी के रामराज्य और ट्रस्टीशिप की भावना समाहित थी।

इसके अलावा वेतन-भोगियों को गाँव के कोष में एक दिन का वेतन और गाँव की विभिन्न परियोजनाओं के लिए एक दिन का श्रम दान करने का आह्वान किया गया। भूदान की एक अन्य दिलचस्प शाखा थी, 'सम्पत्तिदान' या व्यक्तिगत सम्पत्ति के एक हिस्से (अपनी आय का कम से कम छठा हिस्सा) का दान, जो गांधी के ट्रस्टीशिप के विचार का विस्तार था। जेपी बम्बई के उद्योगपतियों से मिले और उन्हें समझाया कि चूँकि उनकी सम्पत्ति समाज से उपजी थी और सामाजिक सहयोग का उत्पाद थी, इसलिए उन्हें अपनी सम्पत्ति के एक हिस्से को अन्य कार्यों के लिए समर्पित करना चाहिए।

इस तरह 'परोपकारी पूँजीवाद' का जन्म हुआ, जिसके लिए जेआरडी टाटा और अरविन्द मफतलाल जैसे उद्योगपतियों ने सहयोग किया। टिस्को के श्रमिक संघ भी एक दिन का वेतन देने पर सहमत हो गये। बिहार के चीनी मिल मालिकों ने प्रति मिल पाँच हज़ार रुपये दिये जिसका इस्तेमाल भूदान

द्वारा मिली ज़मीन पर रह रहे भूमिहीन परिवारों के पुनर्वास के लिए किया गया। बिहार के कोयला खदान मालिकों ने पन्द्रह हज़ार टन कोयला दान किया। कुछ ही वर्षों में ग्रामदान को ग्राम-स्वराज्य का स्वरूप देने की भी कोशिश हुई। इसके साथ ही गांधी की शान्ति सेना की अवधारणा को भी एक ठोस स्वरूप दिया गया। जेपी स्वयं कई वर्षों तक अखिल शान्ति सेना के अध्यक्ष रहे।

जेपी ने 19 अप्रैल 1954 को बोधगया में एक सर्वोदय सम्मेलन में दलीय राजनीति को त्याग कर 'जीवनदान' को अपनाया, एक ऐसा जीवन जो अपने आप को किसी वृहद उद्देश्य के लिए समर्पित कर देता है। उन्हीं के शब्दों में "मेरे लिए जीवनदान का अर्थ दल और सत्ता की राजनीति छोड़कर अपना शेष जीवन इस सर्वोदय आन्दोलन में लगाना है। अभी भी मेरा ध्येय वही समानता, बन्धुत्व, स्वतन्त्रता और शान्ति स्थापित करने का है। मेरा यह अटल विश्वास है कि इस ध्येय की पूर्णता के लिए समाजवाद को आख़िरकार सर्वोदय में विलीन होना ही होगा।"[6] इस अवसर पर मौजूद प्रभावती के लिए ख़ुद को सँभालना मुश्किल था। उन्होंने अपनी पूरी ज़िन्दगी इस दिन के इन्तज़ार में बिता दी थी। अपने आँसू पोंछते हुए उन्होंने फुसफुसाते हुए कहा, "अगर बापू जीवित होते, कितने ख़ुश होते।"[7]

जेपी के समाजवादी सहयोगियों ने ख़ुद को इस आन्दोलन से दूर रखा—वे इसे अपरिपक्व विचार मानते थे जिसके ज़रिये आर्थिक चुनौतियाँ हल नहीं हो सकती थीं। प्रेस के एक वर्ग ने यह भी लिखा कि राजनीति से दूर जाने का जेपी का निर्णय लोहिया द्वारा उनके विरोध का परिणाम था। इन ख़बरों को निराधार बताते हुए जेपी ने कहा, "यह सच है कि मेरे और डॉ. लोहिया सहित कुछ अन्य लोगों के बीच कुछ मतभेद हैं। लेकिन यह कहना कि राजनीति से हटने का मेरा निर्णय डॉ. लोहिया द्वारा मेरे दृष्टिकोण के विरोध का परिणाम था, लोहिया, मेरे और पार्टी के प्रति अनुचित होगा।"[8] सच यह था कि बोधगया सम्मेलन से थोड़ा पहले वे और लोहिया पटना में पुराने दोस्तों की तरह मिले थे।

30 मार्च को लोहिया ने एक पत्र में जेपी को लिखा, "अब मेरी समझ में फिर से देश और पार्टी को हिलाने का समय आ रहा है। जैसा तुम यह कर सकते हो, वैसा और कोई नहीं कर सकता।" इस पत्र के उत्तर में जेपी

ने लिखा, "इस समय मेरे जो विचार हैं, उनको जानते हुए यह प्रस्ताव तुम्हें करना ही नहीं चाहिए।" बोधगया सम्मेलन के तीन दिन बाद लोहिया ने फिर लिखा, "साधारण राजनीति से हटने के तुम्हारे संकल्प के बारे में पत्र में कुछ लिखना तो धृष्टता ही होगी। मुझे पता नहीं कि इस सम्बन्ध में तुमसे बात करने की भी हिम्मत और धीरज मुझमें हो सकेगा।"[9]

जब जेपी से पूछा गया कि क्या उन्होंने हमेशा के लिए राजनीति छोड़ दी है, उन्होंने कहा, "मैं न तो इस समय राजनीति से जुड़ा हूँ और न ही भविष्य में दलीय राजनीति में शामिल होने वाला हूँ। मैं कभी-कभार पार्टी की बैठकों में शामिल हो सकता हूँ और अगर सलाह माँगी जाती है तो दे सकता हूँ।"[10] जेपी ने ऐसी स्थितियाँ निर्मित करने के बारे में भी बात की जहाँ दलगत पार्टियाँ मिटने लगती हैं, लेकिन उन्होंने जोड़ा कि जब तक ऐसा नहीं होता, वे पीएसपी के सदस्य बने रहेंगे।

इस बीच जीवनदान एक आन्दोलन का रूप ले रहा था। कुछ ही दिनों में भूदान के लिए अपना जीवन समर्पित करने वाले स्वयंसेवकों का एक समुदाय सर्व सेवा संघ के सर्वोदय स्वयंसेवकों से जुड़ गया। जेपी ने छात्रों से भी अपील की कि वे ख़र्च किये गये हर रुपये में से एक पैसा दान करें और हर साल कम से कम एक महीना भूदान से सम्बन्धित परियोजनाओं में लगाने का संकल्प लें। उन्होंने छात्रों से केवल खादी पहनने और इसे सादगी, आत्मनिर्भरता, अहिंसा और संयम के प्रतीक के रूप में प्रचारित करने का आग्रह किया।[11] आन्दोलन के आधार को व्यापक बनाते हुए जेपी एक महत्त्वाकांक्षी दिशा में आगे बढ़ रहे थे। उन्होंने राष्ट्रपति राजेन्द्र प्रसाद को 28 जून 1955 को पत्र लिखकर उकसाया कि वे "देश की ख़ातिर, ख़ासतौर पर अहिंसा, धर्म और सामाजिक पुनर्निर्माण के लिए आपका अपने पद से हट जाना वांछनीय है।"[12] उन्होंने राजेन्द्र प्रसाद से यह भी कहा कि उन्हें गांधी का ऋण चुकाना चाहिए।

हालाँकि, सम्पत्तिदान को लेकर छिड़े एक दुर्भाग्यपूर्ण विवाद ने इस आन्दोलन की आभा को मद्धिम कर दिया। इसकी शुरुआत हुई जब जेपी ने बम्बई में प्रेस को सम्बोधित करते हुए घोषणा की कि जेआरडी टाटा, धर्मसे

खटाऊ, मदन मोहन रुइया और केएस कंबटा जैसे शीर्ष उद्योगपति भूदान आन्दोलन में शामिल हो गये हैं और सर्वोदय अर्थव्यवस्था की स्थापना के लिए सम्पत्तिदान में भाग लेने के लिए तैयार हैं। जेआरडी ने इसका त्वरित प्रतिवाद जारी किया, "पश्चिमी देशों में उद्योगपतियों द्वारा धर्मार्थ उद्देश्यों के लिए बड़े अनुदान देना कोई असामान्य बात नहीं है, लेकिन यह निस्सन्देह अजीब है कि कोई इन्सान सार्वजनिक रूप से उस पूँजीवादी व्यवस्था को समाप्त करने के लिए प्रतिबद्ध हो जाये, जिसका वह प्रतिनिधित्व करता है।"[13]

ज़ाहिर है, जब उन्होंने सम्पत्तिदान के लिए हस्ताक्षर किये थे, उनका उद्देश्य परोपकार तक सीमित था। जेपी का उत्तर विनम्र लेकिन उपदेशात्मक था : "मैंने कभी नहीं सोचा था कि आप इस व्यवस्था को बनाये रखने के लिए इतने उत्सुक होंगे। पूँजीवादी व्यवस्था में निस्सन्देह कई गुण हैं और इसने कुछ ऐतिहासिक कार्य किये हैं। लेकिन कोई भी संवेदनशील व्यक्ति इसके द्वारा जनित अन्याय, इसकी विनाशकारी ख़ामियों के प्रति अन्धा नहीं हो सकता। वर्तमान युग में किसी को भी इसका प्रतिनिधि होने पर गर्व नहीं होना चाहिए।"[14] टाटा अकेले नहीं थे। धर्मसे खटाऊ ने भी यही प्रतिक्रिया व्यक्त की थी।[15] लेकिन इसके बावजूद ये दोनों आन्दोलन के लिए उदारतापूर्वक अनुदान देते रहे, ठीक जिस तरह सर पुरुषोत्तमदास ठाकुरदास जैसे अन्य सर्वोदय समर्थक कर रहे थे।

मई 1954 में जेपी ने 'ग्राम निर्माण मण्डल' नामक संस्था बनायी। जिसके तहत एक आश्रम गया ज़िले के सोखोदेवरा गाँव में बनाया गया, जहाँ सर्वोदय कार्यकर्ता रहकर गाँव का पुनर्निर्माण कर सकते थे। गया से उनका सम्बन्ध पुराना था। वे गया ज़िला कांग्रेस समिति के अध्यक्ष रह चुके थे। गया में उन्होंने किसान आन्दोलन भी चलाया था। यह विनोबा द्वारा बोधगया में स्थापित समन्वय आश्रम के भी क़रीब था। सौ से ज़्यादा स्थानीय परिवारों ने भूदान और 'सर्वस्वदान' के अन्तर्गत लगभग 300 एकड़ ज़मीन दान की थी। इसमें से जिस 60 एकड़ ज़मीन पर खेती नहीं होती थी, उसे आश्रम के लिए निर्धारित कर बाक़ी ज़मीन को गाँव के भूमिहीनों में वितरित कर दिया गया था। यह इलाक़ा पथरीला और पहाड़ों की तलहटी पर बसा था, जिसके चारों ओर

घने जंगल थे। थोड़ी दूर पर फल्गू नदी बहती थी। अधिकतर आबादी शोषित आदिवासियों और दलितों की थी। सबसे नज़दीकी रेलवे स्टेशन 30 मील दूर था, जहाँ पहुँचने के लिए धूल और कीचड़ भरी पगडंडी से होकर गुज़रना पड़ता था, जिस पर सिर्फ़ बैलगाड़ी चल सकती थी। पक्की सड़क दस मील दूर थी। बरसात के दिनों में यह इलाक़ा कटकर टापू बन जाता था।

लेकिन जेपी, प्रभावती, ब्रह्मानन्द, एमपी कुरियन और गीता सिंह के नेतृत्व वाली टीम ने तेज़ी से काम शुरू कर दिया। गुलमोहर और महुआ की छाया में ताड़ के पत्तों से बनी झोपड़ियाँ जल्द तैयार हो गयीं। थोड़े समय बाद कुछ मिट्टी की दीवारों वाले घर बने। फलों का बाग़ लगाया गया और सौ से ज़्यादा गायों के लिए गौशाला भी निर्मित हो गयी। समय के साथ ग्रामीण उद्योगों के लिए मॉडल केन्द्र बनाये गये और ग्राम-निर्माण, खादी, कृषि आदि विद्यालय शुरू किये गये। आश्रम ने गाँव की सहकारी समितियों के विकास पर केन्द्रित कार्यक्रम के साथ एक कृषि परियोजना भी शुरू की जो नवाचारों को प्रोत्साहित करती थी। इस इलाक़े में फैले कुष्ठ रोग के निवारण के लिए एक केन्द्र, एक आयुर्वेदिक औषधालय और एक छोटा प्रसूति क्लीनिक भी स्थापित कर दिया गया। जेपी ने उस क्षेत्र के सौ गाँव पर ध्यान केन्द्रित करते हुए शुरुआत में सौ स्वयंसेवकों को चुना। आश्रम के पास कौआकोल क्षेत्र को कृषि-उद्योगों के विकास के लिए चुना गया, जहाँ आदिवासी और पिछड़े समुदाय बड़ी संख्या में रहते थे। आश्रम ने अपना बायोगैस प्लांट भी शुरू कर दिया। जेपी और प्रभावती का अपना घर मिट्टी से बना हुआ और बाँस से घिरा हुआ था। इसके भीतर चम्पा का एक सुन्दर पेड़ था, जिसके सफ़ेद और पीले सुगन्धित फूलों के गुच्छे बाँस की मुँडेर पर लटकते रहते थे। इस घर में दो कमरे थे : एक में सफ़ेद और हाथ से बुने हुए खादी की चादर से ढकी लकड़ी की खाट थी, और दूसरे में एक छोटी-सी डेस्क, चार-धुरी वाला अम्बर चरखा, नदी के मुहाने पर उगती घास की चटाई और किताबों की शेल्फ थी।

इस रमणीय आश्रय ने कई देशों के सामाजिक वैज्ञानिकों, छात्र स्वयंसेवकों और कार्यकर्ताओं को आकर्षित किया। पच्चीस-छब्बीस वर्ष के

एक ऑस्ट्रेलियाई दम्पति, वेंडी और एलन स्कार्फ, 1957 में आश्रम आये थे। जेपी से प्रेरणा पाकर वे यहाँ छह महीने रहे और शिक्षण के नवीन तरीक़े सिखाये। दो साल बाद वे वापस लौट आये और आश्रम के प्रयोगधर्मी ग्रामीण विद्यालय में ढाई साल तक अध्यापन किया। उनकी संस्मरणात्मक किताब, *ए माउथफुल ऑफ़ पेटल्स : द स्टोरी ऑफ़ एन इंडियन विलेज,* सोखोदेवरा के दिनों का बेहतरीन वर्णन करती है–महान चित्रकार उपेन्द्र महारथी के काम से प्रेरित गेरू रंग के बौद्ध भित्तिचित्रों वाली सामुदायिक लाइब्रेरी, शाखों पर उमड़ते सुन्दर पक्षी, जंगले से रिसकर आती लालटेन की रोशनी, मानसून के दौरान कक्षाओं में रेंगती आती ततैया, बिच्छू और साँप, रात में गीदड़ों की चीख़ें, और भीषण ग़रीबी और दुख की स्याह कथाएँ।[16] इस विद्यालय की नियमित कक्षाओं के अलावा वे आस-पास के गाँवों के छात्रों और भूमिहीन मज़दूरों को रात को पढ़ाते थे।

इस भूमि पर जेपी की सतत क्रान्ति की परिकल्पना आकार ले रही थी, जो मनुष्य के हृदय से शुरू होती थी। यह स्थल एक सादगीपूर्ण स्वप्नलोक था, जहाँ कोई विलासिता, यहाँ तक कि बिजली भी नहीं थी, और जहाँ प्रत्येक मनुष्य से दैनिक श्रमदान अपेक्षित था। ज़मीन समतल करने से लेकर कम्पोस्ट खाद बनाने तक सभी कार्यों को जेपी समूची निष्ठा से करते थे। यह आन्तरिक पुनर्निर्माण के लिए, पढ़ने और लिखने के लिए आदर्श स्थल बन गया था। इस आश्रम में जेपी की दिनचर्या की एक अनोखी और शरारती झलक प्रभावती की दस अगस्त 1959 की डायरी में परिलक्षित होती है : "जेपी को पेड़-पौधों से बहुत प्रेम है। दोपहर को जब माली पेड़ लगाते थे, तब लिखना छोड़कर देखने चले गये। कहने लगे, 'मुझे यह काम बहुत अच्छा लगता है। शायद पिछले जन्म में मैं पेड़ रहा होऊँगा।'"

इस बीच भूदान-ग्रामदान आन्दोलन ने अन्तरराष्ट्रीय पर्यवेक्षकों का भी ध्यान आकृष्ट किया। अप्रैल 1954 तक 25 लाख एकड़ भूमि के स्वैच्छिक दान का महत्त्वाकांक्षी लक्ष्य हासिल करना आम बात नहीं थी। लुई फिशर ने भूदान को पूरब से जन्म लेने वाला सर्वाधिक सृजनात्मक विचार घोषित किया। 1959 में *ऑब्ज़र्वर* के लिए आर्थर केस्लर ने लिखा कि यह आन्दोलन

खण्डित नेहरूवादी मॉडल के स्थान पर एक भारतीय विकल्प प्रस्तुत कर रहा था।

1969 के गांधी शताब्दी वर्ष तक बिहार के कई गाँवों ने ग्रामदान की शपथ ले ली और ग्राम स्वशासन की 'ग़ैर-पिरामिडीय संरचना' की ऐसी नींव रख दी जो गांधी के 'महासागरीय वृत्त' से मेल खाती थी। लेकिन समय के साथ इस आन्दोलन की गति धीमी हो रही थी। दान की गयी अधिकांश भूमि बंजर, पथरीली और खेती के लिए एकदम अनुपयुक्त थी। अधिकांश मामलों में सम्पत्ति हस्तान्तरित करने में क़ानूनी बाधाएँ सामने आयीं। इसलिए कई दानदाताओं के भीतर संशय उमड़ने लगे। 1957 तक 5 करोड़ एकड़ ज़मीन वितरित करने की समय सीमा पूरी नहीं हो पायी थी। परिस्थितियाँ ऐसी बन रही थीं कि विनोबा ने पहले भूस्वामियों से उनकी भूमि का छठा हिस्सा दान करने के लिए कहा था, लेकिन धीरे-धीरे विनोबा बीसवें हिस्से तक आ गये थे। उन्होंने जेपी के इस सुझाव को ख़ारिज कर दिया था कि भूस्वामियों पर दबाव बनाने के लिए असहयोग आन्दोलन की रणनीति अपनानी चाहिए। विनोबा चाहते थे कि भूदान आम सहमति से सामाजिक क्रान्ति लाने का वाहक बने–चाहे इस प्रक्रिया में कितना भी समय लगे। उन्होंने भूमि माँगने के लिए कई वर्षों तक संघर्ष किया था, वे कई और वर्षों तक संघर्ष कर सकते थे। लेकिन इसके बावजूद धीरे-धीरे भूदान ने अपनी ताक़त खो दी थी। छात्रों और शिक्षकों से एक साल के लिए आन्दोलन में शामिल होने की विनोबा की अपील को अमूमन नज़रअन्दाज़ कर दिया गया था। 1970 में जब जेपी नक्सल आन्दोलन से जुड़े मुद्दों का अध्ययन करने बिहार के मुसहरी गये, उन्होंने पाया कि अधिकांश गाँवों को 'फ़र्ज़ी ग्रामदान' के तहत दान कर दिया गया था। इसके अलावा आन्दोलन की सबसे बड़ी कमी जेपी के शब्दों में यह थी कि "इसमें शामिल गाँवों को ग्रामदान, ग्राम-स्वराज्य के आदर्शों के अनुसार गाँव इकाइयों के रूप में विकसित नहीं किया जा सका। इन गाँवों को स्वशासित और स्वचालित समाज की दिशा में आगे बढ़ाने में हम असमर्थ रहे। परिणामस्वरूप, इस आन्दोलन के गर्भ में छिपी क्रान्तिकारी सम्भावनाओं का साक्षात्कार नहीं हो सका।"[17]

भले ही जेपी ने सक्रिय राजनीति से कुछ समय के लिए अवकाश ले लिया था, देश के ज्वलन्त मुद्दे उन्हें विचलित करते रहे। इन्हीं दिनों पटना विश्वविद्यालय के छात्र बस किराये में वृद्धि के ख़िलाफ़ आवाज़ उठा रहे थे। 12 और 13 अगस्त 1955 को विश्वविद्यालय में पुलिस ने गोलीबारी की। पटना का बीएन कॉलेज गोलियों से छलनी हो गया और दो विद्यार्थी मारे गये। जब कुलपति ने छात्रों को सम्बोधित करने की कोशिश की, आँसू गैस के गोले दागे गये। जेपी छात्रों के साथ उठ खड़े हुए, उनके ख़िलाफ़ दुष्प्रचार का विरोध किया और पुलिस कार्रवाई की माँग की। इस मुद्दे पर जेपी नेहरू के साथ द्वन्द्व में उलझ गये। नेहरू पुलिस कार्रवाई का समर्थन कर रहे थे। जब प्रहार व्यक्तिगत हुए, नेहरू भावुक हो गये, "आपने कई ऐसे बयान दिये हैं, जिन्होंने मुझे हैरान कर दिया है और जिन्हें मैं पूरी तरह से ग़लत और दुर्भाग्यपूर्ण मानता हूँ। मेरे बारे में आपकी राय जानकर मैं केवल अपना दुख व्यक्त कर सकता हूँ।"[18]

जेपी की निगाह एक अन्य मुद्दे पर गहराई से ठहरी हुई थी–राज्यों का पुनर्गठन, ख़ासतौर पर संयुक्त महाराष्ट्र आन्दोलन। यह सभी विचारधाराओं का प्रतिनिधित्व करता था। इसका नेतृत्व एसएम जोशी जैसे समाजवादी नेता कर रहे थे और इसका समर्थन सीडी देशमुख जैसे दिग्गज कांग्रेसी, श्रीपाद डांगे जैसे ट्रेड यूनियन के कॉमरेड, समाज सुधारक प्रबोधंकर ठाकरे और रिपब्लिकन पार्टी के सदस्य कर रहे थे। नरेन्द्र देव भी इस आन्दोलन से भावनात्मक रूप से जुड़े हुए थे। दुर्भाग्यवश 19 फ़रवरी 1956 को उनकी मृत्यु हो गयी, जिसने जेपी के जीवन में एक बहुत बड़ा शून्य पैदा कर दिया। एक दिन बाद जेपी ने महाराष्ट्र के नागरिकों के साथ अन्यायपूर्ण व्यवहार को रेखांकित करते हुए नेहरू को एक व्यथित पत्र भेजा : "मुझे लगता है कि बम्बई के मुद्दे पर आपके सलाहकारों ने आपको सही सलाह नहीं दी है। मोरारजी भाई और गुजरात के अन्य नेताओं को कहीं अधिक उदारता और आदर्शवादिता दिखानी चाहिए थी।"[19]

उन्होंने मोरारजी देसाई को भी एक पत्र लिखा जिसमें उन्होंने स्थिति से निपटने के उनके तरीक़े पर विरोध जताया।[20] भले ही उनकी अनचाही

सलाह को स्वीकार नहीं किया गया, जेपी बंगाल-बिहार विलय और कश्मीर के मुद्दे पर नेहरू के सामने अपने विचार रखते रहे, जो अक्सर दोनों के सम्बन्धों को झुलसा देते थे। "कश्मीर के 95 प्रतिशत मुसलमान भारतीय नागरिक नहीं बनना चाहते या बने रहना नहीं चाहते। मुझे सन्देह है कि लोगों को ज़बरन वहाँ रखने की कोशिश बुद्धिमानी है, जहाँ वे रहना नहीं चाहते। यह (तात्कालिक) नीति और जनमत के अनुकूल हो सकता है, लेकिन इसके दीर्घकालिक राजनीतिक परिणाम गम्भीर हो सकते हैं। शान्तिपूर्ण सामाजिक व्यवस्था स्थापित करने के मद्देनज़र यह विनाशकारी साबित हो सकता है। मैं ईमानदारी से चाहता हूँ कि इस प्रश्न पर राष्ट्रवादी के बजाय मानवीय दृष्टिकोण से अधिक विचार किया जाये।"[21]

जेपी के कड़े शब्दों से बुरी तरह से विचलित हुए नेहरू ने तुरन्त जवाब दिया। "मुझे पूरा यक़ीन है कि 95 प्रतिशत कश्मीरी मुसलमानों के बारे में आपकी जानकारी पूरी तरह से ग़लत है। अगर पाकिस्तान द्वारा क़ब्ज़ा किये गये हिस्से को छोड़कर बाक़ी राज्य की आबादी को लें, तो मुझे लगता है कि यह सन्दिग्ध है कि बहुमत किस तरफ़ होगा। मुझे लगता है कि बहुमत के भारत के पक्ष में होने की काफ़ी सम्भावना है...मुझे यक़ीन है कि कश्मीर की मौजूदा स्थिति में कोई भी परिवर्तन ख़तरनाक परिणामों को जन्म देगा, बड़े पैमाने पर पलायन, भारत और पाकिस्तान के बीच गहरी कड़वाहट और शायद युद्ध की ओर ले जायेगा।"[22] उन्होंने जेपी को यह कहकर चुप करा दिया कि "मैंने आपको इस विषय पर संक्षिप्त में लिखा है। यह कहानी लम्बी और बहुत जटिल है। लेकिन मैं स्पष्ट हूँ कि आपकी जानकारी के स्रोत ठीक नहीं हैं।"[23]

इस बीच, हमेशा की तरह जेपी की वैश्विक मुद्दों में गहरी दिलचस्पी बनी रही थी। फ़रवरी 1956 में निकिता ख्रुश्चेव ने बीसवीं सोवियत कम्युनिस्ट पार्टी कांग्रेस में स्टालिन के अपराधों को उजागर करते हुए अपना चर्चित भाषण दिया, जिससे तमाम ख़ुफ़िया राज़ बाहर आ गये। रजनी पाल्मे दत्त जैसे पार्टी विचारकों ने स्टालिन की 'ग़लतियों' को 'सूरज पर धब्बा' करार दिया और सोवियत संघ द्वारा ज़बरदस्त लौह उत्पादन के आँकड़े देकर आलोचकों को चुप कराने की कोशिश की। जेपी का मानना था कि स्टालिन

युग की भयानक ज़्यादतियाँ मार्क्सवाद के नाम पर निर्मित सामाजिक-आर्थिक-राजनीतिक व्यवस्थाओं के कारण सम्भव हुई थीं। उन्होंने 5 नवम्बर 1956 को अपने 'कम्युनिस्ट मित्रों' को एक पत्र लिखा। "पहला सवाल जिसका जवाब साम्यवादियों को देना चाहिए वह यह है कि यह कैसे सम्भव हो सकता है कि ख्रुश्चेव द्वारा बताये गये तथ्यों के बारे में उन्हें इतने लम्बे समय तक अँधेरे में रखा गया? क्या समूची ग़ैर-कम्युनिस्ट दुनिया लगभग तीन दशकों से इन तथ्यों के बारे में बात नहीं कर रही थी? ख्रुश्चेव का खुलासा वास्तव में कोई खुलासा नहीं था। यह असम्भव है कि कम्युनिस्टों–कम से कम उनके नेतृत्व-को इन तथ्यों की जानकारी न हो। वे इतने लम्बे समय तक चुप क्यों रहे?"[24]

जेपी के मन में रूस के लिए जो थोड़ा-बहुत आकर्षण था, वह अक्टूबर 1956 में हंगरी की घटनाओं के दौरान ख़त्म हो गया, जिसकी शुरुआत बुडापेस्ट की सड़कों पर छात्रों के बड़े विरोध प्रदर्शन से हुई थी। कुछ ही दिनों में सोवियत सेनाएँ शहर में घुस आयीं और टी-54 टैंकों का इस्तेमाल कर विद्रोहियों के गढ़ों को नष्ट कर दिया। जेपी हैरान थे कि नेहरू इस मसले पर चुप थे और विदेश नीति पर उनके मुख्य सलाहकार कृष्ण मेनन ने बयान दिया था कि यह हंगरी का घरेलू मामला है।[25] नेहरू की चुप्पी पर जेपी ने कहा, "अगर आप नहीं बोलेंगे तो आपको उस नव-साम्राज्यवाद द्वारा जनता को ग़ुलाम बनाने के लिए दोषी ठहराया जायेगा, जो पुराने साम्राज्यवाद से भी ज़्यादा ख़तरनाक है क्योंकि यह क्रान्तिकारी होने का दिखावा करता है।"[26]

नेहरू ने उसी दिन (5 नवम्बर) दिल्ली में यूनेस्को सम्मेलन के दौरान सोवियत संघ के क़दम की निन्दा करके अपनी चुप्पी तोड़ी। इस बीच कृष्ण मेनन ने सोवियत संघ द्वारा बल प्रयोग की निन्दा करने वाले संयुक्त राष्ट्र के प्रस्ताव पर मतदान से परहेज किया। लेकिन इसके तुरन्त बाद 19 नवम्बर को लोकसभा में नेहरू ने अपने भाषण में एक बार फिर रूस की निन्दा की। बीबीसी के एक संवाददाता ने कहा, "मिस्टर नेहरू ने रूसी साम्राज्यवाद के ख़िलाफ़ और आयरन कर्टेन के पीछे उत्पीड़ित लोगों के लिए पहले कभी इतने सकारात्मक शब्द प्रयोग नहीं किये।"[27] लेकिन इस मसले पर नेहरू की बुनियादी दुविधा बनी रही, जिसका एक बड़ा कारण ख्रुश्चेव की टिप्पणी में

छिपी धमकी थी कि हंगरी सोवियत संघ के उतना ही क़रीब है जितना कश्मीर भारत के।

जेपी व्यावहारिकता से प्रेरित राजनीतिक समझौतों से एकदम अछूते थे। वे हंगरी पर भारत के रुख़ की आलोचना करते रहे। इसी तरह सोवियत सरकार द्वारा 1958 में बोरिस पास्तरनाक को नोबेल सम्मान प्राप्त करने की अनुमति देने से इनकार करने पर जेपी नाराज़ हो गये। जब नेहरू ने साहित्य अकादमी के अध्यक्ष के रूप में इस क़दम का विरोध किया, जेपी ने उनका समर्थन किया। 1960 में पास्तरनाक की प्रेमिका ओल्गा इविन्स्काया (जिन्हें पास्तरनाक ने *डॉ. ज़िवागो* की लारा के रूप में अमर कर दिया था) और उनकी बेटी इरीना की गिरफ़्तारी की ख़बर ने जेपी का रूस से मोहभंग और गहरा कर दिया। ओल्गा को पास्तरनाक की मृत्यु के तुरन्त बाद गिरफ़्तार कर लिया गया था। जेपी ने गिरफ़्तारी की निन्दा करते हुए एक बयान भी जारी किया।[28]

एक अन्य मुद्दा जहाँ जेपी नेहरू के निर्णय को ग़लत मानते थे, वह था तिब्बत पर चीनी क़ब्ज़ा। जेपी को लगता था कि यह क़ब्ज़ा तिब्बतियों के आत्मनिर्णय के अधिकार और अभिव्यक्ति की स्वतन्त्रता का उल्लंघन करता है। चीन द्वारा तिब्बती विद्रोह को कुचले जाने के तुरन्त बाद 9 मार्च 1959 को बिहार राज्य तिब्बत सम्मेलन को सम्बोधित करते हुए उन्होंने कहा : "तिब्बत मज़बूत और आक्रामक शक्तियों द्वारा कमज़ोर और निहत्थे राष्ट्रों की स्वतन्त्रता के निर्मम दमन का एक बड़ा उदाहरण है। अपने लम्बे इतिहास में तिब्बत हमेशा एक पृथक देश रहा है। यह 'चीन का क्षेत्र' नहीं है, जैसाकि (चीनी) साम्राज्यवादी एजेंडा प्रस्तावित करता है। किसी अन्य देश और राष्ट्र की तरह तिब्बती समुदाय स्वतन्त्रता और सम्प्रभुता का हक़दार है। साम्राज्यवादी इतिहास का दीमक-युक्त कोई भी पन्ना इस सत्य का खण्डन नहीं कर सकता या सम्प्रभुता के सिद्धान्त को कमज़ोर नहीं कर सकता।"[29]

9 अप्रैल 1960 को उन्होंने दिल्ली के विज्ञान भवन में तिब्बत पर एक शानदार अफ़्रीकी-एशियाई सम्मेलन आयोजित किया था। लगभग सत्तर विदेशी और पच्चीस भारतीय प्रतिनिधि इस सम्मेलन में उपस्थित हुए थे। यह

सम्मेलन न केवल तिब्बतियों के अधिकारों बल्कि औपनिवेशिक शासन तले पिस रहे सभी लोगों के लिए संघर्ष की आम सहमति बनाने में कामयाब रहा। इस बीच जेपी पूर्वी अफ़्रीका के एक महीने के दौरे पर गये और एक बड़ा हिस्सा नैरोबी में बिताया जहाँ उन्होंने केन्याई नागरिकों द्वारा चल रहे स्वतन्त्रता के संघर्ष का समर्थन किया। यह दूसरे आम चुनावों की पूर्व-संध्या थी। जेपी कमोबेश दलगत राजनीति को त्याग चुके थे, लेकिन नेहरू की सरकार के ख़िलाफ़ लगातार बयान दे रहे थे।

27 जनवरी 1957 को बेगूसराय में प्रभावी विपक्ष की आवश्यकता पर दिये अपने भाषण में उन्होंने नेहरू पर आरोप लगाया कि वे ऐसे मज़बूत विपक्ष की नींव रखने में विफल रहे, जैसा कमाल अतातुर्क ने तुर्की में किया था। बेगूसराय भाषण के तुरन्त बाद जारी प्रेस बयान में उन्होंने कहा, "पिछले दस वर्षों से कांग्रेस पार्टी ने सत्ता पर पूर्ण एकाधिकार और विधानसभाओं में भारी बहुमत का आनन्द लिया है। मैं इस स्थिति का नैरन्तर्य–कांग्रेस के गुण या ख़ामियों से बिल्कुल अलग–भारत के लोकतन्त्र और कल्याण के लिए बेहद ख़तरनाक मानता हूँ।"[30] इस दौरान नेहरू को लिखे उनके पत्र आरोपों से भरे थे।

नेहरू राजनीति और भूदान के बीच लुका-छिपी खेलने के लिए उनका मज़ाक़ उड़ाते थे। उन्होंने शिकायत की कि जेपी के पत्र इतने लम्बे और सघन थे कि कभी-कभी एक सुसंगत उत्तर पर विचार करना भी मुश्किल होता था। "अगर मैंने आपके द्वारा उठाये गये विभिन्न बिन्दुओं को उचित तरीक़े से जवाब देने का प्रयास किया तो तमाम क़िस्म की आन्तरिक और बाहरी समस्याओं पर चर्चा करनी पड़ेगी। दरअसल इसके लिए एक छोटी-सी किताब लिखनी होगी।"[31] 31 जुलाई 1957 को मद्रास में एक सार्वजनिक बैठक को सम्बोधित करते हुए उन्होंने कहा कि यह अजीब है कि उनसे एक मज़बूत और ज़िम्मेदार विपक्ष की नींव रखने में मदद की उम्मीद की जा रही है। उन्होंने जेपी द्वारा तुर्की के उदाहरण का भी मज़ाक़ उड़ाया। "जयप्रकाशजी के प्रति पूरे सम्मान के साथ मैं कह रहा हूँ, यह उदाहरण ठीक नहीं है। तुर्की में कोई लोकतन्त्र नहीं है, वास्तविक या अवास्तविक। क्या वह चाहते हैं कि भारत के

साथ भी ऐसा हो...जयप्रकाशजी जैसे हमारे मित्र कांग्रेस के प्रति अपनी नफ़रत में इतने उलझ गये हैं कि वे भारत के कल्याण को भूल गये हैं..."[32]

जेपी कांग्रेस की निरंकुश सत्ता पर प्रहार करते रहे जिसने विभिन्न संस्थाओं के बीच संवैधानिक नियन्त्रण और सन्तुलन को कमज़ोर कर दिया था। उन्होंने 1957 के आम चुनावों के लिए सक्रिय प्रचार करने से परहेज किया, लेकिन एक मज़बूत विपक्ष के निर्माण के लिए मतदाताओं से वोट देने की अपील करते रहे। यह जानकर कि उनकी नीतियों की अनुचित निन्दा हो रही थी, नेहरू को चोट पहुँची। उन्होंने जेपी पर पलटवार किया : "मुझे कई महीनों से या उससे भी ज़्यादा समय से यह महसूस हो रहा है कि विभिन्न मसलों पर हमारे विचारों का अन्तर गहरा हो रहा है। लगभग हर वह चीज़ जिसे मैंने महत्त्वपूर्ण समझा और जिस पर ज़ोर दिया, उसकी आपने कड़े शब्दों में आलोचना की है। मुझे उस आलोचना पर कोई आपत्ति नहीं है। लेकिन मैं केवल यह बता रहा हूँ कि हमारे दृष्टिकोणों में यह अन्तर इतना बढ़ गया है कि सम्पर्क के बहुत अधिक बिन्दु नहीं बचे हैं। जब भी मैं आपके भाषणों या बयानों को पढ़ता हूँ तो कुछ हद तक आश्चर्यचकित रह जाता हूँ। मुझे लगता है कि आपने भारत और दुनिया पर पूरी तरह से पकड़ खो दी है और आपके शब्द बेबुनियाद हैं... हम अलग-अलग भाषाएँ बोलते रहे...मैं आपकी भाषा को समझ नहीं पा रहा हूँ। मुझे लगता है कि यह वास्तविकता से कटे होने और हवाई सोच (woolly thinking) का परिणाम है।"[33]

नेहरू के शब्दों ने, विशेष रूप से 'हवाई सोच' ने जेपी को अन्दर तक चोटिल कर दिया। वे आहत होकर अपने में सिमट गये, और अन्त में चिरपरिचित "प्रिय भाई" के बजाय उन्होंने नेहरू को "डियर सर" सम्बोधित करते हुए लिखा : "मैं आपका हर तरह का आक्रोश सहने के लिए तैयार था, लेकिन अपशब्द के लिए नहीं। मद्रास में आपने पाया कि मुझमें समझदारी की कमी है और आपने सार्वजनिक रूप से ऐसा कहा। अब आप मुझे 'हवाई सोच वाला' कह रहे हैं।"[34] अपने मतभेदों को छिपाने की आकांक्षा से नेहरू ने लिखा, "मुझे नहीं याद आता, हालाँकि शायद मेरी याददाश्त कमज़ोर है, कि मैंने कभी किसी के साथ अपने व्यक्तिगत सम्बन्धों को मतभेदों के कारण

प्रभावित होने दिया हो, चाहे वे मतभेद कितने भी गहरे क्यों न हों। मुझे नहीं लगता कि मैंने आपको लेकर कभी ऐसा किया है, भले ही आप कुछ भी महसूस करें। इसलिए मैं आपको पहले की तरह सम्बोधित और स्नेह करता रहूँगा...यह सच है कि मैंने अपने विचार मज़बूती से व्यक्त किये और आपके विचारों की भी उतनी ही दृढ़ता से आलोचना की...मैंने आपको 'वूली माइंडेड' कहने का साहस किया। मैं इसे अपशब्द की संज्ञा नहीं दूँगा। हम सभी समय-समय पर इससे (मानसिकता) पीड़ित होते हैं, मैं भी होता हूँ।"[35]

नेहरू के पत्र में ऐसा शान्त करने वाला स्वर था जिसने जेपी पर जादू कर दिया। वे मैसूर में ग्रामदान सम्मेलन में नेहरू को देखकर एकदम भावुक हो गये। उन्होंने लिखा : "काफ़ी समय बाद मैंने आपको ग्रामदान सम्मेलन में देखा। जब मैं वहाँ बैठा आपको देख रहा था, मेरे भीतर पुरानी भावनाएँ उमड़ आयीं और मैं द्रवित हो गया। मैं आपसे कुछ कहना चाहता था, लेकिन आप मेरे प्रति इतने उदासीन थे कि मैं किसी संवाद की हिम्मत न जुटा सका। अभी भी, मेरे लिए यह सम्भव नहीं है कि जो महसूस करता हूँ उसे काग़ज़ पर लिख सकूँ। लेकिन मैं इतना ज़रूर कहना चाहता हूँ कि मैंने आपको जिस तरह का पत्र लिखा है, वह बहुत ग़लत था और मैं आपसे इसके लिए क्षमा माँगता हूँ। मुझे इसमें कोई सन्देह नहीं है कि आप नहीं चाहेंगे कि मैं इसलिए अपने विचार बदलूँ क्योंकि वे आपको पसन्द नहीं हैं, लेकिन मुझे कोई सन्देह नहीं है कि मैंने उन्हें व्यक्त करने के लिए जिस लहजे और भाषा का इस्तेमाल किया था, वह नहीं करना चाहिए था।"[36]

इसके बाद आया नेहरू का जवाब। आप इन दोनों हस्तियों के बीच उमड़े इस अनोखे माधुर्य को अन्तिम वक्तव्य की तरह पढ़ सकते हैं। "किसी भी चीज़ के लिए मुझसे माफ़ी माँगने का कोई सवाल ही नहीं है। मुझे बस आपका स्नेह चाहिए और आप जो भी विचार चाहें रख सकते हैं। मुझे खेद है कि ग्रामदान सम्मेलन में मैं आपके प्रति उदासीन था। वास्तव में हमारे पास अकेले मिलने का कोई अवसर नहीं था। कभी-कभी सार्वजनिक समारोहों में व्यक्ति एक बाह्य आवरण अपना लेता है जो शायद आत्म-सुरक्षा का एक तरीक़ा है, ताकि उसकी भावनाएँ उस पर हावी न हो जायें। आप जानते हैं कि भले ही

हमारे विचार भिन्न हों, मैं आपका हमेशा स्वागत करूँगा।"[37] इन ख़तों में आप दो असाधारण प्रतिभाशाली मनुष्यों के सम्बन्धों को पढ़ सकते हैं, जो तमाम प्रतिवादों के बावजूद एक अनोखी मैत्री और गहरी भावनाओं से बुने गये थे।

जेपी लोहिया के साथ हुए मतभेदों को भी समाप्त करना चाहते थे। 15 जुलाई 1957 को लखनऊ में लोहिया से मुलाक़ात के बाद प्रेस को सम्बोधित करते हुए उन्होंने कहा, "हम पुराने दोस्तों की तरह मिले और एक-दूसरे से बहुत सौहार्दपूर्ण बातचीत की। हमने कई चीज़ों के बारे में बात की, जिसमें भारत में समाजवाद के लिए एक अकेली पार्टी की सम्भावना भी शामिल थी। इसका अर्थ विलय जैसी सामान्य घटनाएँ नहीं हैं।"[38] समाजवादी एकता के अपने प्रयास को लेकर आशान्वित जेपी ने पीएसपी के तत्कालीन अध्यक्ष गंगा शरण सिन्हा को एक पत्र भी लिखा।[39] लोहिया और वे कलकत्ता में फिर मिले। उन्होंने एक-दूसरे को कई पत्र लिखे। एकता की सम्भावना बहुत दूर थी, लेकिन उनके पत्रों और बैठकों ने माहौल हल्का कर दिया। "मेरा काम पूरा हो गया है," जेपी ने अच्युत पटवर्धन को कहा था। "मेरे निष्फल प्रयास का एक अच्छा परिणाम यह हुआ है कि लोहिया के मन में मेरे प्रति जो कटुता पैदा हो गयी थी, वह काफ़ी हद तक कम हो गयी है। यह मेरे लिए बहुत बड़ी उपलब्धि है।"[40]

जेपी क़रीब तीन साल तक पीएसपी की व्यस्तताओं से दूर रहे थे। 25 अक्टूबर 1957 को उन्होंने अपनी निष्क्रिय सदस्यता को भी छोड़ दिया, और अपनी राजनीतिक दिशा बदलने का फ़ैसला किया। पीएसपी के सदस्यों को उनका विदाई-पत्र बारीकी से टाइप किये गये चौवन पन्नों का था, जिसका शीर्षक था, 'समाजवाद से सर्वोदय तक'। यह पत्र असहयोग आन्दोलन से मार्क्सवाद, और मार्क्सवाद से लोकतान्त्रिक समाजवाद तक की उनकी यात्रा के पथ को रेखांकित करता था, जिसका अन्तिम बिन्दु सर्वोदय था। इस अत्यन्त मौलिक और भावनात्मक पत्र को प्रमुख समाचार पत्रों ने धारावाहिक रूप से प्रकाशित किया। "लम्बे विचार-विमर्श के बाद मैंने यह पत्र लिखने का फ़ैसला किया। मेरे लिए यह आसान नहीं था, क्योंकि जीवन भर के रिश्ते से ख़ुद को अलग करना कभी आसान नहीं होता। हमने साथ मिलकर काम किया

है, कारावास भोगा है, भूमिगत जीवन के रोमांच को जिया है और स्वतन्त्रता के अंगारों को चखा है। हमें बहुत लम्बी यात्रा करनी है। लेकिन मैं, कम से कम मैं, ख़ुद को उस बिन्दु पर पाता हूँ जहाँ मुझे अलग होने और अकेले चलने का फ़ैसला करना होगा। अगर मैं आपको अपने साथ आने के लिए राज़ी कर पाता तो बहुत ख़ुश होता, लेकिन मुझे एहसास है कि यह सम्भव नहीं है–कम से कम फ़िलहाल तो नहीं। हालाँकि, मुझे उम्मीद है कि हमारे रास्ते अक्सर मिलेंगे और यात्रा के अन्त में समाहित हो जायेंगे। हम उस सुबह को देखने के लिए शायद जीवित न हों, लेकिन मुझे विश्वास है कि अगर दुनिया को शान्ति, स्वतन्त्रता और भाईचारे तक पहुँचना है, तो समाजवाद को अन्ततः सर्वोदय में विलीन होना होगा।"[41]

इस तरह जेपी ने पुनः स्वीकारा कि किन्हीं अर्थों में सर्वोदय भी राजनीतिक था। लेकिन यह सत्ता में धँसा नहीं था और अन्ततः राज-सत्ता को मिटाने की ओर ले जाता था। जेपी ने आगे कहा कि उनका अब तक का जीवन किसी को टेढ़ा-मेढ़ा और पेचीदा लग सकता है, लेकिन अतीत पर दृष्टि डालने पर उन्हें उसमें विकास की एक अटूट रेखा दिखाई देती है। उन्हीं के शब्दों में, "उसमें राह खोजने का प्रयत्न था, इससे इनकार नहीं किया जा सकता, किन्तु वह अन्धकारमय हरगिज़ नहीं था। उसमें एक ऐसी पूर्ण ज्योति थी, जो शुरू से ही न कभी धुँधली पड़ी, न बदली, और जो बराबर इस पेचीदा दीखने वाले मेरे रास्ते पर मेरा मार्गदर्शन करती रही।"[42] उनका सबसे बड़ा अफ़सोस वही था जो प्रभावती को मथता था–उनकी यात्रा सर्वोदय के निर्णायक बिन्दु पर गांधी की मृत्यु के बाद पहुँची थी। सितम्बर 1959 के अन्त तक जेपी ने 'भारतीय राजनीति के पुनर्निर्माण'[43] पर घोषणापत्र का एक मसौदा तैयार कर लिया था, जो पार्टीविहीन लोकतन्त्र पर एक शोध-प्रबन्ध की तरह था। इसके भीतर 'स्वराज' की प्रतिध्वनि थी–ज़मीनी लोकतन्त्र, आपसी सहयोग और स्वैच्छिक प्रयासों पर आधारित ग्राम स्वशासन का गांधी का स्वप्न–साथ ही अमेरिकी राजनीतिक पत्रकारिता की क़द्दावर शख़्सियत वाल्टर लिपमैन, फ्रांसीसी राजनीतिक वैज्ञानिक मौरिस डुवर्गर, स्पेनिश राजनयिक, इतिहासकार और सामाजिक दार्शनिक साल्वाडोर डी मदारियागा और एरिक फ्रॉम के लेखन से प्रेरित विचार भी शामिल थे।

यह मसौदा शुरू में केवल निजी प्रसार तक सीमित रहा। जेपी ने एक प्रति नेहरू को भेजी, इस उम्मीद के साथ कि संसदीय लोकतन्त्र की उनकी आलोचना शायद उन्हें पसन्द आयेगी। इन्दिरा गांधी, राजेन्द्र प्रसाद, डॉ. राधाकृष्णन, मोरारजी देसाई, लाल बहादुर शास्त्री और जनसंघ और सीपीआई से जुड़े नेताओं को भी प्रतियाँ भेजी गयीं। जेपी ने संसदीय लोकतन्त्र के पश्चिमी मॉडल को इस आधार पर ख़ारिज कर दिया कि यह लोकतान्त्रिक कुलीनतन्त्र के रूप में काम करता है। उन्हें लगा कि एक सामुदायिक, पार्टीविहीन, ज़मीनी लोकतन्त्र के लिए राजनीतिक संवाद फिर से शुरू करने का समय आ गया है। पार्टीविहीन लोकतन्त्र सैद्धान्तिक रूप से अमूर्त भले प्रतीत हो, लेकिन यह दलगत राजनीति की सभी ख़ामियों से दूर जाकर और संसदीय लोकतन्त्र के विलोम की तरह काम करता है।

"पार्टियों के बीच चलती प्रतिद्वन्द्विता से अन्धे प्रचार को बढ़ावा मिलता है, राजनीतिक नैतिकता का हनन होता है, बेईमानी, चालाकी और षड्यन्त्र को बढ़ावा मिलता है। जहाँ एकता की आवश्यकता होती है, पार्टियाँ वहाँ मतभेद पैदा करती हैं, जहाँ मतभेदों को न्यूनतम किया जाना चाहिए, वहाँ उन्हें बढ़ा-चढ़ाकर पेश करती हैं। पार्टियाँ अक्सर राष्ट्रीय हित से अपने हितों को ऊपर रखती हैं। चूँकि सत्ता का केन्द्रीकरण नागरिकों को सरकार में भाग लेने से रोकता है, पार्टियाँ, यानी राजनेताओं के छोटे समूह जनता के नाम पर शासन करते हैं और लोकतन्त्र और स्वशासन का भ्रम पैदा करते हैं।"[44]

फिर लोगों को सशक्त कैसे बनाया जा सकता है? उनसे समानता, स्वतन्त्रता और शान्ति हासिल करने की अपेक्षा कैसे की जा सकती है? जेपी को इनके उत्तर गांधीवादी ग्राम अर्थव्यवस्था मॉडल में मिले, जिस पर उन्होंने पहले सवाल उठाये थे और उपहास किया था। स्वशासी, आत्मनिर्भर, कृषि-औद्योगिक समुदाय इस नये सामाजिक संगठन की नींव बनेंगे। ये समुदाय आम मुद्दों को हल करने और क्षेत्रीय समुदायों का निर्माण करने के लिए एकसाथ आ जायेंगे। क्षेत्रीय समुदाय मिलकर ज़िला समुदाय बनायेंगे जो प्रान्तीय समुदायों से संघबद्ध होंगे—और जो राष्ट्रीय समुदाय का निर्माण करेंगे। ऐसी सामाजिक और राजनीतिक व्यवस्था के लिए ज़रूरी आमूलचूल परिवर्तन

रातोरात नहीं आ सकता। इसके लिए एक संक्रमण काल होना चाहिए, जिसके दौरान चुनाव इस तरह कराये जायें कि ज़िला स्तर तक राजनीतिक दलों की कोई भूमिका न हो। यहाँ तक कि राज्य और राष्ट्रीय स्तर पर भी उम्मीदवारों का चयन जनता द्वारा किया जाये, न कि पार्टियों द्वारा। पार्टियों को उम्मीदवारों का समर्थन करने की तभी अनुमति हो, जब वे जनता द्वारा चुने जायें। इससे धीरे-धीरे राजनीतिक गतिविधियों में पार्टियों की भूमिका कम होती जायेगी और जनता की भूमिका बढ़ती जायेगी, जिससे अन्ततः पार्टीविहीन लोकतन्त्र की स्थापना होगी।

जेपी पहले ही इनमें से कई विचारों को अलग-अलग मंचों पर उठा चुके थे। संसद के सदस्यों को सम्बोधित करते हुए उन्होंने लोगों को अपने उम्मीदवार ख़ुद चुनने देने की ज़रूरत पर ज़ोर दिया था, कुछ हद तक अमेरिकी प्राइमरी की तरह। उन्होंने अफ़सोस जताया कि भले ही खाद्य वस्तुओं की कमी, भूख और कुपोषण अभी तक बने हुए हैं, लेकिन "नक़ली मुद्दों से लड़ने और वास्तविक मुद्दों को अनदेखा करने" से अनावश्यक ऊर्जा बरबाद हो रही है। उन्होंने सांसदों से पूछा, "आपमें से कौन पार्टियों और चुनावों से ऊपर उठकर लोगों के निःस्वार्थ सेवक के रूप में कार्य करता है, जो आज की सबसे बड़ी ज़रूरत है?"[45] उनका मानना था कि लोकतन्त्र की असली गारंटी जनता के सशक्तीकरण में निहित है। जितने अधिक लोग लोकतन्त्र में शामिल होंगे, एक जागरूक और संश्लिष्ट लोकतन्त्र विकसित होने की सम्भावना उतनी ही अधिक होगी।

एक दृष्टि से 1958-60 का समय राजसत्ता के नेतृत्व वाले लोकतान्त्रिक विकेन्द्रीकरण के लिए युगान्तकारी था। बलवन्तराय मेहता कमेटी की रिपोर्ट ने विकेन्द्रीकरण की सिफ़ारिश की थी। इसके बाद सभी राज्यों ने पंचायत अधिनियम पारित किये, जिसके फलस्वरूप 2,17,300 से अधिक ग्राम पंचायतों का निर्माण हुआ था।

जेपी संसदीय लोकतन्त्र और पंचायती राज के समागम की समस्याओं पर ध्यान केन्द्रित कर रहे थे। सात साल तक वे अखिल भारतीय पंचायत परिषद के अध्यक्ष भी रहे। लेकिन उन्हें डर था कि एक व्यवस्था दूसरी पर हावी हो सकती है। नेहरू से इस बात पर सहमत होते हुए भी कि पंचायती

राज राजनीतिक क्रान्ति से कम नहीं था, उन्होंने कहा कि सच्ची क्रान्ति लाने की इसकी क्षमता लोकतान्त्रिक और विकेन्द्रीकृत समुदायों का निर्माण करके जनता को स्व-शासित बनाने में इसकी भूमिका पर निर्भर करती है। उन्हें डर था कि पंचायती आन्दोलन नौकरशाही का रूप ले सकता है और दलीय राजनीति के आगे झुक सकता है। उनके मुताबिक़ सहभागी लोकतन्त्र के लिए सामाजिक शिक्षा, सत्ता का हस्तान्तरण, राजस्व व्यवस्था और सिविल सेवकों पर जनता का नियन्त्रण, वित्तीय संसाधनों पर कम से कम आंशिक नियन्त्रण अनिवार्य था।[46]

अखिल भारतीय पंचायत परिषद के अध्यक्ष के रूप में उन्होंने सर्वोदय कार्यकर्ताओं से ज़मीनी संस्थाओं में रुचि लेने की अपील की। जेपी का यूटोपिया केवल पार्टीविहीन लोकतन्त्र के विचार पर आधारित नहीं था। वे एक ऐसी नवीन आर्थिक सरंचना का स्वप्न देख रहे थे जहाँ लोग स्वेच्छा से अपनी ज़रूरतों को सीमित कर देंगे। अगर सामुदायिक लोकतन्त्र को एक सतही आवरण नहीं बनना था, उसके लिए आर्थिक शक्ति का सच्चा हस्तान्तरण अनिवार्य था। यह 1961 में प्रकाशित दस्तावेज़ 'लोगों के लिए लोक स्वराज'[47] का बीज था।

उनकी विभिन्न प्रस्तावनाओं में एक हद तक समन्वय था। विकेन्द्रीकृत और श्रम पर आधारित अर्थव्यवस्था ग्रामीण औद्योगीकरण पर निर्भर होगी। गाँवों को कृषि और उद्योग के संयुक्त मॉडल के आधार पर कृषि-औद्योगिक समुदायों के रूप में विकसित किया जायेगा। विभिन्न वस्तुओं के उत्पादन के लिए क्षेत्रों का चुनाव उनकी विशिष्टताओं और ज़रूरतों के आधार पर होगा, जिसके उपरान्त गाँव, ब्लॉक, ज़िला, राज्य और केन्द्रीय स्तर पर उद्योगों की स्थापना होगी। राज्य और केन्द्र स्तर के उद्योग बड़े पैमाने पर होंगे। उन्होंने आश्वस्त किया कि विकेन्द्रीकृत विकास के इस मॉडल के विभिन्न घटकों के बीच कोई तनाव पैदा नहीं होगा। उन्होंने आधुनिक कृषि तकनीक और जन-आधारित कौशल और उद्यमिता के विकास कार्यक्रम पर भी ज़ोर दिया।

जेपी ने मई और सितम्बर 1958 के बीच यूरोप और पश्चिम एशिया की यात्रा की। उनके साथ प्रभावती भी थीं। ब्रिटिश लेबर पार्टी और कई स्वतन्त्र

समाजवादी गुटों के निमन्त्रण पर उन्होंने इंग्लैंड में एक महीने से अधिक समय बिताया। उन्होंने स्पेन और पुर्तगाल को छोड़कर पश्चिमी यूरोप के हर देश का दौरा किया। साम्यवादी देशों में उन्होंने पोलैंड और यूगोस्लाविया की यात्रा की और पश्चिम एशिया में मिस्र, लेबनान, सीरिया, इराक़ और इज़रायल गये, जहाँ उन्होंने बड़ी संख्या में राजनीतिक नेताओं, ट्रेड यूनियनों और सहकारी समितियों के नेताओं, लेखकों, विचारकों, शान्ति कार्यकर्ताओं और अन्य लोगों से मुलाक़ात की, जो जीवन और विचार की विभिन्न प्रविधियों में क्रान्तिकारी प्रयोग कर रहे थे। अधिकांश जगहों पर उनका ज़ोरदार स्वागत हुआ। उन दिनों हुई एक मुलाक़ात जेपी को हमेशा याद आती थी–सिसिली के सामाजिक कार्यकर्ता डेनिलो डोलची के साथ हुई भेंट। डेनिलो यूरोपीय वामपन्थ के प्रिय नेता थे। उन्होंने गांधी जैसी भूख हड़ताल और अहिंसक प्रदर्शनों के साथ पलेर्मो की स्थानीय सरकार और रोम की राष्ट्रीय सरकार को हिला दिया था।

जेपी ने विएना में हंगरी के छात्रों को सत्याग्रह की प्रासंगिकता पर सम्बोधित किया और रोम में एफएओ (खाद्य और कृषि संगठन) में दिये गये एक सम्बोधन में भूदान आन्दोलन की आन्तरिक ऊर्जा पर चर्चा की। कई बार वे द्रवित भी हो गये थे, भले वह पेरिस के कूड़ा बीनने वालों से मुलाक़ात हो या भौतिक विज्ञानी नील्स बोर के साथ बिताया समय। उन्होंने एल्बर्ट कामू के साथ भी एक यादगार शाम बितायी थी, जिसमें हंगरी पर नेहरू के अस्पष्ट रुख़ सहित कई मुद्दों पर चर्चा हुई थी। नेहरू के दृष्टिकोण से कामू निराश थे। उन्होंने जेपी से कहा भी था : "हम सभी को मिस्टर नेहरू ने बहुत निराश किया है। वे हमारे नायक हुआ करते थे।"[48]

जेपी के यूरोप दौरे का एक मुख्य आकर्षण 7 जून 1958 को *मैनचेस्टर गार्डियन* के लन्दन संवाददाता को दिया गया साक्षात्कार था। संवाददाता ने पूछा था कि यदि नेहरू के बाद भारत को वामपन्थी उग्रवाद और दक्षिणपन्थी उग्रवाद के बीच चयन करना पड़े, तो क्या वे (प्रधानमन्त्री) पद ग्रहण करना चाहेंगे। जेपी ने उत्तर दिया था कि उन्हें पार्टी राजनीति में वापस जाने की कोई इच्छा नहीं है। कोई भी पद, चाहे वह कितना भी ऊँचा क्यों न हो, उनके लिए

कोई आकर्षण नहीं रखता। "लेकिन यदि कोई आपात स्थिति आती है, तो हाँ, वे जवाब देने के लिए तैयार होंगे–किसी पार्टी के नेता के रूप में नहीं, बल्कि ऐसे व्यक्ति के रूप में, जिससे भारतीय लोगों ने सलाह और मार्गदर्शन माँगा है।"[49]

इन शब्दों पर ग़ौर करें। इंग्लैंड की मीडिया से यह कहते वक़्त वे क्या सोच रहे थे? क्या वे ख़ुद को एक द्रष्टा की भूमिका में देख रहे थे, गांधी की तरह, जो एक रैडिकल एजेंडा लाकर राजनीतिक परिदृश्य को बदल सकता था? उन्होंने नेहरू को बिना माँगे सलाह भी दी थी कि वे लोगों से व्यक्तिगत सम्पर्क स्थापित करने के लिए अपना पद छोड़ दें। कुछ साल बाद उन्होंने पटना की बैठक में एक और चौंकाने वाला बयान दिया कि नेहरू को प्रधानमन्त्री पद छोड़ देना चाहिए ताकि उनके उत्तराधिकारी का सवाल उनके जीवनकाल में ही तय हो सके।[50]

यूरोप से लौटने पर संसद सदस्यों की बैठक को सम्बोधित करते हुए जेपी ने कहा था, "मैं कुछ ख़ास चीज़ों, ख़ास विचारों और उन समस्याओं के समाधानों की तलाश में यूरोप गया था जिनका हम सामना कर रहे हैं। मैं अपने साथ कुछ ऐसे विचार लेकर गया, जिनसे आप सभी परिचित हैं–और मुझे यक़ीन है कि आपमें से कई लोग उन विचारों पर उतना ही विश्वास करते हैं जितना मैं ख़ुद करता हूँ–वे विचार जो महात्मा गांधी ने अपने जीवन और कर्म के दौरान हमारे और दुनिया के सामने रखे...वे (यूरोप के लोग) नहीं जानते कि इन विचारों को अपने जटिल, अत्यधिक औद्योगिक, तकनीकी रूप से विकसित समाजों में कैसे लागू किया जाये, फिर भी उन्होंने काफ़ी दिलचस्पी दिखाई थी।"[51]

इस बीच देश में साम्प्रदायिक तनाव भड़कने लगा था। 1950 के दशक में दंगों की घटनाएँ कुछ हद तक कम हो गयी थीं, लेकिन साठ के दशक में बढ़ने लगीं थीं–ख़ासकर 1964 सबसे भयानक वर्ष था। पूर्वी पाकिस्तान में हो रही हिंसा के साथ भारत में शरणार्थियों की वृद्धि हो रही थी, जिसके कारण कलकत्ता, राउरकेला, जमशेदपुर और पूर्वी भारत के अन्य क्षेत्रों में दंगे भड़क उठे। ऐसी घटनाओं को पाशविक, शर्मनाक और अकल्पनीय बताते हुए जेपी

ने कहा, "अगर भारतीय हिन्दू भारतीय मुसलमानों की इसलिए हत्या करते हैं कि पाकिस्तानी मुसलमानों ने पाकिस्तानी हिन्दुओं की जान ली है, तो इससे (अन्य बातों के अलावा) द्वि-राष्ट्र सिद्धान्त की पूरी तरह पुष्टि होती है। इसका सीधा अर्थ है कि जिसे हम अपनी वाणी से ज़ोरदार तरीक़े से ख़ारिज करते हैं, उसे अपने काम से साबित करते हैं। बतौर हिन्दू, जिसे अपने धर्म पर गर्व है, मुझे नहीं लगता कि इससे बड़ा अधर्म कुछ और होगा कि मनुष्य को हीनतर बनाने वाले इन अपराधों को धर्म की स्वीकृति दी जाये। बढ़ते भौतिकवाद, सुन्न होती जा रही नैतिकता और संवेदनशीलता, छद्म विज्ञान और अश्लील आधुनिकता के माहौल में धर्म का जो भी अंश बचा है, वह निश्चित रूप से लहूलुहान होकर मिट जायेगा यदि भाई भाई को सिर्फ़ इसलिए चाकू मारता है क्योंकि वह ईश्वर की पूजा अलग तरीक़े से करता है।"[52]

जब पूर्वी पाकिस्तान में हिन्दू अल्पसंख्यकों पर हो रहे अत्याचारों के बारे में भारतीय सांसद पक्षपाती ढंग से बोल रहे थे, जेपी ने संसद के दोनों सदनों को लिखा कि वे भारतीय पहलू का आकलन करने के लिए एक अध्ययन दल नियुक्त करें। जमशेदपुर के दंगा-प्रभावित क्षेत्रों के उनके अध्ययन ने उन्हें बता दिया था कि हिन्दुओं के अपने गुनाह कम नहीं हैं। हिन्दुओं को अपने द्वारा की गयी सामूहिक हिंसा और क्रूरता को स्वीकारना चाहिए। उन्होंने लिखा कि वे शहर के सभी प्रभावित क्षेत्रों के दौरे पर गये थे। मुसलमानों के कुल 17 शरणार्थी शिविर थे, लेकिन "मेरे भीतर इनमें से दो से अधिक के भीतर जाने का साहस नहीं हुआ। बताया जा रहा है कि पूर्वी पाक़िस्तान में किये गये अत्याचारों के बारे में बोलते हुए लोकसभा के एक सदस्य रो पड़े, लेकिन मुझे सन्देह है कि कोई भी संवेदनशील व्यक्ति अत्याचार की गवाही देते जमशेदपुर के मुस्लिम शरणार्थी शिविरों का सामना कर सकता है...यही बात राउरकेला के बारे में भी कही जा सकती है। हमारा राष्ट्र एक बड़ी बीमारी से ग्रसित है कि हम सन्त होने का दिखावा करते हैं।"[53]

जेपी विभिन्न मंचों से साम्प्रदायिकता के ख़तरों के बारे में निरन्तर बोलते रहे। जब एक साक्षात्कार के दौरान उनसे पूछा गया कि क्या वे साम्प्रदायिक

दलों पर प्रतिबन्ध लगाने का प्रस्ताव करेंगे, उन्होंने कहा कि इसका समाधान राजनीतिक शिक्षा है। "मुझे लगता है कि यह ऐसा मुद्दा है जिस पर सभी राष्ट्रवादी, धर्मनिरपेक्ष, लोकतान्त्रिक दलों को अपनी विचारधाराओं और व्यक्तिगत मतभेदों, संघर्षों आदि को भूलकर एक साथ आना चाहिए। उन्हें कम से कम इस एक मुद्दे पर हाथ मिलाना चाहिए और हिन्दू, मुस्लिम या किसी भी अन्य साम्प्रदायिकता की चुनौती का सामना करना चाहिए, क्योंकि किसी भी तरह की साम्प्रदायिकता राष्ट्र विरोधी है और देश के लिए ख़तरा है।"[54]

इस समय जेपी का कश्मीर पर ध्यान गहरा हो गया था। उन्होंने अतीत में शेख़ अब्दुल्ला के नेतृत्व वाली नैशनल कॉन्फ्रेंस द्वारा संचालित 'कश्मीर छोड़ो' आन्दोलन का समर्थन किया था। कश्मीर के आत्म-निर्णय के अधिकार के प्रति अपने अटूट समर्थन की वजह से शेख़ अब्दुल्ला कई बार तीखे प्रहार झेल चुके थे। जेपी शेख़ अब्दुल्ला की कश्मीर में जनमत-संग्रह की माँग का बीज 2 नवम्बर 1947 को एक प्रसारण में नेहरू द्वारा किये गये वादे में पाते थे। नेहरू ने कथित तौर पर कहा था, "मैं यह स्पष्ट कर दूँ कि यह हमारी शुरू से ही नीति रही है कि जहाँ किसी राज्य के किसी भी डोमिनियन में विलय के बारे में विवाद है, निर्णय उस राज्य के लोगों द्वारा किया जाना चाहिए। इसी नीति के तहत हमने कश्मीर के विलय के दस्तावेज़ में एक प्रावधान जोड़ा था।"[55] उसी प्रसारण में नेहरू ने आगे कहा, "हमने घोषणा की है कि कश्मीर की नियति अन्ततः लोगों द्वारा तय होनी है। (हमने) यह वचन दिया, और महाराजा ने इसका समर्थन किया है, न केवल कश्मीर के लोगों के सामने बल्कि दुनिया के सामने। हम इससे पीछे नहीं हटेंगे और न ही हट सकते हैं। हम शान्ति और क़ानून-व्यवस्था स्थापित होने के बाद संयुक्त राष्ट्र जैसे अन्तरराष्ट्रीय संगठन के तत्वावधान में जनमत संग्रह कराने के लिए तैयार हैं। हम चाहते हैं कि लोगों द्वारा निष्पक्ष और न्यायपूर्ण निर्णय लिया जाये और हम उनके फ़ैसले को स्वीकार करेंगे; मैं इससे अधिक निष्पक्ष और न्यायपूर्ण प्रस्ताव की कल्पना नहीं कर सकता।"[56]

जेपी को दृढ़ विश्वास था कि इसका कोई ठोस प्रमाण नहीं था कि कश्मीर के लोगों ने विलय को स्वीकार कर लिया। उन्होंने कहा कि भावनात्मक

एकीकरण के अभाव में संवैधानिक विलय का कोई मतलब नहीं है। उन्हें लगा कि 1953 में शेख़ अब्दुल्ला को सत्ता से बेदख़ल करने और बिना किसी ठोस कारण के सलाखों के पीछे डालने के बाद कश्मीर का भारत के प्रति भावनात्मक जुड़ाव दरकने लगा था। शेख़ अब्दुल्ला के ख़िलाफ़ आरोप तय होने में लगभग पाँच साल लग गये और अदालत में आरोप पेश होने में चार साल और लग गये। जेपी ने शेख़ अब्दुल्ला की नज़रबन्दी के ख़िलाफ़ देशव्यापी अभियान शुरू कर दिया और उनकी तत्काल रिहाई की माँग की। लेकिन जनसंघ के नेता डॉ. श्यामा प्रसाद मुखर्जी की गिरफ़्तारी और उसके बाद कश्मीर की एक जेल में हुई उनकी मौत पर जेपी ने राज्य सरकार को आपराधिक लापरवाही के लिए ज़िम्मेदार ठहराया।[57] उस वक़्त शेख़ अब्दुल्ला ने जेपी के बयान पर आक्रोशित प्रतिक्रिया व्यक्त करते हुए कहा था कि उनके जैसे हिन्दू नेता को कश्मीर के मामलों में हस्तक्षेप करने का कोई अधिकार नहीं है।

बाद में, जब उन्हें यह महसूस हुआ कि उन्होंने एक शुभचिन्तक को अपने से दूर कर बहुत बड़ी ग़लती की है, शेख़ ने मेल-मिलाप के लिए भावुक अपील की। उन्होंने कहा कि जेपी भारत की चेतना के रखवाले हैं, और गांधी के बाद उनसे ही कश्मीर के लोग समर्थन की उम्मीद करते हैं। जेपी ने शेख़ अब्दुल्ला की क़ैद के ख़िलाफ़ आन्दोलन जारी रखा। उन्होंने बख़्शी ग़ुलाम मोहम्मद के शासन की अलोकप्रियता को रेखांकित किया और इसकी 'शेख़ अब्दुल्ला की व्यापक लोकप्रियता' के साथ तुलना भी की।[58] आख़िरकार जब 8 अप्रैल 1964 को शेख़ अब्दुल्ला को रिहा किया गया, नेहरू का यह कथन कि, "अगर चार या छह साल में कोई अभियोग साबित नहीं हो सकता, तो ज़ाहिर है कि साबित करने के लिए कुछ भी नहीं है,"[59] जेपी के रुख़ को सत्यापित करता था। कश्मीर पर 1964 की संसदीय बहसों के दौरान जेपी ने शेख़ के इस प्रस्ताव का समर्थन किया कि अगर जनमत संग्रह से नहीं तो कम-अस-कम स्वतन्त्र और निष्पक्ष चुनावों के ज़रिये लोगों की इच्छा जाननी चाहिए। उन्होंने गुज़रे ज़माने के स्वतन्त्रता सेनानियों की आलोचना करते हुए कहा कि वे अब औपनिवेशिक बन चुके हैं, और कश्मीर का चुनाव निष्पक्ष

और स्वतन्त्र नहीं था। उनकी टिप्पणियों ने जनसंघ और कांग्रेस, दोनों को उनके विरोध में खड़ा कर दिया। एक प्रमुख कांग्रेस सांसद ने तो भारत रक्षा क़ानून के तहत उनकी गिरफ़्तारी की भी माँग की।[60] उनकी दिल्ली की एक सभा में राष्ट्रीय स्वयंसेवक संघ के कार्यकर्ताओं ने 'चीन और पाकिस्तान के एजेंट वापस जाओ' और 'देशद्रोही को फाँसी पर लटकाओ' जैसे नारे लगाये।

लेकिन वे अपनी बात कहते रहे और ऐसे बयान जारी करते रहे जिन्होंने माहौल को गर्म कर दिया। उन्होंने विभाजन का कड़ा विरोध किया था, लेकिन वे पाकिस्तान के साथ मैत्री और सद्भाव के भी उतने ही गहरे पक्षधर थे। सितम्बर 1962 में उन्होंने भारत-पाकिस्तान कॉन्सिलीएशन ग्रुप नामक संस्था की स्थापना की, जिसके अध्यक्ष वे ख़ुद थे और सचिव थे उनके मित्र और इंडिया लीग ऑफ़ अमेरिका के पूर्व अध्यक्ष जेजे सिंह। इसने शुरुआत में ही एक बड़ी पहल की जब सितम्बर 1964 में जेपी के नेतृत्व में एक सद्भावना मण्डल पाकिस्तान गया। इसके अन्य सदस्य थे जेजे सिंह, विश्वविद्यालय अनुदान आयोग के सदस्य बी शिव राव और हिन्दुस्तान टाइम्स के सम्पादक एस मुलगाँवकर। इस प्रतिनिधिमण्डल ने राष्ट्रपति अयूब ख़ान और विपक्ष के नेताओं से मुलाक़ात की। हालाँकि जेपी ने कश्मीर पर किसी भी ऐसी चर्चा में शामिल होने से इनकार कर दिया जिसमें पाकिस्तान शामिल था, लेकिन वे यह धारणा लेकर लौटे कि पाकिस्तानी सरकार का रवैया उतना कठोर नहीं है जितना प्रतीत हो रहा था। इसलिए पाकिस्तान के साथ सार्थक बातचीत की काफ़ी गुंजाइश है और दोनों देशों को साझा हित के लिए काम करना चाहिए। इसके बाद कश्मीर का मुद्दा भी अपनी धार खो देगा।[61]

उन्होंने यह भी महसूस किया कि भारतीय मीडिया को पाकिस्तान में अल्पसंख्यकों के साथ दुर्व्यवहार के बारे में लिखते समय वस्तुनिष्ठ और सतर्क रहने की आवश्यकता है। उन्होंने मीडिया को याद दिलाया कि भारत में भी साम्प्रदायिक दंगे हो रहे हैं और अल्पसंख्यकों की पीड़ा कहीं से कमतर नहीं है। उन्होंने सटीक और पैने शब्दों में कहा, "समय आ गया है कि हम अपने अहंकार और दिखावे को त्याग दें और सच्चाई का सामना करें–हम बतौर इन्सान सीमा पार के अपने भाइयों से बेहतर या बदतर नहीं हैं। अपने राष्ट्र की नैतिक डोर को मज़बूत करने और साम्प्रदायिकता के नासूर को मिटाने के लिए अनिवार्य है कि हम सच्चाई का सामना करें।"[62]

लेकिन जेपी की उम्मीदों को सहसा झटका लगा जब पाकिस्तानी सेना ने कच्छ के रण में ऑपरेशन डेजर्ट हॉक शुरू कर दिया। जब उन्होंने सुना कि प्रधानमन्त्री लाल बहादुर शास्त्री राष्ट्रमण्डल के प्रधानमन्त्रियों के सम्मेलन में भाग लेने जा रहे हैं, जहाँ अयूब ख़ान भी उपस्थित होंगे, उन्होंने शास्त्री जी को एक अत्यावश्यक पत्र भी भेजा, जिसके साथ मेरे पिता द्वारा तैयार किया गया कच्छ विवाद पर एक नोट संलग्न था। उन्होंने शास्त्री जी से आग्रह किया कि वे अयूब ख़ान को लंच या डिनर पर आमन्त्रित करें ताकि आपसी 'समझ' के सूत्र खोजे जा सकें। इस पत्र में उन्होंने लिखा था, "एक 'अत्यावश्यक' लिफ़ाफ़े में मैं आपको कच्छ विवाद पर एक नोट भेज रहा हूँ जिसे मेरे मित्र और रिश्तेदार, इंडियन स्कूल ऑफ़ इंटरनैशनल स्टडीज़ में रीडर डॉ. बिमल प्रसाद ने मेरे अनुरोध पर तैयार किया है। मुझे उम्मीद है कि आपके पास इस महत्त्वपूर्ण दस्तावेज़ पर नज़र डालने का समय होगा। इसके कई पहलुओं से आप निस्सन्देह परिचित होंगे, लेकिन मुझे यक़ीन है कि यह उन तथ्यों को भी सामने लाता है जो शायद आपके ध्यान में नहीं आये हैं–कम से कम इन तथ्यों के बारे में संसद में इस विषय पर हुई बहसों में कोई जानकारी नहीं मिल सकी है।"[63]

हालाँकि, कच्छ का रण सिर्फ़ शुरुआत थी। पाकिस्तान ने 5 अगस्त 1965 को कश्मीर में घुसपैठ शुरू कर दी। क़रीब तीस हज़ार पाकिस्तानी घुसपैठिये लाइन ऑफ़ कंट्रोल पार कर घुस आये, जिसके बाद भारत-पाक युद्ध छिड़ गया जो 22 सितम्बर को संयुक्त राष्ट्र द्वारा घोषित अनिवार्य युद्धविराम के बाद समाप्त हुआ। पाकिस्तान के इस हमले ने जेपी की अवधारणा को पूरी तरह बदल दिया। वे समझ गये कि कश्मीर के लोगों के लिए पाकिस्तान की चिन्ता केवल दिखावा थी, जिसकी आड़ में वह कश्मीर पर क़ब्ज़ा करना चाहता था। इसके बावजूद उन्होंने सुलह की उम्मीद को नहीं छोड़ा।[64] कश्मीर पर सार्थक संवाद के लिए जेपी के प्रयास तब और बिखर गये जब शेख़ अब्दुल्ला ने अल्जीयर्स में चीनी प्रधानमन्त्री झोउ एनलाई से मुलाक़ात की, जो राजनीतिक तौर पर अत्यन्त ग़लत क़दम था। शेख़ का पासपोर्ट ज़ब्त कर लिया गया और उन्हें तुरन्त वापस लौटने के लिए कहा गया।

उनकी गिरफ़्तारी की आशंका को देखकर जेपी ने प्रधानमन्त्री लाल बहादुर शास्त्री को पत्र लिखा : "इस समय शेख़ अब्दुल्ला की गिरफ़्तारी एक और ग़लती होगी जिसके लिए देश को आगामी कई वर्षों तक भुगतना पड़ेगा।"[65] जब मई 1965 में शेख़ अब्दुल्ला की फिर से गिरफ़्तारी हुई, जेपी ने इस मनमाने क़दम के ख़िलाफ़ आवाज़ उठाई और कहा कि शेख़ को आरोपों का जवाब देने का मौक़ा नहीं दिया गया। जून 1966 में उन्होंने नयी प्रधानमन्त्री इन्दिरा गांधी को एक लम्बा और भावनात्मक पत्र भेजते हुए शेख़ अब्दुल्ला की बिना शर्त रिहाई पर विचार करने का आग्रह किया। "हम धर्मनिरपेक्षता का दावा करते हैं, लेकिन हिन्दू राष्ट्रवाद हमें धक्का देकर गिरा देता है। मैं शेख़ साहब की रिहाई की गुहार क्यों लगा रहा हूँ? क्योंकि यह हमें कश्मीर समस्या को हल करने का एकमात्र मौक़ा दे सकता है।"[66]

जेपी सहमत होने लगे थे कि कश्मीर समस्या का समाधान केवल कश्मीर के लोगों और भारत सरकार द्वारा ही किया जा सकता है। उन्होंने शेख़ अब्दुल्ला से कहा कि स्थिति बदल चुकी है, 5 अगस्त 1965 से पहले जो सम्भव था, वह अब नहीं हो पायेगा। 10 अक्टूबर 1968 को श्रीनगर में राज्य के भविष्य पर चर्चा करने के लिए शेख़ द्वारा आयोजित एक सम्मेलन में बोलते हुए उन्होंने कहा, "इस सम्मेलन को यह स्पष्ट रूप से समझना चाहिए कि 1965 की लड़ाई के बाद भारत सरकार ऐसा समाधान स्वीकार नहीं कर सकती जो कश्मीर को भारतीय संघ से बाहर कर दे। ये अप्रिय लेकिन अपरिहार्य सत्य है और बतौर आपका मित्र और शुभचिन्तक मैं सच बोलने के लिए बाध्य हूँ, जो मुझे दिखाई देता है।"[67] इसके साथ वे भारत सरकार को भी चेतावनी देते रहे कि दमनकारी नीति कश्मीर में सफल नहीं होगी।

जेपी ने 1964-65 में नागालैंड शान्ति मिशन के सदस्य के रूप में नागालैंड में शान्ति प्रक्रिया में भी महत्त्वपूर्ण योगदान दिया। नागा बैपटिस्ट चर्च काउंसिल के सहयोग से स्थापित इस शान्ति मिशन के अन्य सदस्य असम के मुख्यमन्त्री बीपी चालिहा और ईसाई पादरी माइकल स्कॉट थे। उन्होंने चेडेमा और शिलांग में भूमिगत नेताओं के साथ कई दौर की वार्ता की। लगभग सत्रह वर्षों तक अशान्त रहे इस क्षेत्र में जिसने दस वर्षों तक गहरा दमन सहा था,

शान्ति स्थापित करना आसान नहीं था। लेकिन यह मिशन विभिन्न पक्षों के बीच युद्धविराम की शर्तों को स्वीकार करवाने में कामयाब रहा, जिसके चलते छह सितम्बर 1964 से अस्थायी युद्धविराम लागू हो गया।

इसके बाद जेपी ने फ़रवरी 1966 में शान्ति मिशन से इस्तीफ़ा दे दिया, जब उन्हें लगा कि उन्होंने बातचीत के ज़रिये समाधान की वकालत करके नागा फेडेरल कमीशन के नेताओं का विश्वास खो दिया है। कुछ महीने बाद उन्हें नागालैंड बैपटिस्ट चर्च काउंसिल और पीस सेंटर ने कोहिमा आमन्त्रित किया, और उनका गर्मजोशी से स्वागत किया। एक सार्वजनिक स्वागत समारोह में बोलते हुए उन्होंने भारत सरकार के रुख़ को उचित ठहराया और कहा कि भारतीय संघ के बाहर जाकर नागालैंड को संप्रभु और स्वतन्त्र राज्य का दर्जा देना सम्भव नहीं था।[68] जेपी नागा मुद्दे से जुड़े रहे जब तक कि इसका समाधान नहीं हो गया।

गोवा के उपनिवेशवाद विरोधी आन्दोलन ने भी जेपी का ध्यान आकृष्ट किया। गोवा के मसले का समाधान 1961 में भारतीय सैन्य कार्रवाई के बाद हुआ था। जेपी इस कार्रवाई को अन्तरराष्ट्रीय मुद्दों के शान्तिपूर्ण समाधान को लेकर भारत की नीति पर एक गम्भीर विचलन के रूप में देखते थे।[69] उन्होंने कहा, "सिर्फ़ चौदह साल पहले ऐतिहासिक शक्तियों की सहायता से हमने अपने देश के बड़े हिस्से को बिना हथियार उठाये विदेशी हुकूमत से मुक्त किया था। अब, जबकि हमारी शक्ति इतनी बढ़ गयी है कि उसे मापा नहीं जा सकता, और जब ऐतिहासिक शक्तियाँ भी अधिक अनुकूल हैं, तब हमें अपनी मातृभूमि के एक छोटे-से हिस्से को मुक्त कराने के लिए अहिंसक साधन नहीं मिले।"[70]

विवादों को निपटाने के शान्तिपूर्ण तरीक़ों के लिए जेपी की तलाश भले ही अक्सर विफल रहती थी, लेकिन आदर्शवादी युवाओं को यह उनका मुरीद बना देती थी। ऐसे ही एक प्रशंसक थे गोपालकृष्ण गांधी जो उन दिनों सेंट स्टीफंस कॉलेज में अंग्रेज़ी साहित्य के विद्यार्थी थे। उन्होंने जेपी को एक भावभीना पत्र लिखा। "भारत-पाकिस्तान प्रश्न पर आपने जब से यह श्रेष्ठ दृष्टिकोण लिया है, तब से आपके साहस और राजनीतिक नेतृत्व के प्रति

हमेशा से बना रहा मेरा गहरा प्रशंसा भाव कई गुना बढ़ गया है। मैं आपको बताना चाहता हूँ कि आप अपने मिशन में अकेले नहीं हैं। ऐसे कई लोग हैं जो भारत-पाक मैत्री के महान उद्देश्य को आगे बढ़ाने में आपकी मदद करने में अत्यन्त प्रसन्न होंगे। मैं एक अनुभवहीन छात्र हूँ। लेकिन अगर मैं इस प्रयोजन के लिए कुछ भी कर सकता हूँ, आपको बस मुझे सूचित करने की देर है।"[71] लगभग एक महीने बाद जेपी ने जवाब लिखा, "आप पूछते हैं कि आप क्या मदद कर सकते हैं। जितना सम्भव हो, युवाओं को प्रेरित करें कि वे स्थिति को अपने विवेक से परखें। यदि आप एक युवा को भी प्रेरित करने में सफल होते हैं, आप एक अच्छे काम को अंजाम देंगे।"[72]

जेपी एक असाध्य रोमांटिक भी थे। उन्हें लगता था कि भारत-चीन के सीमा विवाद को मध्यस्थता से सुलझाया जा सकता है। "मेरा सुझाव है कि चीन के साथ भारत के सीमा विवाद को एक निष्पक्ष मध्यस्थ के पास भेजा जाना चाहिए, जहाँ दोनों पक्ष निर्णय को स्वीकारने के लिए प्रतिबद्ध हों। आज की विभाजित दुनिया में भी ऐसे तीन या चार स्वतन्त्र व्यक्तियों को खोजना कठिन नहीं होगा।"[73] उन्होंने सम्भावित समाधान के रूप में विवादित अक्साई चिन क्षेत्र को चीन को पट्टे पर देने का भी प्रस्ताव रखा था।

जब नेहरू से जेपी के बयान के बारे में पूछा गया, उन्होंने जवाब दिया, "ऐसे प्रश्न शायद ही मध्यस्थ द्वारा हल किये जा सकते हैं। लेकिन अगर परिस्थितियाँ अनुकूल हों और दोनों पक्ष सहमत हों और एक उपयुक्त मध्यस्थ नियुक्त किया जाये, तो मैं इस सम्भावना को ख़ारिज नहीं करूँगा।"[74] पचास के दशक के अन्तिम वर्षों तक भारत-चीन सीमा मुद्दा विस्फोटक हो गया था, जो कभी भी फट सकता था। चीनी नक़्शे पूर्वी और पश्चिमी सेक्टर में भारतीय क्षेत्र के बड़े भूखण्ड को खुलेआम चीन का हिस्सा दिखा रहे थे। चीनी अब यह नहीं कह रहे थे कि ये नक़्शे कुओमिनतांग सत्ता के पुराने नक़्शे के पुनर्मुद्रित संस्करण मात्र थे। लोकसभा की बहसों में नेहरू ने ज़ोर देकर कहा था कि प्रचलन, भूगोल और दोनों देशों के बीच हुई सन्धि के अनुसार मैकमोहन रेखा ही उत्तर-पूर्व में सीमारेखा है। पश्चिमी क्षेत्र में अक्साई चिन के विवादित क्षेत्र की स्थिति थोड़ी भिन्न थी, जहाँ कुछ हिस्सों में सीमा निर्धारित

नहीं थी और शायद बातचीत से इसका समाधान किया जा सकता था। लेकिन नेहरू और रक्षा मन्त्री कृष्ण मेनन को फ़िक्र करने या घबराने की कोई वजह नज़र नहीं आती थी।

संसद में नेहरू का रुख़ स्पष्ट नहीं था। वे कहते थे कि अगर दो महान देश कुछ पर्वत शिखरों पर क़ब्ज़े के लिए लड़ाई करते हैं, इससे बड़ी कोई मूर्खता नहीं हो सकती। उनके भ्रम को दूर होने में तीन साल और लगने थे। जब अक्टूबर 1962 में अन्ततः चीनी सेना भारतीय सीमा में घुस आयी, यह ऐसा आक्रमण था जिसका नेहरू कतई पूर्वानुमान नहीं कर पाये थे। इस वक़्त जेपी ने एक उत्तेजक और प्रतिशोधी बयान जारी किया कि भारत की तुष्टीकरण की नीति के परिणामस्वरूप चीनी आक्रमण हुआ और भारतीय सैनिकों की शर्मनाक हार हुई। "पहली ग़लती तब हुई जब भारत ने तिब्बत पर चीनी सम्प्रभुता को स्वीकार कर लिया। यह नैतिक चूक भी थी। जब तिब्बत में चीन द्वारा किए गये 'सांस्कृतिक नरसंहार' का सवाल संयुक्त राष्ट्र में कुछ देशों ने उठाया था, भारत ने इस मुद्दे पर तटस्थ रहना पसन्द किया। मैं शायद इस देश का पहला आदमी था जिसने तिब्बत पर भारत सरकार की नीति के ख़िलाफ़ आवाज़ उठाई थी।"[75] उन्होंने 1947 और 1948 में चीनी विस्तारवाद को न समझ पाने और न रोक पाने के लिए नेहरू को दोषी ठहराया।[76]

मई 1963 तक जेपी दिल्ली से बीजिंग तक मैत्री पदयात्रा की योजना भी बना रहे थे। उन्हें विश्वास था कि इससे आपसी दुश्मनी और नफ़रत पर क़ाबू पाने में मदद मिलेगी। अमेरिका, इंग्लैंड, ऑस्ट्रिया, जापान, पूर्वी अफ्रीका और कुछ अन्य देशों के नागरिक जो वर्ल्ड पीस ब्रिगेड (जिसके सह-अध्यक्ष जेपी थे) का हिस्सा थे, इस पदयात्रा में भाग लेने वाले थे। उनमें से कई उनसे इस ब्रिगेड की स्थापना के दौरान बेरूत और उसके बाद लन्दन की एक बैठक में भी मिले थे। अपने अभियान की तुलना गांधी के दांडी मार्च से करते हुए उन्होंने कहा था, "मार्च 1930 में किसने कल्पना की थी कि दांडी यात्रा के गर्भ से महान नमक सत्याग्रह जन्म लेगा, जो ब्रिटिश साम्राज्य की नींव हिला देगा?"[77]

यह यात्रा शुरू नहीं हो पायी क्योंकि पाकिस्तान ने पूर्वी पाकिस्तान से और ब्रिटेन ने हांगकांग से गुज़रने की अनुमति नहीं दी थी। पाकिस्तान की प्रतिक्रिया तत्कालीन विदेश मन्त्री जुल्फिकार अली भुट्टो के व्यंग्यात्मक पत्र में पढ़ी

जा सकती थी। "भारत सरकार द्वारा हज़ारों असहाय भारतीय मुसलमानों को असम और त्रिपुरा में उनके घरों से बेदख़ल कर और उन्हें ज़बरन सीमा पार फेंकने की क्रूर और अमानवीय नीति के कारण पूर्वी पाकिस्तान में जो समस्याएँ पैदा हुई हैं, उससे वहाँ अशान्ति और अनिश्चितता का माहौल पैदा हो गया है। जिसके परिणामस्वरूप लोगों की भावनाएँ अत्यधिक भड़क उठी हैं और पिछले कुछ महीनों में इस क्षेत्र की स्थिति और अधिक संवेदनशील हो गयी है।"[78]

जेपी इस प्रतिक्रिया के लिए तैयार नहीं थे। इसके बावजूद वे भारत-पाकिस्तान कॉन्सिलीएशन ग्रुप की सम्भावना को तलाशने लगे। "शान्ति की स्थापना के लिए काम करना कायरता नहीं है। इसके विपरीत, इसके लिए उच्चतम कोटि के नैतिक और शारीरिक साहस की आवश्यकता होती है," उन्होंने कहा।[79] वे कश्मीर को भारत-पाक सम्बन्धों में मुख्य अड़चन मानते थे और महसूस करते थे कि सकारात्मक दृष्टिकोण दोनों देशों के बीच पसरे अविश्वास को दूर करने में मदद करेगा। यह केवल साझा हितों पर संवाद से हो सकता है जिसमें दोनों देश अपने पारस्परिक हितों के लिए एकसाथ काम करने के लिए प्रतिबद्ध हो जायेंगे।

इस बीच नेपाल पर संकट मँडरा रहा था। राजा महेंद्र ने दिसम्बर 1960 में लोकतान्त्रिक रूप से चुनी गयी सरकार को भंग कर दिया और बीपी कोइराला को जेल में डाल दिया, जिसने जेपी को विचलित कर दिया। "मुझे लगता है कि इतिहास जल्द ही साबित कर देगा कि राजा महेन्द्र ने अपने कृत्य से लोकतन्त्र को इतना नहीं बल्कि राजशाही और विशेष रूप से अपने सिंहासन और राजवंश को चोट पहुँचायी है। राजा महेन्द्र ने लोकतन्त्र की रक्षा के लिए यह क़दम उठाने का दावा करके ख़ुद को हास्यास्पद बना लिया है। यह दोगली बात का बेमिसाल उदाहरण है। संसदीय लोकतन्त्र के दोष हम सबको मालूम हैं, लेकिन कोई भी लोकतान्त्रिक इन्सान कहेगा कि लोकतन्त्र किसी राजा या तानाशाह के शासन से कहीं बेहतर है।"[80] उन्होंने काठमाण्डू में महेन्द्र से मुलाक़ात की और लोकतन्त्र की बहाली के लिए अपील की। उन्हें राजा के समर्थकों ने जूतों की माला पहनायी–जेपी बग़ैर किसी समर्थन के इस उम्मीद में लगातार बयान जारी करते रहे कि महेन्द्र जवाब देंगे।

इस बीच 27 मई 1964 को नेहरू की मृत्यु ने जेपी को तोड़ दिया। वे कलकत्ता में थे जब यह ख़बर उनके पास पहुँची। प्रभावती की 28 मई की डायरी कहती है : "जेपी कल रात को ही विमान से दिल्ली पहुँच गये। सीधे पण्डितजी के घर गये। वहाँ बहुत भीड़ होने के कारण बाहर से वापस लौट आये। आज सुबह गये और वहाँ डेढ़-दो घण्टा चुप बैठे रहे। बाद में शान्तिघाट गये। बड़ा करुण दृश्य था। जेपी उस समय बहुत हिले हुए लग रहे थे।"[81] वे अगले ही दिन दिल्ली पहुँच गयी थीं और जेपी की पीड़ा को क़रीब से दर्ज कर रही थीं। "शान्ति घाट गयी। बाद में इन्दिरा के पास गयी। शाम को रामलीला मैदान में पण्डितजी को श्रद्धांजलि देने के लिए बड़ी शोक सभा आयोजित की गयी। उसमें जेपी को भी बोलने के लिए बहुत आग्रह किया गया, लेकिन जेपी कुछ नहीं बोले। बहुत उदासी महसूस कर रहे थे।"[82] यह डायरी 8 जून को इलाहाबाद में नेहरू की अन्तिम विदाई का भी वर्णन करती है। "स्पेशल नाव से हम सब संगम पर गये। विसर्जन-संस्कार देखा। बाद में आम सभा में आये। शाम को आनन्द भवन इन्दिरा से मिलने गये। पुरानी बातें याद करके मन बड़ा उदास हुआ।"[83]

नेहरू के अवसान की पीड़ा से जेपी लम्बे समय तक जूझते रहे। नेहरू उनके आरम्भिक जीवन के दो अत्यन्त महत्त्वपूर्ण दशकों में उनके आदर्श रहे थे। उन्हें इस पीड़ा से उबरने में और थोड़ा स्थिर होने में लम्बा वक़्त लगा। उन्होंने मेरे पिता और जेजे सिंह जैसे दोस्तों से कहा भी था कि नेहरू के जाने से उनके भीतर का कोई अंश मर गया था। अपने 'भाई' के लिए उनकी आधिकारिक श्रद्धांजलि कुछ इस तरह थी, "जहाज़ का कप्तान अब नहीं रहा। हमारे लीडर ने लोगों को अकेला और वीरान छोड़ दिया है। जिस त्रासदी की आशंका से राष्ट्र पिछले महीनों से भयभीत था, वह आख़िरकार घटित हो गयी है।"[84] नेहरू की बेटी इन्दिरा को उन्होंने एक आत्मीय और मार्मिक पत्र लिखा था। इन्दिरा ने जवाब देने में कोई समय नहीं गँवाया : "मुझे दुनिया भर से तमाम लोगों के सहानुभूति में डूबे पत्र मिले हैं, जो उन्हें जानते और प्यार करते थे...(लेकिन) आपका (पत्र) मुझे विशेष राहत देता है, क्योंकि मैं जानती हूँ कि आप हमारी पीड़ा को गहराई से साझा करते हैं।"[85]

नेहरू की मौत से उपजे शून्य की भरपाई आसान नहीं थी। नेहरू के विश्वस्त कैबिनेट सहयोगी, साठ वर्षीय लाल बहादुर शास्त्री ने 9 जून 1964 को अगले प्रधानमन्त्री के रूप में शपथ ली। उन्हें तेज़ी से लुढ़कती अर्थव्यवस्था, अशान्त राजनीति और पड़ोसी देशों से उतने ही अशान्त सम्बन्ध विरासत में मिले थे। वरिष्ठ पत्रकार और शास्त्री के तत्कालीन प्रेस सचिव कुलदीप नैयर ने *बिटवीन द लाइन्स* में लिखा है कि शास्त्री ने एक बार उनसे कहा कि देश की मौजूदा स्थिति में जेपी ही सबसे बेहतर प्रधानमन्त्री होते। बहरहाल, उन्नीस महीने के भीतर, 11 जनवरी 1966 को सन्दिग्ध परिस्थितियों में ताशकंद में उनकी मौत हो गयी। इससे ठीक एक दिन पहले उन्होंने पाकिस्तान के साथ शान्ति सन्धि पर हस्ताक्षर किये थे। इस सन्धि के अनुसार दोनों देश अपनी सेनाओं को 1965 से पूर्व की स्थिति पर तैनात करने और आपसी सम्बन्धों में शान्ति बहाल करने पर सहमत हो गये थे। शास्त्री पर जेपी के शोक सन्देश ने उस गहरी क्षति को अभिव्यक्त किया जिसने एक बार फिर पूरे देश को जकड़ लिया था।

गुलजारीलाल नन्दा ने अन्तरिम प्रधानमन्त्री बतौर पद ग्रहण किया और फिर इन्दिरा गांधी को 19 जनवरी को कांग्रेस संसदीय दल का नेता चुना गया। यह निर्णय पार्टी के वाम और दक्षिणपन्थियों के बीच हुए समझौते के तहत लिया गया था। इन्दिरा की उम्र बमुश्किल उनतालीस साल थी। जेपी ने उन्हें अपना सम्पूर्ण समर्थन देते हुए और एक नयी सुबह की उम्मीद करते हुए लिखा, "तुमने एक बड़ा दायित्व ले लिया है।...तुम्हें तुम्हारी अपनी आन्तरिक शक्तियों पर ही निर्भर रहना पड़ेगा, और मुझे विश्वास है कि तुम अपने अन्दर खोजोगी तो वे शक्तियाँ तुम्हें धोखा नहीं देंगी। जहाँ तक मेरा सम्बन्ध है, तुम इस देश की आम जनता के सुख और शान्ति के लिए जो कुछ भी करोगी, उसमें मेरा पूरा समर्थन तुमको मिलता रहेगा।"[86]

जेपी के क़रीबी साथी लोहिया का अक्टूबर 1967 में निधन हो गया। मृत्यु के क़रीब एक महीने पहले वे जेपी से पटना में मिले थे। हमेशा की तरह दोनों के बीच कई चर्चाएँ हुईं। उनकी बीमारी के दौरान भी जेपी अधिकतर उनके साथ अस्पताल में रहे। जेपी ने अपनी श्रद्धांजलि में आधुनिक भारत के मौलिक विचारक लोहिया के अद्वितीय योगदान को भी दर्ज किया। "राम मनोहर मुझसे

आठ साल छोटे थे। आज चिता पर उनकी जगह मुझे होना चाहिए था। वे मेरे छोटे भाई थे।...मृत्यु ने एक असाधारण राजनीतिक जीवन को ख़त्म कर दिया –एक ऐसा जीवन जो अभी अपने शिखर पर नहीं पहुँचा था। लेकिन 57 साल की छोटी-सी अवधि में भी उन्होंने आधुनिक भारत के इतिहास में अपने लिए एक अनूठी जगह बना ली थी। वे भारतीय समाजवाद के जनकों में शुमार थे, बतौर सिद्धान्तकार और संगठनकर्ता। किसी अन्य नेता से कहीं अधिक उन्होंने लोकतान्त्रिक समाजवाद को उग्रता का हथियार थमाया था।"[87]

इतिहास और राजनीति की उथल-पुथल के बीच जेपी का दैनिक जीवन आम घटनाओं और देश-विदेश के महत्त्वपूर्ण मुद्दों के बीच झूलता रहा था–और यही बात इसे ख़ास बनाती थी। उन्होंने पटना में नृत्य कला मन्दिर के लिए शिक्षा मन्त्रालय से भवन अनुदान के लिए अभियान चलाया, मानसून से पहले पुल का काम पूरा करने के लिए लोक निर्माण विभाग के मुख्य अभियन्ता को पत्र लिखा और नेपाल की जेल में बन्द बीमार बीपी कोइराला की देखभाल के लिए अपील की–इन सभी विष्यों के प्रति उनकी निष्ठा एक समान हुआ करती थी। अगर वे दलाई लामा को उनकी पुस्तक *माई लैंड एंड माई पीपल* की प्रति भेजने के लिए धन्यवाद का पत्र लिख रहे थे, तो बिहार के बाढ़-प्रभावित क्षेत्रों के लिए लोगों से धन दान करने के लिए भावुक अनुरोध भी कर रहे थे। अगर वे केन्द्र और राज्य सरकारों को एक आवेगपूर्ण याचिका भेज रहे थे कि असहमतियों के दमन के लिए प्रयोग[88] हो रहे कठोर डिफेंस ऑफ़ इंडिया नियमों की समीक्षा की जाये, तो दूसरी ओर अपने क़रीबी दोस्त जेजे सिंह को भी पत्र लिखकर पटना में गंगा के किनारे हुई दुर्घटना में चोट लगने का ब्योरा दे रहे थे।[89]

1967 के राष्ट्रपति चुनावों के दौरान उम्मीदवार के रूप में उनके नाम की भी चर्चा हो रही थी। इससे पहले पचास के दशक के दौरान, ख़ासकर उसके उत्तरार्ध में यह चर्चा बराबर बनी रही कि वे अगले प्रधानमन्त्री होंगे। मई 1958 में अपनी उनकी विदेश यात्रा की पूर्व संध्या पर जब पत्रकारों ने उनसे नेहरू द्वारा सार्वजनिक ज़िम्मेदारियों से मुक्त होकर पद से अवकाश लेने की इच्छा पर प्रतिक्रिया माँगी, उन्होंने कहा कि नेहरू को अपनी पसन्द के किसी व्यक्ति को इस पद पर बिठाना चाहिए। इसके परिणामस्वरूप यह अटकलें भी लगाई

जाने लगीं कि नेहरू ने ही उन्हें ही चुना है। भले ही उन्हें अक्सर 'नेहरू का सबसे बड़ा आलोचक' कहा जाता था, लेकिन निजी बातचीत में नेहरू को यह कहते सुना जाता था कि इस देश की नियति का अगला कर्णधार जेपी को ही होना है। जेपी पर ऐसे कयासों का कोई असर नहीं पड़ा।

महत्त्वपूर्ण यह था कि अगस्त 1965 में जेपी को आधुनिक भारत की सार्वजनिक चेतना की रचनात्मक अभिव्यक्ति के लिए रेमन मैग्सेसे पुरस्कार से सम्मानित किया गया। प्रशस्ति पत्र में उनकी विनम्रता, वैचारिक स्पष्टता और व्यक्तित्व की शक्ति का उल्लेख था।

# नक्सल आन्दोलन के अशान्त वर्ष

1967 के लोकसभा चुनाव से पहले और बाद के महीने अराजकता, साज़िश और हिंसा की धुन्ध में लिपटे हुए थे। उन दिनों विपक्ष मज़बूत दिखाई दे रहा था। दीनदयाल उपाध्याय के नेतृत्व वाली भारतीय जनसंघ, सी राजगोपालाचारी और जेपी कृपलानी के नेतृत्व वाली स्वतन्त्र पार्टी और लोहिया की संयुक्त सोशलिस्ट पार्टी कांग्रेस के एकाधिकार को चुनौती दे रही थीं। फ़रवरी की शुरुआत में जब इन्दिरा गांधी भुवनेश्वर में एक चुनावी सभा को सम्बोधित कर रही थीं, युवकों ने उनका मज़ाक़ उड़ाया, हुड़दंग मचाया और उन पर पत्थर फेंके। उन दिनों को याद करते हुए रामचन्द्र गुहा हिमालय की तराई में स्थित देहरादून शहर में प्रचलित एक लोकप्रिय नारे का उल्लेख करते हैं : "जनसंघ को वोट दो, बीड़ी पीना छोड़ दो, बीड़ी में तम्बाकू है, कांग्रेसवाला डाकू है।"[1]

मेरे भीतर भी उन दिनों की एक भीनी स्मृति है। मैं कलफ़दार सफ़ेद खादी कुर्ता पहने दो गरिमामयी पुरुषों के इर्द-गिर्द डोल रही हूँ–जेपी और मेरे पिता। जेपी उस दिन दिल्ली में सप्रू हाउस स्थित हमारे छोटे-से घर पर आये थे। दोनों गम्भीर राजनीतिक चर्चा कर रहे थे। उन्हें लग रहा था कि देश में व्याप्त आर्थिक और राजनीतिक अशान्ति की आँधी नेहरू की बेटी को उड़ा ले जायेगी।

कांग्रेस अपनी जीर्ण-शीर्ण मान्यताओं को ढो रही थी और हाल ही में जन्मे ग़ैर-कांग्रेसी गठबन्धनों के सामने बेबस दिखाई दे रही थी। लेकिन ये गठबन्धन अस्थिर थे, साथ ही नेताओं की दलबदलू हरकतों की वजह से आन्तरिक संकट से जूझ रहे थे। इन्दिरा ने फिरोज़ गांधी के निर्वाचन क्षेत्र रायबरेली से चुनाव लड़ा और लोगों के बीच 'बहू' की पारम्परिक

छवि लेकर गयीं। यह रणनीति काम कर गयी और वह भारी बहुमत से चुनाव जीत गयीं। हालाँकि, उनकी पार्टी की सीटें 283 पर सिमट गयी थीं। कांग्रेस यूपी, बिहार, केरल, पंजाब, उड़ीसा, पश्चिम बंगाल, राजस्थान और तमिलनाडु जैसे कई राज्यों के चुनाव भी हार गयी थी। स्वतन्त्र पार्टी 44 सीट के साथ लोकसभा में प्रमुख विपक्षी पार्टी बनकर उभरी। इन परिणामों के बाद विपक्षी दलों ने संयुक्त विधायक दल नामक गठबन्धन की स्थापना की और कई राज्यों में मिलीजुली सरकार का गठन कर लिया।

इस उथलपुथल के बीच 13 मार्च 1967 को इन्दिरा गांधी ने प्रधानमन्त्री पद की शपथ ली, देश आर्थिक संकटों से घिरा हुआ था, और इन्दिरा जटिल मुद्दों के बीच फँसी हुई थीं। 1950 और 1960 के दशक में भारतीय अर्थव्यवस्था पर मँडरा रहा संकट अब विशाल रूप ले चुका था। 1960 के बाद कृषि उत्पादन में कोई बढ़ोतरी नहीं हुई थी और देश के अधिकांश हिस्से लगातार पड़ रहे सूखे से प्रभावित थे। जनसंख्या 2.5 प्रतिशत की दर से क़रीब एक करोड़ तीस लाख प्रतिवर्ष बढ़ रही थी। प्रति व्यक्ति आय 80 डॉलर प्रति वर्ष से कम थी। बेरोज़गारी चौगुनी हो गयी थी। औद्योगिक उत्पादन में लगभग ठहराव आ गया था, जो 1965-70 के दौरान 3.3 प्रतिशत के आसपास सिमट गया था। भारत के विदेश व्यापार घाटे ने महाकाय रूप ले लिया था। तेज मुद्रास्फीति की वजह से 1972-73 में वस्तुओं और सेवाओं की क़ीमत 22 प्रतिशत तक बढ़ चुकी थी। खाद्य संकट गहरा रहा था। चावल की आपूर्ति के लिए दंगे होने लगे थे। भुखमरी और निराशा के कगार पर टिके ग़रीबों की संख्या बढ़ती जा रही थी।[2]

इन्दिरा ने स्थिति को तुरन्त भाँपकर नियन्त्रण अपने हाथ में ले लिया। 1967 की मई तक वह वाम रुझान वाला रैडिकल समाजवादी कार्यक्रम तैयार कर चुकी थीं जो कई सुधार प्रस्तावित करता था–रियासतों के विशेषाधिकारों और प्रिवी पर्स को ख़त्म करना, ग्रामीण क्षेत्रों एवं औद्योगिक श्रम के लिए न्यूनतम मज़दूरी की गारंटी, बीमा क्षेत्र का राष्ट्रीयकरण, बैंकिंग संस्थानों का सामाजिक नियन्त्रण, मोनोपोली का अन्त और राज्य द्वारा खाद्यान्नों का व्यापार। इन योजनाओं के वैचारिक आधार को कांग्रेस पार्टी के मोहन धारिया और चन्द्रशेखर जैसे युवा समाजवादी नेता साझा करते थे।

1969 तक इन्दिरा पार्टी के भीतर 'सिंडिकेट' नामक कद्दावर नेताओं के उस गुट को भी चुनौती देने को तैयार थीं, जिन्होंने मोरारजी देसाई को किनारे कर उन्हें प्रधानमन्त्री बनाया था। यह रेखांकित करना होगा कि 'सिंडिकेट' ने यह निर्णय इस स्त्रीद्वेषी अवधारणा के तहत लिया था कि वह एक गूँगी और आज्ञाकारी नेता बनी रहेंगी। यहाँ तक कि लोहिया ने भी उनके लिए 'गूँगी गुड़िया' उपाधि का प्रयोग किया था, जिसके भीतर आप लैंगिक भेदभाव को स्पष्ट देख सकते थे। इन्दिरा ने बहुत जल्द इन सभी धारणाओं को ग़लत साबित कर दिया। उनकी पैनी नज़र समकालीन राजनीतिक बारीकियों को देख सकती थी। उन्होंने द्रुत गति से अपने इर्द-गिर्द की दुनिया को समझा और अपने क़दम जमा लिए। अपनी राजनीतिक कुशलता उन्होंने बहुत पहले सिद्ध कर दी थी, जब 1959 में पार्टी अध्यक्ष के रूप में उन्होंने केरल में लोकतान्त्रिक रूप से निर्वाचित कम्युनिस्ट सरकार की तख़्तापलट की साज़िश रची थी।

इन्दिरा की एक शक्ति यह थी कि किसी दायित्व या अवसर के मिलते ही वह एक झटके से कमान हाथ में ले लेती थीं। राजनीति उनके ख़ून में थी। जब वह ऑक्सफ़ोर्ड के सोमरविले कॉलेज में पढ़ रही थीं, ब्रिटिश लेबर पार्टी की छात्र-शाखा की सक्रिय सदस्य थीं। द्वितीय विश्व युद्ध के दौरान वह रेड क्रॉस की स्वयंसेवक थीं और भारी गोलीबारी के बीच एम्बुलेंस चलाकर ले गयी थीं। भारतीय राजनीति में भी उनकी निगाहें आरम्भ से ही शिखर पर टिकी थीं। जब मोरारजी देसाई और उनके बीच पार्टी के नेतृत्व के लिए सीधा मुक़ाबला हुआ, 19 जनवरी 1966 को हुए गुप्त मतदान में उन्हें अपने प्रतिद्वन्द्वी के 169 के मुक़ाबले 355 वोट मिले थे। 1966 की गर्मियों में ही स्पष्ट हो चुका था कि सिंडिकेट और इन्दिरा के बीच मतभेद था।

भारत के विदेश व्यापार घाटे को थामने के लिए उन्होंने रुपये का 57 प्रतिशत अवमूल्यन करने का निर्णय ले लिया। ऐसा करते समय उन्होंने अपनी पार्टी की राय नहीं ली, और अमरीका व विश्व बैंक की कठपुतली कहलाने का जोख़िम भी उठाया। चौतरफ़ा आलोचना झेलने के बाद इन्दिरा ने 12 जून 1966 को रेडियो प्रसारण में कहा : "रुपये के अवमूल्यन का निर्णय आसान नहीं था...हर राष्ट्र के इतिहास में ऐसे समय आते हैं जब उसकी इच्छाशक्ति

की परीक्षा होती है और उसका भविष्य उसकी दृढ़ कार्रवाई और साहसिक निर्णय की क्षमता पर निर्भर करता है।"[3]

इसी तरह 16 जुलाई 1969 को एक अप्रत्याशित क़दम उठाते हुए उन्होंने मोरारजी देसाई से वित्त विभाग छीन लिया और 19 जुलाई को कृषि के क्षेत्र में बैंक ऋण बढ़ाने के लिए राष्ट्रपति के अध्यादेश द्वारा चौदह बड़े वाणिज्यिक बैंकों का राष्ट्रीयकरण कर दिया। स्पष्ट था कि वे अकेली ये निर्णय ले रही थीं। उन्होंने 'सिंडिकेट' को नज़रअन्दाज़ करते हुए अपने प्रत्याशी डॉ. ज़ाकिर हुसैन को राष्ट्रपति भी नियुक्त करवा लिया।

इस बीच एक और घटना हुई। 12 नवम्बर 1969 को इन्दिरा को कांग्रेस से निष्कासित कर दिया गया, क्योंकि वे 1968 में कामराज की जगह कांग्रेस अध्यक्ष का पद सँभालने वाले एस निजलिंगप्पा को हटाने की माँग का समर्थन कर रही थीं। उनके निष्कासन का एक अन्य कारण भी था कि ज़ाकिर हुसैन की मृत्यु के बाद वे मज़दूर नेता वीवी गिरी को पार्टी अध्यक्ष बनाये जाने की अपील कर रही थीं, जबकि सिंडिकेट नीलम संजीवा रेड्डी का समर्थन कर रहा था। लेकिन निष्कासन के बाद भी इन्दिरा सिंडिकेट पर भारी थीं। एक युगान्तकारी निर्णय लेते हुए उन्होंने कांग्रेस पार्टी को विभाजित कर दिया। संसद के दोनों सदनों में 429 कांग्रेस सांसदों में से 310 ने नवगठित कांग्रेस रिक्विजिशनिस्ट (आर) में उनके साथ रहना चुना। सिंडिकेट के कांग्रेस (ओ) द्वारा इन्दिरा की सरकार के ख़िलाफ़ अविश्वास प्रस्ताव कम्युनिस्टों और क्षेत्रीय दलों के समर्थन के कारण पराजित हो गया।

इन्दिरा ने कांग्रेस की कार्य समिति और संसदीय बोर्ड पर अपने पूर्ण नियन्त्रण के लिए मंच तैयार कर लिया था। उन्होंने 1971 के मध्यावधि चुनावों में निर्णायक जीत के साथ सत्ता पर अपनी पकड़ मज़बूत कर ली। जहाँ विपक्ष की सिर्फ़ पच्चीस सीटें थीं, इन्दिरा की नयी कांग्रेस पार्टी ने 352 सीटें जीत ली थीं। तीसरी बार प्रधानमन्त्री पद की शपथ लेने के बाद किसी को उनकी राजनीतिक क्षमता पर सन्देह नहीं रह गया था। इन्दिरा लहर देश में 'ग़रीबी हटाओ' के शक्तिशाली नारे के साथ चली आ रही थी। पार्टी में व्यक्तिपूजा स्थापित हो रही थी, और वे उसकी पोस्टर गर्ल थीं।

चूँकि जेपी इन्दिरा को बचपन से क़रीब से जानते थे, यह आसानी से अनुमान लगाया जा सकता है कि वे इन्दिरा के सलाहकार या संरक्षक के रूप में अपने को देख रहे थे। उन्होंने सोचा होगा कि वे उनके साथ वही रिश्ता रखेंगी जैसा नेहरू का गांधी के साथ था। लेकिन इन्दिरा के पास पहले ही सलाहकारों या, जयराम रमेश द्वारा प्रस्तावित शब्द, 'सूत्रधारों' की टीम थी[4], जिसमें राजनयिक टीएन कौल और डीपी धर (जो इंस्टिट्यूट ऑफ़ इकॉनोमिक ग्रोथ के निदेशक रह चुके थे और दिल्ली स्कूल ऑफ़ इकोनॉमिक्स के संस्थापकों में थे), अर्थशास्त्री पीएन धर, सुरक्षा सलाहकार आरएन काओ और मुख्य सूत्रधार यानी लन्दन स्कूल ऑफ़ इकोनॉमिक्स से शिक्षित चौवन वर्षीय पीएन हक्सर शामिल थे। राजनीतिक गलियारों में उन्हें पंच पांडव भी कहा जाता था। इन्दिरा रोमेश थापर जैसे वामपन्थी मित्रों से भी विचार-विमर्श करती थीं।

उस समय इन्दिरा के साथ जेपी का रिश्ता प्रतिद्वन्द्वी का नहीं, तो सहयोगी का भी नहीं था। वे जेपी पर पूरी तरह भरोसा नहीं करती थीं, लेकिन उनके रिश्ते में ऊष्मा और अपनापन था, जो उनके नियमित पत्रों में भी झलकता था। मसलन, 6 जुलाई 1966 को लिखे पत्र में इन्दिरा ने जेपी को कश्मीर पर अपने विचार साझा करने के लिए धन्यवाद दिया और एक बैठक का प्रस्ताव रखा। "मैं सोच रही थी कि क्या आपके अगले महीने दिल्ली आने की सम्भावना है ताकि हम इस मामले पर चर्चा कर सकें। मुझे ऐसे अवसर का इन्तज़ार है।"[5]

जेपी ने अपने गर्मजोशी भरे जवाब में इन्दिरा की काहिरा और मॉस्को की यात्रा का उल्लेख किया था : "मैं तुम्हारी विदेश यात्रा की सफलता पर तुम्हें बधाई देना चाहता हूँ...मुझे आशा है कि तुम अच्छे स्वास्थ्य के साथ लौट आयी हो क्योंकि तुम्हारे सामने संसद के साथ सरकार के भी भारी दायित्व हैं।"[6]

उनके बीच कई मधुर और अनौपचारिक ख़तों का भी आदान-प्रदान हो रहा था। मसलन, यह ख़त : "प्रिय इन्दु, कल रात जब मैंने रेडियो पर तुम्हें मिलीं जन्मदिन की बधाइयों के बारे में सुना तो मुझे एहसास हुआ कि कल

तुम्हारा पचासवाँ जन्मदिन था। जिस पड़ाव पर मैं हूँ, 50 की उम्र युवा लगती है...मैं प्रार्थना करता हूँ कि तुम्हें लम्बी उम्र मिले और तुम हमेशा युवा बनी रहो। मैं फिर से तुम्हारे लम्बे जीवन, सुख, प्रसिद्धि और सफलता की कामना करता हूँ।"[7]

इन्दिरा ने भी जेपी को उनके द्वारा बिहार के सूखाग्रस्त इलाक़ों में किये गये राहत कार्यों के लिए धन्यवाद देते हुए पत्र लिखे थे : "इस पत्र का उद्देश्य आपके द्वारा किये गये अद्भुत काम के लिए आपको धन्यवाद देना है। आपने बिहार में सूखा-राहत कार्यों का आयोजन और आधिकारिक और ग़ैर-आधिकारिक, दोनों तरह की एजेंसियों को प्रेरित किया है। आपने धन जुटाने के लिए देश भर में यात्राएँ की हैं। आपका उत्साह और उदाहरण कई लोगों के लिए प्रेरणा है।"[8]

1966 की जुलाई से अक्टूबर तक ख़रीफ़ फ़सल-चक्र के दौरान बिहार के लगभग सभी ज़िलों में भयंकर सूखा पड़ा। जेपी ने अपने जीवन में ऐसी भीषण आपदा नहीं देखी थी। अगस्त-सितम्बर के दौरान उत्तर बिहार में आयी बाढ़ ने स्थिति को बदतर कर दिया। राज्य का 36 प्रतिशत क्षेत्र अकाल की चपेट में था। क़रीब 30 प्रतिशत क्षेत्र, जहाँ उपज सामान्य से 50 प्रतिशत से कम थी, को 'तंगी' से प्रभावित घोषित कर दिया गया।[9] राज्य के क़रीब 3 करोड़ चालीस लाख निवासी जीवन बचाने के लिए लड़ रहे थे। बिहार के मुख्यमन्त्री कृष्णबल्लभ सहाय ने एक रिलीफ कमेटी की स्थापना की। यह कमेटी राहत कार्यों में सरकार की सहायता कर रही थी और अमेरिका से आयातित गेहूँ को राशन की बीस हज़ार दुकानों से वितरण में भी मदद कर रही थी। जेपी के निर्देशन में काम कर रही इस समिति ने ज़िला, ब्लॉक और पंचायत स्तरों पर राहत कर्मियों और राज्य सरकार द्वारा प्रदान किये गये होम गार्ड के जवानों को तैनात कर मुफ़्त रसोई तथा भोजन वितरण केन्द्रों का एक नेटवर्क शुरू कर दिया।

जेपी ने लोगों, संस्थानों और उद्योगों से उदारतापूर्वक दान देने की अपील की, और इस मसले पर अन्तरराष्ट्रीय सहयोग जुटाने के लिए अपने मित्र और *लन्दन ऑब्ज़र्वर* के सम्पादक डेविड एस्टोर की भी मदद ली। ऑक्सफैम,

कैथोलिक रिलीफ सर्विस, केयर, अमेरिकन पीस कोर जैसी अन्तरराष्ट्रीय एजेंसियाँ और अन्य छोटे संगठन तुरन्त सामने आ गये थे। ब्रिटेन, फ्रांस, पश्चिम जर्मनी, स्कैंडिनेवियाई देश, कनाडा, संयुक्त राज्य अमरीका और ऑस्ट्रेलिया के छात्र बड़ी संख्या में स्वयंसेवकों के रूप में राहत कार्य करने भारत आ गये। उन्होंने खाने के पैकेट और दवाइयाँ बाँटीं, और कुएँ भी खोदे। केन्द्र सरकार इस स्थिति को कमतर दिखाना चाहती थी, लेकिन जेपी ने इस मसले पर नियमित बयान जारी कर केन्द्र को यह मौक़ा नहीं दिया। उन्होंने दो साल का बृहद लघु सिंचाई कार्यक्रम निर्धारित किया।

इस बीच बिहार और अन्य राज्यों में साम्प्रदायिक तनाव बना हुआ था, जिसके परिणामस्वरूप हिंसा की घटनाएँ हो रही थीं। राष्ट्रीय एकता परिषद के आँकड़े साम्प्रदायिक हिंसा में चिन्ताजनक वृद्धि को दर्शाते थे। 1968 में ऐसे 346 मामले दर्ज किये गये। दंगा-प्रभावित क्षेत्रों की यात्राओं में व्यस्त जेपी के पास अपने क़रीबी दोस्त और कॉमरेड रामबृक्ष बेनीपुरी की मृत्यु पर शोक मनाने का भी समय नहीं था। अगस्त-सितम्बर 1967 के राँची दंगों पर जेपी ने कहा था, "हमारे पालन-पोषण, हमारे धार्मिक विश्वास, हमारी शिक्षा और शैतानी प्रोपेगंडा द्वारा निर्मित हमारे सामूहिक दृष्टिकोण में कुछ ऐसा बुनियादी तौर पर ग़लत है, जिसके कारण सामान्य मनुष्य अचानक रक्तपिपासु राक्षस बन रहे हैं।"[10]

उन्होंने उन लोगों के प्रति आभार व्यक्त किया जो उग्र धार्मिकता से दूर रहे और भीषण दंगों के दौरान भी अपनी मानवता नहीं खोयी। उन्होंने बिहार के मन्त्री रामानन्द तिवारी की विशेष प्रशंसा की, "जिनकी अद्भुत बहादुरी, गहरी इन्सानियत और दृढ़ नेतृत्व ने सैकड़ों लोगों की जान बचायी।"[11] मुस्लिम अलगाववाद पर उन्होंने कहा, "दुर्भाग्य से अभी भी ऐसे मुस्लिम संगठन हैं, जो धार्मिक या सांस्कृतिक गतिविधि की आड़ में मुस्लिम समुदाय के अलगाव पर ज़ोर देते हैं, हिन्दू संवेदनशीलताओं को नज़रअन्दाज़ करते हैं और राष्ट्रीय और सामाजिक जीवन की मुख्यधारा से अलग रहते हैं...मुझे डर है कि मैं जो कह रहा हूँ उससे ग़ुस्सा भड़क सकता है। जो लोग (मुझे सुनकर) नाराज़ होंगे, उनके लिए मुझे खेद है लेकिन मैं केवल एक मित्र के रूप में बोल रहा हूँ,

एक ऐसे व्यक्ति के रूप में जो भारतीय मुसलमानों के भविष्य और एक राष्ट्र के रूप में हमारे देश के भविष्य की गहरी फ़िक्र करता है।"[12]

28-29 दिसम्बर 1968 को नयी दिल्ली में साम्प्रदायिकता के ख़िलाफ़ आयोजित ग्यारहवें राष्ट्रीय सम्मेलन में अपने अध्यक्षीय भाषण में जेपी ने हिन्दू साम्प्रदायिकता पर तीखा प्रहार किया था। बहुसंख्यकवाद पर उन्होंने कहा, "भारत कई धर्मों का देश है, लगभग हर धार्मिक समुदाय के पास साम्प्रदायिकता का अपना चेहरा है। यह हानिकारक है लेकिन हिन्दू साम्प्रदायिकता दूसरों की तुलना में अधिक हानिकारक है। इसका एक कारण यह है कि चूँकि हिन्दू भारत की आबादी का एक बड़ा हिस्सा हैं, इसलिए हिन्दू साम्प्रदायिकता आसानी से भारतीय राष्ट्रवाद का मुखौटा पहन सकती है, और अपने विरोध को राष्ट्र-विरोधी बता सकती है।"[13]

उनके भाषण ने हंगामा खड़ा कर दिया। इसके दस महीने बाद, यानी 18 और 24 सितम्बर 1969 के बीच अहमदाबाद में एक बड़ा दंगा भड़क गया। पूरे एक हफ़्ते तक, जब देश महात्मा गांधी की जन्मशती की तैयारी कर रहा था, आगजनी, बर्बर और सुनियोजित हमलों ने हज़ारों लोगों को बेघर कर दिया। सैकड़ों लोग मारे गये, जिनमें अधिकांश मुसलमान थे और तबाह हुए दस में से नौ घर और व्यापारिक प्रतिष्ठान उनके थे।[14] आहत जेपी ने लेख लिखे और हिन्दू साम्प्रदायिक संगठनों पर कड़ा प्रहार किया जो इतिहास को विकृत कर, मुसलमानों को आक्रान्ता और दुश्मन के रूप में चित्रित कर रहे थे। सबसे बढ़कर वे यह कहकर 'हिन्दू दिमाग में ज़हर घोल' रहे थे कि पाकिस्तान हासिल करने के बाद मुसलमानों को भारत में रहने का कोई अधिकार नहीं है।[15] आरएसएस को दोषी ठहराते हुए उन्होंने कहा कि यह संगठन उग्र रूप से सांप्रदायिक है और आइसबर्ग की नोक की तरह है, जिसका सिर्फ़ कुछ हिस्सा ही दिखाई देता है, लेकिन बहुत बड़ा अंश छुपा हुआ रहता है।

जेपी ने *इंडियन एक्सप्रेस* के प्रधान सम्पादक फ्रैंक मोरेस को लिखा था, "हम हिन्दुओं की प्रवृत्ति रही है कि हम अपने महान पूर्वजों के उच्च विचारों के पीछे आश्रय ले लेते हैं, और उसके पीछे रहकर धर्म और कर्म-काण्डों के ऐसे

स्वरूप को अपना लेते हैं जो उपनिषदिक ऋषियों की आध्यात्मिक अन्तर्दृष्टि से लाखों मील दूर है। यह आत्म-छलना, आत्म-प्रशंसा आज के हिन्दू समाज और ज्ञानोदय तथा प्रगति के बीच खड़ी है। हमें स्वयं के प्रति ईमानदार होकर स्वीकार करना चाहिए कि हमारा समाज एक पतनशील समाज है जिसे शायद एक नये गौतम बुद्ध की आवश्यकता है जो इसे मकड़जाल से मुक्त कर शुद्ध कर सके।"[16]

जेपी ने गांधीवादी तरुण शान्ति सेना के माध्यम से हिंसाग्रस्त क्षेत्रों में शान्ति वार्ता शुरू की। उन्होंने ख़ान अब्दुल गफ़्फ़ार ख़ान के अस्सीवें जन्मदिन को, जो 24 दिसंबर 1969 को पड़ता था, 'इन्सानी बिरादरी' या मानव भाईचारा दिवस के रूप में मनाने की योजना बनायी। उन्होंने साम्प्रदायिक संघर्षों के शान्तिपूर्ण समाधान और सामाजिक समरसता की स्थापना के लिए 'इन्सानी बिरादरी' नामक छोटे संगठन की स्थापना भी की।

वर्ष 1968 के दौरान दुनिया भर में क्रान्तियाँ और सामाजिक संघर्ष दर्ज हुए थे। संयुक्त राज्य अमरीका में वियतनाम युद्ध के विरोध में छात्र सड़कों पर घेराबन्दी कर रहे थे। मार्च में स्मिथ कॉलेज की 1227 छात्राओं ने युद्ध के विरुद्ध तीन दिवसीय उपवास रखा। हार्वर्ड, प्रिंसटन और अन्य विश्वविद्यालयों में भी युद्ध के विरोध में छात्रों और प्रोफ़ेसरों ने उपवास किया। मई 1968 में पाँच लाख प्रदर्शनकारियों ने पेरिस की सड़कों पर 'अलविदा, डी गॉल' के नारे लगाते हुए प्रदर्शन किया। तारिक अली और वैनेसा रेडग्रेव के नेतृत्व में वियतनाम युद्ध के ख़िलाफ़ प्रदर्शनकारियों ने लन्दन के ग्रोसवेनर स्क्वायर में अमेरिकी दूतावास के बाहर मार्च किया। जर्मनी, इटली, स्पेन, पोलैंड और उत्तरी आयरलैंड में भी विरोध प्रदर्शन हुए। मेक्सिको का जन आन्दोलन, जिसके परिणामस्वरूप ट्लाटेलोल्को स्क्वायर का कुख्यात नरसंहार हुआ, और प्राग स्प्रिंग जहाँ छात्र, लोकतान्त्रिक विद्रोह को कुचलने के लिए आये सोवियत टैंकों पर मशालें फेंक रहे थे, विद्रोह की स्थायी छवियाँ बन गयी थीं।

इन सबके बीच जेपी के पास तमाम देशों में सम्मेलनों और सेमिनारों को सम्बोधित करने के निमन्त्रण आ रहे थे। जेपी ने प्रभावती के साथ 1968 में यूरोप, संयुक्त राज्य अमेरिका, कनाडा, रूस, जापान, कम्बोडिया, थाईलैंड और अफ़ग़ानिस्तान की क़रीब सत्तर दिन की यात्रा की। इस लम्बी यात्रा के

दौरान लुई फिशर, ई एफ़ शूमाखर, आर्थर केस्लर, विली ब्रांट और काबुल में बादशाह ख़ान से मिले। मॉस्को में अपने प्रवास के दौरान वे लेनिन की समाधि पर गये। जब वे दुनिया भर में चल रहे क्रान्तिकारी आन्दोलनों को देखते थे, उन्हें भारत में छात्रों द्वारा चलाये जा रहे अहिंसक सामाजिक आन्दोलन का नेतृत्व करने की सम्भावना नज़र आने लगती थी। उन्हें ख़ुद को 'क्रान्तिकारी' के रूप में देखने में सुख मिलता था। यह शब्द 'स्वतन्त्रता, आनन्द और आत्म-बोध' का उद्घोष करता था।[17]

जब 4 मई 1969 को राष्ट्रपति ज़ाकिर हुसैन की मृत्यु के बाद जेपी से राष्ट्रपति पद के लिए नामांकन स्वीकार करने का आग्रह किया गया, उन्होंने मुस्कुराकर कहा कि वे सोने के पिंजरे में क़ैद पक्षी नहीं होना चाहते हैं।[18] वे सर्वसम्मति की राजनीति के लिए काम करना शुरू कर रहे थे, इस दृष्टिकोण पर आस्था लिए कि प्रतिस्पर्धी राजनीति की जगह नहीं रही। उन्होंने 21 से 23 फ़रवरी 1969 के बीच दिल्ली के इंडिया इंटरनैशनल सेंटर में एकता और लोकतन्त्र पर एक राष्ट्रीय सम्मेलन का आयोजन किया। इसमें प्रमुख शिक्षाविदों और पत्रकारों के साथ कांग्रेस, जनसंघ, प्रजा सोशलिस्ट पार्टी, भारतीय कम्युनिस्ट पार्टी, संयुक्त सोशलिस्ट पार्टी (एसएसपी), भारतीय कम्युनिस्ट पार्टी (मार्क्सवादी) और रिपब्लिकन पार्टी जैसे प्रमुख राजनीतिक दलों के प्रतिनिधि भी शामिल हुए थे। इस सम्मेलन के बाद दो अध्ययन समूह बनाये गये। एक राष्ट्रीय एकता पर केन्द्रित था, जिसके संयोजक समाजशास्त्री एमएन श्रीनिवास थे; दूसरा संवैधानिक और प्रशासनिक परिवर्तनों पर केन्द्रित था, जिसके संयोजक बी शिव राव और मेरे पिता बिमल प्रसाद थे।

सम्मेलन के दौरान जेपी ने पूछा था कि क्या सत्ता के संघर्ष में उलझी पार्टियों को प्रतिस्पर्धी राजनीति को छोड़ने और सर्वसम्मति की राजनीति अपनाने के लिए राज़ी किया जा सकता है।[19] उपस्थित सभी लोगों ने इसका समर्थन किया, लेकिन पार्टियों के बीच सहमति के अभाव में बुनियादी मुद्दों पर भी कुछ ठोस हासिल नहीं हुआ। इसी तरह कुछ अन्य चुनाव आयुक्तों की नियुक्ति कर चुनाव आयोग को मज़बूत करने और विवादों के निपटारे के लिए अन्तरराज्यीय परिषद का गठन करने जैसे जेपी के ग़ैर-विवादास्पद प्रस्ताव भी बहुत बाद में स्वीकार और लागू किये गये।

1969 में दुनिया भर में गांधी जन्मशती मनायी गयी। इस अवसर पर जेपी ने गांधीवादी विचारों को विभिन्न मंचों तक पहुँचाया। उन्होंने गांधी के सामाजिक-राजनीतिक विचारों पर पटना के एएन सिन्हा इंस्टीट्यूट ऑफ़ सोशल स्टडीज़ और वाराणसी के गांधी अध्ययन संस्थान, जिसकी स्थापना उन्होंने 1960 में की थी, में व्याख्यान दिये। उन्होंने जादवपुर विश्वविद्यालय में गांधी की अधूरी रह गयी क्रान्ति पर, कैनबरा में गांधी की विकेन्द्रीकरण की राजनीति पर और काबुल के सेमिनार में उनकी वैश्विक विरासत पर व्याख्यान दिये। उन्हें अमरीका और ऑस्ट्रेलिया में गांधीवादी सम्मेलनों में बोलने के लिए आमन्त्रित किया गया था। इन व्याख्यानों में जेपी ने कहा कि गांधी का कार्य भारत की स्वतन्त्रता के साथ समाप्त नहीं हुआ था, यह दरअसल शुरू होने ही वाला था कि उनकी हत्या कर दी गयी। "वह दूसरी क्रान्ति की तैयारी कर रहे थे–एक अहिंसक आर्थिक, सामाजिक और नैतिक क्रान्ति। अफसोस कि हत्यारे की गोलियों ने भारत और दुनिया को एक अनोखे प्रयोग से वंचित कर दिया।"[20]

इन व्याख्यानों में यह अनकहा रह गया कि जेपी ख़ुद ऐसे आन्दोलन का निर्माण करने की योजना बना रहे थे। इसी समय सशस्त्र और भूमिगत गुरिल्ला समूहों के नेतृत्व में रैडिकल असन्तोष का प्रतिनिधित्व करती नयी राजनीति का एक चेहरा नक्सलबाड़ी, तेलंगाना, श्रीकाकुलम में और 1970 तक बिहार के मुज़फ़्फ़रपुर ज़िले के मुसहरी ब्लॉक में जड़ें जमा चुका था। इसकी जड़ें बढ़ते जाते कृषि संकट में थीं। विडम्बना यह थी कि बिहार 1950 में भूमि सुधार पर क़ानून बनाने वाला पहला राज्य था। इसके बावजूद, कई मालिकों के पास सीलिंग की सीमा से अधिक ज़मीन थी। भूमि सुधार क़ानूनों की विसंगतियों ने ज़मींदारों को व्यापार, वाणिज्य, भण्डारण आदि के लिए भूमि पर आधिपत्य बनाये रखने की अनुमति दी हुई थी। इसलिए कई शहरी और ग्रामीण युवा इस आन्दोलन से जुड़ गये जो भले ही हिंसक था, लेकिन उसके भीतर बीटल्स के प्रख्यात गीत 'इमैजिन' की रोमांटिक प्रतिध्वनि थी, जो जॉन लेनन ने गाया था और उनकी पत्नी योको ओनो ने लिखा था।[21]

इस आन्दोलन ने जेपी के भीतर आशा की किरण जगा दी। 8 जून 1969 को एक सम्मेलन को सम्बोधित करते हुए उन्होंने समाज में व्याप्त असमानता और इसे ख़त्म करने के लिए नक्सलियों द्वारा किये जा रहे सकारात्मक कार्यों की बात की। "ये सत्य है कि वे हिंसक हैं। लेकिन मुझे उनसे सहानुभूति है क्योंकि वे ग़रीबों के लिए कुछ कर रहे हैं। यदि क़ानून लोगों को सामाजिक और आर्थिक न्याय देने में असमर्थ है, तो चारों ओर हिंसा का विस्फोट नहीं होगा तो क्या होगा?"[22] गाँवों में पसरी ग़रीबी जैसी समस्याओं के लिए एक अहिंसक सामाजिक क्रान्ति की आवश्यकता पर ज़ोर देते हुए उन्होंने कहा, "इस गांधी शताब्दी वर्ष में यदि लोगों की समस्याओं को लोकतान्त्रिक तरीक़े से हल नहीं किया जाता है, तो लोगों के पास हिंसा के अलावा और क्या सहारा है?"[23]

एक हिंसक और विध्वंसक आन्दोलन के प्रति वक्तव्य पर लोग हैरान रह गये। जून 1970 की शुरुआत में उन्हें वरिष्ठ सर्वोदय कार्यकर्ता निर्मला देशपाण्डे के माध्यम से ख़बर मिली कि मुज़फ़्फ़रपुर ज़िले के मुसहरी में नक्सली दो सर्वोदय कार्यकर्ताओं को मार डालने वाले हैं। जेपी को इस ख़बर ने कुछ हैरान किया, और कुछ उत्साहित भी। उन्हें लग रहा था कि सर्वोदय आन्दोलन अपनी आँच खो रहा है और उसे अधिक गतिशील और प्रभावकारी बनाने की आवश्यकता है।[24] प्रभावती के साथ चर्चा के बाद उन्होंने मुसहरी जाने का निर्णय लिया।

जब राज्य सरकार ने उन्हें सशस्त्र सुरक्षा की पेशकश की, जेपी ने कहा, "मैं अपने लिए की जा रही सुरक्षा व्यवस्था से बहुत व्यथित हूँ। मैं इसे पूरी तरह से अनावश्यक और सार्वजनिक धन की बर्बादी मानता हूँ।"[25] मुसहरी में सतनारायण सिंह, राम देव पासवान, तस्लीमुद्दीन, अशोक सिंह, श्रीपत महतो और राज किशोर सिंह जैसे नक्सलियों के नेतृत्व में हुआ आन्दोलन छह ज़मींदारों की हत्या के बाद कुख्यात हो गया। हथौड़े और दरांती के निशान वाले लाल झण्डे और 'फ़सल कब्ज़ा करो और ज़मीन कब्ज़ा करो'[26] जैसे नारे इस माओवादी आन्दोलन का चरित्र बताते थे।

प्रभावती और जेपी ने गाँव के स्कूल में डेरा जमाया और तय किया कि वे मुसहरी विकास खण्ड के सबसे हिंसा पीड़ित इलाक़ों में जायेंगे। वे अभावग्रस्त

जनता के असन्तोष को तो कम नहीं कर पा रहे थे, लेकिन उनकी क्षणिक उपस्थिति भी लोगों के अँधेरे जीवन में उम्मीद की रौशनी जगा देती थी। इन बैठकों का जेपी के लिए इसलिए भी महत्त्व था कि इनके ज़रिये वे सामाजिक अशान्ति की बुनियादी वजहों को समझ पाये थे। "मैंने पहले कभी ग्रामीण इलाक़े में ख़ुद को इस तरह नहीं डुबोया था। मुझे यह स्वीकार करना होगा कि गाँव की सामाजिक-आर्थिक हक़ीक़त कुरूप है और अत्यधिक विचलित कर देती है। हक़ीक़त से रूबरू होने पर मेरी पहली प्रतिक्रिया थी कि दिल्ली या पटना में हो रही घोषणाएँ ज़मीनी हक़ीक़त से कितनी दूर और अवास्तविक हैं। हवाई शब्द, भव्य योजनाएँ, ढेर सारे सुधार कार्यक्रम। ये सभी या अधिकतर हवा में ही लटके रहते हैं, मुश्किल से ही ज़मीन को छूते हैं–कम से कम यहाँ तो नहीं। अन्त में जो सामने दिखाई देता है वह है घोर ग़रीबी, दुख, असमानता, शोषण, पिछड़ापन, ठहराव, हताशा और निराशा।"[27]

क़रीब डेढ़ साल तक दैनिक चुनौतियों और अभावों को हँसकर स्वीकारते हुए जेपी, प्रभावती और सर्वोदय अनुयायियों ने भूदान को लागू करने के लिए भरसक प्रयास किया। उनके लिए यह प्रत्यक्ष लोकतन्त्र खड़ा करने की चुनौती से कम नहीं था। भूदान के वायदों के अलावा वे ग्रामीणों से अन्य संकल्प लेने का भी आह्वान करते थे। मसलन, जाति और धर्म के भेदभाव मिटाने का, शराब आदि व्यसनों से दूर रहने का, आपसी झगड़े अदालत में ले जाने के बजाय सौहार्द से सुलझाने का प्रण। कुछ ही महीनों में उन्होंने सात ग्राम पंचायतों और तैंतालीस राजस्व गाँवों की यात्रा की, अवितरित भूदान भूमि को लोगों में बाँट दिया, और ग्राम सभा, ग्राम कोष (ग्राम निधि) और शान्ति सेना या शान्ति ब्रिगेड की स्थापना कर दी। सिंचाई के लिए छोटे किसानों की ज़मीनों पर, और भूमिहीनों की बस्तियों में पीने के पानी के लिए हैंडपम्प लगवाये। एवार्ड नामक संस्था, जिसके प्रेसिडेंट जेपी थे, ने सामूहिक ट्यूबवेल खुदवाये। जब तक वे इस इलाक़े में रहे, ब्लॉक प्रशासकों ने ग़रीबी से उत्पन्न होने वाली अशान्ति को कम करने के लिए भरसक प्रयास किया–जो अमूमन काश्तकारों के अधिकारों को सुनिश्चित करने से उपजती थी।

इसका श्रेय उन्हें, दरअसल प्रभावती की दृढ़ इच्छाशक्ति और जादुई व्यक्तित्व को दिया जा सकता है। मुसहरी में उनके जीप चालक जलेश्वर ने

यार्द किया कि सर्दियों की कड़कती ठण्डी रातों में भी प्रभावती दूरदराज के इलाक़ों में जेल में बन्द राज किशोर सिंह और तस्लीमुद्दीन जैसे नक्सलियों के घर जाती थीं, और अक्सर अपनी परिस्थिति को भूलकर उनकी ज़रूरतों को यथासम्भव पूरा करने का प्रयास करती थीं। जब प्रभावती ने देखा कि एक नक्सल परिवार की स्थिति अत्यन्त दयनीय थी, उन्होंने उनके लिए अनाज का बन्दोबस्त किया और दो अबोध बच्चियों की शिक्षा की ज़िम्मेदारी ली।

23 दिसम्बर 1970 को जेपी ने मुसहरी से एक प्रेस बयान जारी कर आन्ध्र प्रदेश और उड़ीसा के चार नक्सली नेताओं–नागभूषण पटनायक, नरेला शेखर, जी पैदय्या और एल लछन्ना–को दिये गये मृत्यु-दण्ड की निन्दा की। "मेरे पास नक्सलवादियों या नक्सलवाद के बारे में कोई जानकारी नहीं है, लेकिन मैं उन्हें सामान्य अपराधियों के समकक्ष नहीं रखूँगा...गांधीजी हिंसा के प्रशंसक नहीं थे, भले ही उसका इस्तेमाल सबसे सराहनीय उद्देश्य के लिए किया गया हो, लेकिन फिर भी उन्होंने सरदार भगत सिंह और उनके दो स्वतन्त्रता सेनानी साथी, राजगुरु और सुखदेव को बचाने के लिए भरसक प्रयास किया।"[28]

मुसहरी सिर्फ़ शुरुआत थी। बिहार के दरभंगा, चम्पारण, सीतामढ़ी, पूर्णिया और समस्तीपुर जैसे ज़िलों के किसान लम्बी लड़ाई के लिए तैयार हो रहे थे। भोजपुर नक्सली दस्तों का सबसे सघन केन्द्र बन चुका था। स्वयंसेवी संस्थाओं के राष्ट्रीय सम्मेलन में दिये एक सम्बोधन के दौरान जेपी ने आत्मतुष्ट सरकार को चुनौती देते हुए कहा, "मेरे सर्वोदय और गांधीवादी मित्र यह सार्वजनिक बयान सुनकर आश्चर्यचकित हो जायेंगे। मैं पूरी ज़िम्मेदारी से कहता हूँ कि अगर मुझे यक़ीन हो जाये कि हिंसा के अलावा लोगों का उद्धार असम्भव है, तो जेपी नारायण भी हिंसा का रास्ता अख़्तियार कर लेंगे। यदि लोगों की समस्याओं का समाधान लोकतान्त्रिक तरीक़े से नहीं किया जा सका, मैं भी हिंसा का सहारा लूँगा।"[29]

नक्सल आन्दोलन पर मँडराती भ्रामक अवधारणाओं को नकारते हुए जेपी ने कहा कि अरसे से चली आ रही क्रूर शोषण व्यवस्था, बेइन्तहा ग़रीबी

और अन्याय ने इस हिंसा को पैदा किया था। उन्होंने शक्तिशाली वर्गों के प्रति आक्रोश व्यक्त करते हुए कहा, "इस हिंसा को तथाकथित नक्सलियों ने नहीं, बल्कि उन लोगों ने जन्म दिया है जो पिछले कई वर्षों से क़ानूनों की अवहेलना करते आ रहे हैं–चाहे वे राजनेता हों, प्रशासक हों, ज़मींदार या साहूकार। बड़े किसानों ने बेनामी और फ़र्ज़ी लेनदेन के ज़रिये सीलिंग क़ानून का मज़ाक बना दिया। रसूखदार लोगों ने सरकारी और गाँव की सार्वजनिक ज़मीन हड़प ली। भूस्वामियों ने अपने बटाईदारों के क़ानूनी अधिकारों का हनन किया, उन्हें उनकी जोत से बेदख़ल कर दिया, अपने मज़दूरों को कम वेतन दिया और उन्हें उनके घरों से बाहर निकाल दिया। इन लोगों ने धोखे से या बलपूर्वक कमज़ोर वर्गों की ज़मीनें छीन लीं। तथाकथित ऊँची जाति के लोग हरिजनों को हेय दृष्टि से देखते हैं, उनके साथ बुरा सलूक करते हैं और भेदभाव करते हैं। साहूकार बेहिसाब ब्याज़ वसूलते हैं और ग़रीबों और कमज़ोरों की ज़मीनें ज़ब्त कर लेते हैं। राजनेता और प्रशासक इन अपराधों को बढ़ावा देते हैं। यही वे लोग हैं जिन्होंने ग़रीबों और वंचितों के साथ अन्याय किया है, उन्हें घाव दिये हैं, और इसलिए वे अब हिंसा के ज़रिये अपना समाधान तलाश रहे हैं।"[30]

जेपी को डर था कि नक्सल आन्दोलन के ख़िलाफ़ राज्य की प्रतिहिंसा निरंकुशता को जन्म देगी। जेपी ने ज़मींदारों के क़ब्ज़े वाली *'ग़ैर मजूरवा'*[31] और सीलिंग से ऊपर जा रही भूमि को भूमिहीन और ग़रीब किसानों में वितरित करने के लिए सीपीआई, पीएसपी और एसएसपी द्वारा शुरू किये गये समानान्तर आन्दोलन को अपना समर्थन दे दिया। उनके अनुसार इस आन्दोलन का एकमात्र चिन्ताजनक पहलू था कि सीपीआई भूमिहीनों को लाठी, भाले और तलवार के साथ बैठकों और जुलूसों में आने की सलाह दे रही थी। "यह हिंसा को खुला निमन्त्रण है और इसे लोकतान्त्रिक लोगों का आन्दोलन नहीं कहा जा सकता।"[32]

जेपी ने उन लोगों पर भी पलटवार किया जो इस आन्दोलन की नैतिकता पर सवाल उठा रहे थे। "जब गाँवों के ताक़तवर लोगों ने अवैध रूप से सैकड़ों हज़ारों एकड़ ज़मीन हड़प ली जिस पर उनका कोई अधिकार नहीं था, तब ऐसे सवाल नहीं उठाये गये, न कोई हंगामा हुआ, न किसी ने भूमि

क़ब्ज़ा करने वालों पर आरोप लगाये और न ही "लोकतन्त्र ख़तरे में है" के नारे लगाये गये।"[33]

जेपी मुसहरी पर अपने लेख 'आमने सामने' पर आयी इन्दिरा गांधी की प्रतिक्रिया से खुश थे। इन्दिरा जेपी के मुख्य प्रस्तावों से सहमत नज़र आ रही थीं। "आपका प्रयोग ज़मीनी स्तर पर अहिंसक परिवर्तन की सम्भावनाओं को तलाशने का एक सुनहरा प्रयास है...मैं भी इस पर ज़ोर देती रही हूँ कि नक्सलवाद को प्रतिहिंसा से ख़त्म नहीं किया जा सकता है, इसे ग़रीबी और शोषण के ख़िलाफ़ सघन अभियान से ही मिटाया जा सकता है," इन्दिरा ने लिखा था।[34]

लगभग 1970 तक इन्दिरा और जेपी के बीच मतभेदों में कोई द्वेष नहीं था। उनके बीच आत्मीय सम्पर्क बना रहा। वे इन्दिरा की विसंगतियों और कमियों को उजागर करना अपना दायित्व समझते थे। लेकिन धीरे-धीरे दोनों के बीच वैमनस्य की दरारें दिखने लगीं। 1971 में इन्दिरा की ज़बरदस्त चुनावी सफलता के बाद लिखे 13 मार्च के पत्र में जेपी ने राष्ट्रपति चुनाव में उनके रुख़ की आलोचना की थी। उन्होंने पत्र की शुरुआत बधाई के साथ की। "मैं यह पत्र भारत की प्रधानमन्त्री श्रीमती इन्दिरा गांधी को नहीं, बल्कि इन्दु को लिख रहा हूँ। सबसे पहले प्रभा और मैं तुम्हें बहुत-बहुत बधाई देते हैं। यह जीत भारत के लोकतान्त्रिक इतिहास में एक अभूतपूर्व घटना है, जिसका सारा श्रेय तुम्हारा है...यद्यपि मैं जानता था कि यह तुम्हारे राजनीतिक जीवन-मरण की घड़ी थी, लेकिन राष्ट्रपति चुनाव के समय तुम्हारा राजनीतिक आचरण मुझे पसन्द नहीं आया।"[35]

इन्दिरा के जवाब में तीखेपन का पहला स्वर सुनाई दिया जो आगामी वर्षों में तीव्र होने वाला था। "बधाई पत्र के लिए धन्यवाद। आपने लिखा कि राष्ट्रपति चुनाव के समय मेरा आचरण आपको पसन्द नहीं आया, हालाँकि आप इसे मेरे राजनीतिक जीवन के लिए आवश्यक मानते थे। यह पढ़कर मुझे दुख हुआ। मुझे विशेष रूप से यह सोचकर दुख हुआ कि आप मुझे इतना कम जानते हैं। मुझे कभी भी अपने राजनीतिक या किसी अन्य प्रकार के अस्तित्व की चिन्ता नहीं रही है। उस समय जो सवाल था, वह मेरे भविष्य का नहीं, बल्कि कांग्रेस के भविष्य का और इसलिए देश के भविष्य का सवाल था।"[36]

अपनी तमाम व्यस्तताओं के बीच जेपी की निगाह कश्मीर पर ठहरी हुई थी। 1966 में उन्होंने कोडाइकनाल में हिरासत में लिए गये शेख़ अब्दुल्ला से मिलने के लिए इन्दिरा की अनुमति ली और उनकी तत्काल रिहाई के लिए अपना अभियान तेज कर दिया। 13 अप्रैल 1967 को प्रेस को दिये एक बयान में उन्होंने कहा, "मूल्यों में आस्था लेकर जी रहे लोगों को मुक़दमे के बग़ैर अनिश्चित काल तक हिरासत में रखना न केवल इसके उद्देश्य को नकारता है, बल्कि समस्त लोकतान्त्रिक सिद्धान्तों और पद्धतियों के लिए पूरी तरह से प्रतिकूल है।"[37]

जब शेख़ को 4 जनवरी 1968 को नज़रबन्दी से रिहा किया गया, जेपी ने सरकार को बधाई दी और कश्मीर समस्या के शीघ्र समाधान के लिए दबाव डालना शुरू कर दिया। ऐसा समाधान जो भारत के भीतर कश्मीर को आन्तरिक स्वायत्तता प्रदान करे और राज्य के भीतर जम्मू को स्वायत्तता दे। उनका मानना था कि शेख़ अब्दुल्ला कश्मीर घाटी में जनमत को प्रभावित कर सकते थे। शेख़ ज़ोरदार स्वागत के बीच कश्मीर लौटे और 1964 में स्थापित जनमत-संग्रह मोर्चे के भीतर नयी जान फूँक दी। उन्होंने जेपी से अनुरोध किया कि वे इस संकट के निष्पक्ष मूल्यांकन के लिए जून 1968 में दस दिनों के लिए अध्येताओं और नेताओं के एक दल को कश्मीर भेज दें।

इस टीम में दार्शनिक एआर वाडिया, समाजशास्त्री एससी दुबे, सर्व सेवा संघ के अध्यक्ष एमएम चौधरी, समाजवादी नेता और विद्वान मोइनुद्दीन हैरिस, अर्थशास्त्री पीएन धर और मेरे पिता बिमल प्रसाद शामिल थे। वे सभी 23 जून को श्रीनगर पहुँचे और शेख़ अब्दुल्ला और मिर्ज़ा अफ़जल बेग सहित जम्मू-कश्मीर के प्रमुख राजनेताओं से मुलाक़ात की। इस टीम ने विश्वविद्यालय के शिक्षकों, छात्रों और नौकरशाहों के साथ वार्ताकार के रूप में नहीं, बल्कि बतौर स्वतन्त्र पर्यवेक्षक संवाद किया। वे श्रीनगर और आसपास के क़स्बों और गाँवों में स्थानीय लोगों से मिले।

इस समिति ने कश्मीर में दो विशेष समस्याग्रस्त प्रवृत्तियों को दर्ज किया : बढ़ता साम्प्रदायिक तनाव, और छात्रों के बीच पनपता कट्टरपन्थ। "कश्मीर की राजनीति में वैचारिक और संगठनात्मक रूप से छात्र अनिश्चितता पैदा

कर सकते हैं। क्रोध और हताशा में आकर वे कठोर साम्प्रदायिक रुख़ अपना सकते हैं," इस दल की रिपोर्ट ने कहा था।[38] रिपोर्ट स्पष्ट करती थी कि कई स्तरों पर विफल रही भारत की लोकतान्त्रिक व्यवस्था से मोहभंग आगामी समय में गम्भीर असन्तोष को भड़का सकता था।

जब 10 अक्टूबर 1968 को जेपी ने घाटी का दौरा किया, उन्हें एक 'नायक जैसा स्वागत मिला'.[39] लेकिन उनके और शेख़ अब्दुल्ला द्वारा संयुक्त रूप से सम्बोधित एक सार्वजनिक बैठक ने दुर्भाग्यशाली मोड़ ले लिया। शेख ने गांधी और नेहरू द्वारा दिये गये वायदों का हवाला दिया कि कश्मीर के लोगों को उनकी इच्छानुसार अपनी नियति निर्धारित करने का अधिकार होना चाहिए। इस मुद्दे पर उन्हें प्रत्युत्तर देते हुए जेपी ने कहा कि 1965 के संघर्ष के बाद कोई भी सरकार, भले ही वह उनके नेतृत्व की क्यों न हो, ऐसे समाधान को स्वीकार नहीं कर सकती जो कश्मीर को भारत से बाहर रखता है। एक मित्र और शुभचिन्तक के रूप में उन्होंने कश्मीर के लोगों को भारतीय संघ के ढाँचे के भीतर समाधान खोजने की सलाह दी। आत्मनिर्णय की माँग पर उन्होंने कहा, "किसी समुदाय को परिभाषित करना और भौगोलिक रूप से उसका सीमांकन करना बेहद मुश्किल है...क्या कश्मीरी एक समुदाय हैं? तो फिर डोगरा और लद्दाखियों का क्या? आप रेखा कहाँ खींचेंगे?"[40]

इन शब्दों से शेख़ अब्दुल्ला क्रोधित हो गये। उन्होंने कहा, "आज़ादी कभी उपहार में नहीं मिलती, इसे छीनना पड़ता है। सवाल यह नहीं कि भारत सरकार हमें क्या देना चाहती है, बल्कि कश्मीर के लोग क्या चाहते हैं। वे इसे अपनी ताक़त से हासिल कर सकते हैं। सैकड़ों नवयुवक फाँसी पर चढ़ने को तैयार हैं। यदि हमारे पास शक्ति है, तो हम इसे हासिल करेंगे या ख़ुद को नष्ट कर देंगे।"[41]

दिल्ली पहुँचकर जेपी ने संवाददाताओं से कहा कि शेख़ का भाषण घाटी के कट्टरपन्थी तत्त्वों को ख़ुश करने के लिए था। लेकिन जनमत-संग्रह के मुद्दे पर शेख़ द्वारा एकदम विपरीत रुख़ लेने के बावजूद उनके प्रति जेपी का स्नेह और उनके नेतृत्व में विश्वास अटूट रहा। शेख़ ने उन्हें 1971 में एक और बड़ा झटका दिया जब उन्होंने कश्मीर और बांग्लादेश के बीच समानता

स्थापित करने की कोशिश की। कश्मीर पर अपना रुख़ दोहराते हुए जेपी ने कहा, "मुझे भारी मन से यह स्वीकार करना होगा कि बांग्लादेश के स्वतन्त्रता संग्राम के प्रति शेख़ साहब के रवैये और कश्मीर और बांग्लादेश के मुद्दों के बीच समानता दिखाने की उनकी कोशिश ने मुझे बहुत निराश किया है। 1947 के उपरान्त इतना कुछ होने के बाद किसी भी कश्मीरी नेता के लिए राज्य में सामान्य स्थिति बहाल होने पर जनमत-संग्रह के मुद्दे पर जवाहरलाल नेहरू के आश्वासन का राग अलापना व्यर्थ है। जनमत-संग्रह का मुद्दा हमेशा के लिए ख़त्म हो चुका है। इतिहास की घड़ी को शेख़ भी पीछे नहीं कर सकते... एकमात्र प्रश्न जिसे अभी भी प्रासंगिक माना जा सकता है, वह यह है कि भारतीय संघ के भीतर जम्मू और कश्मीर को, और जम्मू और लद्दाख को राज्य के संवैधानिक ढाँचे के भीतर कितनी स्वायत्तता मिलेगी।"[42]

जब 1971 के संसदीय चुनावों की पूर्व संध्या पर शेख़ अब्दुल्ला और अन्य नेताओं को राज्य से बाहर कर दिया गया, जेपी को गहरा कष्ट पहुँचा था। 26 मार्च 1971 को इन्दिरा को लिखे एक पत्र में उन्होंने कहा, "यह अफ़सोस की बात है कि शेख़ साहब और उनके दोस्तों को संसदीय चुनाव में भाग लेने की अनुमति नहीं थी। यदि यह अनुमति दी गयी होती, घाटी में तनाव कम करने में बहुत मदद मिलती और लोगों की उम्मीदें मज़बूत होतीं कि उनकी लोकतान्त्रिक आकांक्षाएँ वर्तमान संविधान के भीतर पूरी हो सकती हैं।"[43]

इस बढ़ती राजनीतिक अप्रत्याशा के बीच शेख मुजीबुर रहमान के नेतृत्व में पूर्वी पाकिस्तान में राजनीतिक स्वायत्तता के लिए चल रहा क्रान्तिकारी आन्दोलन चिन्ता का प्रमुख विषय बनकर उभर रहा था। देशद्रोह के आरोप में मुजीबुर रहमान पर चले मुक़दमे और इस आन्दोलन के दमन के विरोध में भीषण प्रदर्शन हो रहे थे। जेपी ने आन्दोलन के समर्थन में तीन बयान जारी किये और मित्र देशों से तत्काल क़दम उठाने की अपील की ताकि यह सुनिश्चित किया जा सके कि "कोई भी देश पाकिस्तान की सैन्य तानाशाही को सशस्त्र सहायता न दे और न ही पश्चिम (पाकिस्तान) से पूर्व को सामग्री की आपूर्ति में मदद करे।"[44]

उन्होंने बांग्लादेश को तत्काल मांन्यता देने की सम्भावना पर चर्चा करने के लिए 4 अप्रैल 1971 को नयी दिल्ली में प्रमुख पत्रकारों से भी मुलाक़ात की। इस बैठक में फ्रैंक मोरेस, जॉर्ज वर्गीज, गिरिलाल जैन, कुलदीप नैयर और दिलीप मुखर्जी जैसे पत्रकार उपस्थित थे। सबने सर्वसम्मति से कहा कि अभी मान्यता का समय नहीं आया था क्योंकि पूर्वी पाकिस्तान में अभी तक क़ोई ठोस राजनीतिक संगठन या संरचना नहीं उभरी थी, जिसे सरकार कहा जा सके। अन्ततः जेपी को स्वीकार करना पड़ा कि "किसे मान्यता दी जाये का प्रश्न भले ही मान्यता के मामले को पूरी तरह ख़ारिज न करे, लेकिन उसे काफ़ी कमज़ोर कर देता है।"[45]

बांग्लादेश में बड़े पैमाने पर हुए नरसंहार ने लाखों लोगों की जानें ले ली थीं। एक करोड़ तीस लाख लोग विस्थापित हो गये और नब्बे लाख से अधिक शरणार्थी भारत में पलायन कर गये। जेपी ने इन्दिरा से पाकिस्तान के ख़िलाफ़ वैश्विक जनमत जुटाने में अग्रणी भूमिका निभाने की अपील की। इन्दिरा ने 'दुनिया की अन्तरात्मा को जाग्रत करने के लिए' वरिष्ठ कैबिनेट मन्त्रियों को कई देशों में भेजा। उन्होंने नरसंहार की ओर ध्यान आकर्षित करने के लिए जेपी को काहिरा, रोम, बेलग्रेड, मॉस्को, हेलसिंकी, स्टॉकहोम, बॉन, पेरिस, लन्दन, वाशिंगटन, न्यूयॉर्क, ओटावा, वैंकूवर, टोक्यो, जकार्ता, सिंगापुर और कुआलालंपुर जैसे शहरों की यात्रा करने के लिए भी प्रोत्साहित किया। जब भारत लौटकर जेपी ने 29 जून को एक प्रेस बयान जारी किया, इन्दिरा द्वारा 'कार्रवाई करने में देरी' को लेकर उनकी अधीरता साफ़ दिखाई दे रही थी। "मैं विदेश में जिससे भी मिला, उन्होंने कठिन संकट से निपटने में प्रधानमन्त्री के संयम और कुशल नेतृत्व की प्रशंसा की। मैं भी इसके लिए उनकी प्रशंसा करता हूँ। लेकिन अब उन्हें निर्णय लेना होगा कि क्या अब कार्रवाई का समय नहीं आया है।"[46]

जेपी ने 18 सितम्बर को नयी दिल्ली के सप्रू हाउस में बांग्लादेश पर एक अन्तरराष्ट्रीय सम्मेलन का आयोजन किया, जिसमें चौबीस देशों के एक सौ पचास प्रतिनिधियों ने गहनता से भागीदारी की। इस सम्मेलन ने तमाम देशों द्वारा बांग्लादेश को मान्यता देने की सिफ़ारिश की। लेकिन इस मसले पर इन्दिरा की निष्क्रियता को लेकर जेपी की अधीरता बढ़ती रही। *इंडियन*

*एक्सप्रेस* में लिखे एक लेख में उन्होंने शिकायत की कि जिस वक़्त "हमारे देश पर आज़ादी के बाद का सबसे कठिन संकट मँडरा रहा है, हमारे राष्ट्रीय नेतृत्व की इससे भीषण और सम्पूर्ण विफलता की कल्पना करना मुश्किल है।"[47]

अगर इन्दिरा की देरी से जेपी की नाराज़गी बढ़ रही थी, तो जेपी ने भी बांग्लादेश की मान्यता हेतु आन्दोलन के लिए एक संयुक्त मोर्चे की तैयारी कर उन्हें नाराज़ कर दिया। हालाँकि यह मोर्चा अन्तत: एक सपना बनकर रह गया क्योंकि मार्क्सवादियों ने जनसंघ जैसी पार्टियों के साथ गठबन्धन करने से इनकार कर दिया।

इन्दिरा उपयुक्त अवसर का इन्तज़ार कर रही थीं। वे समझ रही थीं कि अगर भारत मुक्ति वाहिनी का प्रत्यक्ष समर्थन करता है, इसे दूसरे देश के आन्तरिक मामलों में हस्तक्षेप कहकर निन्दा की जायेगी। उन्होंने इसका गुप्त समर्थन किया। भारत ने इसके लड़ाकों को शस्त्र दिये, उन्हें प्रशिक्षित और संगठित किया। पाकिस्तान को अमेरिका और चीन से मिल रहे समर्थन की परवाह न करते हुए इन्दिरा ने 9 अगस्त 1971 को रूसी विदेश मन्त्री आंद्रेई ग्रोमीको की भारत यात्रा के दौरान भारत-सोवियत सन्धि पर हस्ताक्षर करके पाकिस्तान के ऊपर महत्त्वपूर्ण कूटनीतिक विजय हासिल कर ली। इस गहराते जाते संकट के बारे में दुनिया को आगाह करने के लिए उन्होंने कई देशों की यात्रा भी की। अमरीकी राष्ट्रपति रिचर्ड निक्सन ने मुलाक़ात के दौरान भले ही उनके शब्दों को कोई तवज्जो न दी हो, लेकिन 7 नवम्बर को कोलम्बिया विश्वविद्यालय के स्कूल ऑफ़ इंटरनैशनल अफेयर्स में भाषण देते वक़्त इन्दिरा ने चेतावनी दी कि अब भारत की सहनशीलता ख़त्म हो चुकी थी।[48]

इन्दिरा को अधिक इन्तज़ार नहीं करना पड़ा। 3 दिसम्बर को पाकिस्तान ने भारत के ख़िलाफ़ ऑपरेशन चंगेज़ ख़ान छेड़ दिया। पाकिस्तानी वायु सेना ने अमृतसर, पठानकोट, श्रीनगर, अवन्तीपुर, जोधपुर, अम्बाला और आगरा के हवाई अड्डों पर हमला किया। पाकिस्तानी आर्टिलरी की सात रेजिमेंट ने कश्मीर में कई जगहों पर आक्रमण किया। इन्दिरा इसी क्षण का इन्तज़ार कर रही थीं। थल सेनाध्यक्ष जनरल सैम मानेकशॉ और पूर्वी कमान के कमांडर-इन-चीफ़ जगजीत सिंह अरोड़ा के नेतृत्व में भारतीय सेना ने पूर्वी पाकिस्तान

पर चढ़ाई कर दी। दो हफ़्ते बाद, भारतीय सेना ढाका में विजय मार्च कर रही थी। पाकिस्तान के शीर्ष सैन्य कमांडर लेफ़्टिनेंट जनरल अमीर 'टाइगर' नियाज़ी और तिरानबे हज़ार से अधिक अधिकारियों और सैनिकों ने भारतीय सेना के सामने आत्मसमर्पण कर दिया था।

यह भारतीय इतिहास का गौरवपूर्ण क्षण था, जिसने अन्ततः 1962 के भारत-चीन युद्ध के अपमान को मिटा दिया था। 6 दिसम्बर 1971 को जब इन्दिरा ने बांग्लादेश गणराज्य को मान्यता देने की घोषणा की तो उनके कट्टर विरोधियों ने भी उनकी सराहना की। जेपी उल्लासित थे। "यह सुनकर मेरे लिए ख़ुशी के आँसू रोकना मुश्किल हो रहा है कि प्रधानमन्त्री ने आज संसद में घोषणा की है कि भारत सरकार ने बांग्लादेश गणराज्य की सरकार को औपचारिक मान्यता दे दी है। यह एक ऐतिहासिक घटना है जो न केवल भारतीय उपमहाद्वीप में बल्कि पूरे दक्षिण एशिया में हालात को बदल देगी।"[49]

मुजीबुर रहमान को पाकिस्तान की एक जेल से जनवरी 1972 में रिहा कर दिया गया। वे रावलपिंडी से लन्दन और दिल्ली होते हुए स्वतन्त्र बांग्लादेश पहुँचें। इस अवसर पर जेपी ने उन्हें एक भावभीना पत्र लिखा था, जो इन्दिरा गांधी की भी प्रशंसा करता था, "हमारी युवा, उत्साही और दृढ़निश्चयी प्रधानमन्त्री राजनैतिक व्यूह-रचना में अत्यन्त कुशल सिद्ध हुई हैं।"[50] कुछ वर्षों बाद जेपी का दृष्टिकोण मुजीबुर रहमान के प्रति बदल गया, जब बांग्लादेश में एकदलीय शासन हावी हो गया। इसे रेखांकित करते हुए जेपी ने अपनी डायरी में लिखा, "उन दिनों मुजीब के लिए मेरे दिल में कितना भाव था! लेकिन जब उन्होंने अपने यहाँ अचानक सत्ता परिवर्तन करके एकदलीय शासन अपनी जनता पर लाद दिया, तब उसके बाद उनके लिए मेरे दिल की ऊष्मा ठण्डी पड़ गयी। एक मूर्खतापूर्ण क़दम उन्होंने उठाया और सर्वनाश को आमन्त्रित किया।"[51]

इस बीच प्रभावती गम्भीर बीमारी से जूझ रही थीं। एम्स और बम्बई के टाटा मेमोरियल अस्पताल में कैंसर के लिए उनकी जाँच हुई थी। उसकी पुष्टि नहीं हुई, लेकिन वह अस्वस्थ बनी रहीं। उनके दायें फेंफड़े में गंभीर सूजन प्रतीत हो रही थी। जेपी की अपनी स्थिति भी सन्तोषजनक नहीं थी। वे सायटिका के भयंकर दर्द से पीड़ित थे और बनारस में उनका एक छोटा-सा

ऑपरेशन भी हुआ था। उनकी डायबिटीज भी बिगड़ती जा रही थी, लेकिन वे उन्मादी गति से काम करते रहे। मेरी माँ उन दिनों प्रभावती से मिलने गयी थीं। माँ ने बताया कि सुबह-सुबह जेपी के टाइपराइटर की आवाज़ आने लगती थी। लगभग एक महीने बाद, 16 नवम्बर को ग्रामीण बिहार के दौरे पर उन्हें अचानक दिल का दौरा पड़ा। डॉक्टर की सलाह पर लम्बे समय तक महिला चरखा समिति के अपने कमरे में बंद रहना पड़ा। इस दौरान किताबें उनके अस्तित्व का एकमात्र सहारा थीं। उन्होंने प्रभावती से वादा किया कि वे सार्वजनिक जीवन से एक साल का वनवास लेंगे। लेकिन उससे पहले ही वे अचानक और अप्रत्याशित ढंग से राष्ट्रीय समाचारों की सुर्ख़ी बन गये।

सरकार द्वारा दी गयी आंशिक माफ़ी के तहत 14, 16 और 17 अप्रैल को चम्बल घाटी के दो सौ से अधिक बाग़ियों ने जेपी के मार्गदर्शन में स्वैच्छिक आत्मसमर्पण कर दिया। यह प्रक्रिया मई में भी जारी रही, जब कई सौ अन्य बाग़ियों ने मध्य प्रदेश के मुख्यमन्त्री पीसी सेठी के समक्ष आत्मसमर्पण किया। चम्बल उत्तर प्रदेश, मध्य प्रदेश और राजस्थान की सीमा से लगे कई हज़ार वर्ग मील का क्षेत्र है। ये दुस्साहसी और वर्दीधारी बागी दशकों से सशस्त्र पुलिस और अर्धसैनिक बलों को चकमा देते रहे थे। उनके आत्मसमर्पण की कहानी अक्टूबर 1971 में शुरू हुई, जब एक हट्टा-कट्टा नौजवान जेपी से मिलने उनके पटना स्थित आवास पर आया और बागियों के आत्मसमर्पण के विवादास्पद मुद्दे को उठाने का अनुरोध किया। जेपी ने उसे टालने की कोशिश की लेकिन वह आदमी अड़ा रहा। बाद में पता चला कि वह बागी माधो सिंह था, जिसके सिर पर एक लाख से अधिक का इनाम था।

जेपी ने इस समस्या के अध्ययन का कार्य बनारस के गांधी विद्या संस्थान के एक कार्यकर्ता को सौंप दिया, और उसके शोध-पत्र को आधार बनाकर कार्ययोजना तैयार कर ली। उन्होंने केन्द्रीय गृह मन्त्री, मध्य प्रदेश, उत्तर प्रदेश और राजस्थान के मुख्यमन्त्रियों को पत्र लिखकर इस कठिन मिशन की शुरुआत की। जब उन्होंने बागियों को आत्मसमर्पण के लिए मनाने के लिए चम्बल के बीहड़ में कई सप्ताह बिताने के अपने फ़ैसले की घोषणा की तो उनके कार्डियोलोजिस्ट चौंक गये। यह असाधारण अभियान प्रशासन के

सहयोग पर निर्भर था, बागियों के गिरोहों के साथ सम्पर्क स्थापित करने के लिए अक्टूबर 1971 में जेपी ने चम्बल घाटी शान्ति मिशन का गठन किया। मार्च 1972 के मध्य तक कल्याण सिंह, माखन सिंह, हरविलास, मोहर सिंह, सरूप सिंह, तिलक सिंह, पंचम सिंह, काली चरण, जगजीत सिंह, नाथू सिंह और अन्य बागियों के गिरोहों से सम्पर्क कर उन्हें आत्मसमर्पण के लिए राज़ी कर लिया गया। माधो सिंह ने भी करीब दस हज़ार लोगों के सामने समर्पण कर दिया और अपने हथियार जेपी के चरणों में रख दिए। अधिकांश आत्मसमर्पण मुरैना ज़िले के जौरा में महात्मा गांधी सेवा आश्रम में हुए थे।

*इलस्ट्रेटेड वीकली ऑफ़ इंडिया* के लिए मीनू मसानी से बात करते हुए जेपी ने कहा कि भले ही इन बागियों के कृत्य निन्दनीय थे, "आत्मसमर्पण करने वालों में से 75 प्रतिशत ऐसे लोग हैं जिनके परिवार पुलिस या छुटभैये राजस्व अधिकारियों द्वारा हुए सामाजिक-आर्थिक अन्याय के शिकार थे। क्रोधी स्वभाव होने के कारण उकसावे में उन्होंने हिंसा का रास्ता लिया और बीहड़ की शरण ली। इसलिए यह केवल क़ानून और व्यवस्था की समस्या नहीं है, बल्कि एक सामाजिक-आर्थिक और मनोवैज्ञानिक समस्या है।"[52]

अधिकांश बागी ठाकुर या गूजर थे जिनका नाम भूमि-सम्बन्धी विवादों से जुड़ा हुआ था। जेपी उन्हें प्रतिरोध के प्रतीक और ऊँची जातियों के आधिपत्य को क्रान्तिकारी चुनौती देने वाले के रूप में देख रहे थे। इसलिए, उनका कार्य उनके आत्मसमर्पण के साथ समाप्त नहीं हुआ। उन्होंने उनकी क़ानूनी सुरक्षा, उनके बच्चों की शिक्षा और अन्य आकस्मिक ज़रूरतों के लिए धन इकट्ठा किया। उनका मिशन इन बागियों के आन्तरिक विकास पर काम करना चाहता था, इसलिए जेल जाने के बाद भी जेपी उनके साथ सम्पर्क में बने रहे।

इन्दिरा जेपी के प्रयासों की बहुत सराहना करती थीं, लेकिन उनके सम्बन्धों में तकरार आने लगी थी। इसकी शुरुआत 1971 के संसदीय चुनाव में इन्दिरा की भारी जीत के तुरन्त बाद हुई, जिसे तय समय से चौदह महीने पहले करवा दिया गया था। पाकिस्तान पर इन्दिरा की विजय के बाद और 'ग़रीबी हटाओ' जैसे आकर्षक नारे के साथ यह चुनाव एक भावनात्मक जनमत संग्रह जैसा हो गया था। विपक्ष के पास कोई मौक़ा न था। उस वक़्त का शायद सुदीप्त

कविराज से बेहतर आकलन किसी ने नहीं किया कि इन्दिरा द्वारा "सामाजिक सुधार के वादों ने वामपन्थियों को उतना ही पीछे छोड़ दिया जितना (उनकी) देशभक्ति ने दक्षिणपन्थियों को परास्त कर दिया।"[53]

इस बीच बड़े पैमाने पर धाँधली की सुगबुगाहट और आरोप हवाओं में थे, ख़ासकर बंगाल, बिहार और कश्मीर में। जनसंघ ने कहा कि "सत्तारूढ़ दल द्वारा लोकतन्त्र को कुचलने, सरकारी तन्त्र और धनबल के उपयोग से विपक्षी दलों को ख़त्म करने की कोशिश की जा रही है।"[54] सोशलिस्ट पार्टी के महासचिव मधु दण्डवते ने सुर मिलाते हुए कहा कि इन्दिरा की कार्यप्रणाली संसदीय लोकतन्त्र से पूरी तरह अलग थी।[55]

चुनाव के दौरान कश्मीर में सरकार की कार्रवाइयों को जेपी ने राज्य के अत्याचार का दर्जा दिया और नाराज़गी व्यक्त की। "आम चुनाव की पूर्वसंध्या पर लोगों की गिरफ़्तारी इस आरोप को जन्म देती है कि सत्तारूढ़ दल राष्ट्र-विरोधी तत्त्वों से निपटने में लापरवाही कर रहा है और विरोधियों को रास्ते से हटाने के लिए चाल चल रहा है ताकि चुनाव में उसकी जीत सुनिश्चित हो सके। हाल के महीनों में केन्द्रीय नेतृत्व, विशेषकर प्रधानमन्त्री की उनकी राजनीतिक परिपक्वता और समझ के लिए काफ़ी प्रशंसा की गयी है। लेकिन मैं यह कहने के लिए बाध्य हूँ कि नेतृत्व ने कश्मीर की स्थिति से निपटने में न तो राजनीतिक परिपक्वता दिखाई है और न ही समझदारी।"[56] जेपी ने बूथ कैप्चरिंग, मतदान में धाँधली और धनबल जैसे अन्य चुनावी कदाचारों के बारे में भी बात की जिसने चुनावों को एक बड़े तमाशे में बदल दिया था।

जेपी इन्दिरा के सीपीआई के साथ जारी चुनावी गठबन्धन से नाराज़ थे। सोवियत संघ के प्रति तीखी दृष्टि रखने वाले जेपी सीपीआई को ऐसी पार्टी के रूप में देखते थे जो अधिनायकवादी प्रणाली द्वारा देश के लोकतान्त्रिक ढाँचे को प्रतिस्थापित कर सकती थी। वे लोकतान्त्रिक मानदण्डों पर बढ़ते प्रहार से भी आहत थे। इन्दिरा ने निर्णय की प्रक्रिया को केन्द्रीकृत कर दिया था और, जैसाकि इतिहासकार बिपिन चन्द्रा ने कहा, स्वतन्त्रता संग्राम के दौरान विकसित और 1947 के बाद जवाहरलाल नेहरू द्वारा पोषित की गयी पार्टी की संघीय संरचना को लगभग नष्ट कर दिया था।[57]

जेपी ने इन्दिरा की तुलना तानाशाही नेता के लिए प्रयुक्त होते 'लोकतान्त्रिक केन्द्रीयवाद' से की जिसकी ओर वह बढ़ती दिखाई दे रही थीं। कांग्रेस और इन्दिरा की नेतृत्व शैली पर तीखा हमला करते हुए जेपी ने कहा, "हालाँकि यह विरोधाभास लग सकता है, कांग्रेस 1971 और 1972 की अपनी भारी चुनावी जीत के बावजूद आज एक खोखल से अधिक नहीं है। इसमें कोई आन्तरिक ताक़त और दमखम नहीं है और यह वर्तमान में अपने धनकोष और अपने नेता की व्यक्तिगत लोकप्रियता पर चल रही है। इसके भीतर आन्तरिक लोकतन्त्र नहीं बचा है, या बहुत कम बचा है और इसके राज्यस्तरीय नेता और मुख्यमन्त्री ज़्यादातर चुने हुए ख़ास लोग हैं...वर्तमान स्थिति इन्दिरा गांधी की नेतृत्व शैली के अनुकूल हो सकती है, लेकिन एक लोकतान्त्रिक संगठन के रूप में कांग्रेस के लिए और भारतीय लोकतन्त्र के लिए बर्बादी का कारण बन रही है।"[58]

संविधान द्वारा प्रदत्त सबसे महत्त्वपूर्ण अधिकारों में से एक असहमति या डिसेंट का अधिकार ख़तरे में आ गया था। जेपी ने विश्वविद्यालयों, सरकार द्वारा वित्तपोषित अनुसन्धान निकायों और प्रेस में असहमति की आवाज़ों के दबाये जाने के ख़िलाफ़ अथक संघर्ष किया। उन्होंने कहा, "डिसेंट सिर्फ़ बौद्धिक विलासिता नहीं है बल्कि एक आवश्यक उत्प्रेरक है जिसकी वजह से सामाजिक प्रगति, क्रान्ति, तकनीकी और वैज्ञानिक उन्नति सम्भव होती है। असहमति के बिना समाज स्थिर और मरणासन्न हो जायेगा।" इस बीच इन्दिरा भारतीय राजनीतिक मंच पर अपनी इच्छानुसार क़दम उठाती रहीं। उन्होंने असहमति की परवाह नहीं की, जेपी की भी नहीं। दोनों के बीच गम्भीर दरार पहले ही दिखाई देने लगी थी जब बैंकों के राष्ट्रीयकरण के बाद जेपी ने इसे ग़लत और अनुचित क़दम बताया। इस रुख़ ने उन्हें एस निजलिंगप्पा, मीनू मसानी[59] और जनसंघ के नज़रिये के क़रीब ला दिया, जिनसे इन्दिरा पहले ही चिढ़ती थीं। 13 मार्च 1973 को जारी प्रेस वक्तव्य में जेपी ने सरकार द्वारा अनाज के थोक व्यापार को अपने हाथ में लेने के निर्णय की भी आलोचना की। इस नीति के विनाशकारी परिणामों को इंगित करते हुए जेपी ने इसे रद्द करने के लिए कहा। आगे चलकर उनकी आशंका सही साबित हुई। बाज़ारों से खाद्यान्न ग़ायब हो गया और अनाज की क़ीमतों में भारी वृद्धि हो गयी।

उनके और सरकार के बीच टकराव के दो अन्य तीखे मुद्दे उभर आये थे। पहला था 1971 में पारित संविधान का चौबीसवाँ संशोधन (जिसका विरोध संविधान सभा के उन सभी सदस्यों ने किया था जो उस वक़्त जीवित थे), जिसके तहत नागरिकों के मौलिक अधिकारों और स्वतन्त्रता को न केवल संशोधित बल्कि निरस्त भी किया जा सकता था। दूसरा, वरिष्ठ तीन न्यायाधीशों को नज़रअन्दाज़ कर उच्चतम न्यायालय के मुख्य न्यायाधीश के रूप में अजीत नाथ रे की नियुक्ति। इस अभूतपूर्व घटनाक्रम ने जेपी को विचलित कर दिया। उन्होंने मौलिक अधिकारों और स्वतन्त्रता के हनन के परिणामों के बारे में सार्वजनिक वक्तव्य दिये। "इन अधिकारों के मिट जाने से स्वतन्त्र मंच और प्रेस, विपक्षी दलों, आधिकारिक यूनियन के सिवाय अन्य सभी ट्रेड यूनियन और संगठन मिटाये जा सकते हैं जो सत्तारूढ़ दल से सहमत नहीं हैं! मैं यह नहीं कह रहा कि यह सब घटित होने का तत्काल ख़तरा है। मैं केवल असीमित शक्ति की ओर इशारा कर रहा हूँ। इसलिए, प्रधानमन्त्री और उनके लोकतान्त्रिक समाजवादी सहयोगियों से मेरी हार्दिक अपील है कि वे अपने सीमित विचारों से ऊपर उठें, भविष्य पर ध्यान दें और वर्तमान तथा आगामी पीढ़ियों को आश्वस्त करें कि उनकी स्वतन्त्रता बरकरार रहेगी।"[60]

मुख्य न्यायाधीश की मनमाने ढंग से नियुक्ति के लिए इन्दिरा को फटकार लगाते हुए उन्होंने कहा, "तथ्य यह है कि यदि भारत के मुख्य न्यायाधीश की नियुक्ति पूरी तरह से प्रधानमन्त्री के हाथों में रहती है, जैसाकि अभी हुआ है, तो इस देश की सर्वोच्च न्यायिक संस्था तत्कालीन सरकार का अंग बनने के अलावा और कुछ नहीं कर सकती।"[61] भविष्य पर मँडरा रहे ख़तरे को रेखांकित करते हुए उन्होंने कहा, "उन लाखों लोगों की तरह जिन्होंने देश की आज़ादी के लिए संघर्ष किया और कष्ट सहे, मेरे पास भी स्वतन्त्र भारत का एक सुनहरा विज़न था। आज जब मैं यथार्थ की तुलना उस विज़न से करता हूँ, दुख से भर जाता हूँ। जब मैं उस भविष्य के बारे में सोचता हूँ जो हाल की घटनाओं में झलकता है, मेरा दिल बैठ जाता है। मैं विश्वास नहीं कर सकता कि मेरे साथी स्वतन्त्रता सेनानियों के साथ यह (बर्ताव) भी हो सकता है।"[62]

इन्दिरा ने जेपी को सधे शब्दों में जवाब दिया, जिनके भीतर सुलह की आकांक्षा और अतीत की मीठी स्मृतियाँ भी झलकती थीं। "यह आपके महत् स्वभाव का सूचक है कि आपने मुझे आश्वस्त किया कि आप व्यक्तिगत रूप से मेरे विरुद्ध नहीं हैं। हमारे राजनीतिक मतभेदों के बावजूद वर्षों से आपकी मित्रता मेरे लिए सौभाग्य की बात है। असहमति लोकतन्त्र के लिए अपरिहार्य है। लोगों के सपनों को पूरा करने के लिए ज़िम्मेदारियाँ उठाने की तत्परता भी उतनी ही अपरिहार्य है। आपने कहा कि आपके सपने अधूरे रह गये हैं। यह प्रत्येक लड़ाई, प्रत्येक तलाश के बारे में कहा जा सकता है। लेकिन विज़न के लिए काम करने का कर्तव्य बना रहना चाहिए। इसके लिए काम करना हमारी राजनीतिक व्यवस्था और सरकार के सभी अंगों–विधायिका, कार्यपालिका और न्यायपालिका–का दायित्व है। पिछले दशक में हमारी न्यायपालिका के निर्णयों की मुख्य कठिनाई यह थी कि यह अपने मत को लगातार बदल रही थी जोकि अक्सर कहीं कम उदार और मानवीय हुआ करते थे। हमें विचारों और विज़न के निरन्तरता की आवश्यकता थी...मैं मानती हूँ कि कोई भी सहमत नहीं होगा कि क़ानून का शासन केवल वरिष्ठता के सिद्धान्त द्वारा सम्भव हो सकता है। नये मुख्य न्यायाधीश की नियुक्ति में हमने ख़ुद को केवल उस परिपाटी से मुक्त किया है, जिसे न संविधान और न तार्किक बुद्धि मंजूर करती थी। लोकतन्त्र, न्यायपालिका की स्वतन्त्रता और मौलिक अधिकार ख़तरे में नहीं हैं। उन्हें ख़तरा होगा जब हम अपनी आस्था पर पराजित मानसिकता को हावी होने देते हैं और चरम दक्षिणपन्थी और वामपन्थियों के गठबन्धनों की मदद करते हैं।"[63]

जेपी इस ख़त से कतई आश्वस्त नहीं हुए। उनका मत था कि अगर वरीयता की परम्परा को छोड़ना ही हो तो, यह संसद की सर्वदलीय समिति के सुझाव पर होना चाहिए। न्यायतन्त्र की स्वतन्त्रता की दृष्टि से यह कतई उपयुक्त नहीं है कि प्रधान न्यायाधीश की नियुक्ति सिर्फ़ प्रधानमन्त्री के हाथ में रहे। वे अलग-अलग मंचों से सरकार की आलोचना करते रहे। राष्ट्रीय हित की संकीर्ण परिभाषा से दूर जाकर उन्होंने एक बार फिर राजनीति में नैतिकता का मुद्दा उठाया। *'फर्स्ट थिंग्स फर्स्ट'* शीर्षक वाले बयान में उन्होंने नैतिक

मानकों में गिरावट के लिए न केवल कांग्रेस बल्कि विपक्ष का भी उपहास उड़ाया। "लोकतन्त्र का आधार नैतिकता है। लेकिन आज स्थिति यह है कि लोकतन्त्र अपना नैतिक आधार खो चुका है। न केवल गिरावट तेज़ हुई है बल्कि इस प्रक्रिया के धीमे होने का कोई संकेत नहीं है। सार्वजनिक जीवन की कोई भी शाखा इससे अछूती नहीं है–भले वह राजनीति हो, सरकार, व्यवसाय, शिक्षा, ट्रेड यूनियन या सामाजिक कार्य। (इनके बीच) अन्तर केवल अनुपात का है, या अवसर का। न केवल सत्तारूढ़ कांग्रेस बल्कि विपक्षी दल भी इस बीमारी से त्रस्त हैं, जैसाकि 1967 और 1972 के बीच देखा गया है।"[64]

उन्होंने विपक्ष को एकजुट करने के लिए नेतृत्व सँभालने का बीजू पटनायक का निमन्त्रण अस्वीकार कर दिया। हालाँकि वह इस मुद्दे को अपना नैतिक समर्थन देने के लिए सहमत थे। उन्होंने यह भी रेखांकित किया कि विपक्ष को सिद्धान्तों पर चलना है और 'इन्दिरा हटाओ' जैसे नकारात्मक नारों पर समय बर्बाद नहीं करना है। उनकी चिन्ता बढ़ते भ्रष्टाचार को लेकर भी थी। जेपी ने 'भ्रष्टाचार के नासूर' को रोकने के लिए संस्थागत प्रणालियाँ स्थापित करने के लिए कई अपील कीं।[65] उन्होंने सुझाव दिया कि भ्रष्टाचार पर एक दशक पुरानी संथानम समिति की रिपोर्ट को गम्भीरता से लेकर और केन्द्रीय सतर्कता आयोग को वैधानिक शक्तियाँ देकर नयी शुरुआत की जा सकती है। उन्होंने आह्वान किया कि संसद लोकपाल विधेयक को पारित करे, यह ध्यान रखते हुए कि यह प्रतिबन्धात्मक प्रावधानों में उलझ न जाये।

नागरिक अधिकारों और लोकतान्त्रिक मूल्यों की रक्षा के लिए जेपी ने 'सिटीजन्स फॉर डेमोक्रेसी' नामक एक छोटा समूह भी गठित किया जिसके सदस्यों में वीएम तारकुंडे, मीनू मसानी, पीजी मावलंकर, एजी नूरानी और केडी देसाई जैसे लोग शामिल थे। यह समूह चुनाव सुधार, नागरिक स्वतन्त्रता की रक्षा, जातिवाद, साम्प्रदायिकता, असमानता, ग़रीबी और बेरोज़गारी जैसे मुद्दों पर थिंकटैंक की तरह काम करने लगा। इस दौरान जेपी ने दो पत्रिकाएँ भी शुरू कीं, चिंतक–साहित्यकार सच्चिदानन्द वात्स्यायन 'अज्ञेय' के सम्पादन में अंग्रेज़ी की '*एवरीमैन्स*' साप्ताहिक और सर्वोदयी पत्रकार प्रभाष जोशी के सम्पादन में हिन्दी की '*प्रजानीति*'। इन विद्वत्तापूर्ण राजनीतिक पत्रिकाओं का

गहरा प्रभाव पड़ा। इनके ज़रिये जेपी प्रत्येक सप्ताह राजनीति में नैतिकता, राजनीतिक नेतृत्व के नैतिक मूल्यों का क्षरण, चुनावी कदाचार, चुनाव सुधारों की आवश्यकता जैसे महत्त्वपूर्ण समसामयिक मुद्दों पर बहस छेड़ते थे।

*एवरीमैन* वैश्विक घटनाओं को भी जगह देती थी। इसके एक अंक में सोवियत संघ द्वारा सताये जा रहे राजनीतिक विरोधियों पर जेपी समेत अन्य नेताओं द्वारा जारी एक बयान प्रकाशित हुआ था। ये विरोधी थे भौतिक विज्ञानी और सोवियत पोलित ब्यूरो के सबसे कट्टर प्रतिद्वन्द्वी आन्द्रेई सखारोव, और अलेक्ज़ेंडर सोल्झेनित्सिन, जिन्हें स्टालिन के गुलाग को उद्घाटित करते उनके उपन्यास *वन डे इन द लाइफ़ ऑफ़ इवान डेनिसोविच* (1961) और एक अन्य महान कृति द *गुलाग आर्किपेलागो* (1973) के लिए प्रताड़ित किया गया था।

1973 का वर्ष जेपी के निजी जीवन में तीव्र अशान्ति लेकर आया। इसकी शुरुआत नवम्बर 1972 के अन्त में प्रभावती के गर्भाशय में कैंसर की पुष्टि से हुई। सर्जरी के लिए जेपी उन्हें टाटा मेमोरियल हॉस्पिटल ले गये। उनके गर्भाशय से ट्यूमर को हटा दिया गया। प्रभावती कुछ सप्ताह के लिए अपने भाई के घर कलकत्ता चली गयीं। इस बीच उनकी कमज़ोरी बढ़ती जा रही थी। जब लगा कि बीमारी बढ़ रही है, जेपी उन्हें लेकर मार्च में बम्बई आ गये। वहाँ जाकर स्पष्ट हो गया कि कैंसर पेट और यकृत तक फैल गया था। अकथनीय कष्ट से जूझते हुए भी प्रभावती अपनी बीमारी को लेकर सहज बनी रहीं। वे अब घर लौटना चाहती थीं।

जल्द ही दोनों पटना की ओर लौट लिए। अपनी इस यात्रा में वे दोस्तों से मिलने के लिए कुछ समय दिल्ली के एक्सप्रेस हाउस रुके थे, जिसका इन्तज़ाम उनके घनिष्ठ मित्र रामनाथ गोयनका ने किया था। यह एक मार्मिक क्षण था। प्रभावती कृशकाय हो चुकी थीं। उन्हें देखकर उपस्थित प्रत्येक इन्सान यह महसूस कर सकता था कि उनका अवसान निकट था। मेरे माता-पिता भी वहाँ मौजूद थे। वे इसके साक्षी थे कि जब प्रभावती सबको अलविदा कह रही थीं, उनकी आँखों से एक दिव्य रौशनी और उनकी काया से अवर्णनीय शान्ति की आभा फूट रही थी।

27 मार्च को दोनों पटना पहुँच गये। प्रभावती की मृत्यु 15 अप्रैल 1973 को हुई–संयोग देखिए कि उस समय उनका परिवार जेपी के भाई राजेश्वर के बेटे अनिल के विवाह के उल्लास में खोया हुआ था। उनकी विदाई की तीव्र पीड़ा ने जेपी को तोड़ दिया। जब उनका अन्तिम संस्कार गंगा के किनारे बाँसघाट पर हुआ, सैकड़ों लोग उन्हें विदाई देने के लिए मौजूद थे। जेपी ने उनकी चिता को अग्नि दी।

उन दोनों ने असाधारण सौहार्द का जीवन जिया था। उनके मित्रों और अनुयायियों को यह चिन्ता सताने लगी कि अब जेपी को कौन सँभालेगा।

इस अन्धकार में जेपी ने अपनी पत्नी को सम्बोधित करते हुए 'प्रेम के टूटे हुए शब्द' लिखे। इन अत्यन्त निजी शब्दों के ज़रिये उन्होंने वायदा किया वे अपना काम जारी रखेंगे और उनके आदर्शों के अनुसार जीवन व्यतीत करेंगे। इस बीच इन्दिरा उनसे नियमित अपडेट लेती रही थीं। "वह मेरे लिए बहुत मायने रखती थीं...वह मेरे और मेरे जीवन के बड़े हिस्से को सम्पूर्ण करती थीं। यह सम्भव नहीं लगता कि मैं उनके बिना रह पाऊँगा," उन्होंने इन्दिरा को लिखा था।[66]

हमें नहीं मालूम कि प्रभावती की मृत्यु ने इन्दिरा के भीतर किस आशंका को जन्म दे दिया था, लेकिन यह तय था कि जेपी के जीवन में संयम का स्वर मिट गया। उनके साथी रामानन्द मिश्र ने लिखा था, "इस विरह वेदना ने जयप्रकाश के जीवन में वैराग्य को जन्म दिया, और उसके बाद आने वाली देश की राजनीति पर इस वैराग्य का गहरा प्रभाव पड़ा।"[67] इसी तरह ज्योति बसु ने उनसे मिलकर आने के बाद लिखा कि "उनसे बात करते हुए मैंने यह अनुभव किया कि जयप्रकाश जी के दिल में शहादत की आग धधकने लगी थी, और अब उन्हें कोई रोक नहीं सकता था। देश की वर्तमान दुर्दशा के साथ प्रभावती जी के विरह की भावना ने जुड़कर जयप्रकाश जी के हृदय से जीवन के मोह को मानो तिरोहित ही कर दिया था, और ऐसा मालूम होता था कि मानो वे शहीद हो जाना चाहते हैं।"[68]

# स्याह समय में उम्मीद की किरण

1970 के दशक में *न्यूयॉर्क टाइम्स* के लिए एक लेख में खुशवन्त सिंह ने मीनू मसानी के घर जेपी से हुई अपनी पहली मुलाक़ात का वर्णन किया था : "वह बला के ख़ूबसूरत इन्सान थे, लम्बे और छरहरे। उन्होंने खद्दर के खुरदुरे कपड़े पहने थे। उनका स्वर उनके शब्दों की तरह विनम्र था। अंग्रेज़ी और हिन्दुस्तानी, दोनों भाषाओं का उनका उच्चारण किसी प्राच्य देश के पश्चिमीकृत प्रोफ़ेसर की याद दिलाता था। (उस दिन) कई राजनेता मौजूद थे। सबसे आख़िर में जयपुर की महारानी गायत्री देवी आयीं, जो स्वतन्त्र पार्टी की सांसद थीं और अपने अप्रतिम सौन्दर्य के लिए जानी जाती थीं। उन्होंने लोगों को संवाद में बाधा न डालने का इशारा किया और जेपी की कुर्सी के पास कालीन पर बैठ गयीं। जेपी ने अपनी बात को रोकते हुए कहा, 'एक ख़ूबसूरत राजकुमारी एक आम आदमी के पैरों में बैठी है। यह वास्तव में क्रान्ति है!'"[1]

लेकिन 1973 का अन्त क्रान्ति के साथ नहीं बल्कि क्रान्ति की आहट के साथ हुआ था। इन्दिरा की लोकप्रियता कम होती जा रही थी। अर्थव्यवस्था मन्दी की चपेट में थी। बांग्लादेश से आये एक करोड़ शरणार्थियों को शरण और भोजन देने का बोझ देश सहन नहीं कर पा रहा था। 1972 और 1973 में पड़े भयंकर सूखे ने तबाही मचा दी थी। लम्बे अरसे से कभी भी लगातार दो साल तक सूखा नहीं पड़ा था। आधिकारिक आँकड़े खाद्य उत्पादन में अपेक्षाकृत मामूली कमी दिखाते थे, लेकिन खाद्य वस्तुओं की ख़रीद और वितरण में अनियमितताओं के कारण बम्बई, मैसूर, नागपुर और केरल में कई जगहों पर हिंसा हुई थी।

चावल, गेहूँ, दाल, तेल और अन्य आवश्यक वस्तुओं के दाम आसमान छू रहे थे। तीन-चौथाई भारतीयों के पास कोई स्थायी काम नहीं था। मुद्रास्फीति बेतहाशा बढ़ रही थी। सार्वजनिक क्षेत्र के उद्योग आधे से भी कम क्षमता पर काम कर रहे थे। अर्थव्यवस्था के प्रत्येक प्रमुख क्षेत्र तमाम क़िस्म की रुकावटों और बन्दी से जूझ रहे थे। जब ओपेक ने कच्चे तेल की क़ीमत चौगुनी कर दी और 1973 का ऑइल शॉक अर्थव्यवस्था पर मँडराने लगा, बजट घाटे में नाटकीय वृद्धि हुई और आर्थिक मन्दी और गहरी हो गयी। 1972-74 की अवधि में बड़े पैमाने पर उद्योग जगत में आक्रोश उमड़ने लगा। विध्वंसक तथा आकस्मिक हड़तालों ने देश को जकड़ लिया। सिर्फ़ बम्बई में बारह हज़ार से अधिक हड़तालें हुईं। 8 मई 1974 को समाजवादी नेता जॉर्ज फर्नांडिस के नेतृत्व में रेलवे में एक राष्ट्रव्यापी हड़ताल शुरू हुई जिसने रेल यातायात के साथ तमाम सेवाओं को बहुत जल्द पंगु बना दिया।

मई 1973 में यूपी की प्रोविंशियल आर्म्ड कांस्टेबुलरी ने बुनियादी वस्तुओं की कमी और अपनी दैनिक परिस्थितियों के ख़िलाफ़ हथियारबन्द विद्रोह कर दिया। विद्रोह को तो सरकार ने कुचल दिया, लेकिन उससे पहले तीस विद्रोही सिपाहियों की क्रूर हत्या हो चुकी थी और मुख्यमन्त्री कमलापति त्रिपाठी इस्तीफ़ा दे चुके थे। केन्द्र सरकार ने 1974 में मुद्रास्फीति को रोकने के लिए एक पैकेज प्रस्तुत किया और इंटरनैशनल मोनेटरी फंड से ऋण भी लिया, लेकिन ये क़दम संकट को कम नहीं कर सके। संजय गांधी की मारुति परियोजना के लिए नियमों को तोड़े जाने से जनता के भीतर आक्रोश की नयी लहर आ गयी थी। निर्णायक क्षण आ चुका था। झंझावात में डूबी राजनीति के युग का सूत्रपात हो रहा था। इस राजनीतिक नाटक के मुख्य पात्र अनुभवहीन युवा थे–गुजरात और बिहार के छात्र।

1974 के पहले दस हफ़्तों तक गुजरात ऐसे तूफ़ान की गिरफ़्त में था जिसका पूर्वानुमान अत्यन्त दूरदर्शी राजनीतिक विश्लेषक भी नहीं कर सकते थे। हज़ारों की संख्या में छात्र कॉलेज मेस की फ़ीस-वृद्धि के विरोध में लामबन्द हो रहे थे। यह आन्दोलन दिसम्बर 1973 में राजकोट, जेतपुर, पोरबन्दर और मोरवी में हुए दंगों के साथ शुरू हुआ। मोरवी के इंजीनियरिंग

कॉलेज में सैकड़ों छात्र इस वृद्धि के ख़िलाफ़ सामने आ गये। अहमदाबाद के एलडी कॉलेज ऑफ़ इंजीनियरिंग के छात्रों ने इस मुद्दे पर प्रशासन के साथ झगड़ा किया, कॉलेज की कैंटीन में आग लगा दी और रेक्टर के आवास पर हमला किया। प्रशासन ने पलट कर जवाब दिया। बड़ी संख्या में छात्रों को पीटा गया और गिरफ़्तार किया गया, और कॉलेज को बन्द कर दिया गया। लेकिन यह आक्रोश नहीं थमा, और कुछ ही दिनों में अनेक कॉलेज एक व्यापक आन्दोलन की रंगभूमि बन गये थे। इसका सामाजिक आधार विस्तृत होता गया और यह आवश्यक वस्तुओं के कृत्रिम अभाव, ईंधन, अनाज और मूँगफली के तेल की बढ़ती क़ीमतों के ख़िलाफ़ आन्दोलन में तब्दील हो गया। ऐसी समाजव्यापी समस्याओं के लिए राजनेता, व्यापारी और कालाबाज़ारियों के बीच कुत्सित मिलीभगत को दोषी ठहराया गया था। विश्वविद्यालय और कॉलेज के जिन शिक्षक संघों ने 1972 में विश्वविद्यालय सुधारों के लिए अभियान चलाया था, वे छात्र-संघर्ष को राजनीतिक भ्रष्टाचार के ख़िलाफ़ जन आन्दोलन में तब्दील करने के लिए परिवर्तनकारी भूमिका निभा रहे थे।

सर्वोदय कार्यकर्ता, विपक्षी दल, बैंक और बीमा कम्पनियों के कर्मचारी, नगर प्रशासन और राज्य सरकार के कर्मचारी, वकील, डॉक्टर, पत्रकार और गुजरात कांग्रेस के चिमनभाई-विरोधी गुट आन्दोलनकारी छात्रों का सहयोग कर रहे थे। युवा आरएसएस प्रचारकों का एक समूह भी आन्दोलन में शामिल हो गया था।

तेल उत्पादक किसानों, व्यापारियों और मिल मालिकों के साथ सरकार के गुप्त सौदों के बारे में अफ़वाहें फैल रही थीं। कहा जा रहा था गुजरात से मूँगफली तेल उत्पादों के मुफ़्त निर्यात की अनुमति इस शर्त पर दी गयी थी कि ये निर्यातक उत्तर प्रदेश के आगामी चुनावों के लिए अपने भारी मुनाफ़े का एक हिस्सा चुनावी चन्दे के बतौर जमा करेंगे।

इस बीच राजनीति के पुनर्निर्माण और शुद्धीकरण की आवाज़ ज़ोर पकड़ रही थी, और अर्थशास्त्र के पूर्व प्रोफ़ेसर चिमनभाई पटेल के नेतृत्व वाली संकटग्रस्त सरकार पर तीव्र हमले हो रहे थे। 11 जनवरी 1974 को इस आन्दोलन को एक नयी संज्ञा मिल गयी–नव निर्माण आन्दोलन, जिसका नेतृत्व स्टीयरिंग कमेटी के अध्यक्ष मनीषी जानी जैसे युवा नेता कर रहे थे।

अब यह आन्दोलन सरकार के इस्तीफ़े और विधानसभा को भंग करने से कम पर राज़ी नहीं था। अहमदाबाद जल रहा था। 6 जनवरी को जनसंघ ने पुलिस-विरोधी दिवस मनाने का आह्वान किया। लोगों ने गुट बनाकर खाद्यान्न और तेल की दुकानों पर हमला किया और लूटपाट की, सरकारी बसों और इमारतों पर पत्थर फेंके। 10 जनवरी को छात्रों और अस्सी ट्रेड यूनियनों द्वारा आयोजित बन्द के दौरान कुछेक कपड़ा मिलों को छोड़कर अहमदाबाद शहर में सामान्य जीवन ठप हो गया था। सूरत और राजकोट में भी भीषण दंगे भड़क उठे। जब 25 जनवरी को आन्दोलनकारियों ने गुजरात बन्द का आह्वान किया, राज्य के सभी प्रमुख शहरों और क़स्बों में कर्फ़्यू लगा दिया गया। दंगों को रोकने के लिए हथियारों से लैस सीमा सुरक्षा बल और केन्द्रीय रिज़र्व पुलिस बल राज्य पुलिस के साथ तैनात की गयी।

लेकिन हिंसा नहीं रुकी। जब तक 28 जनवरी को सेना बुलायी जाती, सौ से अधिक लोग मारे जा चुके थे और कई हज़ार घायल हो गये थे। 4 फ़रवरी को जब पूरे गुजरात में दंगे फिर भड़क उठे, इन्दिरा ने केन्द्रीय क़ानून मन्त्री एचआर गोखले को स्थिति का आकलन करने के लिए भेजा। पाँच दिन बाद चिमनभाई पटेल को इस्तीफ़ा देने के लिए कहा गया। लेकिन उनकी विदाई से आन्दोलन की गति कम नहीं हुई। जेपी 11 फ़रवरी को अहमदाबाद पहुँचे और आन्दोलन को अपना समर्थन दे दिया। उन्होंने कुछ ही दिन पहले कानपुर में छात्रों को सम्बोधित करते हुए कहा था, "देश तेज़ी से एक नयी क्रान्ति की ओर बढ़ रहा है। इतिहास की दिशा बदलने के लिए 1942 जैसा आन्दोलन (हमारे) सामने है।"[2]

उन्होंने 9 दिसम्बर 1973 को पवनार में 'यूथ फॉर डेमोक्रेसी (लोकतन्त्र के लिए युवा)' के नाम से एक अपील की। "क्या हमारा युवा वर्ग अपनी लोकतान्त्रिक प्रक्रिया के जन्म के समय ही उसका गला घोंटा जाना इसी तरह चुपचाप देखता रहेगा...काम का अवसर यही है और अभी है।"[3] अगले वर्ष 31 जनवरी को सहरसा की एक सभा में उन्होंने दोहराया कि उन्हें 1942 जैसी स्थिति देश में दिखाई दे रही है।

गुजरात उनके लिए देशव्यापी क्रान्तिकारी आन्दोलन का आरम्भिक बिन्दु था। युवाओं से राष्ट्रीय मसलों पर दख़ल देने का आग्रह करते हुए उन्होंने, उनसे जनता की सत्ता स्थापित करने और धनबल, झूठ तथा दमन की राजनीति को परास्त करने के लिए निर्णायक भूमिका निभाने का आह्वान किया। वे उन दिनों अपने भाषणों में हरिवंश राय बच्चन की कविता की एक पंक्ति उद्धृत किया करते थे–'तीर पर कैसे रुकूँ मैं, आज लहरों में निमन्त्रण'।

हालाँकि जेपी ने छात्रों को अहिंसक रहने की सलाह दी थी, 20 फ़रवरी तक अहमदाबाद में एक बार फिर बड़े दंगे भड़क उठे, और इसके बाद उत्तर और मध्य गुजरात तथा सौराष्ट्र के ज़िलों में फैल गये। राज्य हिंसा की ज्वाला में प्रवेश कर चुका था–कहीं भी सहसा भीड़ उमड़ आती थी जो बैंकों और सहकारी समितियों को लूटने की कोशिश करने लगती थी। ये लोग सार्वजनिक के साथ निजी सम्पत्ति को भी आग लगा रहे थे। कई अवसरों पर बेक़ाबू भीड़ ने विधानसभा सदस्यों को भी घेर लिया और उन्हें इस्तीफ़ा देने के लिए मजबूर कर दिया। मार्च के पहले सप्ताह में आन्दोलन का अन्तिम दौर शुरू हुआ, जब डेढ़ लाख से अधिक कपड़ा और अन्य औद्योगिक श्रमिकों ने हड़ताल कर दी। यह आन्दोलन अब तक अमूमन शहरी मध्यम वर्ग तक सीमित था, लेकिन इस हड़ताल ने इसका जनाधार फिर से व्यापक कर दिया।

11 मार्च को मोरारजी देसाई आन्दोलन को एक नये धरातल पर ले गये जब उन्होंने केन्द्र सरकार द्वारा हो रहे दमन के ख़िलाफ़ आमरण अनशन शुरू कर दिया। 12 मार्च को फिर उन्मादी हिंसा हुई और पुलिस की जवाबी कार्रवाई में अहमदाबाद और नडियाद में कुछ और लोग मारे गये। इस बीच विधान सभा के कुल 167 सदस्यों में से 95 यानी, आधे से भी अधिक सदस्यों ने इस्तीफ़ा दे दिया। राजनीतिक संकट 14 मार्च को चरम पर पहुँच गया जब इन्दिरा के क़रीबी माने जाने वाले पूर्व मुख्यमन्त्री घनश्याम ओझा ने इस्तीफ़ा दे दिया। कांग्रेस सरकार बहुमत खो चुकी थी। अगले दिन विधानसभा के भंग होने की घोषणा हो गयी और सहसा आन्दोलन कई समूहों में विभाजित हो गया। यह कुछ समय तक अपनी ज़मीन बचाये रखने के लिए संघर्ष करता रहा, लेकिन फिर धीरे-धीरे बिखर गया। इसके बावजूद जेपी को यह सन्तोष था कि आज़ाद भारत में ऐसा पहली बार हुआ कि युवाशक्ति के नेतृत्व में

एक आँधी आयी जिसके कारण मन्त्रिमण्डल को त्यागपत्र देना पड़ा और विधानसभा भंग हो गयी।

जेपी ने कहा, "गुजरात के आन्दोलन ने मुझे प्रकाश दिखाया है। मैं देश की परिस्थिति के बारे में बहुत ही चिन्तित था। लेकिन मुझे कोई रास्ता सूझ नहीं रहा था। मैं अँधेरे में टटोल रहा था। ऐसे समय में गुजरात के विद्यार्थियों ने इस आन्दोलन की मशाल जलायी और उससे मुझे प्रकाश मिला।"[4]

लेकिन यहाँ उल्लेख करना चाहिए कि गुजरात आन्दोलन की हिंसा और आक्रामकता ने इन्दिरा और जेपी के सम्बन्धों को ख़त्म नहीं किया था। समय के साथ ये सम्बन्ध थोड़े धुँधलाने ज़रूर लगे थे, लेकिन इनकी संश्लिष्टता और ऊष्मा अभी बची हुई थी। यह इन्दिरा द्वारा जेपी को लिखे उस पत्र से साबित होता है, जो 27 फ़रवरी 1974 को पाकिस्तान द्वारा बांग्लादेश को मान्यता दिये जाने के तुरन्त बाद लिखा गया था। "जब हम आख़िरी बार मिले थे, तब आपने जो बताया था, उससे मुझे लगा था कि आप दिल्ली छोड़ रहे हैं। कल ही मुझे पता चला कि आप अस्वस्थ हैं और बिस्तर पर हैं। इससे मेरी चिन्ता स्वाभाविक रूप से बढ़ गयी है। मुझे उम्मीद है कि आप पूरी तरह आराम करेंगे और जल्द ही अत्यधिक थकान से उपजे कष्ट से उबर जायेंगे। पाकिस्तान द्वारा बांग्लादेश को मान्यता दिये जाने पर आप भी हमारी तरह प्रसन्न होंगे।"[5]

जेपी ने तुरन्त उत्तर दिया और उन्हें 'इन्दु' कहकर सम्बोधित किया। "कल के तुम्हारे पत्र के लिए धन्यवाद...अब मैं बेहतर हूँ, लेकिन स्वास्थ्य-लाभ काफ़ी धीमी गति से हो रहा है। फेफड़ों में संक्रमण हो गया था...मुझे उस रात तुम्हें देखकर बहुत ख़ुशी हुई। तुम स्वस्थ और आकर्षक लग रही थीं। तुम जीवन भर ऐसी ही रहो।"[6]

यहाँ यह रेखांकित करना महत्त्वपूर्ण है कि गुजरात आन्दोलन की विभीषिका के बीच भी जेपी इन्दिरा को उनके विरोधियों का सहयोग जुटाने की कोशिश कर रहे थे। उन्होंने समाजवादी पार्टी के सुरेन्द्र मोहन जैसे मित्रों और अटल बिहारी वाजपेयी से भी इस बाबत सम्पर्क किया था। चार दिन बाद उन्होंने इन्दिरा को एक और आत्मीय पत्र लिखा, जिसके साथ दो पुस्तकें संलग्न थीं–अमृतलाल नागर की *मानस का हंस* और उनके लेखों और वक्तव्यों का

संकलन, *मेरी विचार यात्रा*। उन्होंने इस पत्र में विपक्ष के तीखे प्रहारों से घिरी इन्दिरा को आश्वस्त किया। आगे चलकर जेपी ने लिखा था, "इन्दिरा जी बनाम जयप्रकाश नारायण! कैसी वाहियात बात है यह! मैं और प्रभा, हम दोनों उनको बेटी की तरह मानते रहे। क्योंकि जवाहरलाल जी और कमला जी की वह बेटी है। हमारा उनसे झगड़ा क्या है व्यक्तिगत? जब जो मदद माँगी हमसे उन्होंने, मतभेदों के बावजूद मदद दी है हमने उनको।"[7]

कहते हैं कि इतिहास अक्सर पीछे मुड़कर देखने पर समझ आता है। अपनी समूची अराजकता और ज़्यादतियों के बावजूद गुजरात आन्दोलन शायद लोगों की स्मृति से चुपचाप मिट जाता, अगर लगभग इसके साथ बिहार में आन्दोलन शुरू नहीं हुआ होता। फ़रवरी 1974 तक बिहार के कॉलेज और विश्वविद्यालय बहस के अड्डों और रणभूमि में तब्दील होने लगे थे। इनकी दीवारों पर उत्तेजक परचे चिपके रहते थे। छात्र कैम्पस में कहीं भी एकत्र हो जाते थे और बढ़ती क़ीमत, बेरोज़गारी और भ्रष्टाचार पर ज़ोरदार चर्चा छिड़ जाती थी, और फिर अचानक से विरोध प्रदर्शन शुरू हो जाते थे। 18 फ़रवरी को, जब गुजरात में आन्दोलन अभी भी जारी था, पटना विश्वविद्यालय छात्र संघ ने बिहार के विभिन्न कॉलेज और विश्वविद्यालयों के छात्र नेताओं को बिहार छात्र संघर्ष समिति के मंच पर एक साथ आने के लिए आमन्त्रित किया।

उनकी माँगें एकदम स्पष्ट थीं, जिनमें से आठ शिक्षा पर केन्द्रित थीं–शिक्षा प्रणाली में आमूलचूल परिवर्तन, विश्वविद्यालय के निकायों का लोकतान्त्रीकरण, प्रत्येक कॉलेज में सक्रिय छात्र संघों का गठन, विद्यार्थियों के लिए पर्याप्त छात्रवृत्ति और अन्य सहायता का प्रावधान, शिक्षित बेरोज़गारों के लिए नौकरियाँ, बढ़ती क़ीमतों, जमाखोरी और कालाबाज़ारी पर लगाम। उन्होंने अब्दुल गफ़ूर के नेतृत्व वाली कांग्रेस सरकार के इस्तीफ़े की भी माँग की थी।

लेकिन इस छात्र समुदाय के बीच शुरू से ही वाम-दक्षिणपन्थी विभाजन बना हुआ था। ये विभाजन इतना गहरा था कि किसी साझा कार्यक्रम को निर्मित करना आसान नहीं था। वामपन्थी छात्रों ने संघर्ष का अपना अलग तरीक़ा चुना, जिसका नाम बिहार छात्र नौजवान संघर्ष मोर्चा रखा गया।

इसके बरअक्स बिहार छात्र संघर्ष समिति अमूमन पुरुष-प्रधान समूह था, जिसके अधिकतर सदस्य किसी राजनीतिक दल से जुड़े हुए थे। समिति पर जनसंघ की छात्र शाखा अखिल भारतीय विद्यार्थी परिषद का प्रभुत्व था। समिति के प्रमुख सदस्यों में नरेन्द्र सिंह, वशिष्ठ नारायण सिंह, शिवानन्द तिवारी, रामजतन सिन्हा, अख़्तर हुसैन, रघुवंश नारायण सिंह, नीतीश कुमार, राम बहादुर राय, गोपाल शरण सिंह, भवेश चन्द्र प्रसाद के अलावा पटना विश्वविद्यालय छात्र संघ के नवनिर्वाचित पदाधिकारी थे : संघ के अध्यक्ष लालू प्रसाद यादव, समाजवादी युवजन सभा के नेता जिन्होंने एबीवीपी के प्रत्याशी को छात्रसंघ चुनावों में पराजित किया था, महासचिव सुशील मोदी और सचिव रविशंकर प्रसाद।

दोनों गुटों के बीच वैचारिक अलगाव एकदम स्पष्ट था। शिक्षा मन्त्री द्वारा उनकी माँगों का जवाब न दे पाने के विरोध में छात्र संघर्ष समिति ने 18 मार्च को बिहार विधानसभा और राज्यपाल का घेराव करने का आह्वान दिया। लेकिन भाकपा, भारतीय कम्युनिस्ट पार्टी (मार्क्सवादी) और भाकपा (माले) जैसी वामपन्थी पार्टियों से जुड़े छात्रों ने इस अपील को ठुकरा दिया। यह ग़ौरतलब है कि भाकपा के छात्र संगठन ऑल इंडिया स्टूडेंट फेडरेशन ने घेराव में भागीदारी की थी, लेकिन जल्द ही उसने पार्टी का अनुसरण कर लिया।

इस सहसा उपजे विद्रोह और पटना विधानसभा के बाहर छात्र प्रदर्शनकारियों के उबाल को देखकर पुलिस हैरान रह गयी थी। छात्रों की धरपकड़ हुई। उन्हें पीटा गया और उन पर अन्धाधुन्ध गोलियाँ चलायी गयीं। इसका जवाब छात्रों ने कहीं भीषण हिंसा से दिया। उन दिनों पटना में कहीं भी सहसा भीड़ उमड़ आती थी, दुकानों और इमारतों पर पत्थरबाज़ी और आगजनी शुरू हो जाती थी। फ्रेजर रोड पर स्थित वह इमारत जहाँ पटना के दो प्रतिष्ठित अख़बार, अंग्रेज़ी दैनिक *सर्चलाइट* और हिन्दी दैनिक *प्रदीप*, प्रकाशित होते थे, उसे भी आग के हवाले कर दिया गया। 19 मार्च की रात जगजीवन राम और केन्द्रीय गृह मन्त्री उमाशंकर दीक्षित जेपी से मिले और स्वीकार किया कि डेढ़ घण्टे तक पटना में प्रशासन का कोई निशान तक नहीं था और शहर गुंडों के क़ब्ज़े में था।

जेपी इस घटनाक्रम से व्यथित थे। उन्होंने अपने लेख 'बिहार का भीषण कुकृत्य (द आउटरेज इन बिहार)' में लिखा था, "जिस इन्सान के भीतर थोड़ी भी संवेदनशीलता और देशभक्ति होगी, अगर वह 18 मार्च को पटना में होता तो घटनाक्रम को देखकर अपने आँसू रोक नहीं पाता। इन पंक्तियों को लिखते वक़्त...मेरे आँसू बह रहे हैं। न केवल स्वतन्त्रता आन्दोलन का प्रकाश स्तम्भ *सर्चलाइट* नष्ट हो गया, बल्कि बहुत कुछ और भी मिट गया। बिहार की आत्मा आज चिथड़ा-चिथड़ा होकर लहूलुहान पड़ी है।"[8]

पटना में हिंसा और पुलिस गोलीबारी से हुई मौत की ख़बर पूरे बिहार में फैल गयी। पुलिस कार्रवाई ने हिंसक हो रहे छात्रों को कहीं अधिक आक्रोशित कर दिया। मोतिहारी में छात्रों ने रेलवे स्टेशन और टेलीफ़ोन एक्सचेंज पर धावा बोल दिया, तोड़फोड़ की और ब्लॉक डेवलपमेंट ऑफ़िसर के घर को आग लगा दी। उन्होंने सीतामढ़ी के टेलीफ़ोन एक्सचेंज को ध्वस्त कर दिया और आरा के दो कॉलेज प्रिंसिपल के कार्यालयों में आग लगा दी। देवघर और मधेपुरा में सरकारी दफ़्तरों पर हमला हुआ। बेतिया में हिंसक भीड़ ने सड़कों पर उत्पात मचाया, जिसके कारण पुलिस को गोली चलानी पड़ी, जिसमें दो लोगों की मौत हो गयी और कई छात्र घायल हो गये। बोधगया में छात्रों ने राज्य परिवहन की बस और सरकारी वैन को जला दिया। राँची में डाकघर और टेलीफ़ोन एक्सचेंज को जलाने की कोशिश की गयी। उमाशंकर दीक्षित ने हिंसा के लिए विपक्षी दलों, आरएसएस और अराजक वामपन्थी तत्त्वों को दोषी ठहराया।[9] सरकार ने जवाबी कार्रवाई में कम क्रूरता नहीं बरती थी। पुलिस छात्रों की उग्र भीड़ पर गोलियाँ चलाती रही। 20 मार्च तक ग्यारह शहरों में कर्फ़्यू लगा दिया गया।

क़रीब दो हज़ार लोग गिरफ़्तार हो चुके थे। इस हिंसा के बीच जेपी ने कहा था, "लोगों का ग़ुस्सा दिन-ब-दिन बढ़ती जा रही उनकी दुर्दशा के कारण चरम पर पहुँच रहा है। मेरे पास ख़बरें आयी हैं कि ग़रीब ग्रामीण परिवार ज़िन्दा रहने के लिए अपने बच्चों को बेच रहे हैं। एक परिवार ने तो...तिल-तिल कर भूख से मरने के बजाय एल्ड्रिन निगलकर मृत्यु को चुन लिया।"[10]

क़ानून व्यवस्था बनाये रखने में विफलता के लिए मुख्यमन्त्री के इस्तीफ़े की माँग कई विपक्षी नेता कर रहे थे। कांग्रेस (ओ) के रामविलास शर्मा ने

कहा था कि केवल एक बेशर्म सरकार ही सलाखों के पीछे बन्द लोकतन्त्र पर गर्व महसूस कर सकती है। जनसंघ के कैलाशपति मिश्र और जॉर्ज फर्नांडीस और मधु लिमये ने गफूर सरकार को तत्काल बर्ख़ास्त करने की माँग की थी।[11]

इसके साथ तमाम विचारधाराओं वाला एक गठबन्धन कांग्रेस के प्रति अपने विरोध के चलते आन्दोलन का समर्थन करने उतर आया। इसमें जनसंघ, सोशलिस्ट पार्टी, एसएसपी, स्वतन्त्र पार्टी, कांग्रेस (ओ) और भारतीय लोक दल (बीएलडी) जैसी पार्टियाँ शामिल थीं। यह एक रणनीतिक निर्णय था, जिसकी एक बड़ी वजह यह भी थी कि वे सभी 1971-72 की चुनावी पराजय के बाद केन्द्रीय मंच पर लौटना चाहती थीं।

इस छात्र आन्दोलन के अस्तित्व की पहचान पर मँडराते संकट का हल 6 अप्रैल 1974 को मिला जब जेपी इसका नेतृत्व करने और इसे एक विशिष्ट रचनात्मक रूप देने के लिए सहमत हो गये।[12] ग्यारह जनवरी को पटना के व्हीलर सेनेट हॉल में उन्होंने छात्र नेताओं से मुलाक़ात की, और 1 फ़रवरी को पटना कॉलेज में उनकी बैठक भी हुई। लेकिन अब स्थिति बदल चुकी थी। इस वक़्त जेपी को क्रान्ति बहुत क़रीब दिखाई दे रही थी–राज्य सत्ता शक्ति बनाम छात्र शक्ति, यानी प्रभुत्ववान और वंचित (हैव एंड हैव नॉट्स) के बीच का द्वन्द्व। यह लम्बे समय से चले आ रहे सम्पूर्ण क्रान्ति के सपने को साकार करने का वक़्त था। जेपी ने कहा कि वे कुशासन और भ्रष्टाचार के मूक दर्शक और नहीं बने रह सकते। उन्होंने यह भी कहा कि यह आन्दोलन सरदार पटेल के नेतृत्व वाले बारडोली संघर्ष की भी याद दिलाता था।[13]

जेपी ने छात्रों से आश्वासन लिया कि वे संघर्ष को अहिंसक बनाये रखेंगे, पक्षपात भरी राजनीति नहीं करेंगे, राजनीतिक दलों की कठपुतली नहीं बनेंगे और उनके निर्देशानुसार काम करेंगे।[14] इस तरह इस संघर्ष को नयी ऊर्जा और दिशा मिल गयी। "वे वह शक्ति थे जिसने हम सभी को एक साथ बाँधे रखा था। हम जेपी आन्दोलन के विराट सामूहिक आख्यान में अपनी व्यक्तिगत कथाओं को समाहित करना सीख रहे थे," रविशंकर प्रसाद ने अरसे बाद एक निजी साक्षात्कार में याद किया था।

ग़ौरतलब है कि इस आन्दोलन की एकमात्र हिंसक घटना छपरा ज़िले में हुई, जहाँ एक सिपाही की मृत्यु हो गयी। इसके बाद जेपी ने बिहार पुलिस से सार्वजनिक रूप से माफ़ी माँगी और मृतक की विधवा को सहायता भी दी।

जेपी सीपीएम और भारतीय कम्युनिस्ट पार्टी (मार्क्सवादी-लेनिनवादी) जैसी वामपन्थी पार्टियों का समर्थन लेकर आन्दोलन के आधार को व्यापक बनाना चाहते थे। हालाँकि इन दलों की वैचारिक बाध्यताओं ने उन्हें आन्दोलन के साथ खुलकर शामिल होने से रोक दिया। वाम दल राष्ट्रीय स्वयंसेवक संघ की भागीदारी वाले आन्दोलन से नहीं जुड़ना चाहते थे। कई महीनों के अनिश्चय के बाद सीपीएम के महासचिव पी सुन्दरैया और उसके राजनीतिक ब्यूरो के सदस्य प्रमोद दासगुप्ता जेपी और समाजवादी नेता मधु दंडवते के साथ 18 सितम्बर 1974 को एक संयुक्त बयान पर हस्ताक्षर करने पर सहमत हो गये। इसके तहत आन्दोलन को उग्र बनाने और गति देने तथा मज़दूरों और किसानों के साथ इसकी सम्बद्धता को बढ़ाने के लिए दोनों पक्षों को लगातार विचार-विमर्श करना था। हस्ताक्षरकर्ताओं ने इस पर भी सहमति जतायी कि बिहार विधानसभा को भंग करने की माँग को प्राथमिकता दी जायेगी।[15] फॉरवर्ड ब्लॉक ने भी इस प्रस्ताव के समर्थन का वायदा किया था। मार्च के अन्त तक आन्दोलन ज़ोर पकड़ने लगा था। लोग सड़कों पर उपवास शुरू कर रहे थे। विश्वविद्यालय परिसरों में आधी रात तक बैठकें हुआ करती थीं। तख्तियाँ लिए युवक और युवतियाँ मौन जुलूस निकालते थे। 23 मार्च को राज्यव्यापी बन्द का आयोजन किया गया और पुलिस गोलीबारी के विरोध में 5 अप्रैल को 'काला दिवस' मनाया गया। इस गोलीबारी में कई लोगों की मौत हो गयी।

इस आन्दोलन को लेकर प्रधानमन्त्री की उदासीनता पर जेपी ने ताना मारा कि इन्दिरा 'मूर्खों की दुनिया में रहती' हैं।[16] उन्होंने पिछले तीन हफ़्तों की पुलिस ज़्यादतियों का विरोध करने के लिए 8 अप्रैल को पटना में एक मौन जुलूस का नेतृत्व किया, जहाँ उनके निर्देशानुसार सिर्फ़ निर्दलीय सत्याग्रही शामिल हुए। सड़कों पर भीड़ उमड़ आयी। उन पर गुलाब और गेंदे की पंखुड़ियाँ बरसाई गयीं। बड़ी संख्या में पुरुषों और स्त्रियों ने क़दम कुआँ के कांग्रेस मैदान (अब क्रान्ति मैदान) से फ्रेजर रोड, अशोक राजपथ, गोविन्द मित्रा रोड और राम कृष्ण एवेन्यू तक जुलूस निकाला और फिर अपने शुरुआती बिन्दु पर लौट आये। उनके मुँह पर पट्टी बँधी थी और उनकी तख्तियों पर लिखा था : 'हमला चाहे जो भी हो, हाथ हमारा नहीं उठेगा'।

फणीश्वरनाथ रेणु, रामवचन राय, नागार्जुन, रवीन्द्र राजहंस और गोपी वल्लभ सहाय जैसे लेखक जब जुलूस में शामिल हुए, आन्दोलन को नयी आवाज़ मिल गयी। जब जुलूस जेल के क़रीब से गुज़रा, हिरासत में लिए गये छात्र समर्थन में नारे लगाने लगे। अगले दिन जेपी ने गांधी मैदान में एक बड़ी जनसभा को सम्बोधित किया। "मैं 27 वर्षों से परिस्थितियों को बनते-बिगड़ते देख रहा हूँ, लेकिन मैं अब किनारे पर नहीं रह सकता। मैंने क़सम खायी है कि हालात ऐसे नहीं रहने दूँगा।"[17] जनता के भीतर यह एहसास उमड़ने लगा था कि क्रान्ति अब बहुत दूर नहीं है। छब्बीस वर्षीय लालू यादव ने यह कहकर जन-भावनाओं को स्वर दे दिया कि जेपी को 'लोकनायक' की उपाधि दी जाये। मैदान 'लोकनायक ज़िन्दाबाद' और 'इंक़लाब ज़िन्दाबाद' के नारों से गूँज उठा। सरकार गिराने के लिए जन संघर्ष 9 अप्रैल को शुरू हुआ और पाँच सप्ताह तक चला। 12 अप्रैल को गया में पुलिस ने उग्र भीड़ पर गोलियाँ चला दीं। आठ लोगों की जान चली गयी और कई गम्भीर रूप से घायल हो गये।

कई अन्य ज़िलों से भी आन्दोलनकारी छात्रों के शान्तिपूर्ण प्रदर्शन पर लाठीचार्ज की ख़बरें आ रही थीं। 21 अप्रैल को जेपी ने पुलिस की हिंसा के खिलाफ़ एक विशाल रैली का नेतृत्व किया। अब यह संघर्ष एक ऐसे जन आन्दोलन का रूप ले चुका था जिसे अब रोका नहीं जा सकता था। महिलाएँ और युवतियाँ राष्ट्रीय राजमार्ग पर मानव-शृंखला बना रही थीं। वकील, शिक्षक और अन्य पेशों के लोग सचिवालय और अन्य सरकारी इमारतों के पास क्रमिक उपवास पर बैठने लगे। अधिकांश कार्यालयों में काम ठप हो रहा था।

इस दौरान जेपी प्रोस्टेट की बीमारी से जूझ रहे थे। आख़िरकार 23 अप्रैल को वेल्लोर के क्रिश्चियन मेडिकल कॉलेज में उनकी सर्जरी हुई। वेल्लोर जाने से पहले वे आन्दोलनकारियों के लिए कार्ययोजना बना गये थे। अनुपस्थिति के दौरान आचार्य राममूर्ति और नारायण देसाई जैसे वरिष्ठ सर्वोदय नेताओं के नेतृत्व में भूख हड़ताल और विरोध प्रदर्शन जारी रहे। 30 अप्रैल को पूरे राज्य में बारह घण्टे का उपवास रखा गया। मई दिवस पर मज़दूर संघों ने छात्रों के साथ मिलकर विशाल जुलूस निकाले। 8 मई को 'विधानसभा भंग करो' सप्ताह की घोषणा की गयी और पूरे बिहार में इसके लिए हस्ताक्षर-अभियान

चलाया गया। विधायकों के इस्तीफ़े हासिल करने के लिए उनके आवासों के सामने क्रमिक उपवास आयोजित किये गये, जिन्होंने प्रतिरोध के भाव को गहरा कर दिया।

उथलपुथल भरे इस सप्ताह के अन्त में तेरह जनसंघ और सात एसएसपी के विधायकों ने विधानसभा से इस्तीफ़ा दे दिया। पूर्व मुख्यमन्त्री महामाया प्रसाद सिन्हा इस्तीफ़ा देने वाले एकमात्र कांग्रेस विधायक थे। ये इस्तीफ़े अत्यन्त विवादित हो गये। जनसंघ ने उन ग्यारह सदस्यों को छह वर्षों के लिए निष्कासित कर दिया जिन्होंने इस्तीफ़ा देने से इनकार कर दिया था। कांग्रेस (ओ) की उग्र नेता तारकेश्वरी सिन्हा ने इस्तीफ़े और विधानसभा को भंग करने की माँग का विरोध किया। इस्तीफ़ा देने के लिए मजबूर किये गये कुछ विधायकों ने अपने इस्तीफ़े वापस ले लिए। विपक्ष के अट्ठासी विधायकों में से केवल अड़तीस ने इस्तीफ़ा दिया, लेकिन प्रतिरोध प्रदर्शन फूटते रहे।

इन प्रदर्शनों की काट करने के लिए 3 जून को सीपीआई, जिसकी बिहार में सशक्त उपस्थिति थी और जिसके कांग्रेस के साथ क़रीबी सम्बन्ध थे, ने पटना में किसानों, मज़दूरों, छात्रों और सरकारी कर्मचारियों की एक विशाल पदयात्रा आयोजित की। पार्टी द्वारा राज्यपाल को सौंपे गये ज्ञापन में विधानसभा भंग करने की माँग का विरोध किया गया। इसके अगले दिन भारी संख्या में पुलिस का फ्लैग मार्च हुआ। 11 नवम्बर को सीपीआई ने एक और शक्ति प्रदर्शन किया और उस 'फ़ासीवादी' जन आन्दोलन को चुनौती दी, जिसे पार्टी के अनुसार निर्वाचित विधानसभा को नष्ट करने, संसदीय लोकतन्त्र को ख़त्म करने और संवैधानिक संकट पैदा करने के लिए पैदा किया गया था।[18]

लेकिन आन्दोलनकारी डटे हुए थे। प्रत्येक जड़ नियम पर सवाल उठ रहा था। आन्दोलनकारियों ने एकाधिकार और प्रतिबन्धात्मक व्यापार व्यवहार अधिनियम 1969, और विदेशी मुद्रा विनियमन अधिनियम 1973 जैसे क़ानूनों के ज़रिये व्यापार पर बढ़ते सरकारी नियन्त्रण पर भी सवाल उठाया था। इन्दिरा और उनके कैबिनेट मन्त्री इस आन्दोलन के अन्य राज्यों में सम्भावित प्रभाव को लेकर आशंकित थे, और इन घटनाक्रमों का बारीकी से आकलन कर रहे थे। जेपी से मेरे पिता की निकटता के मद्देनज़र उमा शंकर दीक्षित ने उन्हें मतभेदों को सुलझाने में मदद करने के लिए कहा। मेरे पिता वेल्लोर से जेपी

के लौटने के बाद पटना पहुँचे। उन्होंने पाया कि जेपी दो दिन बाद यानी 5 जून को होने वाली एक विशाल प्रतिरोध प्रदर्शन रैली के क्रियान्वयन को लेकर अत्यन्त व्यस्त थे, और फ़िक्रमन्द भी। मेरे पिता ने लिखा था, "जेपी कमज़ोर दिख रहे थे। यह स्पष्ट था कि उनकी सरकार के साथ संवाद में दिलचस्पी नहीं थी और किसी समझौते में तो एकदम नहीं। उन्हें अमूमन मुझसे घण्टों बात करना सुहाता था और रात्रिभोज एकसाथ करने पर ज़ोर देते थे, लेकिन इस बार स्थिति बदली हुई थी। उन्होंने मुझसे रुकने या अगले दिन वापस मिलने आने के लिए भी नहीं कहा। मुझे लगा कि वे नाराज़ थे कि मैं सरकार का दूत बनने के लिए सहमत हो गया था।"

सरकार ने ज़िलाधिकारियों को निर्देश दिया था कि वे लोगों को 5 जून की रैली में शामिल होने से रोकने के लिए सीमाएँ सील कर दें। इसके बावजूद उनतीस ज़िलों से हज़ारों लोग विकट परिस्थितियों का सामना करते हुए पटना पहुँच गये थे। 5 जून को जेपी के नेतृत्व में दोपहर 3 बजे लाखों लोगों का जुलूस गांधी मैदान से शुरू हुआ। उनकी खुली जीप के पीछे एक ट्रक था जिसमें विधानसभा भंग करने के पक्ष में विभिन्न ज़िलों से एकत्र किये गये हस्ताक्षर-अभियान वाले 50 लाख पर्चों के बंडल थे। जुलूस शाम 5 बजे राजभवन के फाटक पर पहुँचा। जेपी ने ये कागज़ राज्यपाल को सौंपे और फिर अपने डॉक्टर की सलाह पर थोड़ा विश्राम करने के लिए गांधी राष्ट्रीय संग्रहालय की ओर मुड़ गये। इस बीच जुलूस गांधी मैदान की ओर बढ़ा ही था कि बेली रोड को पार करते वक़्त कांग्रेस विधायक फुलेना राय द्वारा पोषित 'इन्दिरा ब्रिगेड' के गुंडों ने उन पर गोलियाँ चला दीं। कई लोग घायल हो गये।

सरकार ने इस आन्दोलन को विफल करने में कोई कसर नहीं छोड़ी थी। ट्रेन, बस और स्टीमर सेवाएँ बाधित हुई थीं। तमाम बाधाओं और जून की तपती गर्मी के बावजूद दस लाख लोग जेपी को सुनने के लिए कार्यक्रम स्थल पर जुट आये थे। उनकी कठिन यात्रा व्यर्थ नहीं गयी थी, क्योंकि ओज, आवेग और संवेदना में डूबा जो भाषण जेपी ने उस दिन दिया वह 1942 के उन्मादी क्रान्तिकारी दिनों के साथ हाना अरेंड्ट के इन शब्दों की भी याद दिलाता था, "सबसे स्याह समय में भी हमें रोशनी की उम्मीद करने का अधिकार है।"[19]

सभा की शुरुआत रेणु ने वह कविता सुनाकर की जो दिनकर ने जेपी पर लिखी थी और 1946 में स्वयं इसी ऐतिहासिक मैदान में उनको सम्बोधित करते हुए सुनाई थी। मेरे पिता कहते थे कि जेपी उस दिन एक सच्चे क्रान्तिकारी की तरह बोले। "यह क्रान्ति है मित्रो! सम्पूर्ण क्रान्ति है। विधानसभा का विघटन मात्र इसका उद्‌देश्य नहीं है।"[20]

सम्पूर्ण क्रान्ति की उनकी हुंकार ने बिहार आन्दोलन की दिशा बदल दी। यह आन्दोलन अब सीमित उद्‌देश्यों के लिए नहीं रहा। इस आन्दोलन के नारे, 'सम्पूर्ण क्रान्ति अब नारा है, भावी इतिहास हमारा है, जयप्रकाश का बिगुल बजा तो जग उठी तरुणाई है', समूचे बिहार में गूँज उठे। उस असाधारण आवेग से भरे दिन के अन्त में जब जेपी भीड़ से दूर अपने एकान्त में लौट आये थे, उन्होंने थके और बमुश्किल सुनाई देते स्वर में कहा था, "क्रान्ति आ गयी है, लेकिन अब जब मैं बूढ़ा हो गया हूँ।"

जेपी के भाषण ने इन्दिरा को दहला दिया। आक्रोश, अविश्वास और आरोप-प्रत्यारोप के चक्र में फँसा उन दोनों का सम्बन्ध अपने सबसे ख़राब दौर में आ गया था। इसकी शुरुआत 1 अप्रैल को भुवनेश्वर में एक सार्वजनिक सभा में इन्दिरा के भाषण से हुई थी, "कांग्रेसवालों पर भ्रष्टाचार के आरोप लगाये जाते हैं। अगर विरोधी पक्षों वाले लोग ऐसे आरोप लगाते हैं, तो मैं उन्हें समझ सकती हूँ। लेकिन आश्चर्य की बात यह है कि अब सर्वोदय वाले भी ऐसे आरोप लगाने लगे हैं। धनवानों के साथ स्थायी सम्बन्ध रखने वाले और उनकी कृपादृष्टि चाहने वाले ऐसे लोग भ्रष्टाचार की बात करने की बात करने की हिम्मत कैसे करते होंगे?"

इसी तरह का आरोप उन्होंने दिल्ली में बिहार के सांसदों के सामने भी लगाया। इन्दिरा की भड़काऊ टिप्पणी जेपी की ओर सीधा संकेत करती थी, और इसे चूक कहकर नज़रअन्दाज़ नहीं किया जा सकता था।[21] दो दिन बाद जारी एक बयान में जेपी ने आरोप लगाया कि इन्दिरा अत्यन्त निम्न स्तर पर उतर आयी हैं।

इन्दिरा को यह बोध हो गया कि उन्होंने ग़लती कर दी है। उन्होंने जेपी को लिखा, "कई दोस्त व्यथित हैं कि हमारे बीच ग़लतफ़हमी पैदा हो गयी

है। मुझे लम्बे अरसे से आपकी मित्रता का सौभाग्य मिला है। मेरे पिता और आपके बीच का सम्मान उतना ही जगज़ाहिर है जितना मेरी माँ का प्रभावतीजी के प्रति स्नेह। (लेकिन) यह ज़रूरी नहीं कि आपसी सम्मान और स्नेह के चलते हम राजनीतिक या दार्शनिक मसले पर किसी ईमानदार मतभेद को नज़रअन्दाज़ कर दें। आपके मेरे पिता के साथ, और अब मेरे साथ मतभेद हैं। हमने एक-दूसरे की आलोचना की है, लेकिन मुझे उम्मीद है कि हमने ऐसा व्यक्तिगत कटुता या एक-दूसरे के उद्देश्यों पर सवाल उठाये बिना किया है। मैंने हमेशा कोशिश की है कि मैं अपने पद से बँधी न रहूँ, बल्कि वैचारिक आदान-प्रदान, आपसी समझ विकसित करने और समस्याओं को सुलझाने के लिए हाथ बढ़ाऊँ। आपकी सहानुभूति का मेरे लिए हमेशा महत्त्व रहेगा।"[22]

इन्दिरा द्वारा खाई पाटने का प्रयास सफल नहीं हुआ। जेपी के पत्रों का लहजा कठोर और विरोधात्मक होता गया। उन्होंने इन्दु की बजाय औपचारिक इन्दिराजी सम्बोधन करना शुरू कर दिया। जेपी के 5 जून के सार्वजनिक वक्तव्य ने दोनों के बीच की खाई गहरी कर दी।

इन्दिरा ने जवाब में लिखा, "आप इस बात से नाराज़ हैं कि प्रधानमन्त्री और श्री दीक्षित से लेकर निचले लोगों के भीतर 'जयप्रकाश नारायण को लोकतन्त्र का पाठ पढ़ाने का अहंकार है'। क्या आप इससे सहमत नहीं होंगे कि लोकतन्त्र हम सबको इसके बारे में सोचने और बात करने का अधिकार देता है...चाहे उसकी स्थिति या पृष्ठभूमि कुछ भी हो? मैं पूरी विनम्रता से आपसे यह कह सकती हूँ कि वे लोग, जो आपके अनुयायी नहीं हैं, वे भी देश के बारे में, लोगों के कल्याण के बारे में और सार्वजनिक जीवन से भ्रष्टाचार हटाने को लेकर आपके जितना ही फ़िक्रमन्द हैं। क्या आपको यक़ीन है कि आज जो लोग आपका अनुसरण करते हैं और आपके आन्दोलन का समर्थन करते हैं, उनकी पृष्ठभूमि और इरादे उन लोगों से अलग हैं, जिन्होंने आपके अनुसार सरकार के पीछे शरण ले रखी है?"[23]

जेपी ने इस पत्र को नज़रअन्दाज़ कर दिया। अहिंसक असहयोग और अवज्ञा का एक नया दौर 7 जून से शुरू हो गया। पटना विधानसभा के चारों फाटकों पर धरने के साथ 'डायरेक्ट एक्शन' शुरू हो गया। जेपी ने एक

साल के लिए सभी कॉलेज और विश्वविद्यालयों को बन्द करने का आह्वान किया। उन्होंने सरकार को पंगु बनाने के लिए टैक्स न भरने की अपील की और ऐसे अन्य अभियानों को भी प्रोत्साहित किया। आगामी दिनों में पटना विधानसभा के सामने धरना देते वक़्त कई लोगों की गिरफ़्तारी हुई। 13 जुलाई को जब विधानसभा सत्र समाप्त हुआ, उसके बाद भी इसे भंग करने की माँग और आन्दोलन की ऊर्जा में कोई कमी नहीं आयी। जेपी ने पुलिसकर्मियों से आह्वान किया कि जब उनके वरिष्ठ अधिकारी लाठीचार्ज या गोलीबारी का आदेश दें, वे सरकारी आदेश के पालन की बजाय अपनी अन्तरात्मा की आवाज़ सुनें और उसका पालन करें।

कक्षाओं और परीक्षाओं के बहिष्कार को लेकर जेपी के आह्वान पर मिश्रित प्रतिक्रिया आयी थी। इसने कई विश्वविद्यालयों और महाविद्यालयों को पंगु कर दिया, लेकिन इस बहिष्कार ने छात्रों के साथ उनके अभिभावकों की प्रतिबद्धताएँ भी उजागर कर दीं। जब चार महीने बन्द रहने के बाद 18 जुलाई को कॉलेज खुले, 10 प्रतिशत से भी कम छात्र ऐसे थे जिन्होंने परीक्षा नहीं दी थी।[24] गया और अन्य शहरों में परीक्षा केन्द्रों पर देसी बम फेंके गये। कुछ अन्य ज़िलों में परीक्षार्थियों पर पथराव और हिंसा की ख़बरें आयीं। साल के अन्त में जब छात्र कक्षाओं में लौटने लगे, बदलती परिस्थिति के मद्देनज़र जेपी ने अपनी उम्मीदों को मद्धिम कर दिया। उन्होंने छात्रों से कहा कि वे आन्दोलन के लिए एक साल या यहाँ तक कि सप्ताह में एक दिन भी समर्पित कर सकते हैं।[25] आन्दोलन का पहला चरण जुलाई के तीसरे सप्ताह में विधानसभा के समक्ष सत्याग्रह की समाप्ति के साथ ख़त्म हुआ।

दूसरा और कहीं अधिक सघन चरण लोकमान्य तिलक के जन्मदिवस 1 अगस्त को कर-बन्दी अभियान के साथ शुरू हुआ। उस शाम पटना में एक सभा में भयंकर बरसात में भीगते हुए नागरिकों ने भ्रष्टाचार-उन्मूलन की प्रतिज्ञा की। किसानों से कहा गया कि अकाल जैसी स्थिति आने पर वे सार्वजनिक वितरण प्रणाली के लिए खाद्यान्न पर राज्य शुल्क न दें। विदेशी और देशी शराब की दुकानों पर धरना दिया गया। चारों ओर कोहराम मचा हुआ था। केवल डाक और तार, अस्पताल, अदालतें, रेलवे, बैंक और राशन की दुकानों जैसे विभागों को धरनों से दूर रखा गया था। जेपी ने छात्रों को

निर्देश दिया कि वे प्रत्येक विधानसभा क्षेत्र में दस से पन्द्रह बैठकें करें ताकि अकर्मण्य विधायकों के ख़िलाफ़ जनमत तैयार हो सके। भ्रष्ट अधिकारियों, जमाखोरों और व्यापारियों की सन्तानों से कहा गया कि वे अपने घरों में बारह घण्टे का उपवास रखें। जमशेदपुर में एक सार्वजनिक बैठक को सम्बोधित करते हुए जेपी ने एक बार फिर पुलिस से उन आदेशों की अवहेलना करने का आग्रह किया, जिन्हें उनकी अन्तरात्मा अनुचित मानती थी। साथ ही उन्होंने यह भी चेतावनी दी, "इस वक़्त यह आह्वान गांधीवादी है और इसे क्रान्ति का आह्वान समझने की भूल नहीं करनी चाहिए। लेकिन एक समय आयेगा, जब मैं सम्पूर्ण क्रान्ति का आह्वान करूँगा।"[26]

अक्टूबर तक सविनय अवज्ञा कार्यक्रम को ज़बरन लागू करने के लिए हिंसक घटनाएँ बढ़ गयी थीं, लेकिन आन्दोलन के भीतर थकान भी दिखाई देने लगी थी। विरोध प्रदर्शन अमूमन शहरी इलाक़ों तक सीमित थे और ग़रीब किसानों, खेतिहर मज़दूरों तथा दिहाड़ी मज़दूरों को अपने साथ नहीं जोड़ पाये थे। बिहार का दौरा करते हुए नयनतारा सहगल ने आन्दोलनकारियों की शाखाओं में लैंगिक असन्तुलन की भी आलोचना की थी।

आन्दोलन को नयी ऊर्जा देने और इसका विस्तार करने के लिए जेपी ने एक नयी कार्ययोजना की घोषणा की, जिसके तहत 2 अक्टूबर से संघर्ष को गति देनी थी। इस अवसर पर जेपी ने कहा था, "बिहार का छात्र एवं जन-संघर्ष अब एक निर्णायक लड़ाई की स्थिति में पहुँच गया है...यह उचित ही है कि ऐसे संघर्ष के प्रारम्भ के लिए गांधीजी का जन्मदिन चुना जाये, क्योंकि वास्तव में बिहार का वर्तमान आन्दोलन उसी क्रान्ति को पूरा करने के उद्देश्य से चल रहा है, जो गांधीजी की हत्या के कारण अधूरी रह गयी थी।"[27]

3 से 5 अक्टूबर के बीच तीन दिवसीय बन्द का आयोजन किया गया। बन्द का नेतृत्व करते हुए जेपी ने पटना की सड़कों पर अपने अनुयायियों के साथ पदयात्रा निकाली। लोग सड़कों के दोनों किनारों पर उनके समर्थन के लिए खड़े थे। उन्होंने सचिवालय के गेट पर अपना मार्च समाप्त किया और धरने पर बैठ गये। उनके समर्थक, उत्सुक दर्शक, पत्रकार और कुछ अधिकारी उनके चारों ओर खड़े थे। पूरा बिहार तीन दिन बन्द रहा।

इस बन्द की सफलता के बाद जेपी ने सत्ता को एक और सीधी चुनौती दी। उन्होंने छात्रों और जन संघर्ष समिति के स्वयंसेवकों को अपनी पूरी ताक़त के साथ ब्लॉक, उपखण्ड और ज़िला कार्यालयों को बाधित करने का निर्देश दिया और कहा कि वे समानान्तर, क्रान्तिकारी जनता सरकार की स्थापना करें, और ग्राम-स्वराज्य के कार्यक्रम को नवीन स्वरूप दें। जन-शक्ति के इन लघु और ज़मीनी केन्द्रों का गठन रूसी लोकतान्त्रिक श्रमिक परिषद की तर्ज़ पर हुआ था। इनसे अपेक्षा थी कि ये जनता के विवादों का निपटारा करने, उचित क़ीमतों पर आवश्यक वस्तुओं की बिक्री सुनिश्चित करने, भूमिहीनों के लिए भूमि का पुनर्वितरण आयोजित करने, कालाबाज़ारी और जमाखोरी को रोकने और जाति उत्पीड़न के ख़िलाफ़ लड़ने के लिए मदद करेंगे। इनसे यह भी अपेक्षा थी कि वे जनता को छुआछूत, जातिवाद, जनेऊ, बाल विवाह, दहेज प्रथा जैसी कुरीतियों से दूर ले जायेंगे और इस तरह उनकी समझ को परिवर्तित करेंगे।[28]

हालाँकि जेपी ने बार-बार कहा था कि यह आन्दोलन भले ही असंवैधानिक है, लेकिन लोकतान्त्रिक और अहिंसक है। सच यह है कि हिंसा की तमाम घटनाएँ हो रही थीं। दुकानदारों को दुकानें बन्द करने के लिए मजबूर किया जा रहा था। ट्रेनों और बसों को मनमाने ढंग से रोक लिया जाता था। भभुआ, सासाराम, समस्तीपुर, सीतामढ़ी, मुज़फ़्फ़रपुर और दानापुर जैसे स्टेशनों पर तो छोटे बच्चों ने रेलवे ट्रैक को अवरुद्ध कर दिया था।

इन घटनाओं के मद्देनज़र बिहार के गृह सचिव ने रेलवे में तोड़फोड़, पटरियों से छेड़छाड़ और रेलकर्मियों को धमकाने के कुल बीस मामलों की रिपोर्ट बनायी थी। पुलिस ने इस हिंसा का जवाब निर्मम क्रूरता से दिया था। सैकड़ों छात्रों को पीटा और गिरफ़्तार किया गया, जिनमें कई महिलाएँ और लड़कियाँ भी थीं। उन्हें हज़ारीबाग, भागलपुर, मुज़फ़्फ़रपुर, दरभंगा, समस्तीपुर, आरा, बाँकीपुर और पटना की जेलों में बन्द कर दिया गया। 2 से 5 अक्टूबर के बीच पुलिस ने कई जगहों पर फायरिंग की, जिसमें अनेक लोग मारे गये।

लेकिन धरने और विरोध प्रदर्शन जारी रहे। 8 अक्टूबर को जेपी अपने 86 समर्थकों के साथ अनशन पर बैठ गये। अगले दिन नारायण देसाई भी इस अनशन में शामिल हो गये। इस तरह विरोध गति पकड़ता रहा। इस हंगामे के बीच 10 अक्टूबर को जेपी ने पटना में एक बड़ी रैली को सम्बोधित किया। इस आन्दोलन को लोकतन्त्र की लड़ाई बताते हुए उन्होंने छात्रों से इसे अहिंसक बनाये रखने का आह्वान किया। "शान्तिपूर्ण तरीक़ों पर ज़ोर देना गांधीवादियों की सनक नहीं है। यह जनता के संघर्ष की रणनीति है। एक हिंसक घटना के बाद सरकार सौ अत्याचार करने को तैयार रहती है। इसलिए हिंसा के बारे में मत सोचिए।"[29]

उन्होंने चेतावनी दी कि अगर विधानसभा भंग नहीं की गयी तो वे जनता की एक समानान्तर विधानसभा के लिए चुनाव आयोजित करेंगे। बिहार में विधानसभा भंग करने की ज़रूरत को रेखांकित करते हुए जेपी ने कहा, "यह दोहराना ज़रूरी लगता है कि राज्य विधानसभा को भंग करना अनिवार्य हो गया है...बिहार विधानसभा ने अपनी शक्तियों को त्याग दिया है और उन्हें कार्यपालिका को सौंप दिया है...एक ही वर्ष में 176 अध्यादेश जारी किये गये।"[30]

देश के विभिन्न भागों से पचास हज़ार से अधिक पुरुष और महिलाएँ 6 अक्टूबर को दिल्ली में राजघाट स्थित गांधी समाधि पर एकत्रित हुए, जिससे इस आन्दोलन को मिला समर्थन कई गुना बढ़ गया। इन लोगों ने दिल्ली की प्रमुख सड़कों पर पदयात्रा निकाली, जिसमें दिल्ली विश्वविद्यालय, जवाहरलाल नेहरू विश्वविद्यालय और आईआईटी के शिक्षक तथा छात्र भी बड़ी संख्या में शामिल हुए। इसके बाद आचार्य कृपलानी के नेतृत्व में छह सदस्यीय प्रतिनिधिमण्डल ने इन्दिरा गांधी से मुलाक़ात की और बिहार विधानसभा को भंग करने की माँग करते हुए एक ज्ञापन सौंपा।

लेकिन प्रधानमन्त्री अविचलित थीं। उन्होंने ज़ोर देकर कहा कि वे यह माँग मानने के बजाय इस्तीफ़ा दे देंगी। 1 नवम्बर को दिल्ली में उनके और जेपी के बीच नब्बे मिनट की बैठक एक मार्मिक और व्यक्तिगत बिन्दु पर शुरू हुई, लेकिन किसी ठोस परिणाम पर नहीं पहुँच पायी। इन्दिरा जेपी के

साथ मिलकर भ्रष्टाचार से निपटने और चुनावी तथा शैक्षणिक सुधारों पर काम करने के लिए तैयार थीं, लेकिन उन्होंने यह शर्त रख दी कि वे बिहार विधानसभा के निलम्बन पर केवल इस शर्त पर विचार करेंगी कि अन्य राज्यों से ऐसी कोई माँग नहीं आयेगी।[31] इन्दिरा को जवाब देते हुए जेपी ने कहा कि जहाँ समस्याएँ होंगी, वहाँ आन्दोलन की हवा अपने आप पहुँचेगी। उस दिन शाम को इन्दिरा ने एक आम सभा में कहा, "मैं इस्तीफ़ा देना पसन्द करूँगी, मगर बिहार की विधानसभा के विसर्जन के लिए तैयार नहीं हूँगी। जब जयप्रकाश कहते हैं कि जनता उनके आन्दोलन के साथ है, तो उन्हें सब्र से काम लेना चाहिए। फ़ैसला अगले चुनाव में हो जायेगा।"[32]

नवम्बर 1974 का महीना बिहार आन्दोलन के इतिहास में निर्णायक साबित होने वाला था। इसकी शुरुआत 4 नवम्बर को पटना में एक विशाल रैली से हुई, जिसका प्रयोजन यह था कि बिहार के विभिन्न क्षेत्रों से आयी जनता अपने जन प्रतिनिधियों को विधानसभा से इस्तीफ़ा देने के लिए बाध्य करेगी। 5 जून की तरह राज्य सरकार ने इस बार भी सुनिश्चित किया कि पटना के सभी रास्ते सील कर दिये जायें। रेलगाड़ियाँ और स्टीमर सेवाएँ स्थगित कर दी गयीं, नावों में पानी भरकर उन्हें डुबो दिया गया और चौबीसों घण्टे गंगा पर हवाई गश्त शुरू कर दी गयी। शहर से तीस मील दूर से ही बाँस की मोटी बल्लियाँ गाड़कर नाकाबन्दी कर दी गयी। लेकिन तमाम बाधाओं को दरकिनार कर लोग हज़ारों की संख्या में केले के ठूँठों से बनी नावों में बैठकर उफनती नदी को पार कर शहर में प्रवेश कर गये। उन्होंने कांग्रेस मैदान में शरण ली, एक-दूसरे से लिपटे हुए रात बितायी और सुबह का इन्तज़ार करने लगे। गांधी संग्रहालय में भी हज़ारों लोगों ने शरण ली थी, लेकिन उन्हें पुलिस ने हिरासत में ले लिया।

सुबह 9 बजे के क़रीब, इससे पहले कि जेपी अपने चरखा समिति आवास से बाहर निकल पाते, गांधी मैदान के पास क़रीब पचास हज़ार पुरुष और महिलाएँ उनका इन्तज़ार कर रहे थे। छात्रों से घिरे हुए जेपी एक खुली जीप में सवार थे। क्रान्तिकारी नारे लगाते हुए प्रदर्शनकारी आगे बढ़ रहे थे। गांधी मैदान पहुँचते ही पुलिस ने जेपी की जीप ज़ब्त कर ली। यह ऐतिहासिक क्षण

था। किसी को नहीं मालूम था कि आगे क्या होने वाला है। अब जेपी सड़क पर थे। लेकिन वे थमे नहीं। भीड़ को तितर-बितर करने के लिए आयकर भवन के चौराहे के पास सशस्त्र पुलिस ने अग्रिम पंक्ति में चल रहे छात्रों को घसीट कर बेरहमी से पीटा। हवा में आँसू गैस के गोलों का धुआँ बिखर गया, लेकिन जेपी छात्रों के साथ पुलिस की घेराबन्दी तोड़कर आगे बढ़ते गये। तभी पुलिस का डण्डा जेपी के ऊपर पड़ा–यह क्षण दिल्ली से आये रघु राय समेत तमाम पत्रकारों के कैमरों में दर्ज हो गया।

उनकी दो पसलियाँ टूट गयीं। अगर नानाजी देशमुख, बाबूराव चंदावर, गया संघर्ष समिति के संयोजक अली हैदर और जेपी की सुरक्षा के लिए नियुक्त सिपाहियों ने उन्हें नहीं बचाया होता, उस दिन उनकी जान जा सकती थी। लेकिन देह को तोड़ते दर्द को नज़रअन्दाज़ करते हुए वे मुख्यमन्त्री आवास की ओर बढ़ते रहे, और कुछ देर बाद बन्दियों से भरी एक बस में चढ़ गये। अपनी गहरी चोटों की परवाह किये बिना वे पुलिस के हमले में घायल हुए प्रदर्शनकारियों से मिलने के लिए पटना मेडिकल कॉलेज भी गये।

शहर के बीच में जेपी पर हुए इस हमले से जनता में व्यापक आक्रोश फैल गया। पटना ज़िला कांग्रेस कमेटी के सचिव नर्मदेश्वर रंजन ने पार्टी से इस्तीफ़ा दे दिया और 'लोकतन्त्र पर नंगे व क्रूर हमले' के लिए प्रधानमन्त्री के इस्तीफ़े की माँग की।[33] भागलपुर विश्वविद्यालय के कुलपति देवेन्द्र प्रसाद सिंह ने लाठीचार्ज की निन्दा की और सरकार से 'जेपी से माफ़ी माँगने' का आग्रह किया।[34] फणीश्वरनाथ रेणु ने 1970 में मिला पद्मश्री लौटा दिया। कवि नागार्जुन ने अपनी पेंशन को नकार दिया।

चार दिन बाद जेपी ने बयान जारी किया था : "क्या वह लाठी वास्तव में मेरे लिए थी या मुझे ग़लती से लग गयी, जैसा कि प्रधानमन्त्री ने कहा है। यह केन्द्र सरकार को बेहतर पता होना चाहिए क्योंकि सीआरपी (केन्द्रीय रिज़र्व पुलिस बल) के सिपाही लाठी चला रहे थे...अगर सीआरपी के लोगों को मुझे मारने का कोई आदेश नहीं था, तो मुझे बचाने की कोशिश में इतने सारे लोग घायल क्यों हुए?"[35]

जेपी के इन्दिरा के साथ मतभेद एकदम स्पष्ट और सार्वजनिक हो गये थे। नेहरू से इन्दिरा की तुलना करते हुए उन्होंने कहा कि नेहरू लोकतान्त्रिक

और दूरदर्शी थे, जबकि वह तानाशाह थीं जो लोकतन्त्र की हत्या कर रही थीं।[36] उन्होंने कांग्रेस द्वारा 16 नवम्बर को पटना में आयोजित की गयी रैली का मज़ाक़ उड़ाया, जिसमें छह केन्द्रीय मन्त्रियों ने भाग लिया था। दो दिन बाद गांधी मैदान में उन्होंने ख़ुद एक सभा बुलायी और एक नवम्बर को इन्दिरा द्वारा दी गयी चुनौती स्वीकार कर ली कि विधानसभा भंग करने के सवाल का जवाब फ़रवरी-मार्च 1976 के अगले आम चुनाव में मिल जायेगा। यह दोहराते हुए कि न तो वे और न ही उनके 'लड़के' जल्दबाज़ी में हैं, उन्होंने आवेश और उग्रता के साथ कहा, "चूँकि प्रधानमन्त्री अपने ही हाथों चुनाव को संघर्ष के मैदान में उतार लायी हैं, मैं एक उम्मीदवार के रूप में नहीं, बल्कि एक लीडर के रूप में युद्ध के मैदान में अपना स्थान ग्रहण करूँगा। मुक़ाबला केवल दो दलों के बीच होगा। एक वे जो संघर्ष का समर्थन करते हैं और दूसरे वे जो इसका विरोध करते हैं। समय के रथ की गड़गड़ाहट पटना के बाद दिल्ली में सुनाई देगी।"[37] इसके साथ ही आन्दोलन की पूरी शक्ति चुनावों में कांग्रेस की हार पर केन्द्रित हो गयी।

जेपी और इन्दिरा के मित्रों ने समझौता कराने की कोशिश की, लेकिन असफल रहे। चन्द्रशेखर ने तो 21 नवम्बर को *यंग इंडियन* में लेख भी लिखा कि जेपी और प्रधानमन्त्री के बीच चल रही सार्थक बातचीत से उन मुद्दों का हल ज़रूर निकलेगा जिनका फ़ायदा षड्यन्त्रकारी उठा रहे हैं।[38] इन्दिरा ने अच्युत पटवर्धन और अपने प्रमुख सचिव पीएन धर की मदद से जेपी के साथ संवाद शुरू करने की कोशिश की, लेकिन कोई नतीजा नहीं निकला।[39]

आख़िरकार, जब उनकी मुलाक़ात हुई, उनके बीच इतना ठण्डापन और कटुता आ गयी थी कि वाई बी चव्हाण और जगजीवन राम की मौजूदगी भी इस रूखेपन को दूर नहीं कर सकी। जब इन्दिरा से जेपी से वार्ता करने के लिए कहा गया, उन्होंने विचलित भाव से कहा, "मैं नहीं समझती कि वार्ता का क्या मतलब है। आप किस बारे में वार्ता करते हैं? लोकतन्त्र को कैसे नष्ट किया जाये? क्या इस पर वार्ता हो सकती है? दूसरा प्रमुख मुद्दा है 'इन्दिरा गांधी को हटाना'। मैं इस बारे में कैसे वार्ता कर सकती हूँ?"[40]

संवाद का अवसर समाप्त हो चुका था। डीके बरुआ जैसे कांग्रेस नेताओं ने जेपी को तिरस्कृत करने के लिए अभियान शुरू कर दिया। उन्हें फ़ासीवादी

कहा और आरोप लगाया कि उनके समर्थकों में तमाम कुख्यात भ्रष्टाचारी शामिल हैं।[41] उनके ऊपर यह भी आरोप लगातार लगाया जा रहा था कि वे जनसंघ जैसी फ़ासीवादी ताक़तों के साथ जुड़े हुए थे।[42] 3 जनवरी 1975 को केन्द्रीय मन्त्री ललित नारायण मिश्र की हत्या के बाद आरोप-प्रत्यारोपों का एक नया दौर शुरू हो गया। सीपीआई नेता एसए डांगे ने कहा कि यह हत्या जेपी और उनके अनुयायियों द्वारा देश में फैलाई गयी हिंसा की राजनीति का परिणाम थी। उन्होंने कहा कि यह आख़िरी हत्या नहीं होगी, "वे अपनी सम्पूर्ण क्रान्ति की राजनीति को हत्या की राजनीति के ज़रिये साधना चाहते हैं।"[43]

इन्दिरा ने दिल्ली में आयोजित एक शोक सभा में लगभग यही शब्द दोहराये। जेपी भी खुलकर कह रहे थे कि इन्दिरा माहौल को भड़काने की कोशिश कर रही थीं, ताकि दमन और उसके बाद आने वाले सर्वसत्तावादी शासन को वैधता दी जा सके।[44]

इस बीच विनोबा भावे के साथ जेपी के सम्बन्धों को भी गहरा झटका लग चुका था, जब भावे ने संकेत दिया था कि वे चाहते हैं कि सर्वोदय कार्यकर्ता कांग्रेस के प्रति तटस्थता की नीति अपनायें। यह बात तब उभर कर आयी जब जेपी भावे के पवनार आश्रम गये थे। इस मसले पर पैदा हुए मतभेद ने सर्वोदय आन्दोलन के भीतर स्थायी दरार पैदा कर दी। जेपी ने आगे चलकर स्मरण किया था, "विनोबाजी को मैंने जैसा समझा था, उस आधार पर मैं मानता रहा कि इस आन्दोलन को बाबा का समर्थन अवश्य मिलेगा। हाँ, कुछ बातों को लेकर मतभेद हो सकते हैं, परन्तु मूलभूत तथ्यों को लेकर विरोध होगा, ऐसा मुझे नहीं लगता था।"[45]

दादा धर्माधिकारी, मनमोहन चौधरी, आचार्य राममूर्ति, सिद्धराज ढड्डा, ठाकुरदास बंग और नारायण देसाई जैसे कई प्रख्यात गांधीवादी जेपी का समर्थन करते रहे। वीएम तारकुण्डे और रैडिकल मानवतावादी आन्दोलन के अन्य नेता भी उनके साथ आ गये थे। राजनीतिक प्रतिरोध ने नये रूप ले लिए थे। इस आन्दोलन के गर्भ से अद्‌भुत राजनीतिक साहित्य और कला जन्म ले रही थी।

बिहार की दीवारें प्रतिरोध की कविता से रंग गयी थीं। सतीश आनन्द, वसन्त कुमार, उमा शंकर जैसे रंगकर्मियों ने पटना के बोरिंग रोड चौराहे पर क्वालिटी कॉर्नर के सामने नुक्कड़-नाटक आन्दोलन शुरू किया, और तमाम प्रख्यात नाटकों का मंचन किया। लखनऊ स्वीट हाउस के सामने नुक्कड़ कला प्रदर्शनियों का स्थल बन गया था। पटना का कॉफ़ी हाउस क्रान्तिकारी लेखकों, कवियों, कलाकारों, रंगमंच कार्यकर्ताओं और अन्य शहरों से आ रहे अजीत भट्टाचार्य, कुलदीप नैयर और धर्मवीर भारती जैसे पत्रकारों का अड्डा बन गया था। यह चन्द्रशेखर, बीपी कोइराला और जेपी के विद्वान मित्रों–अमलान दत्ता, रजनी कोठारी, एलसी जैन, मीरा चक्रवर्ती और जेडी सेठी–का भी पसन्दीदा ठिकाना था।

जैसे-जैसे अशान्ति बढ़ रही थी, बिहार आन्दोलन अपने अगले और ऐतिहासिक चरण में प्रवेश कर रहा था और इसकी ऊर्जा को अन्य राज्यों में ले जाने की आवश्यकता महसूस हो रही थी। इससे पहले भी जेपी ने इस आन्दोलन को देशव्यापी बनाने के लिए अन्य राज्यों में युवाओं को संगठित करने का प्रयास किया था। उन्होंने जून 22-23, 1974 में इलाहबाद में आयोजित युवाओं के राष्ट्रीय सम्मलेन में भाग लिया था। इसमें 576 प्रतिभागी शामिल हुए थे जिन्होंने बिहार आन्दोलन का समर्थन करने का प्रण लिया। 23-24 नवम्बर को दिल्ली विश्वविद्यालय में आयोजित युवा सम्मेलन में भी अनेक विश्वविद्यालयों के छात्रों ने भाग लिया।

जेपी ने राष्ट्रीय समन्वय समिति को आकार देने के लिए 25-26 नवम्बर 1974 को दिल्ली के विट्ठलभाई भवन में एक सम्मेलन आयोजित किया, जिसमें जनसंघ, कांग्रेस (ओ), बीएलडी, एसएसपी और अकाली दल जैसे विपक्षी दलों के नेताओं के अलावा प्रतिष्ठित बुद्धिजीवी, पत्रकार एवं सर्वोदय कार्यकर्ता शामिल हुए। समिति को आन्दोलन के महत्त्व और अन्य राज्यों में इसकी सम्भावनाओं का आकलन करने के लिए कहा गया।

लेकिन जेपी ने एक नयी राष्ट्रीय पार्टी का नेतृत्व करने का सुझाव ख़ारिज कर दिया। उन्होंने कहा कि संघर्ष सत्ता पर क़ब्ज़ा करने के लिए नहीं बल्कि

राजनीति के शुद्धीकरण के लिए था, जिसके लिए विपक्ष को ख़ुद को परिष्कृत करना था और बेलगाम केन्द्रीय सत्ता को नियन्त्रित करने के लिए साधन और परिस्थितियाँ तैयार करनी थीं। दिल्ली विश्वविद्यालय के छात्रसंघ के अध्यक्ष अरुण जेटली और जेएनयू के छात्रसंघ के अध्यक्ष आनन्द कुमार, जिनके बाबा कांग्रेस सोशलिस्ट पार्टी की स्थापना के समय से ही जेपी के सहयात्री थे, को संयोजक बनाकर छात्रों और युवा नेताओं की एक चालीस सदस्यीय समिति भी बनायी गयी।[46] इसके परिणामस्वरूप शाम लाल जैसे इन्दिरा-समर्थक पत्रकारों ने टिप्पणी की कि जेपी क्रान्ति के लिए नहीं, बल्कि अराजकता के लिए अनुकूल राजनीतिक माहौल बना रहे थे। जेपी इन अपमानजनक टिप्पणियों को नज़रअन्दाज़ करते हुए नये समर्थकों को संगठित करते रहे।

उन पर घातक हमले भी होते रहे। पानीपत के पास उनके विरोधी उनकी हत्या पर उतर आये थे, जब वे मधु लिमये, नारायण देसाई और कुछ छात्रों के साथ कुरुक्षेत्र में एक बैठक के लिए जा रहे थे। 29 अक्टूबर को लुधियाना स्टेशन पर उन्हें चोट पहुँचाने का एक और प्रयास किया गया था। जेपी इन घटनाओं को लोकतन्त्र पर नियमित प्रहार की तरह देखते थे। संसदीय लोकतन्त्र में विश्वास की कमी का एक उदाहरण 8 दिसम्बर को जनसंघ के नेता अटल बिहारी वाजपेयी द्वारा लोकसभा से इस आधार पर दिये गये इस्तीफ़े से भी मिलता है, जब उन्होंने कहा था कि संसद लोगों की सेवा करने का प्रभावी साधन नहीं रह गया है। लोकतन्त्र की मृत्यु के बारे में कई युवा सांसदों के आक्रोश के मद्देनज़र जेपी ने जगजीवन राम, वाईबी चव्हाण और अन्य वरिष्ठ नेताओं से कांग्रेस में आन्तरिक लोकतन्त्र को बहाल करने की अपील की। लोकतान्त्रिक प्रक्रियाओं की पुनर्रचना के लिए प्रतिबद्ध युवा कांग्रेसी नेता इन्दिरा और जेपी के बीच बढ़ते तनाव में आसन्न संकट को देख रहे थे। राजनीतिक सुलह के लिए बातचीत पर उनका आग्रह विफल रहा था। बल्कि इन्दिरा ने मुखर और स्वतन्त्र नेता मोहन धारिया को मन्त्री पद से हटा दिया। इसे लोकतन्त्र के क्षरण का एक और उदाहरण मानते हुए जेपी ने कहा था, "उन्हें अपने मन्त्रिमण्डल से बाहर निकालकर श्रीमती गांधी ने न केवल यह दिखाया है कि विपक्ष के साथ चर्चा और समझौते–जो लोकतान्त्रिक राजनीति

के लिए अनिवार्य हैं–की उनकी इच्छा कितनी खोखली है, बल्कि यह भी कि वे एक लोकतान्त्रिक राजनीतिक पार्टी के रूप में कांग्रेस को नष्ट करने के लिए कितनी दृढ़ हैं।"[47]

यह अगले बरस होने वाली घटनाओं का भयावह पूर्वाभास था। जेपी का सम्पूर्ण क्रान्ति के प्रति जुनून जारी रहा। नये साल की पूर्व संध्या पर उन्होंने छात्र युवा संघर्ष वाहिनी नामक संगठन का गठन किया। इसकी सदस्यता तीस वर्ष से कम आयु के पुरुषों और महिलाओं तक सीमित थी, जो सत्ता की राजनीति से दूर रहने और समावेशी, समतामूलक और अहिंसक ढाँचे के भीतर काम करने के लिए प्रतिबद्ध थे। उनके प्रशिक्षण के लिए दो केन्द्र चुने गये–सिताबदियारा स्थित गांधी स्मारक निधि और श्रमभारती, मुंगेर। जेपी स्वयं प्रशिक्षण शिवरों में भाग लेते थे और विश्व इतिहास में दर्ज क्रान्तियों की कहानियाँ सुनाते थे। इस संगठन को जेपी के सम्पूर्ण क्रान्ति के सपने को साकार करने की ज़िम्मेदारी सौंपी गयी। यह क्रान्ति कई मोर्चों पर चरितार्थ होनी थी–सामाजिक, आर्थिक, राजनीतिक, सांस्कृतिक, वैचारिक, शैक्षणिक और नैतिक। जेपी ने घोषणा की कि 5 जून 1975 को 'सम्पूर्ण क्रान्ति दिवस' के रूप में मनाया जायेगा, और पूरे राज्य में जनता सरकारों का दायरा विस्तृत किया जायेगा।[48] उन्होंने तय किया कि 12 जुलाई से वे स्वयं बिहार के हर कोने में जाकर जनता सरकार का निर्माण करेंगे।

उन्होंने देशव्यापी यात्राएँ कीं और समानता के आधार पर समाज के पुनर्निर्माण तथा ग़रीबी, उत्पीड़न और शोषण के उन्मूलन के लिए सम्पूर्ण क्रान्ति की आवश्यकता पर ज़ोर दिया। अपने समर्थकों को चेतावनी देते हुए उन्होंने कहा कि यह आसान रास्ता नहीं है और आपको लाठी, गोलियों और लम्बी क़ैद के लिए तैयार रहना होगा। ग्रामीण बिहार के कुछ हिस्सों में हुई हिंसा ने जेपी को अत्यन्त कष्ट दिया था। उन्होंने कहा था, "इससे भी अधिक चौंकाने वाली बात प्रशासन और भूमि मालिकों के बीच खुली मिलीभगत है। ऐसा लगता है कि नक्सलियों से लड़ने के बहाने पुलिस बलों को प्रभुत्वशाली ग्रामीण वर्ग के अधीन कर दिया गया है, ताकि वे निचली जाति के खेतिहर मज़दूरों को आतंकित कर सकें और बेहद कम कृषि मज़दूरी में वृद्धि के लिए सबसे शान्तिपूर्ण ढंग से व्यक्त की गयी माँगों को भी बेरहमी से दबा सकें।"[49]

6 मार्च 1975–जो आन्दोलन के जीवन का एक और यादगार दिन था–को जेपी ने संसद तक 'पीपल्स मार्च' का नेतृत्व किया। देश भर से आये लाखों लोगों का 8 किलोमीटर लम्बा जुलूस उन्हें दांडी मार्च की याद दिलाता था। यह पिछले कई वर्षों का सबसे बड़ा सरकार-विरोधी प्रदर्शन था। बोट क्लब पर उपस्थित लोगों का कहना था कि कम से कम एक से तीन लाख पुरुष और स्त्रियाँ कवि दिनकर के अमिट शब्दों, 'सिंहासन ख़ाली करो कि जनता आती है' की तख्तियाँ लिए खड़े थे। भावुक जेपी लड़खड़ाती आवाज़ में बोले थे, "मैं पूरे देश में आग नहीं लगा रहा। यह आग पहले ही शासकों की कुर्सियों के नीचे सुलग रही है।"[50]

शाम का समापन लोकसभा अध्यक्ष और राज्यसभा के सभापति को जनता का चार्टर सौंपे जाने के साथ हुआ था। यह चार्टर सत्ता और उसकी प्रमुख नीतियों का नकार था। इसकी मुख्य माँगों में बिहार और गुजरात में चुनाव, आवश्यकतानुसार न्यूनतम मज़दूरी और आय, सामाजिक-आर्थिक और लोकतान्त्रिक अधिकारों और नागरिक स्वतन्त्रता की गारंटी, युद्ध के दौरान लगाये गये आपातकाल को हटाना, मीसा और भारत रक्षा अधिनियम (डीआईआर) जैसे क्रूर क़ानूनों को वापस लेना और अध्यादेश के ज़रिये शासन की समाप्ति शामिल था। चुनावों में धन की बढ़ती भूमिका को ख़त्म करने के लिए सभी दलों को चुनावी ख़र्चे का लेखाजोखा अनिवार्य रूप से प्रस्तुत करना था। इसी तरह से स्वतन्त्र चुनाव के लिए चुनाव क़ानून में संशोधन की माँग रखी गयी।

इसके कुछ अन्य मुख्य प्रावधानों में चुने गये प्रतिनिधि को वापस बुलाने का अधिकार, पाँच साल के भीतर सार्वभौमिक प्राथमिक और वयस्क शिक्षा, शिक्षा की गुणवत्ता और विषय-वस्तु में सुधार, सत्ता का विकेन्द्रीकरण और प्रधानमन्त्री सहित उच्च पदों पर बैठे व्यक्तियों के ख़िलाफ़ आरोपों की जाँच करने के लिए न्यायिक अधिकरणों की नियुक्ति शामिल थी।

पदयात्रा के बाद अब इस चार्टर ने इन्दिरा को हिलाकर रख दिया। लेकिन उनके समूचे आक्रोश के बावजूद बिहार में आन्दोलन सशक्त राजनीतिक ताक़त बना रहा। 18 मार्च को आन्दोलन की पहली जयन्ती के अवसर पर

जेपी ने गांधी का स्मरण किया और एक महत्त्वपूर्ण वक्तव्य दिया,[51] "जो काम गांधीजी नहीं करा सके, उसे मैं करा लूँगा, ऐसी आशा मुझे नहीं है। लेकिन एक ऐतिहासिक तथ्य है–जिसे ध्यान में रखना चाहिए। वह यह कि आज़ादी मिलने के छह महीने के भीतर गांधीजी की हत्या। अगर वह सिर्फ़ पाँच वर्ष और जी गये होते, तो इसमें सन्देह नहीं कि वह भारत की जनता को और युवकों को जगा और जुटा देते।"

ऐसे वक़्त, चारों ओर से घिरी हुई इन्दिरा ने सिक्किम के भारतीय संघ में विलय पर ध्यान केन्द्रित किया। भारतीय सेना 8 अप्रैल को गंगटोक में प्रवेश कर गयी। इसके छह दिन पहले जेपी पर एक और जानलेवा हमला हुआ था। इस बार कलकत्ता विश्वविद्यालय में युवा कांग्रेस के नेताओं, प्रियरंजन दासमुंशी और सुब्रतो मुखर्जी, द्वारा उकसाये छात्रों ने उनका काले झण्डों से स्वागत किया। जिस कार में वे बैठे थे, उसे बुरी तरह क्षतिग्रस्त कर दिया गया। जेपी का मानना था कि यह गुण्डागर्दी सरकार की मिलीभगत के बिना सम्भव नहीं थी।

शोषण के सभी रूपों को समाप्त करने, सरप्लस भूमि के वितरण और सार्वजनिक स्वास्थ्य और शिक्षा संरचनाओं के आमूलचूल परिवर्तन का आह्वान–ये सारे पहलू एक शोध दस्तावेज़ के रूप में सामने आये थे, जिसका शीर्षक था 'नये बिहार के लिए घोषणापत्र'। इसकी शुरुआत बिहार की राजनीतिक अर्थव्यवस्था और भयावह असमानता की आलोचना से होती थी। यह दस्तावेज़ बटाईदारों, सीमान्त और छोटे किसानों, खेतिहर मज़दूरों और शहरी ग़रीबों को उनके अधिकारों के बारे में शिक्षित करने की तत्काल आवश्यकता पर ज़ोर देता था। यह घोषणापत्र ख़ुद को किसी विचारधारा से अलग रखता था। "विचारधारा का दोष यह है कि वह इस बात पर ज़ोर देती है कि सामाजिक और आर्थिक समानता जैसे मूल्य केवल उसके ढाँचे के भीतर हासिल किये जा सकते हैं, कहीं और नहीं। जबकि, मेरा मानना है कि एक बार लक्ष्य तय हो जाये और मूल्य परिभाषित हो जायें, तो यह विज्ञान का काम है कि वह निर्धारित करे कि दिये गये ढाँचे के भीतर लक्ष्य तक कैसे पहुँचा जा सकता है।"[52]

घोषणापत्र के सामाजिक-आर्थिक पहलुओं पर काम करने वाले छात्र स्वयंसेवकों में चौबीस वर्षीय अवां-गार्द फ़िल्म निर्माता आनन्द पटवर्धन भी थे, जो अमेरिका में एक शान्ति आन्दोलन में भाग लेने के बाद हाल ही भारत लौटे थे। एक सच्ची सामाजिक, आर्थिक और राजनीतिक क्रान्ति की सम्भावना ने उन्हें उत्साहित कर दिया। "लोग परिवर्तन की सम्भावना को लेकर वास्तव में उत्साहित थे," उन्होंने कहा।[53] यह उल्लेखनीय है कि आनन्द पटवर्धन ने जेपी की पत्रिका *एवरीमेन्स* के 20 अप्रैल 1975 अंक में उनके द्वारा राष्ट्रीय स्वयंसेवक संघ जैसे संगठनों को आन्दोलन में शामिल करने के लिए उन पर सवाल उठाये।

इन सबके बीच, मीडिया के कैमरों के बीच घटित हो रही राजनीति और बन्द दरवाज़ों के पीछे चल रही जटिल गणनाओं से दूर जाने और आम आदमी से जुड़ने के लिए जेपी अक्सर ग्रामीण बिहार में अपनी जड़ों की ओर लौट जाते थे। झुलसती गर्मी, मानसून की बारिश और ठण्डी हवाओं को नज़रअन्दाज़ करते हुए वे चारपाई पर बैठकर लोगों की पीड़ा सुनते और घण्टों उनसे बात करते। लोग उनके लिए उपहार में लाल गुड़हल के फूल लेकर आते। यह उनके लिए थोड़ी ठहराव के क्षण हुआ करते थे। जून 1975 के तूफ़ानी दिन अब बहुत दूर नहीं थे, जब समूचा परिदृश्य एक झटके से बदल जाने वाला था।

# अन्तिम अरण्य

जेपी का आन्दोलन इन्दिरा के लिए बड़ी चुनौती बनता जा रहा था। लेकिन यह एकमात्र चुनौती नहीं थी। इन्दिरा की पार्टी के युवा नेता बेचैन हो रहे थे और जगजीवन राम के नेतृत्व में एक अन्य गुट असन्तोष को हवा दे रहा था। 12 जून 1975 तक यह स्पष्ट हो गया था कि वह बारूद के ढेर पर बैठी थीं। गुजरात अभी तक अशान्त था। 10 जून को हुए विधानसभा चुनावों में जेपी द्वारा समर्थित और मोरारजी देसाई के नेतृत्व वाले विपक्षी दलों के गठबन्धन जनता मोर्चा ने कांग्रेस की 75 सीटों के मुक़ाबले 87 सीटें जीत ली थीं। भले ही कांग्रेस को 41 प्रतिशत वोट और जनता फ्रंट को 34 प्रतिशत वोट मिले थे, लेकिन चिमनभाई पटेल के साथ गठबन्धन करके सरकार जनता मोर्चा ने ही बनायी थी। इस तरह बाबूभाई जसू भाई पटेल गुजरात के पहले ग़ैर-कांग्रेसी मुख्यमन्त्री बने।

लेकिन इन्दिरा के लिए इन सबसे कहीं अधिक विचलित करने वाला और भयावह दिन वह था, जब इलाहाबाद उच्च न्यायालय ने राज नारायण द्वारा दायर चुनाव याचिका पर फ़ैसला सुनाया। राज नारायण 1971 के रायबरेली संसदीय चुनाव में इन्दिरा से एक लाख से अधिक मतों से हारे थे। संयोग देखिये कि ठीक उसी समय, यानी बारह जून को अदालत ने उस चुनाव को अमान्य घोषित कर दिया। इन्दिरा को 'भ्रष्ट आचरण' का दोषी ठहराया गया था। उन्होंने अपनी चुनावी सम्भावनाओं को मज़बूत बनाने के लिए यशपाल कपूर नामक सरकारी अधिकारी की सेवाएँ ली थीं और सरकारी मंचों से चुनावी भाषण दिया था। यह 'अपराध' हास्यास्पद थे, ख़ासकर इसके मद्देनज़र कि यशपाल कपूर पहले ही इस्तीफ़ा दे चुके थे, लेकिन इन अपराधों

ने इन्दिरा को छह साल के लिए किसी निर्वाचित पद से वंचित कर दिया था। जेपी ने फ़ैसले का स्वागत किया और कहा कि इन्दिरा ने प्रधानमन्त्री बने रहने का नैतिक अधिकार खो दिया है।[1]

इन्दिरा को सुप्रीम कोर्ट से भी उम्मीद के मुताबिक़ राहत नहीं मिली।[2] विपक्ष ने हंगामा मचा दिया। इन्दिरा ने इस्तीफ़े के दबाव को दरकिनार कर दिया। उन्होंने तय किया कि अगर उनके पद पर बने रहने से विपक्ष बेचैन होता है, तो वह पद पर बनी रहेंगी। अपने जीवनीकार डॉम मोरेस से उन्होंने इस फ़ैसले के बारे में कहा था, "1975 में मेरे फ़ैसले के बाद, मैं (पद पर) बने रहने के अलावा और क्या कर सकती थी? आप जानते हैं कि देश किस स्थिति में था। अगर इसका नेतृत्व करने वाला कोई नहीं होता तो क्या होता? आप जानते हैं कि मैं ही एकमात्र व्यक्ति थी जो ऐसा कर सकती थी। देश के प्रति मेरा कर्तव्य था कि मैं बनी रहूँ, हालाँकि मैं ऐसा नहीं चाहती थी।"[3]

13 जून को लगभग सभी विपक्षी दलों ने राष्ट्रपति कार्यालय के सामने धरना दिया और इन्दिरा के तत्काल इस्तीफ़े की माँग की। इस गहमागहमी के बीच स्वतन्त्र पार्टी के पीलू मोदी ने व्यंग्य का रास्ता चुना। वे गले में पट्टा पहनकर संसद आये जिस पर लिखा था–मैं सीआईए का एजेंट हूँ।[4] 18 जून को कांग्रेस संसदीय दल की बैठक के दौरान कांग्रेसी नेताओं ने इन्दिरा के नेतृत्व में पूरी आस्था और विश्वास को दोहराया। कांग्रेस पार्टी के इस प्रस्ताव का विरोध करते हुए जेपी ने अगले दिन एक कटु और व्यंग्यात्मक वक्तव्य जारी किया था। "कांग्रेस संसदीय दल का कल का प्रस्ताव कांग्रेस नेतृत्व की बेशर्म राजनीतिक अनैतिकता और लोगों को गुमराह करने के उसके शरारती प्रयास का एक और उदाहरण है। मुद्दा यह नहीं है कि कांग्रेस सांसदों को श्रीमती गांधी के नेतृत्व में विश्वास है या नहीं, बल्कि यह कि क्या इस देश में क़ानून का शासन है और क्या यह शक्तिशाली और कमज़ोर पर समान रूप से लागू होता है। श्रीमती गांधी को जाना ही होगा। उनके नौ साल के शासन ने पहले ही देश की अर्थव्यवस्था और उसके सार्वजनिक और राजनीतिक जीवन को बर्बाद कर दिया है और उन मूल्यों को पूरी तरह से नष्ट कर दिया है, जिनके लिए स्वराज की लड़ाई लड़ी गयी थी और बड़ी क़ीमत देकर जीती गयी थी।"[5]

विपक्षी नेता इस प्रतिरोध में शामिल हो गये थे। इन्दिरा के ख़िलाफ़ एक-एक कर तलवारें निकल रही थीं, और अन्तिम लड़ाई के लिए मंच तैयार हो रहा था। जेपी ने मोरारजी देसाई और नानाजी देशमुख के नेतृत्व में पाँच सदस्यीय लोक संघर्ष समिति के गठन की घोषणा की, जिसे इन्दिरा के इस्तीफ़े के लिए देशव्यापी आन्दोलन शुरू करना था। संघर्ष समिति ने एक सप्ताह तक चलने वाले देशव्यापी सविनय अवज्ञा अभियान और प्रधानमन्त्री आवास के बाहर प्रदर्शनों की योजना बनायी। हर रोज़ एक जुलूस उनके आवास पर जाता था, और गिरफ़्तारी देता था। 22 जून को आयोजित रैली में मोरारजी देसाई ने इन्दिरा के शासन को हटाने के लिए 1942 के 'करो या मरो' की भावना को स्मरण किया। कांग्रेस ने भी अपने प्रधानमन्त्री के समर्थन में उनके आवास के बाहर रैली निकालीं।

अस्थिरता के इस दौर में जेपी चुपचाप बिहार चले गये थे। एक तो वे दलगत राजनीति के दलदल में नहीं फँसना चाहते थे, दूसरे उनका स्वभाव भी धारा के विपरीत बहने का था। उन्होंने अपना ध्यान युवाओं द्वारा संगठित संघर्ष वाहिनी को मज़बूत करने पर केन्द्रित कर दिया। वे वाहिनी के स्वयंसेवकों के साथ बिहार के नक्सली इलाक़ों के दौरे पर चले गये। ग्रामीण बिहार की स्थिति ने उन्हें विचलित कर दिया। उन्होंने सरकार को चेतावनी दी कि नक्सलवाद को ख़त्म करने की आड़ में आर्थिक रूप से उत्पीड़ित कृषि मज़दूरों की आकांक्षाओं को और नहीं दबाया जा सकता। वे इस मसले पर इतनी गहराई से जुड़ गये थे कि उनके सहयोगियों को उन्हें इन्दिरा-विरोधी मोर्चे की कमान सँभालने के लिए दिल्ली वापस लाने में काफ़ी मशक़्क़त करनी पड़ी।

25 जून को दिल्ली के रामलीला मैदान में आयोजित एक विशाल रैली में इन्दिरा पर तीखा हमला करते हुए जेपी ने उनके ख़िलाफ़ लम्बे और व्यापक सविनय अवज्ञा आन्दोलन का आह्वान किया। "(उनकी तानाशाही की) सम्भावना को टालने के लिए लम्बे और कठिन संघर्ष के लिए तैयार रहें। मैं भी इस संघर्ष में आपके साथ रहूँगा।" उन्होंने सच बोलने के लिए युवा नेताओं की प्रशंसा की और जगजीवन राम और वाईबी चव्हाण जैसे वरिष्ठ नेताओं से आग्रह किया कि वे स्वीकार करें कि इन्दिरा का प्रधानमन्त्री बने रहना देश या पार्टी के हित में नहीं है। उन्होंने सशस्त्र बलों और पुलिस से अपील की

कि वे अवैध आदेशों का पालन न करें, और सरकार को खुली चुनौती दी कि वह ऐसी अपील करने के लिए उन पर देशद्रोह का मुक़दमा चलाये। उन्होंने सरकारी कर्मचारियों से 'अपने कर्तव्य' पर विचार करने का आग्रह किया और छात्रों से कहा कि वे आने वाले हफ़्तों और महीनों में कक्षाओं के बजाय जेल जायें। उन्होंने टेलीविज़न और रेडियो संस्थानों को सरकारी प्रचार की मशीन बन जाने के लिए लताड़ा, और लोगों को सूचना और प्रसारण मन्त्री का घेराव करने के लिए प्रेरित किया।[6]

एक बार फ़िर रामलीला मैदान दिनकर के ओजस्वी शब्दों से गूँज उठा था–*सिंहासन ख़ाली करो कि जनता आती है*। जेपी का शक्तिशाली और भावनात्मक भाषण और इसे मिली ज़बरदस्त प्रतिक्रिया नये घटनाक्रम को जन्म दे रही थी। सशस्त्र बलों और पुलिस से उनकी अपील को देशद्रोह से कम नहीं माना गया था। दिलचस्प है कि 1930 के दशक में इन्दिरा के दादा मोतीलाल नेहरू ने भी इसी तरह का प्रस्ताव पारित किया था, जिसमें पुलिस से अवैध आदेशों का पालन न करने का आग्रह किया गया था। इलाहाबाद उच्च न्यायालय ने इस प्रस्ताव वाले पर्चे बाँटने के लिए दोषी ठहराये गये लोगों की अपील स्वीकार कर ली थी और यह फ़ैसला सुनाया था कि पुलिस से अवैध आदेशों का पालन न करने के लिए कहना कहीं से अनुचित नहीं है।

इसके बाद जो कुछ हुआ वह इतना जीवन्त है, हमारी सामूहिक समृति में इस क़दर रचा-बसा है कि शायद उसे दोहराने की ज़रूरत नहीं है। कैबिनेट को दरकिनार करते हुए आपातकाल लागू करना ऐसा भूकम्प था, जिसने संसदीय लोकतन्त्र के सभी मानदण्डों को चकनाचूर कर दिया। 25 जून की आधी रात से कुछ मिनट पहले इन्दिरा गांधी सिद्धार्थ शंकर रे के साथ राष्ट्रपति भवन गयीं और राष्ट्रपति फ़ख़रुद्दीन अली अहमद को आपात्काल लागू करने के लिए संविधान के अनुच्छेद 352(1) वाली उद्घोषणा पर हस्ताक्षर करने का निर्देश दिया। इसे मंजूरी देने के लिए कैबिनेट की सुबह 6 बजे बैठक हुई। बहादुर शाह ज़फ़र मार्ग–वह सड़क जहाँ *हिन्दुस्तान टाइम्स* और *स्टेट्समैन* जैसे अख़बारों को छोड़कर तमाम प्रमुख अख़बारों की प्रेस थीं–की बिजली की आपूर्ति आधी रात को काट दी गयी थी। कई भारतीयों के लिए आपात्काल

लागू होने की जानकारी का पहला स्रोत 26 जून की सुबह 7.30 बजे बीबीसी का रेडियो प्रसारण था। यह भय और अफ़वाह की राजनीति की शुरुआत थी जो मानवाधिकारों के उल्लंघन, सेंसरशिप, अभिव्यक्ति की स्वतन्त्रता के दमन, निर्मम विध्वंस और ज़बरन नसबन्दी का समर्थन करती थी, और इसका विरोध करने वालों को दोषी करार देती थी।

26 जून को भोर से ठीक पहले एक पुलिसिया झपट्टे ने दर्जनों विपक्षी नेता और कांग्रेस के असन्तुष्ट नेता, कॉलेज और विश्वविद्यालय के शिक्षक, पत्रकार, ट्रेड यूनियन कर्मी और छात्र नेताओं को 1971 के कुख्यात क़ानून मीसा के तहत गिरफ़्तार कर लिया, जिसमें दो साल तक बिना मुक़दमे के गिरफ़्तारी का प्रावधान था। गिरफ़्तार लोगों में जेपी, मोरारजी देसाई, चरण सिंह, अशोक मेहता और अटल बिहारी वाजपेयी के अलावा चन्द्रशेखर तथा मोहन धारिया जैसे लगभग तीस सांसद शामिल थे।

उस दिन सुबह 8 बजे ऑल इंडिया रेडियो पर राष्ट्र के नाम अपने आकस्मिक सम्बोधन में प्रधानमन्त्री ने कहा कि राष्ट्रपति ने आन्तरिक ख़तरे से निपटने के लिए आपात्काल की घोषणा की है। उन्होंने यह भी जोड़ा कि विघटन की शक्तियाँ काम कर रही हैं और देश की एकता को भंग करने के लिए साम्प्रदायिक भावनाएँ भड़काई जा रही हैं। ऐसी स्थिति में जब राष्ट्रीय सरकार दृढ़ता से काम न करे, तो बाहरी ख़तरे पैदा हो सकते हैं। वे सम्भवतः अपनी स्थिति की तुलना चिली के उदारवादी समाजवादी राष्ट्रपति साल्वाडोर अलेंदे से कर रही थीं, जो सितम्बर 1973 में तख्तापलट के दौरान मारे गये थे। अलेंदे की मौत के बाद क्यूबा के राष्ट्रपति फिदेल कास्त्रो ने इंदिरा को चेतावनी दी थी कि उनका हश्र भी यह हो सकता है।

बहरहाल, रामलीला मैदान की रैली के बाद जेपी गांधी शान्ति प्रतिष्ठान में आराम कर रहे थे, जब 25-26 जून की रात 3 बजे उन्हें उठा लिया गया। जब पुलिस उन्हें ले जा रही थी, वे बुदबुदाये, "विनाश काले विपरीत बुद्धि।" उनके सचिव ने जैसे-तैसे चन्द्रशेखर को सन्देश भेजा, जो कुछ ही मिनटों में वहाँ पहुँच गये, लेकिन उन्हें भी गिरफ़्तार कर लिया गया। जेपी को हरियाणा के सोहना में एक पर्यटक लॉज में ले जाया गया। मोरारजी को भी वहाँ लाया

गया और बग़ल के कमरे में रखा गया। उन्हें एक-दूसरे से मिलने की अनुमति नहीं थी। दो दिन के भीतर जेपी के हृदय की स्थिति बिगड़ने लगी। उन्हें वापस दिल्ली लाया गया और हृदय सम्बन्धी जाँच के लिए एम्स ले जाया गया।

जब हृदय रोग विशेषज्ञों ने हरी झण्डी दे दी, उन्हें 1 जुलाई को वायुसेना के विमान से चण्डीगढ़ और फिर शहर के पोस्टग्रेजुएट इंस्टीट्यूट ऑफ़ मेडिकल एजुकेशन एंड रिसर्च (पीजीआई) की तीसरी मंज़िल के वार्ड में ले जाया गया। अब वे हिरासत में थे। लेकिन यह कोई गन्दी या सूनी दीवारों वाली कोठरी नहीं थी। यह एक साफ़-सुथरा कमरा था–छोटा-सा बिस्तर, एयर कंडीशनर, लिखने की मेज़, अलमारी और आरामकुर्सियाँ। चण्डीगढ़ के डिप्टी कमिश्नर और जेल महानिरीक्षक एमजी देवसहायम वायुसेना अड्डे पर मौजूद थे। जेपी अब देवसहायम की निगरानी में थे। देवसहायम ने बाद में बताया था कि उस दिन मुख्यमन्त्री बंसीलाल ने आधी रात के बाद उन्हें फोन करके निर्देश दिया था कि किसी भी आगन्तुक को आने और जेपी को किसी से फ़ोन पर बात करने की अनुमति न दी जाये। लेकिन देवसहायम ने सात जुलाई को ही जेपी के भाई राजेश्वर और दोस्त तारकुण्डे को उनसे मिलने की अनुमति दे दी। प्रभावती के भाई शिवनाथ, जेपी के भाई-बहन और भतीजे, उनके दोस्त सुगाता दासगुप्ता और तारकुण्डे, उनके सचिव अब्राहम और उनके पुराने निजी सहायक गुलाब लगातार मिलते रहे। समय के साथ उन्हें कुछ अन्य रियायतें भी दे दी गयीं। उन्हें अपनी बालकनी में टहलने और अख़बार पढ़ने की अनुमति मिल गयी। उन्हें पीएन लेखी, जेपी गोयल और प्रणव चटर्जी जैसे वकीलों से भी सम्पर्क करने की अनुमति मिल गयी। लेकिन ये लोग कभी-कभार ही मिलने आ पाते थे।

इस दौरान जेपी का इन्दिरा के साथ पत्राचार सीमित था। उन्होंने पहला ख़त 21 जुलाई को लिखा। क्रोध और पीड़ा में डूबे इस ख़त में उन्होंने इन्दिरा के भाषणों और साक्षात्कारों की आलोचना की थी। "प्रेस और हर तरह के सार्वजनिक प्रतिरोध को दबा कर और आलोचना व अन्तर्विरोधों की परवाह किये बग़ैर आप झूठे और विकृत बयान दे रही हैं। आपने कथित तौर पर कहा है कि लोकतन्त्र राष्ट्र से ज़्यादा महत्त्वपूर्ण नहीं है। क्या आप ज़रूरत

से ज़्यादा कल्पना नहीं कर रही हैं, मैडमं प्रधानमन्त्री?...कृपया उस नींव को नष्ट न करें जिन्हें राष्ट्रपिता ने और आपके श्रेष्ठ पिता ने डाली थी। आपने जो रास्ता अपनाया है, उस पर संघर्ष और सन्ताप बिछा पड़ा है। आप एक महान परम्परा के महान मूल्यों की और गतिशील लोकतन्त्र की वारिस हैं। अपने बाद के लिए इनके टूटे टुकड़े मत छोड़ जाइए। इन सबको फिर से एक साथ जोड़ने में बहुत समय लगेगा...प्रिय इन्दिरा जी, कृपया अपने आप को राष्ट्र के साथ न जोड़ें। आप अमर नहीं हैं, भारत अमर है।"

यह लम्बा पत्र इन शब्दों पर समाप्त हुआ जिन्हें आप सशर्त युद्धविराम की तरह पढ़ सकते थे : "आपने विपक्ष और मुझ पर हर तरह की दुष्टता के आरोप लगाये हैं लेकिन मैं आपको आश्वस्त करना चाहता हूँ कि यदि आप सही काम करती हैं, जैसे आपके बीस सूत्र, मन्त्रियों के स्तर पर भ्रष्टाचार दूर करना, चुनावी सुधार लागू करना आदि, तो आपको हममें से हरेक का सहयोग सहर्ष मिलेगा। बशर्ते कि आप विपक्ष पर विश्वास करें, और इसकी सलाह पर ध्यान दें। इसके लिए आपको लोकतन्त्र को नष्ट करने की ज़रूरत नहीं है। गेंद आपके पाले में है। आपको तय करना है।"[7]

जैसी उम्मीद थी, इसका कोई जवाब नहीं आया। दूसरी तरफ़ चुप्पी की एक दीवार थी जिसे कोई भी शब्द भेद नहीं सकता था। बरसों बाद शशि थरूर ने द *ग्रेट इंडियन नॉवेल* में आपात्काल को 'द सीज' की तरह चित्रित किया था कि कैसे एक नेता का व्यक्तिगत संकट देश के राजनीतिक संकट में बदल सकता है।[8] सत्ता के दुरुपयोग को वैधता मिल चुकी थी। कोई कभी भी हिरासत में लिया जा सकता था। यातना और अन्याय दैनिक कर्म बन गये थे। आपात्काल की ज़्यादतियों की जाँच के लिए गठित शाह आयोग ने मीसा और डीआईआर के तहत हिरासत में लिए गये और गिरफ़्तार किये गये लोगों की संख्या एक लाख से अधिक बतायी थी। यहाँ तक कि आचार्य कृपलानी और सुशीला नैयर जैसे स्वतन्त्रता सेनानियों को भी नहीं बख़्शा गया था। तमिलनाडु और गुजरात में विपक्ष की संवैधानिक सरकारें गिरा दी गयीं। तमाम षड्यन्त्रों की अफ़वाहों के बीच डोलती इन्दिरा संवैधानिक और नागरिक सुरक्षाओं को एक-एक करके ख़त्म कर रही थीं। दोनों पक्ष बेहिसाब आरोप-प्रत्यारोप लगा

रहे थे। जेपी के अनुसार आपात्काल सोवियत संघ के पिट्ठू के रूप में काम करने वाले भारतीय कम्युनिस्टों द्वारा रची गयी एक गुप्त कम्युनिस्ट साज़िश थी। इसके विपरीत उनके आलोचकों ने कुख्यात कम्युनिस्ट विरोधी संगठन काउंसिल फॉर कल्चरल फ्रीडम के साथ जेपी के सम्बन्धों का हवाला देते हुए आरोप लगाया था कि उनका आन्दोलन सीआईए के साथ मिलकर काम कर रहा था।

दो महीने बाद द *ट्रिब्यून* में यह पढ़कर कि शेख़ अब्दुल्ला ने मध्यस्थता की पेशकश की है, जेपी सुलह के लिए तैयार हो गये। उन्होंने अपने पुराने दोस्त को पत्र लिखने में देरी नहीं की, "आपने कहा है कि प्रधानमन्त्री आपात्काल का अन्त करने के लिए बहुत उत्सुक हैं। ख़ैर, उनकी उत्सुकता की पहली परीक्षा यह होगी कि क्या यह पत्र आप तक पहुँच पायेगा और क्या आपको मुझसे मिलने की अनुमति है।"[9] जेपी यह संकेत कर रहे थे कि इस दौरान उनके पत्र सेंसर हो रहे थे और बग़ैर उच्चस्तरीय अनुमति के अपने गन्तव्य तक नहीं पहुँच रहे थे। अन्ततः यह पत्र प्रधानमन्त्री कार्यालय तक तो पहुँचा, लेकिन उसके आगे नहीं गया। यह अफ़वाह थी कि संजय और उनके साथी मध्यस्थता के प्रयास विफल कर रहे थे। लेकिन इस मामले में यह सम्भावना अधिक थी कि इन्दिरा नहीं चाहती थीं कि शेख़ वार्ताकार की भूमिका निभाएँ। हालाँकि, उन्होंने अपने प्रमुख सचिव पीएन धर के माध्यम से संवाद का एक रास्ता खोला था। धर ने जेपी के क़रीबी सहयोगी और वाराणसी के गांधी संस्थान के निदेशक सुगाता दासगुप्ता को मध्यस्थता के लिए भेजा। लेकिन इस बार जेपी सख़्त थे। "मैंने सुगाता से कहा कि धर मुझसे यह उम्मीद नहीं कर सकते कि जो कुछ हुआ है, उसके बाद मैं श्रीमती गांधी का समर्थन या सहयोग करूँगा। मेरी भावी कार्रवाई का मार्ग बाहर की स्थिति पर निर्भर करेगा। मेरे मन में यह बात बिल्कुल स्पष्ट है कि यदि संसदीय चुनाव निर्धारित समय पर होते हैं, तो मैं सरकार के साथ टकराव समाप्त करने की वकालत करूँगा और चुनाव जीतने के लिए पूरी ताक़त लगाने का आह्वान करूँगा।"[10]

तानाशाही का फन्दा कसता जा रहा था। 27 जून को राष्ट्रपति के आदेश ने उस मौलिक अधिकार को निलम्बित कर दिया जो आपको क़ानून द्वारा

स्थापित प्रक्रिया को छोड़कर किसी अन्य तरीक़े से जीवन या स्वतन्त्रता से वंचित करने के ख़िलाफ़ अदालत जाने का अधिकार देता है। पाँच या अधिक व्यक्तियों की बैठक पर प्रतिबन्ध लगा दिया गया। अध्यादेश के ज़रिये मीसा में संशोधन कर दिया गया था। अब किसी भी व्यक्ति को हिरासत में रखने के कारणों का खुलासा किये बिना हिरासत में लिया जा सकता था। 22 जुलाई को दोनों सदनों ने 38वाँ संशोधन विधेयक पारित किया, जिसमें आपात्काल की घोषणा पर और स्वतन्त्रता पर प्रतिबन्धों की न्यायिक समीक्षा पर रोक लगा दी गयी। 18 अगस्त को संसद ने 39वाँ संशोधन विधेयक पारित किया, जिसके तहत राष्ट्रपति, उपराष्ट्रपति, प्रधानमन्त्री और स्पीकर के चुनाव न्यायपालिका के दायरे से बाहर कर दिये गये। मीसा को 9वीं अनुसूची में डाल दिया गया, जिससे इसे न्यायिक प्रतिरक्षा मिल गयी।

इसके अलावा दो प्रमुख संशोधनों ने संविधान में व्यापक बदलाव कर दिये। 41वें संशोधन ने राष्ट्रपति, उपराष्ट्रपति, प्रधानमन्त्री या राज्यपाल के ख़िलाफ़ कोई भी सिविल या आपराधिक मामला दायर करने पर रोक लगा दी। 42वें संशोधन ने संसद को संविधान के किसी भी हिस्से को संशोधित करने या बदलने के लिए असीमित अधिकार दे दिये। 8 जनवरी 1976 को राष्ट्रपति ने संविधान के अनुच्छेद 19 द्वारा दी गयीं 'सात स्वतन्त्रताओं' को निलम्बित कर दिया और 28 अप्रैल को सात उच्च न्यायालयों द्वारा पारित आदेशों को पलटते हुए मुख्य न्यायाधीश एएन रे की अध्यक्षता वाली सर्वोच्च न्यायालय की पीठ ने फ़ैसला सुनाया कि कोई भी व्यक्ति बन्दी प्रत्यक्षीकरण (हेबियस कॉर्पस) या आपात्काल पर न्यायिक सवाल उठाने के लिए रिट याचिका दायर नहीं कर सकता। इस तरह न्यायमूर्ति एचआर खन्ना का एकमात्र असहमति का स्वर अनसुना रह गया।

कुख्यात 42वें संविधान संशोधन के विरोध में भारी प्रदर्शन हुए। 16 और 17 अक्टूबर 1976 को दिल्ली में विपक्षी दलों ने एक बड़े सम्मेलन में इस विधेयक का कड़ा विरोध किया। 25 अक्टूबर को भारत के प्रमुख विद्वानों, लेखकों, कलाकारों और सार्वजनिक हस्तियों ने हस्ताक्षरित 'राष्ट्रव्यापी माँग' शीर्षक से एक ज्ञापन राष्ट्रपति को सौंपा। हस्ताक्षरकर्ताओं में लोतिका सरकार,

एस गोपाल, रोमिला थापर, राज कृष्ण, मृणाल दत्ता चौधरी, वीएम दांडेकर, आन्द्रे बेते, मुल्क राज आनन्द, विजय तेंदुलकर, जे स्वामीनाथन, मृणाल सेन, रोमेश थापर, बीजी वर्गीज, निखिल चक्रवर्ती, एमसी छागला, वीएम तारकुण्डे और सोली सोराबजी शामिल थे।[11] उन्होंने कहा कि ऐसा महत्त्वपूर्ण संवैधानिक संशोधन व्यापक सार्वजनिक बहस के बाद ही पारित किया जा सकता है। उन्होंने यह भी तर्क दिया कि चूँकि मौजूदा लोकसभा अपना कार्यकाल पूरा कर चुकी है, उसके पास संविधान के मूल ढाँचे में परिवर्तन करने का कोई राजनीतिक या नैतिक अधिकार नहीं है। सुप्रीम कोर्ट बार एसोसिएशन भी विरोध प्रदर्शन में शामिल हो गया।

उच्च न्यायालयों के कई न्यायाधीश अपने समक्ष आये मामलों में न्यायिक समीक्षा के अधिकार को बरकरार रखते हुए नागरिक अधिकारों के लिए खड़े हुए। दमनकारी क़ानूनों की कई जगहों से मुखर निन्दा हो रही थी, लेकिन इन्दिरा लोकतन्त्र को कमज़ोर करती रहीं और अपने कृत्यों को सतही और बेबुनियाद तर्कों का सहारा लेकर उचित ठहराती रहीं। "मेरा इरादा लोकतन्त्र को नष्ट करना नहीं बल्कि मज़बूत करना है। ऐसा न कहा जाये कि जवाहरलाल नेहरू की बेटी कभी भी अपने महान पिता द्वारा आजीवन किये गये प्रयासों को ख़त्म करने के बारे में सोचेगी।"[12]

यह तय था कि कैसी भी परिस्थिति हो, नेहरू कभी भी इन्दिरा की तरह प्रेस पर प्रतिबन्ध और सेंसरशिप नहीं लगाते। 29 जून 1975 को दिल्ली के प्रेस क्लब में क़रीब सौ पत्रकारों ने सेंसरशिप की निन्दा करते हुए एक प्रस्ताव पेश किया। इस पर सूचना और प्रसारण मन्त्री विद्याचरण शुक्ल ने कड़ी चेतावनी दी और फिर सरकार ने बैठक के मुख्य आयोजक कुलदीप नैयर को गिरफ़्तार कर लिया। दिसम्बर 1975 में पारित एक अध्यादेश ने संसदीय कार्यवाही के लेखों के प्रकाशन पर सम्पादकों और प्रकाशकों को सिविल और क्रिमिनल प्रकरणों से मिली रियायत को ख़त्म कर दिया। एक अन्य अध्यादेश ने प्रेस परिषद को ख़त्म कर दिया। सरकार ने कठोर क़दम उठाते हुए चार स्वतन्त्र समाचार एजेंसियों–प्रेस ट्रस्ट ऑफ़ इंडिया, यूनाइटेड प्रेस ऑफ़ इंडिया, समाचार भारती और हिन्दुस्तान समाचार–को मिलाकर ऐसी

समाचार एजेंसी बना दी जो सीधे उसके नियन्त्रण में काम करती थी। पचास से अधिक ऐसे पत्रकारों, कार्टूनिस्टों और फ़ोटोग्राफ़रों से मान्यता वापस ले ली गयी, जिन्होंने सेंसर की सीमा लाँघने की हिम्मत की थी। कई पत्रिकाएँ बन्द हो गयीं या उनका प्रकाशन स्थगित कर दिया गया–जेपी का *एवरीमैन,* शंकर का *वीकली, मेनस्ट्रीम, क्वेस्ट, सेमिनार, फ्रंटियर, हिम्मत* इत्यादि।

*इकोनॉमिक एंड पॉलिटिकल वीकली* और *मार्क्सिस्ट रिव्यू* जैसी कुछ प्रतिष्ठित पत्रिकाएँ सरकारी कहर से बच गयीं, लेकिन द *टाइम्स* (लन्दन), *द डेली टेलीग्राफ,* द *वाशिंगटन पोस्ट* और *लॉस एंजिल्स टाइम्स* के विदेशी संवाददाताओं को देश से निष्कासित कर दिया गया। द *इकोनॉमिस्ट* और द *गार्डियन* के पत्रकारों को भी देश छोड़ने के लिए बाध्य कर दिया गया। बीबीसी ने अपने संवाददाता मार्क टुली को वापस इंग्लैंड बुला लिया।

द *स्टेट्समेन और इंडियन एक्सप्रेस* जैसे अख़बारों को धमकी मिलने लगीं, उन पर छापे पड़े, और उन्हें अदालती मामलों में घसीट लिया गया। आपात्काल पर मिश्रित प्रतिक्रियाएँ आयी थीं। एमएफ हुसैन ने एक भित्ति-चित्र बनाया जहाँ इन्दिरा देवी दुर्गा के रूप में बाघ पर सवार थीं। यह भले ही अतिशयोक्तिपूर्ण था, लेकिन मध्यवर्ग का एक हिस्सा आन्दोलनों की समाप्ति, अपराध दर में गिरावट, समय पर रेलगाड़ियों के चलने तथा जमाखोरों और कर चोरों पर कार्रवाई से ख़ुश था। 1975-76 के दौरान बढ़िया मानसून के कारण खाद्यान्न और खाद्य तेलों का रिकॉर्ड उत्पादन हुआ और अर्थव्यवस्था फिर से पटरी पर आ गयी। यह सही है कि इस दौर में नाज़ी जर्मनी या मुसोलिनी के इटली जैसी कोई ज़्यादती नहीं देखी गयी थी, लेकिन आगे चलकर आपात्काल की तुलना इन दो देशों से हुई थी। अरुण शौरी ने निराशा भरे शब्दों में लिखा था, "हम सबसे हलकी तानाशाही के सामने भी बिना संघर्ष के ढह गये।"[13]

उद्योगपतियों के लिए सरकार ने करों और अन्य जगहों पर तमाम रियायतें दे दी थीं। श्रमिकों के बीच अनुशासन को लागू करने और हड़तालों पर प्रतिबन्ध से उद्योगों का वातावरण शान्त होने लगा था। हड़तालों पर लगाम लगने से कार्यदिवसों का नुक़सान बहुत कम हो गया था–1974 में 4 करोड़

30 लाख कार्यदिवसों का नुक़सान हुआ था, जबकि यह संख्या 1976 में घटकर 1 करोड़ 28 लाख रह गयी थी। उद्योगपति स्वेच्छा से तालाबन्दी और छँटनी कर सकते थे। आपात्काल के पहले वर्ष में आठ लाख से अधिक श्रमिकों ने अपनी नौकरी खो दी थी। अब विरोध सम्भव नहीं था।

पाँच प्रमुख ट्रेड यूनियन संगठनों में से तीन–अखिल भारतीय ट्रेड यूनियन कांग्रेस, भारतीय राष्ट्रीय ट्रेड यूनियन कांग्रेस और हिन्द मज़दूर सभा–ने आपात्काल का समर्थन किया था।[14] यही वजह थी कि जेआरडी टाटा जैसे उद्योगपति जो सत्तर के दशक की शुरुआत में जेपी के समर्थक थे, अब आपात्काल का स्वागत कर रहे थे। "आप कल्पना भी नहीं कर सकते कि हम यहाँ क्या-क्या झेलते आ रहे थे–हड़तालें, बहिष्कार, प्रदर्शन। ऐसे भी दिन थे जब मैं अपने दफ़्तर से बाहर निकलकर सड़क पर नहीं जा सकता था। संसदीय प्रणाली हमारी ज़रूरतों के अनुकूल नहीं है," टाटा ने कहा था।[15]

इन्दिरा दावा करती थीं कि आपात्काल के दौरान एक कुत्ता भी नहीं भौंका था।[16] चार जुलाई को छब्बीस संस्थाओं को डिफेंस ऑफ़ इंडिया रूल्स (1971) के तहत प्रतिबन्धित कर दिया गया। राष्ट्रीय स्वयंसेवक संघ उनमें से एक था। अधिकांश विपक्षी नेताओं के जेल में होने के कारण कांग्रेस-विरोधी आन्दोलन सिमट गया था। लेकिन आक्रोशित और निराश जनता के नेतृत्व में बिहार समेत देश के अन्य हिस्सों में एक मज़बूत भूमिगत आन्दोलन अभी भी जारी था। लगभग सात हज़ार लोगों को ख़ुफ़िया साहित्य प्रसारित करने के आरोप में गिरफ़्तार किया गया था। इनमें से अमूमन सभी छात्र थे। जॉर्ज फर्नांडीस जैसे नेताओं के भूमिगत प्रतिरोध ने उन्हें महानायक बना दिया था। उन्हें जून 1976 में डायनामाइट हासिल करने और सरकारी प्रतिष्ठानों व रेलवे ट्रैक को उड़ाने के आरोप में गिरफ़्तार कर लिया गया। रेलवे स्टेशन और बस स्टैंड पर, सरकारी कार्यालयों के बाहर, यहाँ तक कि आन्दोलन से अभी तक एकदम अछूते रहे क़स्बों और शहरों में भी बग़ैर किसी सांगठनिक उपस्थिति के विरोध प्रदर्शन सहसा फूट पड़ते थे। लोक संघर्ष समिति ने आपात्काल की गम्भीर ख़ामियों की ओर ध्यान आकर्षित करते हुए बम्बई के व्यस्त चौराहों पर सत्याग्रह किया। वल्लभभाई पटेल की बेटी मणिबेन पटेल ने दांडी तक

पदयात्रा निकाली और प्रदर्शनकारियों का नेतृत्व किया। उन्होंने उसी मार्ग को चुना जिस पर गांधी पैंतालीस वर्ष पहले चले थे।

आपात्काल के ख़िलाफ़ सांस्कृतिक प्रतिरोध भी भिन्न-भिन्न विधाओं में अभिव्यक्त हो रहा था। विवान सुन्दरम, ग़ुलाम मोहम्मद शेख, गीव पटेल और रामेश्वर ब्रूटा जैसे प्रख्यात कलाकार रैडिकल कलाकृतियों को रचकर प्रतिरोध के अधिकार का उद्घोष कर रहे थे। आनन्द पटवर्धन जेपी आन्दोलन पर अपनी प्रतिबन्धित फ़िल्म 'वेव्स ऑफ़ रेवोल्यूशन' की ख़ुफ़िया स्क्रीनिंग कर रहे थे। सर्वेश्वर दयाल सक्सेना के तीखे राजनीतिक नाटक *बकरी* का विश्वविद्यालय परिसरों में चोरी-छिपे मंचन हो रहा था। नागार्जुन की कविता *इन्दिराजी* और धर्मवीर भारती की *मुनादी* प्रतिरोध के आख्यान का अनिवार्य स्वर बन चुकी थीं। ग्रामीण कर्नाटक में लोगों को जागरूक करने के लिए रात भर यक्षगान के प्रदर्शन हो रहे थे। बिहार, केरल, कर्नाटक, तमिलनाडु, पश्चिम बंगाल और अन्य राज्यों में नुक्कड़ नाटक का इस्तेमाल विरोध के एक लोकप्रिय स्वरूप के रूप में होने लगा था। इसके साथ सरकारी कार्रवाई भी जारी थी। अमृत नाहटा की व्यंग्यात्मक फ़िल्म *क़िस्सा कुर्सी का*, जहाँ इन्दिरा और संजय के बारीक़ सन्दर्भ आते थे, की रील बम्बई की प्रोसेसिंग लैब से उठाकर गुड़गाँव के मारुति कारख़ाने में जलाने के लिए ले जायी गयी थी।

दुनिया भर में आपात्काल और जेपी की गिरफ़्तारी के ख़िलाफ़ विरोध प्रदर्शन होने लगे। अमरीका और इंग्लैंड में 'जयप्रकाश को रिहा करो' अभियान शुरू हो गया। डब्ल्यू एच मॉरिस-जोन्स, फ़िलिप नोएल-बाकर, एजेपी टेलर, ईएफ शूमाकर और फेनर ब्रॉकवे जैसी हस्तियों की हस्ताक्षरित टिप्पणी लन्दन के *द टाइम्स* और *न्यूयॉर्क टाइम्स* में इस शीर्षक के साथ छपी थी : 'आज भारत का स्वतन्त्रता दिवस है। भारत के लोकतन्त्र की रोशनी को बुझने न दें। जयप्रकाश नारायण को रिहा करें।'[17] 26 जनवरी 1976 को भारत की 'फासीवादी तानाशाही' के ख़िलाफ़ कई लोगों ने लन्दन में मार्च किया। 5 मार्च को अस्सी अमेरिकी नोबेल पुरस्कार विजेताओं के साथ नोम चोम्स्की, लिनस पॉलिंग और एलन गिन्सबर्ग जैसे बुद्धिजीवियों ने भारत में मौलिक अधिकारों की बहाली के लिए एक अपील पर हस्ताक्षर किये। 20 सितम्बर को 'इंडियंस

फॉर डेमोक्रेसी' नामक एक समूह ने लिबर्टी बेल, फ़िलाडेल्फ़िया से एक लम्बा मार्च शुरू किया, जो 1 अक्टूबर को न्यूयॉर्क में संयुक्त राष्ट्र मुख्यालय पर समाप्त हुआ। आपातकाल की निन्दा जर्मनी के भूतपूर्व चांसलर विली ब्रांट और सोशलिस्ट इंटरनैशनल ने भी की।[18] इसके कुछ समर्थकों में ब्रिटेन की लेबर पार्टी के नेता माइकल फुट और जेनी ली, तथा कंज़र्वेटिव नेता मार्गरेट थैचर शामिल थीं, जो बाद में ब्रिटेन की प्रधानमन्त्री बनीं।

इक्कीस जुलाई से शुरू होती जेपी की जेल डायरी इस उथल-पुथल भरे समय में उनकी मनोस्थिति का संकेत देती है। इसका पहला वाक्य है, "मेरी दुनिया मेरे चारों ओर बिखरी पड़ी है। मुझे भय है कि अपनी ज़िन्दगी में मैं इन टुकड़ों को फिर इकट्ठा नहीं देख पाऊँगा।" शुरुआत के दिनों में अकेलेपन ने उनके मानस को सुन्न कर दिया था। उनकी डायरी की मार्मिक प्रविष्टियाँ उनकी पीड़ा को प्रकट करती हैं। "कोई नहीं था जिसके साथ मैं अपनी आन्तरिक भावनाओं को साझा कर सकता था। साथियों के इस अभाव ने मुझे सबसे अधिक कष्ट दिया था।"[19] उन्होंने यह भी कहा कि जब वह लाहौर क़िले में बन्द थे, ब्रिटिश सरकार ने उनके साथ कहीं बेहतर व्यवहार किया था और वहाँ कुछ समय बाद उन्हें प्रतिदिन एक घण्टे के लिए लोहिया से मिलने की भी अनुमति मिल गयी थी। बाद में उन दोनों को आगरा की एक ही बैरक में स्थानान्तरित कर दिया गया था। चण्डीगढ़ में जिस दिन आगन्तुकों को मिलने की अनुमति मिलती थी, जेपी बहुत ख़ुश होते थे–उन पर सवालों की बौछार करते, कॉफ़ी पीते हुए मौजूदा हालात पर चर्चा करते। 6 अगस्त 1975 को शिवनाथ ने ख़बर दी कि संसद ने एक विशेष सत्र में आपात्काल की घोषणा को मंजूरी दे दी है। उन्होंने संविधान में हुए उन संशोधनों के बारे में भी बताया, जो इस उद्घोषणा की न्यायिक समीक्षा पर रोक लगा रहे थे।

जेपी बुरी तरह टूट गये। उन्होंने इन्दिरा को लिखा कि वर्तमान हालात असहनीय हैं और वे अपनी रिहाई या मृत्यु तक, जो भी पहले हो, उपवास कर अपना विरोध प्रकट करेंगे। तब देवसहायम को यह दायित्व दिया गया कि उन्हें उपवास का विचार त्यागने के लिए राज़ी कर लें। जेपी अगस्त में बिहार में आयी बाढ़ की भयावहता की ख़बर से भी टूट गये थे। उन्होंने इस मानवीय

संकट के मद्देनज़र एक महीने की पैरोल माँगी थी, 1934 का उदाहरण देते हुए जब राजेन्द्र प्रसाद को बिहार भूकम्प के दौरान राहत कार्य में सहयोग करने के लिए जेल से रिहा किया गया था। जैसी उम्मीद थी, सरकार ने इस अपील पर ध्यान नहीं दिया।

18 सितम्बर को जेपी को अस्पताल परिसर में एक गेस्ट हाउस में स्थानान्तरित कर दिया गया। यहाँ एक हरा-भरा लॉन था। वे थोड़ा टहला करते थे, और ख़ुश भी दिखाई देते थे। उनकी देखरेख करने वाले डॉक्टरों की टीम भी यहाँ तैनात हो गयी थी। पैरोल से इनकार किये जाने से भले ही वे क्षुब्ध हुए, लेकिन देवसहायम ने पाया था कि जेपी के भीतर इन्दिरा को लेकर कटुता नहीं थी। लेकिन वे यह ज़रूर कहा करते थे कि नियति की यह कैसी विडम्बना है कि बीसवीं सदी के एक अत्यन्त महान लोकतन्त्रवादी की बेटी ने लोकतन्त्र को ध्वस्त कर दिया था। उनकी डायरी अन्तर्मन में उमड़ते विचारों को अभिव्यक्ति देने और विकसित करने की जगह बन गयी थी। वे इन पन्नों में हिंसा और अहिंसा के सवाल और क्रान्ति के लक्ष्यों के प्रति विपक्ष की प्रतिबद्धता पर भी विचार किया करते थे। उन्होंने सम्पूर्ण क्रान्ति की रूपरेखा पर भी चर्चा की। उसके मुख्य बिन्दु थे : सामन्तवादी और उपनिवेशवादी कुसंस्कारों का अन्त, एक ऐसी उन्नत सिविल सोसाइटी का निर्माण जिसकी शहरी और ग्रामीण इकाइयाँ स्वशासित और स्वाश्रयी हों और जिसमें नागरिक दमन और शोषण से मुक्त रहकर सम्मानपूर्ण जीवन व्यतीत करना सम्भव हो। इस स्थिति तक पहुँचने के लिए औपचारिक क़ानूनी क़दमों के साथ लोकतान्त्रिक प्रत्यक्ष कार्रवाई (डायरेक्ट एक्शन) पर उन्होंने ज़ोर दिया। सविनय अवज्ञा, असहयोग, शान्तिपूर्ण प्रतिकार और व्यापक सत्याग्रह प्रत्यक्ष कार्रवाई के अंग थे।

जेपी ने उन दिनों अपनी एक आगामी किताब का संक्षिप्त सारांश भी लिखा था, जहाँ अलग-अलग समय पर उनके द्वारा प्रतिपादित सिद्धान्त एक साथ संकलित होने थे। इन सबसे बढ़कर, उनकी डायरी लोकतन्त्र के भविष्य के बारे में उनकी चिन्ता को व्यक्त करने का माध्यम थी। प्रोफ़ेसर बरत्राम वुल्फ़ की पुस्तक *ख्रुश्चेव एण्ड स्टालिंस घोस्ट* से लिया गया एक मार्मिक उद्धरण 'जब राज्य पसरता है, लोग मुरझाते जाते हैं', जेपी के अधिकांश लेखन का मुख्य विषय था।

लेकिन उनकी डायरी प्रविष्टियाँ 26 अक्टूबर के बाद अनियमित होती गयीं और 4 नवम्बर को समाप्त हो गईं। उन्होंने लिखना क्यूँ बन्द किया? 26 सितम्बर को उनके पेट में अचानक भयानक दर्द शुरू हुआ। डॉक्टरों द्वारा दी गयी दवा का असरं कुछ ही दिन हुआ। मध्य अक्टूबर से जेपी की स्थिति बिगड़ने लगी। यह स्पष्ट हो गया कि वे किडनी की बीमारी से ग्रस्त थे। उन्हें विस्तृत जाँच के लिए अस्पताल के वार्ड में वापस ले जाया गया। उन्हें इतनी भीषण थकान रहती थी और पेट में इतना भयंकर दर्द कि वे करवट भी नहीं बदल पाते थे। 29 अक्टूबर को अपनी डायरी में उन्होंने लिखा : "पिछले कुछ दिनों से मैं नरक से गुज़र रहा हूँ–पेट के निचले हिस्से में लगातार दर्द। असहाय महसूस कर रहा हूँ, सभी तरह की जाँच करायी लेकिन कुछ पता नहीं चला...भूख नहीं लगती। खाने की कतई इच्छा नहीं होती।"[20] यह उनकी डायरी के आख़िरी शब्दों में से थे।

इसके बाद उनकी तमाम जाँचें हुईं। उन्हें देखने के लिए वहाँ के मुख्य नेफ्रोलॉजिस्ट भी आये। जेपी को 5 नवम्बर को बताया गया कि उनके गुर्दे गम्भीर रूप से क्षतिग्रस्त हो गये हैं। उनके हाथ-पैर सूज गये थे। पैरों की उँगलियाँ मुड़ गयी थीं। उनकी आँखों के नीचे भी भयंकर सूजन आ गयी थी। वे एक पल से ज़्यादा अपनी आँखें खुली नहीं रख पाते थे और कुछ बोलते-बोलते बेहोश हो जाते थे। उनकी बिगड़ती स्थिति पर एक आधिकारिक रिपोर्ट 7 नवम्बर 1975 को पीएमओ को भेजी गयी। उनके भाई राजेश्वर ने 10 नवम्बर को इन्दिरा को एक निजी ख़त भेजते हुए पूछा कि अगर जेपी की हिरासत में मृत्यु हो जाती है, तो क्या यह उनकी सरकार के हित में होगा। स्थिति बिगड़ रही थी। अशुभ संकेत मँडरा रहे थे। 12 नवम्बर को सरकार ने उनकी स्थिति का जायज़ा लेने के लिए एम्स से डॉक्टरों की एक टीम भेजी। उसी शाम दिल्ली के मुख्य सचिव दो आदेशों के साथ चण्डीगढ़ पहुँचे, एक जेपी की बिना शर्त पैरोल और दूसरा उनकी रिहाई। रिहाई आदेश एक बैकअप प्लान था, ताकि पैरोल पर रिहा होने से इनकार करने पर सरकार को सम्भावित शर्मिन्दगी से बचाया जा सके।

जेपी को 16 नवम्बर को हवाई जहाज़ से दिल्ली लाया गया और एम्स ले जाया गया। उसके बाद उनके भाई के आग्रह पर उन्हें 22 नवम्बर को बम्बई के जसलोक अस्पताल ले जाया गया। उस हवाई जहाज़ में राजेश्वर और मीनू मसानी के साथ डॉक्टर भी थे। उनकी देखरेख जसलोक अस्पताल की रीनल यूनिट के प्रमुख डॉ. एमके मणि और प्रख्यात हृदय रोग विशेषज्ञ डॉ. एबी मेहता कर रहे थे। डॉ. मणि ने जेपी को बताया था कि यदि वह कुछ सप्ताह पहले अस्पताल पहुँच गये होते, तो उनकी किडनी को आंशिक रूप से बचाया जा सकता था।[21]

जेपी की इस स्थिति ने तीखे आक्षेपों को जन्म दिया, जिसका खण्डन सरकारी तन्त्र ने उतने ही आक्रोश से किया। जेपी की चिकित्सा में हुई लापरवाही के आरोपों की जाँच के लिए आगे चलकर जनता सरकार ने अल्वा आयोग का गठन किया। इसने अपनी सुनवाई बन्द कमरे में की। इस आयोग से लीक हुई कुछ सूचनाओं ने शेखर गुप्ता जैसे युवा पत्रकारों को मानो ख़ज़ाना सौंप दिया, जो उस समय *इंडियन एक्सप्रेस* के चण्डीगढ़ संस्करण में इंटर्नशिप कर रहे थे। ये लीक अख़बारों के मुखपृष्ठ की सनसनीखेज ख़बरें बनीं, और जल्द ही इन्होंने हंगामा मचा दिया। लेकिन किसी निष्कर्ष पर पहुँचे बिना आयोग ने अचानक अपना काम ख़त्म कर दिया था। जेपी ने लिखा, "चण्डीगढ़ अस्पताल के चिकित्सकों का व्यवहार मेरे प्रति बहुत अच्छा था। इसलिए उन पर मुझे अविश्वास नहीं है। कोई डॉक्टर ऐसा जघन्य कार्य कर भी कैसे सकता है? लेकिन मेरे रोग को पहचान करने में उनको बहुत देर हो गयी।"[22]

डेढ़ महीने जसलोक अस्पताल के सोलहवीं मंज़िल के अपने कमरे में रहकर वे अपने भाई के यहाँ तीन महीने कोलाबा स्थित घर में रहे। लेकिन उन्हें हर तीसरे दिन डायलिसिस के लिए अस्पताल जाना पड़ता था। डायलिसिस की प्रक्रिया में कई कष्टकारी घण्टे लगते थे, लेकिन उनकी स्थिति में सुधार दिखाई देने लगा और कुछ ही हफ़्तों में वे थोड़ा-बहुत छड़ी के सहारे चलने में सक्षम हो गये। वे कुछ महीने रामनाथ गोयनका के गेस्टहाउस 'क्वेस्ट एंड' में भी रहे। तीन लाख की डायलिसिस की मशीन आम लोगों के चन्दे से जुटाये

गये धन से ख़रीदी गयी थी, जो उन्होंने जयप्रकाश स्वास्थ्य सहायता निधि में दान किये थे। इस बाबत प्रधानमन्त्री राहत कोष से इन्दिरा गांधी द्वारा दी गयी रकम को विनम्रतापूर्वक अस्वीकार कर दिया गया। जेपी के सचिव अब्राहम और उनकी बेटी जैसी सर्वोदय कार्यकर्ता जानकी ने मशीन को नियन्त्रित करना सीख लिया। लम्बे समय बम्बई में रहने के बाद वे पटना लौटे। 20 जुलाई 1976 को जेपी की वापसी एक ज़बरदस्त राजनीतिक घटना थी। उन्हें देखने के लिए सड़कों पर हज़ारों लोग उमड़ पड़े। भयभीत सरकार ने भारतीय दण्ड संहिता की धारा 144 लगा दी थी, जो ग़ैरक़ानूनी सभा का हिस्सा बने या हथियार लेकर चल रहे व्यक्तियों को दण्डित करती थी।

सरकार ने लाउडस्पीकर पर घोषणा की कि हवाई अड्डे की ओर बढ़ने वाले लोगों को डीआईआर (डिफेंस ऑफ़ इंडिया रूल्स) के तहत गिरफ़्तार किया जायेगा। कई लोगों को हिरासत में लिया गया, जिनमें जेपी के तीन सबसे क़रीबी रिश्तेदार भी शामिल थे। जेपी हतप्रभ थे। सदमे और निराशा में डूबे जेपी को पटना शहर 'कारावास' नज़र आ रहा था। उन्होंने पुलिस पर अपने आवास पर कड़ी निगरानी रखने का आरोप लगाया। लेकिन इसके बावजूद भीड़ उनके घर पर उमड़ आती थी। उनके जन्मदिन 11 अक्टूबर पर जब कलकत्ता से उनसे मिलने कवि-उपन्यासकार मैत्रेयी देवी आयीं, सैकड़ों आगन्तुकों को देखकर दंग रह गयीं। मैत्रेयी जेपी के पास रोज़ आ रहे बेशुमार ख़तों और टेलीग्राम को देखकर भी उतनी ही अचम्भित रह गयी थीं। "इन पत्रों को सँभालने के लिए दो-तीन स्वयंसेवकों की आवश्यकता थी," उन्होंने कहा था।[23]

जेपी की स्थिति पर लगातार नज़र रखने के लिए वरिष्ठ डॉक्टरों–सीपी ठाकुर, नरेन्द्र प्रसाद, इन्दु भूषण सिन्हा और आरवीपी सिन्हा–की एक टीम नियुक्त की गयी थी। लेकिन जेपी के लिए कहीं अधिक फ़िक्र की बात यह थी कि विपक्षी दलों के बीच एकता स्थापित करने और राष्ट्रीय राजनीतिक विकल्प के निर्माण का अभियान अधूरा रह गया था। विपक्षी नेता जेल में थे या पैरोल पर बाहर थे। जेपी को अभी भी थोड़ी मासूम सी उम्मीद थी कि चूँकि ये नेता एक साथ जेल में बन्द थे, इन्होंने अपने मतभेद सुलझा लिए होंगे। मार्च

7 को चरण सिंह की रिहाई ने एक संयुक्त मोर्चे की सम्भावना को मज़बूत कर दिया। लेकिन कांग्रेस (ओ), बीएलडी, जनसंघ और एसएसपी के साथ उनकी शुरुआती बैठकें किसी नतीजे पर नहीं पहुँचीं। जेपी ने बम्बई में एक बैठक बुलायी जिसमें कृपलानी, चरण सिंह, एचएम पटेल, एसएम जोशी, निजलिंगप्पा के अलावा जनसंघ के ओपी त्यागी और उत्तम राव पण्डित भी थे। इन नेताओं के वैचारिक ध्रुवीकरण ने इस कार्य को और भी कठिन बना दिया। फिर भी जेपी अद्भुत आत्मशक्ति का परिचय देते हुए सबको साथ लाने की कोशिश करते रहे। अन्ततः 25 मई की प्रेस कॉन्फ्रेंस के दौरान जेपी ने नयी पार्टी के गठन की घोषणा कर दी।

इस विषय पर जेपी की प्रेस कॉन्फ्रेंस पर प्रतिक्रिया देते हुए चरण सिंह ने कहा था, "25 मई की प्रेस कॉन्फ्रेंस के दौरान आपका बयान कहता है कि नयी पार्टी के औपचारिक गठन के बाद सभी चार पार्टियाँ अपनी विशिष्ट पहचान मिटा देंगी...यह घोड़े के आगे ताँगा लगाने के समान है।"[24] उन्होंने जेपी को 1974 में तमाम पार्टियों में विलय कराने के अपने प्रयासों की याद दिलायी, "मैंने आपसे कहा था कि भिन्न, यहाँ तक कि परस्पर विरोधी राजनीतिक तत्त्वों से बना यह समूह शायद ही किसी ऐसे संगठन का निर्माण कर सके जो किसी आन्दोलन को अंजाम तक पहुँचा सके, या चुनाव जीत सके। बेशक़ीमती समय बर्बाद हो चुका है और जल्दबाज़ी करके इस बर्बाद हुए समय की भरपाई करना सम्भव नहीं है।"[25]

जब ये चार दल दिल्ली में 8 जुलाई को मिले, चरण सिंह ने दोहरी सदस्यता का मसला फिर से उठाया और कहा कि आरएसएस के किसी भी स्वयंसेवक को नयी पार्टी की सदस्यता लेने की अनुमति नहीं मिलनी चाहिए, साथ ही नयी पार्टी के किसी भी सदस्य को आरएसएस के साथ जुड़ने की अनुमति नहीं होनी चाहिए। इस विषय पर जनसंघ और बीएलडी के बीच तीखी झड़प हुई।

जेपी विपक्षी सांसदों के रवैये से भी निराश थे, जिन्होंने मार्च 1976 में लोकसभा का कार्यकाल समाप्त होने पर (जिसे फ़रवरी 1977 तक दो बार बढ़ाया गया था) इस्तीफ़ा देने से इनकार कर दिया। लोकसभा के सिर्फ़ दो

सदस्यों, मधु लिमये और शरद यादव, ने इस्तीफ़ा दिया था। कई नेता बड़ी सफ़ाई से अपने पत्ते खेल रहे थे और अनुकूल समय का इन्तज़ार कर रहे थे। कांग्रेस (ओ) और बीएलडी नेता कांग्रेस के साथ गुप्त वार्ता कर रहे थे। समाजवादी इस वार्ता के सख़्त ख़िलाफ़ थे। एक नयी और एकीकृत पार्टी के लिए सुसंगत योजना को मूर्त रूप देने में कुछ और महीने लगने थे। चरण सिंह और अशोक मेहता के बीच मतभेद मुख्यतः इसलिए बढ़ रहे थे कि कांग्रेस (ओ) अपने मौजूदा नाम और झण्डे को बनाये रखने की ज़िद और नेतृत्व के सवाल पर अड़ी थी। अन्य पार्टियाँ भी विलय के लिए लगभग असम्भव शर्तें सामने ला रही थीं। नयी पार्टी में आरएसएस की भूमिका पर कई सवाल उठते रहे। इस बात पर व्यापक सहमति थी कि आरएसएस को पार्टी के दायरे से बाहर रखा जायेगा और दोहरी सदस्यता की अनुमति नहीं दी जायेगी। जेपी चिन्तित थे कि आरएसएस नेता 'अभी भी हिन्दू राष्ट्र की अवधारणा में विश्वास कर रहे थे'। उन्होंने आरएसएस को भारतीय राष्ट्रवाद के विचार को अपनाने की सलाह दी, "जो एक धर्मनिरपेक्ष अवधारणा है और भारत में रहने वाले सभी समुदायों को गले लगाती है।"[26]

आपातकाल के एक साल बाद राजनीतिक माहौल तेज़ी से उबलने लगा था। कई नेता पैरोल पर रिहा हो चुके थे और इन्दिरा अपनी चतुर राजनीति में समाजवादी तड़का मिला रही थीं। वे गर्मियाँ असन्तोष के ज्वार में डूबी थीं। पिछले कुछ समय से वृद्धि की राह पर चलती अर्थव्यवस्था फिर से सुस्त हो गयी थी। साल के अन्त तक क़ीमतों में 10 प्रतिशत की वृद्धि के साथ मुद्रास्फीति लौट आयी थी। इन्दिरा ख़ुद क़बूल करने लगी थीं कि प्रशासन अपने सुस्त ढर्रे पर वापस चला गया था।[27] भ्रष्टाचार के मसले पर भी पुरानी स्थिति बनने लगी थी। सत्ता के व्यापक दुरुपयोग के साथ ज़बरन वसूली में तेज़ी से वृद्धि हो रही थी। संजय गांधी का क़द इन्दिरा के कद्दावर व्यक्तित्व के बराबर पहुँच गया था। पार्टी संजय की गिरफ़्त में आने लगी थी। संजय का 5 सूत्री कार्यक्रम उनकी माँ के 20 सूत्री कार्यक्रम को टक्कर दे रहा था। दिलचस्प है कि संजय का कार्यक्रम जेपी के चार्टर ऑफ़ पीपल्स डिमांड से प्रभावित था।

महत्त्वपूर्ण सरकारी नियुक्तियों में नौकरशाही गम्भीर और अवैध रूप से हस्तक्षेप कर रही थी। झुग्गियाँ गिराई जा रही थीं। जो झुग्गीवासी इसका विरोध करते थे, उनकी हत्या तक हो जाती थी। ज़बरन नसबन्दी अभियान चल रहा था। ये सभी उदाहरण साबित करते थे कि लोकतन्त्र किस हद तक ख़तरे में था। नागरिक स्वतन्त्रता और मानवाधिकारों के क्षरण से चिन्तित जेपी ने अक्टूबर 1976 में तारकुण्डे को अध्यक्ष और कृष्णकान्त को महासचिव बनाकर पीपुल्स यूनियन फ़ॉर सिविल लिबर्टीज़ एंड डेमोक्रेटिक राइट्स की स्थापना की। यह संगठन सिटिज़न्स फ़ॉर डेमोक्रेसी की गतिविधियों का पूरक था, और बहुत जल्द मानवाधिकार उल्लंघन के गम्भीर मामलों को सामने ले आया। नवम्बर 1980 में इस संगठन का नाम बदलकर पीपुल्स यूनियन ऑफ़ सिविल लिबर्टीज़ कर दिया गया। पश्चिम बंगाल, उड़ीसा, बिहार, केरल और आन्ध्र प्रदेश में नक्सलियों के साथ पुलिस मुठभेड़ में हुई हत्याओं में तीव्र वृद्धि के कारण जेपी ने आन्ध्र प्रदेश नागरिक अधिकार समिति की स्थापना की, जिसके सदस्यों में तारकुण्डे, अरुण शौरी, नवकृष्ण चौधरी और बीजी वर्गीस जैसे लोग शामिल थे।

पुलिस हिरासत में हुई मौतों पर समिति की रिपोर्ट ने व्यापक आक्रोश पैदा कर दिया था, लेकिन जेपी इस विश्वास पर अडिग थे, कि एकजुट लोकतान्त्रिक विपक्ष ही अधिनायकवाद की उठती लहर को रोक सकता है।[28] कुछ समय तक एकता के उनके प्रयास अनियन्त्रित राजनीति के भँवर में बिखरते रहे। एक क्षण वे निराश होते, दूसरे क्षण पूरी तरह आशावादी प्रतीत होते।

आख़िरकार नवम्बर 1976 तक दलों के आन्तरिक मतभेद कुछ हद तक सुलझने लगे थे। बीएलडी के अलावा अन्य दलों के प्रतिनिधियों ने 11 नवम्बर को एक नयी विपक्षी पार्टी बनाने के लिए सर्वसम्मति से प्रस्ताव पारित करने के लिए बैठक की। चरण सिंह इस बैठक में शामिल नहीं हुए, लेकिन उन्होंने जेपी को लिखा कि उनकी पार्टी प्रस्तावित विलय के बाद जन्म लेने वाली पार्टी में सबसे पहले शामिल होगी।[29] विभिन्न नेताओं के बीच ख़तों का आदान-प्रदान हुआ। वे अपनी आशंकाएँ व्यक्त कर रहे थे और अपने दल के लिए

सर्वाधिक जगह माँग रहे थे। बीएलडी ने चरण सिंह की ग्रामीण पृष्ठभूमि और मध्यमार्गी वैचारिक स्वभाव का हवाला देते हुए उन्हें नेतृत्व सौंपने की वकालत की। इस पर आक्रोशित कांग्रेस (ओ) ने कहा कि वह इस समय सिर्फ़ संयुक्त मोर्चे के बारे में सोचने को तैयार है, इससे आगे नहीं। इस वक़्त जो दल बिना शर्त विलय के लिए तैयार थे, वे थे जनसंघ और सोशलिस्ट पार्टी। अटल बिहारी वाजपेयी ने जेपी से इस मुद्दे को सुलझाने का अनुरोध किया, "अगर हम अब भी एकजुट नहीं हुए, तो इतिहास हमें कभी माफ़ नहीं करेगा।"[30]

प्रस्ताव पारित होने के बाद भी दलों के बीच दुविधा और आशंका बनी रही। समाजवादियों को लगने लगा था कि वे 'जनसंघ-बीएलडी-कांग्रेस (ओ)' जैसी पार्टियों के साथ चुनावी विलय के लिए ज़रूरत से ज़्यादा प्रतिबद्धता दिखा रहे हैं।[31] लेकिन 18 जनवरी 1977 को स्थिति अचानक पलट गयी। इन्दिरा ने एक अप्रत्याशित क़दम उठाया, लोकसभा भंग कर दी और मार्च में चुनाव कराने की घोषणा कर दी। चरण सिंह, अशोक मेहता, अटल बिहारी वाजपेयी, सुरेन्द्र मोहन और अन्य नेता 19 जनवरी की सुबह मोरारजी देसाई के घर पर अन्तिम दौर की बातचीत के लिए मिले। बाहर सर्द हवाएँ चल रही थीं। चार दिन बाद, 23 जनवरी को 'जनता पार्टी' का औपचारिक आगाज़ हुआ। जेपी इसके कर्ता-धर्ता थे, मोरारजी देसाई अध्यक्ष और चरण सिंह उपाध्यक्ष। इसने पंजाब में शिरोमणि अकाली दल, तमिलनाडु में डीएमके और बंगाल में सीपीएम जैसी पार्टियों के साथ सीट को लेकर रणनीतिक समझौते किये। जनता पार्टी को गहरा सम्बल मिला, जब जगजीवन राम ने तीन फ़रवरी को कांग्रेस छोड़कर उड़ीसा की मुख्यमन्त्री नन्दिनी सतपथी और उत्तर प्रदेश के भूतपूर्व मुख्यमंत्री हेमवती नंदन बहुगुणा के साथ कांग्रेस फॉर डेमोक्रेसी का गठन किया, और गठबन्धन में शामिल हो गये।[32]

चुनावों की घोषणा ने जेपी को नयी ऊर्जा और उत्साह से भर दिया था। जेपी क़यास लगा रहे थे कि इन्दिरा के इस निर्णय की क्या वजह हो सकती है। "लोगों की बढ़ती बेचैनी और विदेशों में हो रही आलोचना ने सरकार को यह निर्णय लेने के लिए मजबूर किया है। उसे लगता है कि वह जीतेगी, इसलिए नहीं कि वह लोकप्रिय है, बल्कि इसलिए कि विपक्षी दलों को अपने बिखरे हुए पार्टी कार्यकर्ताओं को फिर से संगठित करने, धन जुटाने और

चुनाव लड़ने के लिए आवश्यक व्यवस्था करने के लिए बिल्कुल भी समय नहीं दिया गया।"[33]

चुनाव अभियान 30 जनवरी, शहीद दिवस के दिन शुरू किया गया। गांधी मैदान में एक विशाल रैली को सम्बोधित करते हुए भावुक जेपी ने कहा कि वे लोकतन्त्र को बचाने के लिए संघर्षरत लोगों का साथ देने के लिए मौत के मुँह से लौटे हैं। उनकी एक महत्त्वपूर्ण चुनावी सभा 2 फ़रवरी को मुज़फ़्फ़रपुर में हुई जहाँ डेढ़ घण्टे लम्बे भाषण के दौरान उन्होंने कहा कि यह साधारण चुनाव नहीं, बल्कि तानाशाही और लोकशाही के बीच का संघर्ष है। 13 मार्च को उन्होंने 'तानाशाहों को हराओ' अपील जारी की, जो उनके अभियान का एक नारा बन गयी। जेपी अपराजेय नज़र आ रहे थे। डॉ. मणि ने तीन दिनों से ज़्यादा डायलिसिस न छोड़ने की सलाह दी थी, लेकिन वे पटना, कलकत्ता, हैदराबाद, रतलाम, इन्दौर, पूना, बॉम्बे और चण्डीगढ़ में सभाओं और रैलियों को सम्बोधित करने के लिए सैकड़ों मील की यात्रा कर रहे थे। हर तीसरे दिन उन्हें किसी नये शहर के अस्पताल में डायलिसिस के लिए जाना पड़ता था। उनके प्रशंसक, यहाँ तक कि उनके विरोधी भी आश्चर्यचकित थे। उनकी वाणी में दृढ़ता थी और उनका स्वर अभी भी लाखों लोगों को प्रेरणा दे रहा था।

डॉ. मणि ने इसे "हेमोडायलिसिस के इतिहास की एक अद्वितीय महायात्रा" करार दिया था।[34] जेपी ने इस अभियान की सभी गतिविधियों की ज़िम्मेदारी ले ली थी। उनके समर्थन में हज़ारों लोग प्रचार करने के लिए सड़कों पर उतर आये। कांग्रेस को तीस साल में अपनी सबसे बुरी हार का सामना करना पड़ा। उसने 492 सीटों में से केवल 154 सीटें जीतीं, जो अमूमन महाराष्ट्र और चार दक्षिणी राज्यों में सिमटी हुई थीं। इन्दिरा अपनी रायबरेली सीट हार गयीं और संजय अमेठी हार गये। 298 सीट के साथ जनता पार्टी को ज़बरदस्त बहुमत मिला। संजय ने हार में अपनी भूमिका के लिए सार्वजनिक रूप से माफ़ी माँगी। इन्दिरा ने जनादेश को स्वीकार कर लिया–कम-अज़-कम उस वक़्त।

21 मार्च को नतीजे घोषित होने के बाद जेपी ने कहा, "लोगों ने अपना चुनाव कर लिया है। उन्होंने स्वतन्त्रता का विकल्प चुना है। अब सभी की निगाहें जनता पार्टी पर टिकी हैं। उसके हर क़दम पर लोगों की नज़र है।"[35]

जेपी के स्वर में उम्मीद थी, लेकिन सतर्कता भी। जनता पार्टी के घोषणापत्र का शीर्षक था 'रोटी और आज़ादी, दोनों'। इसके तीन क्रान्तिकारी चार्टर जेपी के गांधीवादी-समाजवादी दृष्टिकोण का सारांश थे। उन्हें पूरा भरोसा था कि जनता पार्टी के नेता इस दृष्टिकोण को साकार करने के लिए नि:स्वार्थ भाव से काम करेंगे। आशावादी लोगों के लिए जनता पार्टी की जीत एक दूसरी क्रान्ति के वायदे के साथ आयी थी। यह विजय 1947 में औपनिवेशिक शासन से मिली स्वतन्त्रता से तुलनीय थी।

लेकिन इसके बाद जो हुआ था, उसकी भारतीय जनता को उम्मीद नहीं थी। तीन भिन्न रास्तों पर चलते आ रहे तीन नेता भारत की पहली ग़ैर-कांग्रेसी सरकार के प्रधानमन्त्री पद के लिए दावेदारी पेश करना चाहते थे : चरण सिंह, जगजीवन राम और मोरारजी देसाई। इस मसले पर निर्णय जेपी और जेबी कृपलानी को लेना था। जेपी ने कुछ समय के लिए चन्द्रशेखर को इस पद के लिए प्रस्तावित करने पर विच्चार किया, लेकिन अन्ततः दो बार प्रधानमन्त्री बनने से चूके 81 वर्षीय देसाई को चुन लिया गया। चरण सिंह को महत्त्वपूर्ण गृह विभाग दिया गया, जबकि जगजीवन राम ने लगभग अनिच्छा से रक्षा विभाग सँभाला। चन्द्रशेखर पार्टी अध्यक्ष बने और मधु लिमये, नानाजी देशमुख और रबि रे तथा रामकृष्ण हेगड़े महासचिव। विदेश मन्त्रालय का प्रभार अटल बिहारी वाजपेयी को दिया गया। नवनिर्वाचित संसद सदस्यों ने 24 मार्च को राजघाट की गांधी समाधि पर शपथ ली, और जनता के अधिकारों की रक्षा करने, राष्ट्रीय एकता और सद्भाव को बढ़ावा देने तथा व्यक्तिगत और सार्वजनिक जीवन में मितव्ययिता और ईमानदारी बरतने का प्रण लिया। यह शपथ उन्हें जेपी ने दिलाई, जो इस मौक़े पर व्हील चेयर पर आये थे। उसी दिन कार्यवाहक राष्ट्रपति बीडी जत्ती ने मोरारजी देसाई को भारत के पहले ग़ैर-कांग्रेसी प्रधानमन्त्री के रूप में शपथ दिलाई।

राजघाट पर शपथ-ग्रहण समारोह के तुरन्त बाद जेपी इन्दिरा से मिलने गये। यह आँसुओं में भीगी एक भावुक मुलाक़ात थी। दोनों लगभग चुप बैठे रहे। यह महसूस करते हुए कि इन्दिरा संजय के भविष्य को लेकर चिन्तित थीं, जेपी ने उन्हें आश्वस्त किया कि बदले की भावना से कोई कार्रवाई नहीं होगी। सुलह के इस भाव के तहत नवगठित सरकार ने विपक्ष के नेता और वरिष्ठ

कांग्रेसी वाईबी चव्हाण को राष्ट्र के नाम रेडियो प्रसारण के लिए आमन्त्रित भी किया।

जेपी नतीजों से आनन्दित थे, लेकिन सम्पूर्ण क्रान्ति का अपना वायदा नहीं भूले थे। आकाशवाणी पर एक प्रसारण में जनता की ओर से सम्बोधन देते हुए उन्होंने अपने स्वास्थ्य के ठीक होते ही सम्पूर्ण क्रान्ति के लिए ख़ुद को समर्पित कर देने की अपनी प्रतिज्ञा दोहरायी। कुछ समय तक ऐसा लगा कि विभिन्न दलों के बीच एक नयी सहमति का जन्म हो चुका था। यह एहसास मात्र ही तमाम लोगों को खुमारी में डुबो देता था। शपथ लेने के कुछ दिनों के भीतर नयी सरकार और उसके क़ानून मन्त्री शान्ति भूषण ने मौलिक अधिकारों की बहाली पर काम करना शुरू कर दिया। सरकार ने बांग्लादेश युद्ध के समय से चले आ रहे बाहरी आपात्काल को निरस्त कर दिया और आपत्तिजनक सामग्री के प्रकाशन और संसदीय कार्यवाही संरक्षण अधिनियमों को रद्द कर दिया। जिस वक़्त इन्हें निरस्त किया जा रहा था, संसद में ज़ोरदार तालियाँ बज रही थीं।

उन दिनों 43वें और 44वें संशोधन पर भी विचार चल रहा था। साथ ही नौ कांग्रेस शासित राज्यों में राष्ट्रपति शासन लागू कर दिया गया–हालाँकि, इस क़दम का विरोध भी हुआ था। सात सप्ताह बाद, जून 1977 में विधानसभाओं के चुनावों ने उत्तर भारत में जनता पार्टी की पकड़ की पुष्टि कर दी, सिवाय पश्चिम बंगाल के जहाँ सीपीएम को 178 और जनता पार्टी को 29 सीटें मिली थीं। जनसंघ की चुनावी सफलता ने राष्ट्रीय स्वयंसेवक संघ को भी मज़बूत कर दिया। मध्य प्रदेश, हिमाचल प्रदेश, राजस्थान और दिल्ली जैसे राज्यों की नवगठित सरकारों के उच्च पदों पर जनसंघ के नेता आसीन हो गये थे। केन्द्रीय सरकार के विदेश तथा सूचना और प्रसारण जैसे प्रमुख मन्त्रालय भी जनसंघ नेताओं के पास चले गये थे। अगस्त में नानाजी देशमुख ने कहा कि दोहरी सदस्यता के मसले पर पूर्णविराम लग जाना चाहिए। इसके ठीक बाद हिन्दी पत्रिका *संयुक्त वार्ता* को दिये साक्षात्कार में जेपी ने आरएसएस को सुझाव दिया कि या तो वह ख़ुद ही विघटित हो जाये या अपने दरवाज़े मुसलमान और ईसाई समेत सभी समुदायों के लिए खोल ले।

मार्च के अन्त तक जेपी के स्वास्थ्य पर गहरा संकट मँडराने लगा था। जसलोक के डॉक्टरों की सलाह पर उन्हें 30 अप्रैल को अमेरिका में सिएटल के एक सुपर-स्पेशलिटी सेंटर ले जाया गया, जहाँ उनका इलाज श्रेष्ठतम सर्जन करने वाले थे। उनके साथ डॉ. मणि जानकी और निजी सचिव अब्राहम भी थे। भारतीय राजदूत ने राष्ट्रपति जिमी कार्टर के गर्मजोशी भरे सन्देश के साथ उनका हवाई अड्डे पर स्वागत किया। जेपी सोलह दिन अस्पताल में रहे। मोरारजी देसाई की सरकार द्वारा इसका व्ययभार उठाने के प्रस्ताव को गांधी शान्ति प्रतिष्ठान ने विनम्रतापूर्वक अस्वीकार कर दिया, और उनकी प्राण-रक्षा के लिये जनसाधारण द्वारा एकत्रित राशि ने इसका खर्च वहन किया। इस दौरान डॉक्टर और नर्स, डेमोक्रेट नेता, बुद्धिजीवी, इंडियंस फॉर डेमोक्रेसी का प्रतिनिधि मंडल, दोस्तों की भीड़ उनसे मिलने आती रही, उनका सत्कार करती रही और उन पर प्रेम और आत्मीयता न्योछावर करती रही। आगन्तुकों में उस समय शिकागो विश्वविद्यालय में पीएचडी कर रहे आनन्द कुमार भी थे।

सिएटल में रहती उनकी भतीजी ज्योति भी उनकी देखभाल कर रही थी। जेपी तेज़ी से ठीक हो गये और मई के मध्य तक उन्हें अस्पताल से छुट्टी के योग्य घोषित कर दिया गया। जब वे 18 मई को भारत के लिए उड़ान भर रहे थे, बीच में न्यूयॉर्क और लन्दन में रुकते हुए, उन्हें कतई जानकारी नहीं थी कि उनकी अनुपस्थिति में पार्टी के भीतर विधानसभा चुनावों के लिए टिकट वितरण पर छिछली खींचतान चल रही थी।

जब वे वापस लौटे, पार्टी में अराजकता मची हुई थी। वे अचम्भित थे कि न केवल महत्त्वपूर्ण घटनाक्रमों को उनसे छिपाया गया था, बल्कि उनका स्वागत करने के लिए कोई भी प्रमुख नेता हवाई अड्डे पर मौजूद नहीं था। उनकी उपस्थिति को पूरी तरह से मिटा दिया गया था। वे ख़ुद को छला गया महसूस कर रहे थे। वे अख़बारों में अपनी कम होती याददाश्त के बारे में छपी झूठी ख़बरों से भी दुखी थे। कुछ लोग इन अफ़वाहों को फैला रहे थे, जिनका उनके चिकित्सक ज़ोरदार खण्डन करते थे।[36] वे आहत थे, लेकिन अपने घाव छिपा ले जाते थे और पार्टी को बाह्य हमलों और आन्तरिक विघटन से बचाने का लगातार प्रयास कर रहे थे। उन्होंने अपने क़रीबी दोस्त कुलदीप नैयर से

कहा कि जनता पार्टी के नेताओं के लिए उनका कोई महत्त्व नहीं रह गया है।[37] जब कुलदीप दिल्ली लौटे, उन्होंने मोरारजी से जेपी के मोहभंग का उल्लेख किया। मोरारजी ने पलट कर जवाब दिया, "वह अपने को क्या समझते हैं? क्या वे गांधी हैं? मैं गांधी से भी नहीं मिलने गया।"

जब पार्टी के विचलन की ख़बरें ज़ोर पकड़ रही थीं और मीडिया में पार्टी को लेकर तूफ़ान मचा हुआ था, उन्होंने पार्टी की ख़ामियों को माफ़ करते हुए पत्रकारों का ध्यान नागरिक स्वतन्त्रता को बहाल करने तथा लोकतन्त्र के हनन के विरुद्ध संवैधानिक सुरक्षा प्रदान करने के लिए उठाये गये महत्त्वपूर्ण क़दमों की ओर आकर्षित किया। लेकिन जनता पार्टी के नेताओं के आपसी झगड़े और कमज़ोरियाँ तथा जेपी को दरकिनार करने की उनकी कोशिशें सार्वजनिक होने लगी थीं। *रविवार* के संवाददाता सुरेन्द्र प्रताप सिंह और शोभा किलाचंद से बात करते हुए जेपी ने निराशा से कहा था, "दिल्ली से कोई भी मुझसे सलाह लेने नहीं आता। कर्पूरी जी [बिहार के मुख्यमन्त्री कर्पूरी ठाकुर] यहाँ हैं। कभी-कभार वह मुझसे मिलने आते हैं, लेकिन अपनी समस्याएँ लेकर नहीं आते। कभी-कभी मैं कुछ सुझा देता हूँ..."[38] जब उनसे पूछा गया कि 1977 के महात्मा और दूसरे मुक्ति संग्राम के नायक कहलाने पर कैसा महसूस होता है, तो उन्होंने किंचित संकोच के भाव से कहा था कि उन्हें इस उपाधि से नफ़रत है और वे ख़ुद को केवल स्वतन्त्रता-संग्राम के साधारण सेनानी के रूप में देखते हैं।

दिल्ली से आपसी फूट, अनुशासनहीनता, गुटबाज़ी और भाई-भतीजावाद की ख़बरें आ रही थीं। पार्टी की लोकप्रियता एक झटके से गिरने लगी थी।[39] लेकिन जेपी इस कोलाहल भरी राजनीति से भले ही भौतिक और भौगोलिक रूप से दूर हो चुके थे, तमाम तड़पाते ख़याल उन्हें अभी भी घेरे हुए थे। लम्बी बीमारी से थक चुके जेपी अपनी खोह में सिमटते जा रहे थे। अगस्त के आख़िरी हफ़्ते में मेरे पिता ने उनके साथ कुछ मर्मस्पर्शी पल बिताये थे। तीन गर्म और नम दोपहरों में फैला यह संवाद जेपी की चुनिन्दा रचनाओं पर मेरे पिता की किताब, *ए रिवोल्यूशनरीज क्वेस्ट,* का आख़िरी अध्याय है। वे अपनी पार्टी की बिखरती राजनीति से जुड़े सीधे सवालों से बचते रहे और कहा कि

पार्टी का आकलन करने से पहले एक साल का समय चाहिए, मेरे पिता ने महसूस किया कि वे कृषि-औद्योगिक समुदायों के विकास, चुनावी प्रणालियों में सुधार, रोज़गार के अधिकार को मौलिक अधिकार बनाने की आवश्यकता, कृषि और सिंचाई में वृद्धि, और ग्रामीण स्वास्थ्य और शिक्षा में बुनियादी परिवर्तन जैसे मुद्दों पर चर्चा के लिए कहीं अधिक तत्पर थे। उन्होंने ज़मीनी स्तर के साथ ज़िला, राज्य और राष्ट्रीय स्तर पर तमाम सरकारी गतिविधियों पर निगरानी रखने के लिए जन समितियों के गठन की आवश्यकता के बारे में भी खुलकर बात की–यह ऐसा विचार था जिसका समय आ गया था, भले ही देर से आया था। इस बातचीत का अधिकांश हिस्सा संघर्ष वाहिनी पर केन्द्रित था, जो अन्याय के ख़िलाफ़ प्रतिरोध की उनकी प्राथमिक भूमि थी, और माध्यम भी।[40]

जनता नेताओं की विफलता ने इन्दिरा के पुनरुत्थान का रास्ता भी आसान कर दिया था। अपनी दूसरी पारी का उद्घोष करने के लिए जिस राजनीतिक क्षण की उन्हें तलाश थी, वह जुलाई 1977 में आ गया जब पटना से कुछ ही दूर बेलछी गाँव में आठ दलितों समेत वंचित समुदायों के तीन अन्य लोगों की ज़मींदारों ने बेरहमी से हत्या कर दी। इन्दिरा ट्रेन, जीप, ट्रैक्टर और अन्त में मूसलाधार बारिश के बीच हाथी पर सवार होकर, कीचड़ और कमर तक पानी में चलकर बेलछी पहुँच गयीं। वे ख़ुद को ग़रीब और बेसहारा लोगों की एकमात्र उम्मीद के रूप में स्थापित कर रही थीं। यह एक अद्भुत क्षण था– चतुर मैकियावेलियन राजनीति के साथ संवेदनशीलता का बेहतरीन मिश्रण, जो आपात्काल के स्याह पक्ष को भी वैध बनाता दिखाई दे रहा था। उन्होंने अपनी यह ऐतिहासिक यात्रा पटना में जेपी से मुलाक़ात के साथ पूरी की। इन्दिरा चरखा समिति स्थित उनके घर पहुँचीं। जेपी ने डबडबायी आँखों से उनका स्वागत किया। इन्दिरा ने एक बेटी की तरह उनका हालचाल पूछा और उनके साथ क़रीब एक घण्टा बिताया। मौक़े पर वहाँ मौजूद पत्रकारों से जेपी ने कहा, "इनका अतीत उज्ज्वल रहा है और मेरी मंगलकामना है कि उनका भविष्य भी उज्ज्वल हो।"[41] समिति के इस घर में उस यादगार मुलाक़ात की यादें देर तक बसी रही थीं।

इन्दिरा की बढ़ती लोकप्रियता से घबराकर चरण सिंह ने 3 अक्टूबर को सत्ता के दुरुपयोग और भ्रष्टाचार के आरोप में चार पूर्व कैबिनेट सहयोगियों के साथ उन्हें गिरफ़्तार करने का आदेश दिया। बहुत जल्द पुलिस 12 विलिंगडन क्रिसेंट स्थित उनके आवास पर पहुँची। इन्दिरा ने एक और ग़ज़ब का क़दम उठाया और जमानत लेने से इनकार कर दिया। कई घण्टों चले नाटकीय घटनाक्रम के बाद जब उन्हें मजिस्ट्रेट के सामने पेश किया गया, उसने आरोपों को ख़ारिज करते हुए इन्दिरा को बिना शर्त रिहा करने का आदेश दिया। बाद में शान्ति भूषण ने स्वीकार किया था कि इन्दिरा के अभियोजन के लिए सामने रखे गये सबूत एकदम कमज़ोर थे।

आम लोगों को यह गिरफ़्तारी बदले की भावना से प्रेरित दिख रही थी। यह वह क्षण था जिसकी इन्दिरा को तलाश थी। ख़ुद को शहीद की तरह प्रस्तुत करते हुए उन्होंने इसका भरपूर फ़ायदा उठाया और अपने पक्ष में सहानुभूति की लहर को हवा देने के लिए इसका इस्तेमाल किया। यहाँ तक कि इमरजेंसी की कटु आलोचना करने वाले *द गार्डियन* जैसे विदेशी अख़बारों ने भी उनकी गिरफ़्तारी को एक ख़तरनाक निर्णय के रूप में देखा। इसके बाद वे जहाँ भी जाती थीं, लोग उनका स्वागत बड़ी गर्मजोशी से करने लगे थे। कांग्रेस के भीतर भी संकट के बादल उमड़ रहे थे। इन्दिरा के कई पूर्व वफ़ादारों ने शाह आयोग के समक्ष गवाही दी थी कि उन्हें अनुचित ढंग से काम करने के लिए मजबूर किया गया था। शाह आयोग मई 1977 में गठित आठ जाँच आयोगों में से एक था जिसका गठन आपातकाल के दौरान सत्ता के दुरुपयोग, ज़्यादतियों और कदाचारों की जाँच के लिए किया गया था।

इस बीच एक घटना और हुई। पार्टी अध्यक्ष ब्रह्मानन्द रेड्डी ने वाय वी चव्हाण, स्वर्ण सिंह और वसन्त दादा पाटिल जैसे कद्दावर नेताओं के समर्थन के साथ इन्दिरा को 1 जनवरी 1978 को कांग्रेस से निष्कासित कर दिया। इसके ठीक चौबीस घण्टे पहले वे पार्टी के एक अन्य गुट का नेतृत्व स्वीकार कर चुकी थीं, जिसने ख़ुद को असली कांग्रेस घोषित कर दिया। पार्टी दो गुटों में विभाजित हो गयी। इस तरह इन्दिरा कांग्रेस का जन्म चौवन लोकसभा

सदस्यों के साथ हुआ। उनके नाम का पार्टी के साथ जुड़ना राजनीतिक रणभूमि में उनकी विलक्षण वापसी का संकेत था।

जेपी इस घटनाक्रम को दूर से देख रहे थे। लेकिन जनता सरकार से उनकी उम्मीदें बनी हुई थीं, जब सरकार ने अल्पसंख्यकों को संस्थागत सुरक्षा प्रदान करने के लिए एक आयोग के गठन की घोषणा की, या जब दिसम्बर 1977 और मई 1978 में क़ानून मन्त्री शान्ति भूषण ने 43वें और 44वें संशोधन प्रस्तुत किये, जेपी को गहरा सन्तोष हुआ। वे सरकार द्वारा कृषि और ग्रामीण क्षेत्रों में रोज़गार बढ़ाने वाली परियोजनाओं की भी सराहना करते थे, लेकिन पार्टी के भीतर गुटबाज़ी ने नकारात्मक माहौल बना दिया। 9 मई 1978 को चन्द्रशेखर को लिखे एक पत्र में उन्होंने अपनी बेचैनी व्यक्त की। "आप मित्रों ने पिछले एक साल में जो कुछ किया है, वह किसी भी तरह से मामूली नहीं है। यहाँ विस्तार में जाने की ज़रूरत नहीं है। लेकिन यह भी नज़रअन्दाज़ नहीं किया जा सकता कि पिछले लोकसभा चुनाव के समय जनता में जो अभूतपूर्व उत्साह और आशा का संचार हुआ था, वह ठण्डा पड़ गया है और इसकी जगह लोगों में निराशा की भावना बढ़ रही है। यह दुखद है कि अब तक हम इस अवसर को नहीं भुना पाये। भले ही देर हो चुकी है, लेकिन हमें इस मामले पर गहराई से विचार करना शुरू करना चाहिए और ऐसे तरीक़े और साधन तैयार करने चाहिए जिससे हम जनता की जाग्रत हो चुकी आकांक्षाओं का भारत के पुनर्निर्माण में उपयोग कर सकें."[42]

जेपी को वह प्रश्न भी याद आता था जो बिहार आन्दोलन के दिनों में चन्द्रशेखर अक्सर पूछा करते थे–अगर कांग्रेस की जगह विपक्ष की सरकार आ जाये, तो क्या वह कुछ बेहतर करेगी? यह प्रश्न जेपी को विचलित करने लगा था। जनता सरकार पर तूफ़ानी बादल घिरने लगे थे, लेकिन किसी ने जेपी की राय लेने की जहमत नहीं उठाई। इतिहास ख़ुद को दोहरा रहा था। उनकी स्थिति 1947 में गांधी की स्थिति से बहुत अलग नहीं थी। यहाँ तक कि जब मोरारजी देसाई और चरण सिंह के बीच फैला विवाद भयावह रूप लेने लगा, तब भी उनसे मध्यस्थता करने के लिए नहीं कहा गया। स्थिति इतनी बिगड़ गयी कि चरण सिंह ने जनता पार्टी की राष्ट्रीय कार्यकारिणी और उसके

संसदीय बोर्ड से इस्तीफ़ा दे दिया और शाह आयोग के निष्कर्षों के मद्देनज़र इन्दिरा को गिरफ़्तार न कर पाने के लिए अपनी ही सरकार को नपुंसक करार देना शुरू कर दिया।

मोरारजी देसाई पर उनके बेटे के कारण भी उँगलियाँ उठ रही थीं, जो तमाम क़िस्म की सौदेबाज़ी में लिप्त था। जून 1978 तक चरण सिंह, राज नारायण और बीएलडी के चार राज्य मन्त्री कैबिनेट से बाहर हो गये, जिससे संकट और बढ़ गया। मधु लिमये जेपी को स्थिति से अवगत कराने के लिए पटना पहुँचे। संकट पर लगाम लगाने के लिए हताश प्रयास करते हुए जेपी ने जगजीवन राम, मोरारजी देसाई और चरण सिंह को अलग-अलग पत्र लिखे। उन्होंने मोरारजी और चरण सिंह दोनों से संकट को हल करने की अपील की। लेकिन जगजीवन राम, जिन्होंने मोरारजी की सत्ता को चुपचाप स्वीकार कर लिया था, को लिखे पत्र में जेपी की प्रमुख चिन्ता व्यक्त हुई थी। "पार्टी का संकट कोई साधारण संकट नहीं है। देश की नियति इसके साथ जुड़ी हुई है। अगर पार्टी टूट जाती है, तो केन्द्र को कमज़ोर करने वाली ताक़तें मज़बूत हो जायेंगी, जिससे देश की एकता और लोकतन्त्र का भविष्य ख़तरे में पड़ जायेगा, जिसे हम सभी ने इतनी मेहनत से बचाया है..."[43]

उन्होंने मोरारजी से कहा कि वे उनके नेतृत्व पर भरोसा करते हैं और उम्मीद करते हैं कि वह पार्टी की एकता और अनुशासन के उन तरीक़ों को अपनायेंगे जो चरण सिंह को स्वीकार्य होंगे। लेकिन मोरारजी ने पलटकर जवाब दिया था कि यह संकट सत्तारूढ़ पार्टी का आन्तरिक मामला है और वह किसी भी बाहरी हस्तक्षेप को बर्दाश्त नहीं करेंगे। इन शब्दों से जेपी बुरी तरह आहत हो गये। उन्होंने जेबी कृपलानी से अपने दिल की बात कह दी। "मैंने और आपने भारत के प्रधानमन्त्री पद के लिए मोरारजी देसाई को नामित किया था, लेकिन मुझे गहरा सन्देह है कि वह (इस पद का) कोई दायित्व महसूस करते हैं या हमारी सलाह पर गम्भीरता से विचार करने के इच्छुक हैं। इन महीनों में जब से वह प्रधानमन्त्री बने हैं, उन्होंने एक बार भी मुझसे व्यक्तिगत रूप से या पत्राचार के माध्यम से परामर्श करने की परवाह नहीं की है।"[44]

इस बीच इन्दिरा ने ज़बरदस्त उत्तेजना में डूबा चिकमंगलूर उपचुनाव जनता पार्टी के प्रत्याशी वीरेन्द्र पाटिल से सत्तर हज़ार वोटों से जीत लिया और वर्ष के अन्त तक संसद में वापस आ गयीं। उनका पुनरागमन हो चुका था। अपनी जीत के पन्द्रह दिन के भीतर ही उन्हें संजय गांधी की कम्पनी में संसदीय जाँच को रोकने के लिए सदन की अवमानना और संसदीय विशेषाधिकार हनन के उल्लंघन का दोषी ठहराया गया। उन्होंने सदन में आपात्काल की ज़्यादतियों के लिए माफ़ी माँगी, लेकिन उसके बाद आक्रामक रुख़ अपना लिया। उन्होंने सरकार पर तमाम क़िस्म के कदाचार का आरोप लगाया, और कहा कि सरकार नागरिक संघर्ष को भड़का रही है, धर्मनिरपेक्ष आधार को कमज़ोर कर रही है, देश के परमाणु प्रौद्योगिकी के अधिकार को त्याग रही है और बहुराष्ट्रीय कम्पनियों को आमन्त्रित कर रही है।

इसके बाद उनकी संसद की सदस्यता रद्द कर दी गयी। उन्हें गिरफ़्तार कर लिया गया और तिहाड़ जेल भेज दिया गया। उनकी गिरफ़्तारी एक बड़ी राजनीतिक चूक थी। बड़ी संख्या में लोग, यहाँ तक कि वे भी जिन्होंने इन्दिरा के ख़िलाफ़ वोट दिया था, अब उनके समर्थन में उतर आये। जनता पार्टी के आन्तरिक झगड़े पहले ही सुर्ख़ियों में बने हुए थे। 1977 के चुनाव अभियान के अन्तिम दिनों में इन्दिरा ने जनता पार्टी की तुलना एक सन्तरे से की थी। इसे छीलते ही यह टुकड़ों में बिखर जायेगा। यह दूरदर्शी कथन इस वक़्त चरितार्थ हो रहा था। जेपी ने मध्यस्थता करने की कोशिश की, लेकिन किसी ने उन पर ध्यान नहीं दिया। नवम्बर में चरण सिंह ने उनसे संक्षिप्त मुलाक़ात की, लेकिन तब तक युद्ध-रेखा खिंच गयी थी।

बिहार, हरियाणा और उत्तर प्रदेश के मुख्यमन्त्रियों के समर्थन के साथ चरण सिंह ने 23 दिसम्बर को एक विशाल रैली का आयोजन किया। इस शक्ति प्रदर्शन ने उनकी स्थिति मज़बूत कर दी। 24 जनवरी 1979 को उन्हें उप-प्रधानमन्त्री के रूप में मन्त्रिमण्डल में फिर से शामिल किया गया, साथ ही वित्त मन्त्रालय भी उन्हें दे दिया गया। जगजीवन राम को दूसरे उप-प्रधानमन्त्री के रूप में पदोन्नत कर दिया गया। जेपी को इससे बहुत राहत मिली। उसी दिन *इंडियन एक्सप्रेस* के संवाददाता से बात करते हुए उन्होंने कहा : "मुझे ख़ुशी

है कि आख़िरकार एक ऐसा फॉर्मूला मिल गया है जिससे सभी पक्ष सन्तुष्ट हो गये हैं। यह हमारे लोकतन्त्र के भविष्य के लिए शुभ संकेत है।"[45] वे इस बात भी प्रसन्न थे कि मोरारजी देसाई ने बिन्देश्वरी प्रसाद मंडल की अध्यक्षता में द्वितीय बैकवर्ड क्लास कमिशन की स्थापना कर दी थी। 1 फरवरी 1979 को क़मिशन को नोटिफायड किया गया था।

थोड़े संघर्ष विराम के बाद इन विरोधी गुटों ने लड़ाई फिर से शुरू कर दी। चरण सिंह के आरएसएस पर तीखे हमले उग्र होते गये। दोहरी सदस्यता के मुद्दे पर भी झगड़ा बढ़ गया। इस विवाद के दरमियान जेपी ने 1 मार्च को मोरारजी देसाई को पत्र लिखकर अपनी चिन्ताएँ और आशंकाएँ ज़ाहिर की थीं। उनकी फ़िक्र सिर्फ़ पार्टी में व्याप्त विषैले ध्रुवीकरण को लेकर नहीं थी। वे इस बात से भी उतने ही अशान्त थे कि 'क्रान्ति की सन्तान' होने के बावजूद यह सरकार भयंकर रूप से भ्रष्ट थी। उन्होंने देश की आर्थिक और सामाजिक क्षमता को बरबाद किये जाने पर तीखी टिप्पणी की और कहा कि शासन में जनता की भागीदारी पहले की तरह लगभग न के बराबर है। उन्हें सबसे अधिक दुख और परेशानी इस बात से थी कि आर्थिक विकेन्द्रीकरण और समाज के सभी वर्गों का समावेश अभी भी दूर का सपना दिखाई दे रहा था। उन्हें दलितों पर बढ़ते अत्याचार और सिर उठा रहे 'साम्प्रदायिकता के दानव' को लेकर भी पीड़ा हो रही थी। उन्होंने इस ख़त में करोड़ों बेरोज़गार लोगों की दशा को भी उतने ही दुख के साथ व्यक्त किया, और कहा कि यह बहुत खेद की बात है कि सरकार युवा शक्ति को सही दिशा देने में विफल रही है।

अपने पत्र को उच्च नैतिक स्वर पर ख़त्म करते हुए उन्होंने लिखा : "जनता पार्टी की शुरुआत एक संयुक्त परिवार के रूप में हुई थी और आप उस परिवार के मुखिया चुने गये थे...लेकिन आज यह एक विभाजित परिवार है। मुझे लगता है कि यह आपका कर्तव्य था कि आप सुनिश्चित करें कि घटक इकाइयाँ (पार्टी के) अन्दर या बाहर गुटबाज़ी न करें।"[46]

वर्गों और जातियों के बीच संघर्ष ख़तरनाक रूप से बढ़ गया था। जेपी को लगा कि शोषित वर्गों के पास एकजुट होने और अपने अधिकारों को हासिल करने के अलावा कोई विकल्प नहीं है। किसी सच्चे जन आन्दोलन

के निर्माण का उनका सपना संघर्षवाहिनी की युवतियों और युवकों पर आकर ठहरने लगा था। उन्होंने कहा था, "सम्पूर्ण क्रान्ति का मेरा सपना ज़मीन पर उतारना युवा शक्ति के ही हाथ है। मैं तो वह दिन देखने के लिए नहीं रहूँगा। समाज का अन्तिम व्यक्ति जब इज़्ज़त के साथ जीवन जी सकेगा, अपनी क्षमता भर मेहनत कर सकेगा और आवश्यकता भर पा सकेगा, तब मुझे सन्तोष होगा।"[47]

वाहिनी ने 1978 में जो गति हासिल की, और जिस तरह बोधगया के शैव मठ के महन्तों के ख़िलाफ़ संघर्ष किया, उसने जेपी के समाजवादी विचारों को फिर से केन्द्र में ला दिया। बोधगया में संघर्ष वाहिनी भूमिहीन मज़दूरों और बटाईदारों के ज़मीन पर अधिकार के संघर्ष में शामिल हो गयी। ये मज़दूर इस ज़मीन पर दशकों से खेती कर रहे थे। लेकिन 138 गाँवों में फैली लगभग 9575 एकड़ ज़मीन महन्तों के पास थी।

जन-संघर्ष की अपनी नियमावली का पालन करते हुए युवा वाहिनी के सदस्य इन गाँवों में आये और जाति और वर्ग पदानुक्रम में सबसे निचले पायदान के भुइयां और मुसहर जाति के लोगों की झोपड़ियों में रहने लगे। इसके बाद उन्होंने एक और महत्त्वपूर्ण क़दम उठाया, और दमनकारी महन्तों का सामना करने के लिए श्रमिक संगठनों का गठन कर दिया। जब जेपी आन्दोलन को समर्थन देने बोधगया आये, तो यह संघर्ष मानो चाक़ू की धार पर आ ठहरा था। बोधगया के संघर्ष ने स्त्रियों के मुद्दों को मुख्यधारा में ला दिया और जनता को लैंगिक समानता के प्रति कहीं गहराई से जागरूक कर दिया।

मणिमाला जैसी उग्र कार्यकर्ताओं से प्रोत्साहित होकर स्त्रियों ने प्रचलित लैंगिक मानदण्डों को चुनौती देते हुए भूमि जोतना शुरू कर दिया। यह नारीवादी संघर्ष उत्पीड़न, घरेलू हिंसा, घर की चारदीवारी में उनकी क़ैद, भेदभाव, मानव तस्करी और बाल विवाह के ख़िलाफ़ आवाज़ उठाता था और उनकी स्वायत्तता की हिमायत करता था। स्त्रियाँ शराबखोरी और शराब की बिक्री को भी चुनौती दे रही थीं, और भूमि अधिकारों के लिए संघर्ष कर रही थीं।

अब ये स्त्रियाँ चुप नहीं रहने वाली थीं। इस आन्दोलन की आदर्शवादिता संक्रामक होकर कई दिशाओं में फैल रही थी। जेपी ने इसका बहुत पहले

पूर्वानुमान कर लिया था : "मुझे लम्बे संघर्ष के बग़ैर और ऐसे संघर्ष में आम जनता की भागीदारी के बग़ैर सम्पूर्ण क्रान्ति की कोई सम्भावना नहीं दिखाई देती।"[48] 1980 में वाहिनी के कार्यकर्ताओं ने 3000 एकड़ ज़मीन पर क़ब्ज़ा कर लिया और ज़ोरदार नारे 'जो ज़मीन को बोये जोते, वो ज़मीन का मालिक है' के साथ बुवाई का काम पूरा कर लिया। अन्ततः सरकार को भूमि के पुनर्वितरण के लिए लगभग 1000 एकड़ ज़मीन की पहचान करने के लिए मजबूर होना पड़ा। लेकिन पुनर्वितरण की सूची में विधवाओं के अलावा कोई अन्य महिला नहीं थी।

भूमि पर अधिकारों के लिए वाहिनी का संघर्ष जारी रहा। जो वाहिनी पहले उत्तर प्रदेश और बिहार तक सीमित थी, दूसरे राज्यों में भी फैल गयी। जेपी ने 'नक्सली मित्रों' से भी अपील की थी कि वे गांधीवादी शान्तिपूर्ण प्रतिरोध पर आधारित जन आन्दोलन के निर्माण में मदद करने के लिए उनके साथ जुड़ जायें।[49] जेपी बोधगया में राज्य द्वारा हो रहे दमन पर क्षुब्ध थे। उनका एक अन्तिम पत्र बिहार के मुख्यमन्त्री रामसुन्दर दास को सम्बोधित था। उन्होंने उनका ध्यान आकर्षित किया कि पुलिस लॉकअप में वाहिनी कार्यकर्ताओं पर नक्सली होने का आरोप लगाकर उन्हें निर्दयतापूर्वक पीटा गया है, और उन्हें मनगढ़ंत मामलों में फँसाया जा रहा है।

उल्लेखनीय है कि इन दिनों जेपी गुर्दे की बीमारी के अन्तिम चरण से जूझ रहे थे और उन्हें बम्बई के अस्पताल में निरन्तर जाना पड़ रहा था। 18 मार्च को उन्हें फिर से जसलोक अस्पताल में भर्ती कर दिया गया। इसके कुछ दिन बाद सरकार से एक भयंकर-चूक हो गयी। जब जेपी जीवन और मृत्यु के बीच झूल रहे थे, इंटेलिजेंस ब्यूरो की एक लापरवाह रिपोर्ट के आधार पर आकाशवाणी ने अपने नियमित कार्यक्रम को रोक कर 23 मार्च 1979 को दोपहर 1.10 बजे उनकी मृत्यु की घोषणा कर दी। किसी ने इस ख़बर की पुष्टि करने की भी ज़हमत नहीं उठाई। न किसी ने अस्पताल से, यहाँ तक कि अस्पताल में डेरा डाले हुए चन्द्रशेखर ने भी इसकी पुष्टि नहीं की। इसके बाद दोपहर 1.15 बजे लोकसभा अध्यक्ष केएस हेगड़े ने सदन को जेपी की मृत्यु की 'ख़बर' सुना दी। सदन स्तब्ध रह गया। ख़बर फैलने पर अस्पताल को बेहिसाब लोगों ने घेर लिया। पत्रकार, फ़ोटोग्राफ़र और सैकड़ों शोकाकुल

लोग सुरक्षा घेरे को तोड़कर अन्दर जाने की कोशिश कर रहे थे। मीडिया की एक बड़ी टुकड़ी हवाई जहाज़ से पटना आ गयी और राज्य सरकार ने नदी के किनारे श्मशान घाट की ओर जाने वाली सड़कों पर बैरिकेडिंग शुरू कर दी।

जेपी के लिए उनकी मौत की ख़बर कई स्तरों पर एक रूपक की तरह थी–क्रान्ति के उनके स्वप्न का दम घुट चुका था। इसके बाद मध्य-अप्रैल में जमशेदपुर के साम्प्रदायिक नरसंहार ने उनकी आत्मा को छलनी कर दिया। वे केन्द्रीय रिज़र्व पुलिस बल में विद्रोह, पूर्वोत्तर में बढ़ती तबाही, भारी महँगाई और श्रमिक असन्तोष की ख़बरों से भी परेशान थे। उन्हें इस बार स्वास्थ्य लाभ में काफ़ी समय लगा था। इसका कुछ हिस्सा बम्बई में एक्सप्रेस टॉवर के पेंटहाउस में बीता, जहाँ उनके क़रीबी दोस्त रामनाथ गोयनका उनकी देखभाल करते थे। इस वक़्त जेपी मृत्यु और परलोक पर टैगोर की कविताओं में डूबे रहते थे। इन कविताओं ने उन्हें आसन्न मृत्यु को स्वीकार करने में बहुत मदद की।

जेपी 7 जुलाई को घर लौटे। वे कृशकाय हो चुके थे और बहुत जल्दी थक जाते थे। उनके शरीर की समूची ऊर्जा मानो किसी ने निचोड़ ली थी। वे अनिद्रा से जूझते रहते थे। उनकी बेचैनी केन्द्रीय शासन पर मँडराते संकट की ख़बरों से और भी बदतर हो गयी थी। वे निरन्तर चलते डायलिसिस से भी थक गये थे। वे ज़्यादा पढ़ नहीं पाते थे। उनकी मेज़ पर अधपढ़े काग़ज़ों का ढेर लगा हुआ था। इसके बावजूद अगर वे इस बीमारी से थोड़ा उबर पा रहे थे, तो इसका एक बड़ा कारण वे लोग थे जो बड़े समर्पण भाव से उनकी देखभाल कर रहे थे।

उन दिनों का विवरण उनकी मुँहबोली पुत्री विभा सिन्हा ने इस तरह किया : उन दिनों "उन्हें कविताओं में सुकून मिलता था। हम उनके बिस्तर के पास बैठकर *मधुशाला* और *रश्मिरथी* के अंश सुनाते थे। उन्हें निकारागुआ के मुक्ति कवि अर्नेस्टो कार्डेनल मार्टिनेज की पंक्तियों और ऑक्टेवियो पाज़ के संग्रह *द लेबिरिंथ ऑफ़ सॉलिट्यूड* की कविताओं से भी बड़ा सुकून मिलता था। रोज़ शाम को वे *रामचरितमानस* के कुछ अंश नियम से सुना करते थे। उन्हें *प्यासा* के साहिर लुधियानवी के गीत सुनना अच्छा लगता था, ख़ासकर 'जिन्हें नाज़

है हिन्द पर, वो कहाँ हैं'। उन्हें मेरा गाया हुआ 'रघुपति राघव', दूसरे गांधीवादी गीत और तुलसीदास का अमर दोहा 'तू दयालु दीन हों' भी सुहाता था। दादा मुझे हमारे क्रान्तिकारी दिनों का गीत, 'जयप्रकाश का बिगुल बजा', भी गाने को कहते थे। गायन के दौरान वे अपना सिर तकिए पर रख लेते और अपनी आँखें छुपा लेते। जब गाना समाप्त होता तो तकिया आँसुओं से भीगा हुआ होता था। एक शाम सन्तोष भारतीय लच्छू महाराज को लेकर आये। उनके तबला-वादन ने दादा के चेहरे की मुस्कान लौटा दी।"

"गंगा बाबू [गंगा शरण सिंह] हर शाम हमारे साथ होते थे, दादा [जेपी] को दिन भर की ख़बरें देते थे। उनका सेवक गुलाब उनकी देखभाल करता था, उन्हें ग्रिल्ड मछली या थोड़ा चिकन खाने के लिए मनाता था। वह हमेशा की तरह काँटे और चाकू से धीरे-धीरे खाते थे। उनके सचिव अब्राहम और सच्चिदानन्द फ़ोन सुनते ही दौड़े आते थे। उनके साले शिवनाथ, और दयानन्द सहाय, देवेन्द्र सिंह, रामानन्द तिवारी, मधु लिमये, रजी अहमद, अज्ञेय, रेणु, उपेन्द्र महारथी और उनकी बेटी गोपा, आचार्य कृपलानी और सुचेता कृपलानी जैसे उनके दोस्त और पुराने साथी अक्सर उनके घर पर जमा होते थे। लेकिन वे हमेशा दर्द से कसकते रहते थे। उनके उदास और चिन्ताग्रस्त चेहरे को देखकर हम बस यही चाहते थे कि उनके शारीरिक और मानसिक कष्ट को किसी तरह कम किया जाये।"

इस दौरान भोला चटर्जी भी उनसे मिलने आते थे। उन्होंने जेपी की लाचारी को देखकर लिखा, "कभी-कभी ऐसा लगता था कि अब वे अपने आप के स्वामी रहे नहीं हैं। उनके और दूसरों के सम्पर्क के बीच एक खाई खड़ी हो गयी थी। उनको क्या पढ़ना है और क्या नहीं पढ़ना है, कौन-से पत्र विवरण आदि देखने हैं या नहीं देखने हैं, किससे मिलना है और किससे नहीं मिलना है–उनके लिए ये सारी बातें अब दूसरे लोग तय करने लगे थे।"[50]

राजनीति अपने नियम फिर से लिख रही थी, और उन सभी मूल्यों को देश की काया से छील कर उतार रही थी जिनके लिए जेपी ने जीवन जिया था। जिस सपने को जेपी ने कभी देखा था, सिर्फ़ उसके बिखरे कतरे बचे रह गये थे। मोरारजी देसाई और चरण सिंह के बीच सुलह बहुत कम समय तक चली।

पार्टी एक के बाद एक भीषण संकटों का सामना कर रही थी। राजनीतिक मंच एक नये बदलाव के लिए तैयार हो रहा था।

जून का महीना काफ़ी हलचल भरा था। केन्द्रीय स्वास्थ्य मन्त्री राज नारायण, जिन्हें राजनीति में ततैया की तरह देखा जाता था, को पार्टी की राष्ट्रीय कार्यकारिणी से हटा दिया गया, जब उन्होंने सार्वजनिक रूप से सरकार पर हमला किया था और लोगों से अपने क्षेत्र के सांसदों का घेराव करने का आह्वान भी किया था। उनके निष्कासन से बड़े पैमाने पर दलबदल शुरू हो गये। जनता पार्टी को साम्प्रदायिक कहते हुए राज नारायण ने एक नये दल, जनता पार्टी-सेक्युलर, का गठन करके वैचारिक तख्तापलट कर दिया। समाजवादियों ने दोहरी सदस्यता का मुद्दा उठाकर पहले ही मधुमक्खी के छत्ते में कंकड़ मार दिया था। मंच तैयार हो चुका था। कई नेता पार्टी और सरकार से बाहर निकलकर कठोर रुख़ अपनाने को तैयार थे। जेपी ने सभी पार्टी नेताओं से लोकतन्त्र को बचाने और अस्थिरता और अराजकता को दूर करने का कोई रास्ता खोजने की अपील की।[51]

उन्होंने चन्द्रशेखर को लिखा कि मोरारजी देसाई को नेतृत्व छोड़ देना चाहिए और देश को अराजकता और तानाशाही से बचाने के लिए जगजीवन राम के लिए रास्ता बनाना चाहिए।[52] यह मोरारजी के नेतृत्व की कटु आलोचना थी, जिसने दोनों के बीच स्थायी दरार पैदा कर दी। इसके साथ उन्होंने मोरारजी को भी एक पत्र भेजा, लेकिन कुछ तो विचित्र हुआ कि पत्र की मूल प्रति प्रधानमन्त्री मोरारजी तक पहुँचने से पहले इसकी ज़ेरॉक्स आकाशवाणी के पटना केन्द्र पहुँच गयी। मोरारजी आगबबूला हो गये।

मोरारजी ने तीखा जवाब दिया। "मैं 18 जुलाई 1979 का आपका पत्र पाकर हैरान और तनावग्रस्त हो गया था, जो कल देर शाम मुझे मिलने से बहुत पहले ही समाचार एजेंसियों द्वारा प्रसारित किया जा चुका था। जिस बात ने मुझे कहीं अधिक दुखी किया वह यह कि देश और जनता पार्टी के लिए इस अत्यन्त महत्त्वपूर्ण मसले पर आपने निर्णय सुना दिया, बग़ैर मुझसे कोई बातचीत किये...इस कठिन घड़ी में, मेरा देश और पार्टी के प्रति कुछ दायित्व है और इसे निभाने के लिए मुझे ख़ुद ही निर्णय लेना होगा।"[53]

राजनीति की पैंतरेबाज़ियाँ अपने चरम पर पहुँच गयीं, जब विपक्ष के नेता वाईवी चव्हाण ने 10 जुलाई 1979 को सरकार के ख़िलाफ़ अविश्वास प्रस्ताव पेश किया। इस पर बहस चल ही रही थी कि जनता पार्टी के संसदीय बोर्ड ने मोरारजी देसाई को सदन के नेता पद से इस्तीफ़ा देने को कहा। अविश्वास प्रस्ताव पर बहस के दौरान सरकार का बचाव करने की पूरी कोशिश करने के बाद उद्योग मन्त्री जॉर्ज फर्नांडीस ने इस्तीफ़ा दे दिया। मोरारजी देसाई पर इस्तीफ़ा देने का दबाव बढ़ने लगा। इस तरह मोरारजी ने 27 जुलाई को पार्टी प्रमुख के पद से इस्तीफ़ा दे दिया। उनकी जगह जगजीवन राम को नियुक्त किया गया।

इन्दिरा जनता पार्टी को तिनका-तिनका बिखरते देखकर प्रसन्न हो रही थीं, और सत्ता में वापसी के क़रीब पहुँच रही थीं। संजय गांधी ने भी राज नारायण से बातचीत शुरू कर एक नया मोर्चा खोल दिया। 28 जुलाई को जब मोरारजी देसाई लोकसभा में विश्वास मत हार गये, कांग्रेस के इन्दिरा गुट ने चरण सिंह के नेतृत्व वाले गठबन्धन को बाहरी समर्थन दिया, जिसमें जनता पार्टी (सेक्युलर) और कांग्रेस (उर्स) शामिल थे–इस पार्टी का गठन हाल ही कर्नाटक के मुख्यमन्त्री देवराज उर्स ने किया था। वाईवी चव्हाण चरण सिंह की सरकार में उप प्रधानमन्त्री और गृह मन्त्री बने।

लेकिन इन्दिरा ने समर्थन के लिए एक अघोषित शर्त भी रख दी थी–बदले में चरण सिंह की उन पर और संजय पर मुक़दमा चलाने के लिए गठित विशेष अदालतों को भंग कर देने की। लेकिन विशेष न्यायालय अधिनियम को निरस्त करने के मसले पर चरण सिंह ढिलाई बरतते रहे। शायद इसलिए इन्दिरा ने इक्कीस दिनों के भीतर, 20 अगस्त को उनसे समर्थन वापस ले लिया।

चरण सिंह ने लोकसभा में विश्वास मत के दौरान हार की बदनामी झेलने की बजाय इस्तीफ़ा देना बेहतर समझा। जगजीवन राम ने आग्रह किया कि विपक्षी नेता के तौर पर वे अन्य दलों का समर्थन जुटा लेंगे, लेकिन राष्ट्रपति नीलम संजीव रेड्डी ने इस दलील को ख़ारिज कर दो दिन बाद लोकसभा भंग कर दी और चुनाव कराने का आदेश दे दिया। जनवरी 1980 में हुए सातवें आम चुनाव में इन्दिरा पूर्ण बहुमत के साथ सत्ता में वापस आ गयीं।

जेपी से उम्मीद का अन्तिम कतरा तक छीना जा चुका था। वे त्रासद मौत की ओर बढ़ रहे थे। उन्हें सबसे अधिक दुख यह था कि उनका बिगड़ता स्वास्थ्य उन्हें राजनीतिक कथानक को बदलने, यहाँ तक कि इसे चुनौती देने के लिए किसी क़दम को उठाने से भी रोक रहा है। 'तीर पर कैसे रुकूँ मैं, आज लहरों में निमन्त्रण' –वे बच्चन के अपने प्रिय छन्द की काव्यात्मक आभा में पनाह खोज रहे थे।

मेरे पिता ने उनकी मृत्यु से क़रीब एक महीने पहले सितम्बर 1979 में उन्हें आख़िरी बार देखा था। वे अपनी परछाईं भी नहीं रह गये थे। ऐसा लगता था कि उनके भीतर जीने की इच्छा ख़त्म हो गयी है। एक दिन जब वे गहरी पीड़ा के बीच डायलिसिस के लिए तैयार हो रहे थे, थोड़े विह्वल होकर उन्होंने फुसफुसाते हुए कहा था, "जीवित रहने के लिए मुझे आख़िर और क्या करना चाहिए।" उनकी आवाज़ मुश्किल से सुनाई दे रही थी। उनकी हालत बिगड़ती जा रही थी। उन्होंने अपने एक अन्य घनिष्ठ मित्र एसएम जोशी से कहा था : "मैं सोना चाहता हूँ और जो कुछ भी हुआ, उसे भूल जाना चाहता हूँ।"

उन दिनों उन्हें नींद नहीं आती थी। वे बिहार में भयंकर सूखे की स्थिति, असम्भव दिखाई देती असमानता और संघर्ष वाहिनी के सदस्यों पर बढ़ते हमलों को लेकर चिन्तित रहा करते थे। 7 अक्टूबर को उन्हें साँस लेने में तकलीफ़ हुई और उन्हें ऑक्सीजन दिया गया। उस दिन दोपहर को अच्युत पटवर्धन उनसे मिलने आये और उनकी तबीयत के बारे में पूछा, तो उन्होंने जवाब दिया, "बस मौत का इन्तज़ार कर रहा हूँ।"

8 अक्टूबर की सुबह छह बजे गुलाब उनके कमरे में आये, उन्होंने देखा कि जेपी नहीं रहे।

उनके अन्तिम घण्टों को याद करते हुए विभा ने मुझे बताया, "दिन में उन्हें बहुत बेचैनी थी। इसलिए निर्धारित समय से एक दिन पहले उन्हें डायलिसिस पर रखना पड़ा। इसके बाद वे थोड़े बेहतर दिखाई दे रहे थे, जिसने हमें झूठी आश्वस्ति दे दी। उस रात मैं हमेशा की तरह देर से, लगभग आधी रात को उनके कमरे से बाहर आयी। एक घण्टे बाद गुलाब ने मुझे जगाने के लिए मेरा दरवाज़ा खटखटाया और मुझे कमरे में वापस जाने के लिए कहा। मैंने दादा को एक धुँधलके में पाया। उनकी लौ बुझ रही थी। उनकी पत्नी की

अनुपस्थिति उनके ऊपर किसी अनन्त उपस्थिति की तरह छायी हुई थी। 'प्रभा अभी यहाँ थी,' उन्होंने फुसफुसाते हुए कहा। 'वह मुस्कुरायी और कुछ शब्द कहे...' मैंने उन्हें शान्त करने की कोशिश की, उनके कमज़ोर अंगों को सहलाया, थोड़ा गुनगुनाया, जब वे थोड़ा सहज और शान्त लगने लगे थे, तो कमरे से बाहर निकल आयी।"

जनता पार्टी के सभी प्रमुख नेता, राष्ट्रपति नीलम संजीव रेड्डी और इन्दिरा गांधी समेत अनेक हस्तियों ने पटना के श्रीकृष्ण मेमोरियल हॉल में रखे जेपी के पार्थिव शरीर पर पुष्पांजलि अर्पित की। जेपी का अन्तिम संस्कार हज़ारों युवा छात्रों और ग्रामीणों की उपस्थिति में गंगा के तट पर नौ अक्टूबर को हुआ। वे रात भर पैदल चलकर, बसों और ट्रेनों की छतों पर बैठकर पटना पहुँचे थे। गोसाईं परसा, पिपरहट्टा, सेखवाड़ा समेत बोधगया के तमाम गाँवों की दलित मुसहर स्त्रियाँ लम्बी क़तारों में खड़ी थीं।

शह्रयार ने लिखा है कि ज़िन्दगी तमाम उम्र का हिसाब माँगती है। जेपी ने अपना जीवन उनके लिए जिया था। मृत्यु के इस क्षण भी वे उनके लिए समर्पित थे। उस दिन जितने भी लोग गंगा के किनारे उनके अग्नि-संस्कार के लिए एकत्र हुए थे, उनमें से कइयों को 1974 की क्रान्ति ने नहीं छुआ था, लेकिन पुनर्निर्माण की उम्मीद में डूबे उस वर्ष ने उनकी अव्यक्त आकांक्षाओं को एक वजूद दे दिया था।

# आभार

यूटोपिया किसी परछाईं की तरह क्षितिज पर ठहरा रहता है। मैं दो क़दम आगे चलता हूँ, वह दो क़दम पीछे हट जाता है। मैं दस क़दम चलता हूँ, वह दस क़दम और दूर हो जाता है। मैं जितना भी चलूँ, कभी उस तक नहीं पहुँच पाता। तो फिर यूटोपिया का महत्त्व आख़िर क्या है? यह हमें चलने को, चलते रहने को प्रेरित करता है।

उरुग्वे के लेखक और पत्रकार एदुआर्दो गैलिआनो के ये शब्द मेरे कथानायक को चरितार्थ करते हैं। जयप्रकाश नारायण ने अपना जीवन यूटोपिया की तलाश में बिताया था। इस यात्रा में वे गांधी से मार्क्स तक गये और फिर मार्क्स से गांधी तक आये, बिना किसी को पूरी तरह त्यागे। उनके विचार निरन्तर गतिमान रहे, लेकिन इसी बेचैनी से एक नवीन और मौलिक राजनीतिक दर्शन की रचना सम्भव हुई, जो मार्क्सवाद, गांधीवाद और लोकतान्त्रिक समाजवाद के समन्वय से उपजा था।

उनकी विरासत को लेकर बहस आज भी जारी है। उनके कई निर्णय गलत साबित हुए। उनकी बेहिसाब मासूमियत ने इन निर्णयों को जन्म दिया था। लेकिन आप आज भी उनके विचारों की प्रासंगिकता को नहीं नकार सकते, ख़ासकर जब गलाकाट पूँजीवाद, ख़तरनाक ध्रुवीकरण और विषैले राष्ट्रवाद के साये पूरी दुनिया पर मंडरा रहे हैं।

मेरे पिता बिमल प्रसाद ने अपने अन्तिम दिनों में जेपी की जीवनी कलमबद्ध करने का स्वप्न देखा था। उनके निधन से पहले किया वादा मैंने निभाया। मेरी इस यात्रा के साथी थे मेरे पिता के नोट्स, जेपी के राजनीतिक चिंतन पर उनकी पुस्तकें, उनके द्वारा संपादित जेपी के चयनित लेखन के दस खण्ड, और मेरा अपना शोध।

इस परियोजना में नेहरू मेमोरियल म्यूज़ियम ऐंड लाइब्रेरी (अब प्रधानमन्त्री संग्रहालय एवं पुस्तकालय) ने मुझे पूरा सहयोग दिया।

मेरे पिता तत्कालीन प्रधानमन्त्री नरसिंह राव के आभारी थे, जिन्होंने जेपी स्मारक समिति की अध्यक्षता कर इस अभियान को सम्भव बनाया। वे सोनिया गांधी के भी कृतज्ञ थे, जिन्होंने उन्हें नेहरू पेपर्स और नेहरू–जेपी पत्राचार का उपयोग करने की अनुमति दी।

यह किताब पहले अंग्रेज़ी में लिखी गयी थी, 'द ड्रीम ऑफ़ रेवोलुशन'। पेंगुइन रैंडम हाउस की मिली ऐश्वर्य और उनकी टीम ने 2021 में इसे प्रकाशित किया था। इसका संवर्धित हिन्दी संस्करण तैयार करने का विचार पटना के ऐतिहासिक गांधी संग्रहालय में इसके लोकार्पण के समय आया। उस अवसर पर एकत्र हुए अनेक भद्रजनों में से कुछ ने 1974 के आन्दोलन में भाग लिया था। उन्होंने इसके हिन्दी संस्करण पर ज़ोर दिया। यह पुस्तक उन्हीं की प्रेरणा का फल है।

इस पुस्तक के हिन्दी अनुवाद के लिए मैं लेखक-पत्रकार आशुतोष भारद्वाज की बहुत आभारी हूँ। मैं रघु राय की भी आभारी हूँ, जिन्होंने बिहार आन्दोलन के निर्णायक क्षणों को थामती अपनी विलक्षण तस्वीरों के प्रयोग की अनुमति दी। साथ ही रज़ी अहमद तथा प्रोफ़ेसर आनन्द कुमार की, जिन्होंने अपनी स्मृतियाँ साझा की और हरेक क़दम पर मेरे साथ खड़े रहे।

प्रकाशक की मेरी खोज शुरू होने से पहले ही समाप्त हो गई, जब वाणी प्रकाशन की मेधावी कार्यकारी निर्देशक अदिति माहेश्वरी और उनके पिता, संस्थापक अरुण माहेश्वरी, ने मुझसे सम्पर्क किया। कनिष्का गुप्ता हमेशा की तरह उपस्थित थे, सभी बिन्दुओं को जोड़ने के लिए।

यह जीवनी मेरे पिता और प्यारी माँ को समर्पित है। मैं अपने तमाम मित्रों, भाई जयन्त और संजय, जीवन-साथी त्रिपुरारी, सन्तान विवान और मेघना, और भतीजी आस्था, जिसने आवरण-डिज़ाइन पर काम किया तथा अनिल–जिसने कई स्तरों पर मेरी सहायता की को धन्यवाद कहना चाहती हूँ। मेरे बेशुमार श्वान-बच्चों का भी धन्यवाद, ख़ासकर मेरे प्यारे ट्रॉट्स्की और तारा जिसकी उपस्थिति आज भी बनी हुई है।

# सन्दर्भ-सूची

## सिताबदियारा की गलियाँ और मैडिसन का मार्क्सवाद

1. For instance, Shambhu Sharan, a reputed lawyer; Anugraha Narain Sinha and Ram Charitra Singh, prominent Congress state-level ministers; and Ram Navmi Prasad, an ardent Gandhian. Shri Krishna Sinha, who went on to become the chief minister of Bihar, was also a temporary resident of the hostel.
2. He was given a generous but rationed amount of money for his expenses every day, a sum of three 'annas' (there being sixteen annas in a rupee then). He spent one anna on an 'ikka', a horse carriage, for commuting to his school, which was located at a distance of 3 miles from home, one anna on the return journey and the remaining anna on some delicacy during lunchbreak. Rambriksh Benipuri, Jayaprakash Narayan : Ek Jivan (Hindi), Kitab Ghar, New Delhi, 2005.
3. In the oral history recorded by the Nehru Memorial Museum and Library (NMML), Jayaprakash gave a different date. He said that the wedding took place at Prabhavati's ancestral village in Chhapra in June 1919.
4. Jayaprakash Narayan, 'From Socialism to Sarvodaya', in Bimal Prasad, ed., A Revolutionary's Quest : Selected Writings of Jayaprakash Narayan, Oxford University Press, New Delhi, 1980, p. 183.
5. Founded on 6 February 1921, with Rajendra Prasad as principal, Maulana Mazharul Haq and later Braj Kishore Prasad as its vice chancellor
6. Chauri Chaura, a town near Gorakhpur, witnessed a violent incident on 4 February 1922 when a mob set fire to a police chauki, killing around twenty-two policemen.

7. Jayaprakash could not recollect their full names (as per his reminiscences recorded by NMML's oral history project).
8. Jaiprakash Smriti Granth, p.312.
9. Jayaprakash Narayan, From Socialism to Sarvodaya, Akhil Bharat Sarva Seva Sangh Prakashan, Rajghat, Kashi, 1959, p. 10.
10. Ibid.
11. Ibid.
12. The application of sociology to the ends of social reform.
13. 'Cultural Variation : A Thesis Presented for the Degree of Master of Arts', Ohio State University, 1929, part of the Brahmanand Papers, NMML (Prof. Nageshwar Prasad obtained a copy of this thesis from Ohio in 1966).
14. From NMML's Oral History Series.
15. The texts of the testimonials are part of the Bimal Prasad papers at Rajendra Bhawan, Delhi. Cited also in Ajit Bhattacharjea, Jayaprakash Narayan : A Political Biography, Vikas Publishing House, 1975, p. 42.

## मार्क्सवाद से समाजवाद की ओर

1. Ajit Bhattacharjea, Jayaprakash Narayan : A Political Biography, Vikas Publishing House, 1975, p. 109.
2. Young India, 5 January 1928, cited in S. Gopal, Jawaharlal Nehru : A Biography, Vol. I, OUP, 1976, p. 112.
3. Chores were shared by all the ashram inmates: these included Gandhi's closest associates and confidantes such as Mahadev Desai, Narayan Khare, Narhari Parikh, Ramniklal Mehta, Chhaganlal Joshi, Pandit Sanadhya, Miraben and Abdul Kadir Bavazeer, popularly known as Imam Saheb, who lived there with his daughter Ameena, and many others including his nephew Maganlal. Maganlal played a vital role in the running of the ashram and died of typhoid in April 1928.
4. The Oral History Project of NMML, p. 141.
5. Gandhi to Prabhavati, 26 November 1928, Archive of Mahila Charkha Samiti, Patna.
6. Ibid., 27 November 1928.
7. Prabhavati, Ushakiran Khan, National Book Trust, 2011, p.72.
8. Ibid, p.76.
9. Gandhi to Prabhavati, 3 March 1936, cited in Asha Prasad, Kasturba, Kamala, Prabhavati, Vani Prakashan, New Delhi, 2003, p. 217.

10. Gandhi to Prabhavati, Wardha, 11 November 1939, cited in Asha Prasad, Kasturba, Kamala, Prabhavati, Vani Prakashan, New Delhi, 2003, p. 226.
11. Prabhavati, Usha Kiran Khan, National Book Trust, 2011, p.89.
12. Jayaprakash Smriti Granth, Jayaprakash Amrit Kosh, Deendayal Upadhyay Marg, New Delhi, 1982, p.325.
13. There is a certain ambiguity about the place where they met.
14. The Oral History Project, NMML, p. 75.
15. Cited in Bimal Prasad, ed., Jayaprakash Narayan : Selected Works, Vol. III, NMML, 2003, p. 41.
16. Gandhi papers (Gandhi National Museum, New Delhi). Original in Hindi, 11 January 1930.
17. 25 June 1933, cited in Asha Prasad, Kasturba, Kamala, Prabhavati, Vani Prakashan, New Delhi, 2003, p. 133.
18. 10 January 1934, cited in ibid., p. 126.
19. 30 April 1934, cited in ibid., p. 127.
20. The All India Trade Union Congress was established in 1920. Its chief objective was to cooperate with and coordinate the activities of all labour organizations in the country and to give a lead for extension of trade unionism in areas where it had not penetrated.
21. Letter to Gandhi, 24 February 1930, Gandhi Papers, Gandhi National Museum, New Delhi.
22. The Oral History Project of NMML, pp. 82–84.
23. Circular 14, Bombay, AICC Papers (NMML), 11 June 1932.
24. M.R. Masani Papers (NAI), 19 August 1945.
25. 'Life as a Socialist Agitator', abridged chapter from Minoo Masani's political memoir *Bliss Was It in That Dawn*, socialistpartyindia.blogspot.com/2017
26. Yusuf Meherally, Jayaprakash Narayan : Towards Struggle, Bombay, 1946, p. 7.

## कांग्रेस के समाजवादी वर्ष

1. Quoted by Minoo Masani, 'No Deviations, Right or Left', Congress Socialist, Vol. VI, 10 March 1935.
2. Resolutions on Economic Policy and Programme, 1924–54, AICC Papers (NMML).
3. John Patrick Haithcox, Communism and Nationalism in India : M.N. Roy and Comintern Policy, 1920-1939, OUP, 1971, p. 217–18.

4. Congress Leaders and their Policy, Nehru Papers (NMML), August 1934.
5. Statement on Congress Working Committee Resolution, 22 June 1934, cited in Bimal Prasad, ed., Jayaprakash Narayan : Selected Works, Vol. I, NMML, 2000, p. 64.
6. Bimal Prasad, ed., Jayaprakash Narayan : Selected Works, Vol. I, NMML, 2000, p. 68.
7. Ibid., p. 69
8. Jawaharlal Nehru, A Bunch of Old Letters, Bombay, Asia Publishing House, 1958, p. 118.
9. Gandhi to Nehru, Wardha, 17 August 1934, cited in Stanley Wolpert, Nehru : A Tryst with Destiny, OUP 1996, p. 172.
10. Gandhi to Patel, September 1934, cited in ibid., p. 173.
11. E.M.S. Namboodiripad, 'The Congress Socialist Party and the Communists', The Marxist, Vol. III, No. 4, October–December 1985.
12. John Patrick Haithcox, Communism and Nationalism in India : M.N. Roy and Comintern Policy, 1920-1939, OUP, 1971, pp. 230-31.
13. Cited in Bimal Prasad, ed., Jayaprakash Narayan : Selected Works, Vol. I, NMML, 2000, p. 142
14. Jayaprakash Narayan, 'Why Socialism?', All India Congress Socialist Party, 1936.
15. The entire text of Jayaprakash Narayan's Why Socialism?, published in January 1936, is available in Bimal Prasad, ed., Jayaprakash Naraya n: Selected Works, Vol. II, NMML, 2001, pp. 1–89.
16. Ibid.
17. Full text available in Appendix 2. Ibid.
18. 'Appeal to Support the Congress Socialist', Jayaprakash Papers (NMML), 25 January 1937
19. Lectures were delivered by Ram Manohar Lohia, Asoka Mehta, Minoo Masani, M.L. Dantwala and Yusuf Meherally.
20. Minoo Masani, Bliss Was it in that Dawn, Arnold-Heinemann, New Delhi, 1977, p. 89
21. Bhola Chatterji, Conflict in Jayaprakash's Politics, Ankur Published House, New Delhi, 1984, p. 17.
22. Ibid.
23. Tribune, 11 April 1938, cited in Bimal Prasad, ed., Jayaprakash Narayan : Selected Works, Vol. II, NMML, 2001, p. 212.

24. Sarvepalli Gopal, Jawaharlal Nehru : A Biography, Vol. I (1889-1947), OUP, 1976, p. 200.
25. Interview to press, 14 April 1936, cited in Bimal Prasad, ed., Jayaprakash Narayan: Selected Works, Vol. II, NMML, 2001, p. 106.
26. Sarvepalli Gopal, Jawaharlal Nehru : A Biography, Vol. I (1889-1947), OUP, 1976, p. 207.
27. R. Palme Dutt, India Today, Peoples Publishing House, 1949, p. 258.
28. 'Political Earthquake in Bihar', Congress Socialist, 6 February 1937.
29. Lecture on 'The Task Before Us', 30 January 1938 at the Socialist Study Centre, Patna, published in Searchlight, 3 February 1938, and Congress Socialist, 19 February 1937, cited in Bimal Prasad, ed., Jayaprakash Narayan : Selected Works, Vol. II, NMML, 2001, p. 153.
30. Notes on Faizpur Congress, Congress Socialist, 9 January 1937, cited in Bimal Prasad, ed., Jayaprakash Narayan : Selected Works, Vol. II, NMML, 2001, pp. 46–48.
31. Cited in Bimal Prasad, ed., Jayaprakash Narayan : Selected Works, Vol. II, NMML, 2001, p. 193.
32. Searchlight, 19 January 1938.
33. Ibid. p. 196.
34. Letter to Nehru, 23 November 1938, Jawaharlal Nehru Papers, NMML
35. Congress Socialist, 7 August 1937.
36. 'From Faizpur to Haripura', Congress Socialist, 19 February 1938.
37. 'Lessons of Haripura', Congress Socialist, 26 February 1938
38. 'A Haripura Diary', Congress Socialist, 12 March 1938.
39. 'Lessons of Haripura', Congress Socialist, 26 February 1938.
40. Prabhavati : Ek Nishkamp Deep, Usha Kiran Khan, p.87.
41. 'Victory of Rajaji over Gandhiji', M.R. Masani, Congress Socialist, 23 October 1938.
42. Bose's re-election stung Gandhi to the quick, so much so that he came out with the historic statement that the defeat of Subhas's rival was his own defeat. Pattabhi Sitaramayya, The History of the Indian National Congress, Vol. 2 (1935-1947), Padma Publication, Bombay 1947, p. 106.
43. Cited in Bimal Prasad, ed., Jayaprakash Narayan : Selected Works, Vol. III, NMML, 2003, pp. 26–28.

44. Charu Banerji, a Bengal socialist, in a letter dated 16 April 1939 to Jayaprakash available at the Nehru Memorial Museum and Library.
45. Ajit Jha, Some Aspects of Congress Politics : 1934-39, Department of History, University of Delhi, February 1997, p. 266.
46. Yusuf Meherally Papers Cited in Bimal Prasad, ed., Jayaprakash Narayan : Selected Works, Vol. III, NMML, 2003, p. 1.
47. 'The Fundamental Issues at Stake', 10 May 1940, Statement to the Press by Jawaharlal Nehru, Hindustan Times, Document No. 4, cited in K.N. Panikkar, ed., Towards Freedom : Documents on the Movement for Independence in India 1940, Part I, Indian Council of Historical Research, OUP, p. 6.
48. The Dutt–Bradley thesis, brought out by R. Palme Dutt and Ben Bradley, was published on 29 February 1936. Cited in Ajit Jha, Some Aspects of Congress Politics : 1934-39, Department of History, University of Delhi, February 1997, p. 244
49. Joint appeal by Jayaprakash and P.C. Joshi to celebrate Communist Party day, 19 March 1939, cited in Bimal Prasad, ed., Jayaprakash Narayan : Selected Works, Vol. II, NMML, 2001, p. 303
50. Ibid., p. 308.
51. Cited in Bhola Chatterji, Conflict in JP's Politics, Ankur Publishing House, 1984, p. 20.
52. 'War Circular No.2' of December 1939, cited in Bhola Chatterji, Conflict in JP's Politics, Ankur Publishing House, 1984. p. 21.
53. Madhu Limaye, Communist Party : Facts and Fiction, Chetna Prakashan, Hyderabad, 1951, pp. 48–49
54. Ibid., p. 38

## भूमिगत और सशस्त्र आन्दोलन का दौर

1. Statement in the court of the DC, Chaibasa, 15 March 1940. The statement ends with the following passage : 'If the people of Great Britain remove their present rulers and renounce imperialism with its capitalist parent, not only India but the freedom loving people of the whole world would exert themselves to see the defeat of Nazism and the victory of freedom and democracy. In the present circumstances, however, India has no alternative but to fight and end British imperialism. Only in that manner can it contribute to the peace and progress of the world.' Cited in Bimal Prasad, ed., Jayaprakash Narayan : Selected Works, Vol. III, NMML, 2003, pp. 46–47.

2. Harijan, 16 March 1940. Cited in Collected Works of Mahatma Gandhi, LXXI, New Delhi, 1978, p. 322.
3. S. Gopal, ed., Selected Works of Jawaharlal Nehru, New Delhi, 1971, p. 347.
4. Letter to Minoo Masani, 14 June 1940. Cited in Bimal Prasad, ed., Jayaprakash Narayan : Selected Works, Vol. III, NMML, 2003, p. 105.
5. He further wrote, 'Let us form a new revolutionary party out of the C.S.P., the Anushilan, the Forward Bloc, the Labour Party and other such groups or elements. A party based squarely on MarxismLeninism, independent of all other political organisations and parties. I think this is eminently possible if you only wish it. The C.S.P. may or may not be kept going merely as a cover and platform for the new party and particularly to function within the Congress as long as we consider it feasible to do so.' Undated letter from prison sent to Subhas Bose sometime in 1940 and preserved in the archives of Netaji Research Bureau, Calcutta. Cited in Bimal Prasad, ed., Jayaprakash Narayan : Selected Works, Vol. III, NMML, 2003, pp. 53–55.
6. The Hindu Mahasabha also welcomed the offer of dominion status as practicable, clear and definite. The Muslim League was opposed to the idea. Jinnah believed that it was unsuitable for a multireligious country like India and feared that it would result in the rule of the majority community.
7. Cited in Brahmanand Papers, NMML, p. 51.
8. He goes on to say, 'Some people get exercised over the question if we should leave or remain in the Congress. To me the question is of secondary importance. The main thing is that for us the Congress no longer remains as instrument for revolutionary action and therefore we must prepare an independent basis for such action. We may continue in the Congress as long as it serves any useful purpose. But we cannot continue to ask the masses to look to the Congress for their economic and political emancipation. To keep the masses tied up to the Congress is to do them the greatest disservice and to sabotage the revolutionary.' Cited in Bimal Prasad, ed., Jayaprakash Narayan : Selected Works, Vol. III, NMML, 2003, pp. 53–55.
9. Viceroy's Statement, 8 August 1940, Linlithgow Papers, NAI, Document No. 57, cited in K.N. Panikkar, ed., Towards Freedom : Documents on the Movement for Independence in India 1940, Indian Council for Historical Research, OUP, pp. 173–74.

10. The Revolutionary Socialist Party was founded by the heroes of the famous Chittagong armoury raid in 1938.
11. Letter to Minoo Masani, from M.R. Masani papers, National Archives, 4 January 1942.
12. Letter to Ganga Sharan Singh. Cited in Bimal Prasad, ed., Jayaprakash Narayan : Selected Works, Vol. III, NMML, 2003, p. 95.
13. Jaiprakash Smriti Granth, p.323.
14. Ibid, p.336.
15. Deoli Papers. cited in Bimal Prasad, ed., Jayaprakash Narayan : Selected Works, Vol. III, NMML, 2003, pp. 80–81.
16. Ibid.
17. Mahatma Gandhi's statement on the government's publication of Jayaprakash's Deoli letters cited in Collected Works of Mahatma Gandhi, Vol. III, LXXV (1941-42), Delhi, p. 34.
18. Ibid., p. 34.
19. Ibid., p. 35.
20. Letter addressed to Gandhi from Deoli Detention Camp, 28 October 1941.
21. Mahatma Gandhi to Jayaprakash Narayan (Telegram), 12 November 1941, cited in Appendix 21, Bimal Prasad, ed., Jayaprakash Narayan : Selected Works, Vol. III, NMML, 2003.
22. 'To All Fighters for Freedom', cited in Bimal Prasad, ed., Jayaprakash Narayan : Selected Works, Vol. III, NMML, 2003, p. 110.
23. Ibid., p. 111.
24. Ibid., p. 113.
25. Ibid., 1 September 1943, p. 119.
26. Ibid., p. 122.
27. Ibid., p. 122.
28. Ibid., p. 131.
29. Ibid., p. 135.
30. Ibid., p. 136.
31. He began by saying, 'I address you as one who loves America only next to his own motherland. I spent the best part of my youth in your great country and seven of my happiest years. I went there as a student and learnt much not only from its universities but also from its factories and farms where I worked as an ordinary labourer in order to pay my way through college. Having studied at California, Iowa and Wisconsin, I finally graduated from Ohio. There may be

men among you from these Universities. To such of you I send my fraternal greetings.' 'To American Officers and Soldiers in India', cited in Bimal Prasad, ed., Jayaprakash Narayan : Selected Works, Vol. III, NMML, 2003, pp. 138–44.

32. Vijaya Patwardhan, interview given to Naya Sangharsh, 11–12 October 1992, p. 90.
33. It was possible to track the brief but definitive period of Vijaya Patwardhan's life from her family archives with the help of Jayu Patwardhan, her niece-in-law.
34. Intelligence Bureau File No. 3/64/43 : Home Poll (I), cited in Partha Sarthi Gupta, ed., Towards Freedom, Documents on the Movement for Independence in India 1943-44, Part I, Indian Council for Historical Research, OUP, p. 64.
35. Intelligence Bureau : Extract from Bihar Special Branch Report dated 28 June 1943 cited in ibid., p. 93.
36. This letter was published with the following note by Jayaprakash under the title 'This was Lahore Fort', Inside Lahore Fort, Socialist Book Centre, Madras, 1959 : 'My "interrogation" had been completed by then. As I was at that time a State prisoner, the Home Secretary to the Provincial Govt. Mr. A.A. MacDonald used to visit me every month. He came to see me first in the middle of December 1943 when he told me that the Punjab C.I.D. had given me up as "hopeless". It was then that I had asked him for permission to make a written complaint to the Provincial Government. He said then that he would think over the matter. When he came again he told me that I had permission to write to the Government whenever I wanted. But there was a further delay of a couple of weeks. For in spite of the Home Secretary's orders, I was not provided with the necessary writing materials till the beginning of February. This letter was written to the Punjab Government early in February, 1944. There was no formal reply from the Government to my representation : only Mr. MacDonald informed me, when he came to see me next, that my letter was "sent up", as I had wished, and was "sent down" again.' Cited in Bimal Prasad, ed., Jayaprakash Narayan : Selected Works, Vol. III, NMML, 2003, pp. 145-48.
37. To Home Secretary, Government of Punjab, Lahore, February 1944, cited in Bimal Prasad, ed., Jayaprakash Narayan : Selected Works, Vol. III, NMML, 2003, p. 146.
38. Random Jottings, 'A Visitor Comes to My Cosmos', 25 October 1944, cited in Bimal Prasad, ed., Jayaprakash Narayan : Selected Works, Vol. III, NMML, 2003, p. 232.

39. Ibid.
40. Letter to Gandhi, 6 October 1945, cited in Bimal Prasad, ed., Jayaprakash Narayan : Selected Works, Vol. III, NMML, 2003, p. 275.
41. Random Jottings, 25 October 1944, cited in Bimal Prasad, ed., Jayaprakash Narayan : Selected Works, Vol. III, NMML, 2003, p. 233.
42. Most of them were brought out in a book form in 1947 by Sahityalaya, Patna, and have been incorporated in Bimal Prasad, ed., Jayaprakash Narayan : Selected Works, Vol. III, NMML, 2003, pp. 149–247.
43. Cited in Bimal Prasad, ed., Jayaprakash Narayan : Selected Works, Vol. III, NMML, 2003, p. 202.
44. Ibid., pp. 202–03.
45. Ibid., p. 156.
46. Ibid., p. 157.
47. This is the third petition Jayaprakash made to the Lahore High Court on 2 January 1945 (the texts of his two earlier petitions could not be found anywhere). JP's purpose in filing these petitions was to draw the court's attention to the brutalities to which political prisoners like him were subjected in the Lahore Fort so that those taken to that place after him could be saved from similar tortures. However, the concerned judge failed to take note of it and rejected the petition on the ground that the central government had informed the court that JP was soon to be transferred to an ordinary prison outside the Punjab (he was actually transferred to the Agra Central Jail the next day).
48. Anirban Mitra, 'Freedom on the Waves : The Indian Naval Mutiny, 70 Years Later', TheWire.in, 18 February 2016, thewire.in/history/freedom-on-the-waves-the-indian-naval-mutiny-70-years-later.

## कांग्रेस से मोहभंग

1. Cited in Bimal Prasad, ed., Jayaprakash Narayan : Selected Works, Vol. IV, NMML, 2003, p. 2.
2. Ibid.
3. Cited in Bimal Prasad, ed., Jayaprakash Narayan : Selected Works, Vol. IV, NMML, 2003, pp. 4–5.
4. Ibid., p. 20.
5. Ibid., p. 30.

6. 'To all Fighters for Freedom III', 28 July 1946, cited in Bimal Prasad, ed., Jayaprakash Narayan : Selected Works, Vol. IV, NMML, 2003, p. 33.
7. Interview to Press, 13 September 1946, cited in Bimal Prasad, ed., Jayaprakash Narayan : Selected Works, Vol. IV, NMML, 2003, p. 57.
8. Ibid.
9. Diary entry on 8 May 1944, Bhagalpur Jail, cited in Asha Prasad, Kasturba, Kamala, Prabhavati, Vani Prakashan, New Delhi, 2003, p. 175.
10. Diary entry on 12 April 1946, Bhagalpur Jail, cited in ibid., p. 181.
11. Gandhi's letter to Prabhavati, cited in ibid., p. 181.
12. Address to students at Patna, 8 November 1946, cited in Bimal Prasad, ed., Jayaprakash Narayan : Selected Works, Vol. IV, NMML, 2003, p. 71.
13. Cited in Bimal Prasad, ed., Jayaprakash Narayan: Selected Works, Vol. IV, NMML, 2003, p. 71.
14. Interview on 4 November 1946. Cited in Bimal Prasad, ed., Jayaprakash Narayan: Selected Works, Vol. IV, NMML, 2003, p. 72.
15. Statement on disturbances in Punjab, 21 March 1947, cited in Bimal Prasad, ed., Jayaprakash Narayan : Selected Works, Vol. IV, NMML, 2003, p. 118.
16. At this point, Ramanand Tiwary was heading the 'Inqualabi Sipahi Dal' (Revolutionary Policemen's Association), an organization formed in 1942 when he himself was a constable.
17. Sir H. Dow to Field Marshal Viscount Wavell, DO No. 299-G.B., 26 October 1946. Cited in Nicholas Mansergh, ed., The Transfer of Power 1942-47, Vol. VIII, OUP, 1979, p. 812.
18. Jayaprakash Smriti Granth, p.350.
19. An established writer before 1947, Saadat Hasan Manto was amongst the greatest chroniclers of Partition.
20. 'My picture of Socialism', 24 November 1946, cited in Bimal Prasad, ed., Jayaprakash Narayan : Selected Works, Vol. IV, NMML, 2003, p. 81.
21. Ibid., p. 86.
22. 'The Transition to Socialism', National Herald, 26 January 1947, cited in ibid., p. 110.
23. Ibid.
24. 'The Transition to Socialism', article in Janata, 26 January 1947, cited in ibid.

25. Interview with Muslim workers in Bombay, published in Janata, 9 February 1947, cited in ibid., p. 114.
26. Vallabhbhai Patel to Jayaprakash Narayan, 17 October 1946, cited in ibid.
27. From letter dated 23 October 1946, part of JP Papers, NMML.
28. Letter to Louis Fischer, 24 March 1947, JP Papers, NMML.
29. Address at Coimbatore District Textile Workers' Conference, 18 April 1947, cited in Bimal Prasad, ed., Jayaprakash Narayan : Selected Works, Vol. IV, NMML, 2003, p. 136.
30. Letter from Vallabhbhai Patel, Sardar Patel Correspondence, NAI.
31. Letter to Vallabhbhai Patel, 17 May 1947, from the Sardar Patel Collection, NAI.
32. Vallabhbhai Patel to Jayaprakash Narayan, 23 May 1947, Sardar Patel Correspondence, NAI.
33. Cited in Bimal Prasad, ed., Jayaprakash Narayan : Selected Works, Vol. IV, NMML, 2003, p. 153
34. Statement to Press regarding Sardar Patel's offer, 11 August 1947, cited in ibid., p. 177.
35. Jaiprakash Smriti Granth, p.358.
36. The full text of the statement is as follows : 'The assassin is not one person, not even a team of persons, but a big and wide conspiracy of a foul idea and of organisations that embody it. On Hindu Mahasabha, Rashtriya Swayamsevak Sangh and Muslim League and such like organisations rest the responsibility for this twofold crisis of the spirit and the State. In accordance with the approved norms of democracy, Government must formally resign in symbolic atonement of the evil deed, and, on reconstitution, the Home and Information Ministries must change. The Home Ministry must be entrusted to the care of a minister who will have no other portfolios to administer and who will be able and willing to curb and crush the organisations of communal hate.' Cited in ibid., p. 211.
37. Speech at a public meeting in Bombay, 28 February 1948, cited in ibid., p. 218.
38. Speech at a meeting of the AICC, adapted from National Herald, 22 February 1948, cited in ibid., p. 216.
39. Address at a public meeting in Patna, 31 October 1947, cited in ibid., p. 187.
40. Speech at a public meeting in New Delhi, 2 February 1948, cited in ibid., p. 210.
41. Letter to Nehru, 11 January 1948, JP Papers, NMML.

42. Appendix 18, Draft Constitution of Indian Republic by the Socialist Party, cited in Bimal Prasad ed., Jayaprakash Narayan : Selected Works, Vol. IV, NMML, 2003.
43. Cited in Bimal Prasad, ed., Jayaprakash Narayan : Selected Works, Vol. IX, NMML, 2008, pp. 203–04.
44. Rakesh Ankit, 'Jayaprakash Narayan, Indian National Congress and Party Politics, 1934-1954', Studies in Indian Politics 3(2): 149–63, Sage Publications, p. 157.
45. Annual Report of the General Secretary, Socialist Party Conference (Organisational), Nasik, 19–21 March 1948, cited in Bimal Prasad, ed., Jayaprakash Narayan : Selected Works, Vol. IV, NMML, 2003, Appendix 23.
46. Ajit Bhattacharjea, Jayaprakash Narayan : A Political Biography, Vikas Publishing House, 1975, p. 99.

## नयी विभाजन रेखाएँ

1. Ajit Bhattacharjea, Jayaprakash Narayan : A Political Biography, Vikas Publishing House, 1975, p. 98.
2. Annual Report of the General Secretary, Nasik, 19 March 1948, cited in Bimal Prasad, ed., Jayaprakash Narayan : Selected Works, Vol. IV, NMML, 2003, p. 229.
3. Letter to Nehru, 27 March 1948, Brahmanand Papers, NMML.
4. Sarvepalli Gopal, Jawaharlal Nehru : A Biography, Vol. II, Jonathan Cape Ltd, 1984, p. 67.
5. Ibid.
6. Nehru quoted by Louis Fischer in Sarvepalli Gopal, Jawaharlal Nehru : A Biography, Vol. II, Jonathan Cape Ltd, 1984, p. 66.
7. Nehru to Jayaprakash, 19 August 1948, Sarvepalli Gopal, Jawaharlal Nehru : A Biography, Vol. II, Jonathan Cape Ltd, 1984, p. 67.
8. Bimal Prasad, ed., Jayaprakash Narayan : Selected Works, Vol. V, NMML, 2005, pp. 37–38.
9. 'Towards Fascism', Janata, 4 July 1948. Cited in Bimal Prasad, ed., Jayaprakash Narayan : Selected Works, Vol. V, NMML, 2005, p. 39.
10. 'Lessons from the UP Elections', 11 July 1948, Bimal Prasad, ed., Jayaprakash Narayan : Selected Works, Vol. V, NMML, 2005, p. 43.
11. The full text of the report was published as a pamphlet under the title 'Democratic Socialism, the Ideal and the Method'. Bimal Prasad, ed., Jayaprakash Narayan : Selected Works, Vol. V, NMML, 2005, pp. 416–40.

12. For full text, see Appendix 26, Bimal Prasad, ed., Jayaprakash Narayan : Selected Works, Vol. V, NMML, 2005, pp. 505–17.
13. Debate on the General Secretary's Report, 9 July 1950, Bimal Prasad, ed., Jayaprakash Narayan : Selected Works, Vol. V, NMML, 2005, p. 497.
14. Ibid., p. 492.
15. Ibid., p. 493.
16. Ibid., p. 494.
17. Ibid., pp. 492–503.
18. On the demise of Yusuf Meherally, Bombay, 3 July 1950, JP Papers, NMML.
19. Ajit Bhattacharjea, Jayaprakash Narayan : A Political Biography, Vikas Publishing House, 1975, p. 104.
20. Kamaladevi Chattopadhyay, Inner Recesses Outer Spaces, Navrang, New Delhi, 1986, p. 286.
21. Jaiprakash Smriti Granth, p.359.
22. Letter to Nehru, 10 December 1948, Brahmanand Papers, NMML.
23. JP Papers, NMML.
24. Bimal Prasad, ed., Jayaprakash Narayan : Selected Works, Vol. V, NMML, 2005, p. 51.
25. Letter to Nehru, 10 December 1948, Brahmanand Papers, NMML.
26. Ibid
27. Ibid
28. Statement to the press, Patna, 26 May 1949, Bimal Prasad, ed., Jayaprakash Narayan : Selected Works, Vol. V, 2005, p. 226.
29. Letter to Patel, 19 August 1950, Brahmanand Papers, NMML.
30. Letter to Nehru, 18 October 1950, Sarvepalli Gopal, Jawaharlal Nehru : A Biography, Vol. II, Jonathan Cape Ltd, 1979, p. 68.
31. Nehru to Patel, 30 June 1949, Ajit Bhattacharjea, Jayaprakash Narayan : A Political Biography, Vikas Publishing House, 1975, p. 68.
32. Letter to Aruna Asaf Ali, 6 August 1949, JP Papers, NMML.
33. Address to students of Lucknow University, 16 December 1948, Bimal Prasad, ed., Jayaprakash Narayan : Selected Works, Vol. V, NMML, 2005, p. 125.
34. Speech at public meeting in Patna, 29 March 1950, Bimal Prasad, ed., Jayaprakash Narayan : Selected Works, Vol. V, 2005, p. 361.
35. Sarvepalli Gopal, Jawaharlal Nehru : A Biography, Vol. II, Jonathan Cape Ltd, 1979, p. 162.

36. Address at an election meeting in Jalandhar, 20 December 1951, Bimal Prasad, ed., Jayaprakash Narayan : Selected Works, Vol. VI, NMML, 2005, p. 206.
37. Intervention in the debate on the General Secretary's Report at the Pachmarhi Convention, 24 May 1952, Bimal Prasad, ed., Jayaprakash Narayan : Selected Works, Vol. VI, NMML, 2005, p. 226.
38. Lohia's Presidential Address at the Pachmarhi Convention, 23 May 1952, Appendix 21, Bimal Prasad, ed., Jayaprakash Narayan : Selected Works, Vol. VI, NMML, 2005, pp. 469–502.
39. Ibid.
40. Ibid., p. 234.
41. To Nehru, 25 May 1952, JP Papers, NMML.
42. From Nehru, 27 May 1952, Brahmanand Papers, NMML.
43. Jayaprakash felt that he had let down post and telegraph workers by conveying government assurances, which had not been fulfilled. The idea of a self-purification fast had emerged with the breakdown of the negotiations with the communication minister, Rafi Ahmad Kidwai.
44. Jayaprakash fasted at Dr Dinshaw Mehta's Nature Cure Clinic in Pune.
45. Letter from Nehru, 8 July 1952, Brahmanand Papers, NMML.
46. Letter from Nehru, 12 July 1952, Brahmanand Papers, NMML.
47. Letter from Nehru, 12 July 1952, Brahmanand Papers, NMML.
48. Ibid.
49. 'Aphrodisiacs vs. Real Vitality, Plain-speaking to the Comrades', 10 August 1952, Bimal Prasad, ed., Jayaprakash Narayan : Selected Works, Vol. VI, NMML, 2005, p. 261.
50. 'Aphrodisiacs vs. Real Vitality, Plain-speaking to the Comrades', 10 August 1952, Bimal Prasad, ed., Jayaprakash Narayan : Selected Works, Vol. VI, NMML, 2005, p. 261.
51. 'Incentives for Goodness', 12 October 1952, cited in Bimal Prasad, ed., Jayaprakash Narayan : Selected Works, Vol. VI, NMML, 2005, p. 282.
52. Jayaprakash Smriti Granth, p.370.
53. 'The Ideological Problems of Socialism', Rangoon, 7 January 1953. Bimal Prasad, A Revolutionary's Quest : Selected Writings of Jayaprakash Narayan, New Delhi, 1980, pp. 158–72.
54. Ibid.
55. Letter to Nehru, 4 March 1953, JP Papers, NMML.

56. Sarvepalli Gopal, Jawaharlal Nehru : A Biography, Vol. II, Jonathan Cape Ltd, 1979, p. 200.
57. To Nehru, 4 March 1953, JP Papers, NMML.
58. Ibid.
59. From Nehru, 17 March 1953, Brahmanand Papers, NMML.
60. Ibid.
61. Press conference related to talks with Nehru, 18 March 1953, New Delhi, cited in Bimal Prasad, ed., Jayaprakash Narayan : Selected Works, Vol. VI, NMML, 2005, p. 328.
62. Intervention in the debate on the General Secretary's Report, Betul, 16 June 1953, cited in Bimal Prasad, ed., Jayaprakash Narayan : Selected Works, Vol. VI, NMML, 2005, p. 345.
63. Ajit Bhattacharjea, Jayaprakash Narayan : A Political Biography, Vikas Publishing House, 1975, p. 118.
64. Jayaprakash Smriti Granth, p. 374.

## अहिंसात्मक क्रान्ति के लिए जीवनदान

1. Janata, 27 June 1954, cited in Bimal Prasad, ed., Jayaprakash Narayan : Selected Works, Vol. VII, 2007, NMML, p. 16.
2. Meri Vichar Yatra-II, Jayprakash Narain, Sarvseva Sangh, Rajghat, Varanasi, 2012, p.8.
3. Meri Vichar Yatra-I, Jayprakash Narain, Sarvseva Sangh, Rajghat, Varanasi, 2016, p.31.
4. Jaiprakash Smriti Granth, p.375.
5. Speech at the Bhoodan Workers Training Camp, Mokamah, 21 November 1953, cited in Bimal Prasad, ed., Jayaprakash Narayan : Selected Works, Vol. VII, NMML, 2007, p. 384.
6. Meri Vichar Yatra-I, p.31.
7. Asha Prasad, Kasturba, Kamala, Prabhavati, Vani Prakashan, 2003, p. 229.
8. Address to PSP workers, Bombay, 15 May 1954, Brahmanand Papers, NMML.
9. Jaiprakash Smriti Granth, p.379-380.
10. Interview given to Press Trust of India, Bombay, 16 November 1954, cited in Bimal Prasad, ed., Jayaprakash Narayan : Selected Works, Vol. VII, 2007, p. 41.
11. Jayaprakash asked every Sarvodaya worker to take the Jeevandan pledge approved by Vinoba Bhave. The pledge included the

spinning and wearing of khadi and using articles produced by village industries.

12. Letter to Rajendra Prasad, 28 June 1955, JP Papers (NMML).
13. Letter from J.R.D. Tata, 11 December 1954, JP Papers (NMML).
14. Letter to J.R.D. Tata, 24 December 1954, JP Papers (NMML).
15. Their reactions were mentioned in Minoo Masani's letter to Jayaprakash on 11 December 1954, part of JP Papers at NMML.
16. Allan and Wendy Scarfe returned to India in December 1971 to work on a biography of Jayaprakash Narayan. Their biography, published in 1975, had details of Jayaprakash's life till 1973. In 1997, their personal reminiscences came out in the form of another book, Remembering Jayaprakash.
17. Meri Vichar Yatra-II, p.9.
18. From Nehru, 5 September 1955, Rajendra Prasad Papers (NAI).
19. Letter to Nehru, 20 February 1956, Nehru Papers, Files at Home (NMML).
20. Letter to Morarji Desai, 29 March 1956, JP Papers (NMML).
21. Letter to Nehru, 1 May 1956, Nehru Papers, Files at Home (NMML).
22. Letter from Nehru, 3 May 1956, JP Papers (NMML).
23. Ibid.
24. Published as a pamphlet and in several newspapers and political journals. Cited in Bimal Prasad, ed., Jayaprakash Narayan : Selected Works, Vol. VII, 2007, NMML, p. 141.
25. Speech in Bombay, 11 November 1956, cited in Bimal Prasad, ed., Jayaprakash Narayan : Selected Works, Vol. VII, 2007, NMML, p. 151.
26. Sarvepalli Gopal, Jawaharlal Nehru : A Biography, Vol. II, Jonathan Cape Ltd, 1979, p. 292.
27. Gerald Priestland, 20 November 1956, cited in Sarvepalli Gopal, Jawaharlal Nehru : A Biography, Jonathan Cape Ltd, 1979, p. 296
28. Statement to the press, 23 January 1961, JP Papers (NMML).
29. Speech at Tibet Convention, 9 March 1959, JP Papers (NMML).
30. Press statement, Patna, 3 February 1957, cited in Bimal Prasad, ed., Jayaprakash Narayan : Selected Works, Vol. VII, 2007, NMML, p. 163.
31. From Nehru, 3 April 1957, Brahmanand Papers (NMML).
32. 31 July 1957, Nehru Papers, Files at Home (NMML).
33. From Nehru, 3 April 1957, Brahmanand Papers (NMML).
34. To Nehru, 14 July 1957, Brahmanand Papers (NMML).
35. From Nehru, 18 July 1957, Brahmanand Papers (NMML).

36. To Nehru, 27 October 1957, JN Papers, Files at Home (NMML).
37. From Nehru, 30 October 1957, Brahmanand Papers (NMML).
38. Comments on the possibility of a single socialist party, Lucknow, 15 July 1957, cited in Bimal Prasad, ed., Jayaprakash Narayan : Selected Works, Vol. VII, 2007, NMML, p. 186.
39. To Ganga Sharan Sinha, 25 July 1957, Brahmanand Papers (NMML).
40. Letter to Achyut Patwardhan, 22 August 1957, JP Papers (NMML).
41. From 'Socialism to Sarvodaya', 25 October 1957, cited in Bimal Prasad, ed., Jayaprakash Narayan : Selected Works, Vol. VII, 2007, NMML, pp. 227, 254.
42. Meri Vichar Yatra-I, p.25.
43. 'A Plea for Reconstruction of Indian Polity', 30 September 1959, cited in Bimal Prasad, ed., Jayaprakash Narayan : Selected Works, Vol. VII, 2007, NMML, pp. 434–99.
44. Bimal Prasad, ed., A Revolutionary's Quest, Oxford University Press, 1980, p. x1v.
45. Address to MPs, 23 September 1958, JP Papers (NMML).
46. Speaking at a public lecture delivered at the Indian Institute of Public Administration, New Delhi, on 26 July 1961, Jayaprakash commented, 'Powers are being given and it is being said that self-governing institutions are being created at three levels within certain spheres. But when you come to look at the resources that are being placed at their disposal, you find that they are entirely dependent on the State Government.' Cited in Bimal Prasad, ed., Jayaprakash Narayan : Selected Works, Vol. VII, 2007, NMML, p. 162.
47. 'Swaraj for the People', Varanasi, 15 March 1961, Bimal Prasad, ed., Jayaprakash Narayan : Selected Works, Vol. VIII, 2007, pp. 81–110.
48. Mentioned in the convocation address at the University of Mysore, 29 November 1965, cited in Bimal Prasad, ed., Jayaprakash Narayan: Selected Works, Vol. VIII, 2007, NMML, p. 580.
49. Reproduced in The Hindu, 10 June 1958, cited at Appendix 50, Bimal Prasad, ed., Jayaprakash Narayan : Selected Works, Vol. VII, 2007, NMML, pp. 633–37.
50. In an address to the Sarva Seva Sangh, Patna, 9 April 1962, cited in Bimal Prasad, ed., Jayaprakash Narayan : Selected Works, Vol. VIII, 2007, NMML, p. 232.
51. Address to members of Parliament, 23 September 1958, JP Papers (NMML).

52. 'Violence against Muslim Citizens : A Denial of Nation God and Man', New Delhi, 26 March 1964, JP Papers (NMML).
53. 14 April 1964, J.J. Singh Papers (NMML).
54. Press interview, New Delhi, 29 October 1969, cited in Bimal Prasad, ed., Jayaprakash Narayan : Selected Works, Vol. IX, 2007, NMML, 2008, p. 476.
55. 'The Need to Re-think', 11 May 1964; published in Hindustan Times on 15 May 1964, JP Papers (NMML).
56. Ibid.
57. Issuing a strong statement, Jayaprakash had said, 'It seems to me that after such a national tragedy the least that the Indian Government could do was to institute a proper and impartial enquiry into the whole affair. In the meanwhile it does not seem proper for the Prime Minister to pronounce judgement on such a controversial subject and to attempt to whitewash the guilt of those who seem to deserve severe punishment.' Lucknow, July 1953, cited in Bimal Prasad, ed., Jayaprakash Narayan : Selected Works, Vol. V, 2005, NMML, p. 361.
58. Balraj Puri, 'JP's role in Jammu and Kashmir', 26th JP Memorial Lecture, 23 March 2006.
59. Sarvepalli Gopal, Jawaharlal Nehru : A Biography, Vol. III, Jonathan Cape Ltd, 1984, p. 263.
60. The demand for arrest came from the president of the UP Congress, A.P. Jain. Reacting cryptically to his remarks, Jayaprakash said, 'Personally I would welcome that as an opportunity to snatch some rest and do some reading. But the crucial point to ponder is : If a person of Shri Jain's position throws about threats in this manner, can it be surprising that irate young men should go about muttering assassination.' 'The Need to Re-think', 11 May 1964, JP Papers (NMML). Twenty-seven Congress MPs also issued a statement asserting the primacy of law over moral and human values.
61. Speech in Poona, 22 August 1964, cited in Bimal Prasad, ed., Jayaprakash Narayan : Selected Works, Vol. VIII, 2007, p. 464.
62. Statement on behalf of India–Pakistan Conciliation Group issued to Indian Express, 13 September 1964, cited in Bimal Prasad, ed., Jayaprakash Narayan : Selected Works, Vol. VIII, 2007, p. 470.
63. Letter to Lal Bahadur Shastri, 11 June 1965, JP Papers (NMML).
64. Even though Jayaprakash believed that it was possible for India and Pakistan to live as friends, he was circumspect enough to say that if Pakistan wanted war with India because of being denied a hand in the Kashmir issue, conciliation would have to wait. Patna, 17 September 1965, JP Papers (NMML).

65. Balraj Puri, 'JP's role in Jammu and Kashmir', 26th JP Memorial Lecture, 23 March 2006.
66. To Indira Gandhi, 23 June 1966, JP Papers (NMML).
67. 'Need for Settlement in Kashmir', Srinagar, 10 October 1968, JP Papers (NMML).
68. Speaking on the right of self-determination, Jayaprakash said that it was not an unlimited right and that if it were to be enforced indiscriminately, very few of the modern nations would remain intact; 12 August 1966, Kohima, JP Papers (NMML).
69. Saying that the military intervention had cost India international regard and tarnished India's image as a peace-loving country, Jayaprakash said, 'As a member of the UN, we were committed not to use armed force against another member, and we broke that commitment in a manner that came as a shock.' Convocation Address at the University of Mysore, 29 November 1965, cited in Bimal Prasad, ed., Jayaprakash Narayan : Selected Works, Vol. VIII, 2007, p. 582.
70. Jayaprakash Smriti Granth, p.29.
71. From Gopal Krishna Gandhi, 16 September 1964, Brahmanand Papers (NMML).
72. To Gopal Krishna Gandhi, 28 October 1964, JP Papers (NMML).
73. 'A Plea for Settling India–China Dispute through Arbitration', Bombay, 7 March 1962, cited in Bimal Prasad, ed., Jayaprakash Narayan : Selected Works, Vol. VIII, NMML, 2007, p. 226.
74. Nehru's comments, New Delhi, 22 March 1962, cited in Bimal Prasad, ed., Jayaprakash Narayan: Selected Works, Vol. VIII, NMML, 2007.
75. 'India's Policy of Appeasement', Patna, 26 October 1962, cited in Bimal Prasad, ed., Jayaprakash Narayan : Selected Works, Vol. VIII, NMML, 2007, p. 263.
76. Jayaprakash's reference was to the 1954 treaty between China and India proclaiming Tibet as a region of China.
77. Statement issued at Patna on 21 May 1963, cited in Bimal Prasad, ed., Jayaprakash Narayan : Selected Works, Vol. VIII, 2007, p. 294.
78. Letter from Bhutto, 11 June 1963, JP Papers (NMML).
79. Convocation Address at the University of Mysore, 29 November 1965, cited in Bimal Prasad, ed., Jayaprakash Narayan : Selected Works, Vol. VIII, 2007, p. 578.

80. 'Reconvene Nepalese Parliament', Patna, 12 February 1961, cited in Bimal Prasad, ed., Jayaprakash Narayan : Selected Works, Vol. VIII, NMML, 2007, p. 78.
81. Asha Prasad, Kasturba, Kamala, Prabhavati, Vani Prakashan, 2003, p. 193.
82. Ibid.
83. Ibid.
84. Tribute to Nehru, Calcutta, 27 May 1964, cited in Bimal Prasad, ed., Jayaprakash Narayan : Selected Works, Vol. VIII, NMML, 2007, p. 405.
85. From Indira Gandhi, 12 June 1964, JP Papers (NMML).
86. Offering Indira his warmest congratulations, Jayaprakash wrote, 'You have taken on a tremendous burden, and my heart goes out to you in this hour of trial and anxiety. In Bhai, you had an unequalled preceptor, and Lal Bahadurji by this success both in war and peace has lightened somewhat the heavy burden.' Cited in Bimal Prasad, ed., Jayaprakash Narayan : Selected Works, Vol. VIII, NMML, 2007, p. 601.
87. Homage to Lohia, New Delhi, 12 October 1967, cited in Bimal Prasad, ed., Jayaprakash Narayan : Selected Works, Vol. IX, NMML, 2008, p. 180.
88. Calling for review of the use of DIR on 29 August 1965, Jayaprakash said, 'If this policy is not given up, I am afraid it will do much harm to the democratic institutions of the country.' Cited in Bimal Prasad, ed., Jayaprakash Narayan : Selected Works, Vol. VIII, NMML, 2007, p. 563.
89. Letter to J.J. Singh, 6 March 1964, JP Papers (NMML).

## नक्सल आन्दोलन के अशान्त वर्ष

1. Ramchandra Guha, India After Gandhi : The History of the World's Largest Democracy, Picador, 2007, p. 418. Translated, this reads : 'Give up smoking bidis, give your vote to the Jana Sangh, the bidi contains tobacco, Congressmen are bandits.'
2. A few of these statistics come from Ankit Mittal's analysis in the Mint, 24 January 2016, in an article titled 'India and Liberalization : There was a 1966 before 1991'.
3. Reported in the Times of India, 13 June 1966.
4. Jairam Ramesh in discussion with Elizabeth Roche on his book Intertwined Lives : P.N. Haksar and Indira Gandhi, Mint, 16 June 2018.

5. From Indira, New Delhi, 6 July 1996, JP Papers (NMML).
6. Cited in Bimal Prasad, ed., Jayaprakash Narayan : Selected Works, Vol. IX, Manohar, 2008, p. 60.
7. To Indira, Sitabdiara, 21 November 1967, JP Papers (NMML).
8. From Indira, New Delhi, 25 November 1967, JP Papers (NMML).
9. Paul R. Brass, 'The Political Uses of Crisis : The Bihar Famine of 1966-67', The Journal of Asian Studies, Vol. 45, No. 2 (Feb 1986), pp. 245–67.
10. 'Ranchi Riots : Some Serious Questions', 18 September 1967, cited in Bimal Prasad, ed., Jayaprakash Narayan : Selected Works, Vol. IX, Manohar, 2008, p. 171.
11. Ibid.
12. Ibid., p. 175.
13. Presidential Address at the Eleventh National Convention against Communalism, New Delhi, 28 December 1968, JP Papers (NMML.
14. Megha Kumar, Communalism and Sexual Violence in India: the Politics of Gender, Ethnicity and Conflict, I.B. Tauris & Co. Ltd, 2016..
15 Bimal Prasad, ed., Jayaprakash Narayan : Selected Works, Vol. IX, Manohar, 2008, p. 472.
16. To Frank Moraes, New Delhi, 19 September 1972, JP Papers (NMML).
17. Princeton, 2 April 1968, JP Papers (NMML).
18. Allan and Wendy Scarfe, J.P. : His Biography, Orient Blackswan, 1998, p. 207.
19. Bimal Prasad, ed., Jayaprakash Narayan : Selected Works, Vol. IX, Manohar, 2008, p. 802.
20. 'Thoughts on Gandhi Centenary', talk delivered on All India Radio, 1 October 1968, JP Papers (NMML).
21. This song was recorded in 1971. The relevant portion of the lyrics go : 'You may say I'm a dreamer, But I'm not the only one, I hope some day you'll join us, And the world will be as one.'
22. Voluntary Action, Volume 2, July–August 1969, pp. 3–9.
23. Ibid.
24. 'Face to Face', Musahari, 5 November 1970, cited in Bimal Prasad, ed., Jayaprakash Narayan : Selected Works, Vol. IX, Manohar, 2008, p. 566.
25. Protest against Security Arrangements, Musahari, 20 June 1970.
26. 'Current Agrarian Situation in Bihar', Asian Development Research Institute, Bihar, 2008, p. 58

27. Ibid., p. 57.
28. Press Statement, Musahari, 23 December 1970, JP Papers (NMML).
29. Address to the National Conference of Voluntary Agencies, New Delhi, 8 June 1969, JP Papers (NMML).
30. 'Face to Face', Musahari, 5 November 1970, cited in Bimal Prasad, ed., Jayaprakash Narayan : Selected Works, Vol. IX, Manohar, 2008, p. 572.
31. Gair majurwa is cultivable land for which the government holds the title. Literally, it is land without a deed, i.e., land that does not have legal papers to prove an individual's ownership of it.
32. 'The Land Grabbers', Patna, 4 August 1970, JP Papers (NMML).
33. Ibid.
34. From Indira Gandhi, New Delhi, 9 December 1970, JP Papers (NMML).
35. To Indira, Sitabdiara, 13 March 1971, JP Papers (NMML). Original in Hindi.
36. From Indira, New Delhi, 14 April 1971, JP Papers (NMML). Original in Hindi.
37. Bimal Prasad, ed., Jayaprakash Narayan : Selected Works, Vol. IX, Manohar, 2008, p. 145.
38. Report of the Study Team on Jammu and Kashmir, 15 July 1968, Appendix 62, Bimal Prasad, ed., Jayaprakash Narayan : Selected Works, Vol. IX, Manohar, 2008.
39. Description given by Balraj Puri in 'Jayaprakash Narayan's role in Jammu and Kashmir', 26th JP Memorial lecture, 23 March 2006, organized by the PUCL.
40. Ibid.
41. Ibid.
42. 'Democracy Needs Fair and Free Elections', Patna, 26 January 1972, JP Papers (NMML).
43. Letter to Indira, Sitabdiara, 26 March 1971, JP Papers, NMML.
44. Press Statement II, Sitabdiara, 27 March 1971, JP Papers, NMML.
45. Press Statement, New Delhi, 28 July 1971, JP Papers, NMML.
46. 'Bangladesh : My Mission Overseas', Press Statement, New Delhi, 29 June 1971, JP Papers, NMML.
47. Article published in the Indian Express, 28 October 1971.
48. Jonathan Kandell, New York Times, 7 November 1971.
49. 'Recognition of Bangladesh', Statement to Press, Patna, 6 December 1971, JP Papers, NMML.

50. JP Narain, Meri Vichar Yatra, (ed) Kanti Bhai Shah, Sarv Seva Sangh, 2012, Varanasi, p.1.
51. Ibid., p.2.
52. Interview with Minoo Masani, Illustrated Weekly of India, 11 June 1972.
53. Sudipta Kaviraj, Trajectories of the Indian State : Politics and Ideas, Permanent Black, 2010, p. 130.
54. Bhola Chatterji, Conflict in JP's Politics, Ankur, 1984, p. 237.
55. Ibid.
56. 'Elections in Kashmir', Patna, 12 February 1972, JP Papers (NMML).
57. Bipan Chandra, In the Name of Democracy, Penguin Books, 2003, p. 22.
58. 'Prospects of Democracy in India : A Hopeless Situation', August 1972, JP Papers (NMML).
59. At this point the president of the right-wing Swatantra Party.
60. Statement to the press, New Delhi, 15 May 1973, quoted in Bimal Prasad, ed., Jayaprakash Narayan : Selected Works, Vol. X, Manohar, 2009, p. 114.
61. Ibid.
62. Ibid., p. 112.
63. From Indira, New Delhi, 9 June 1973, JP Papers, NMML.
64. 'First Things First', 28 July 1973 cited in Bimal Prasad, ed., Jayaprakash Narayan : Selected Works, Vol. X, Manohar, 2009, p. 140.
65. 'How to Check the Canker of Corruption', 1 September 1973, Everyman's, Vol. I, No. 9, p. 7.
66. Letter to Indira, Patna, 24 April 1973, JP Papers, NMML.
67. Jayaprakash (Smriti Granth), (ed.) Narayan Desai & Kanti Shah, Translated by Kashinath Trivedi, Jayaprakash Amrit Kosh, New Delhi, 1982, p.444.
68. Ibid.

## स्याह समय में उम्मीद की किरण

1. Khushwant Singh, 'A New Wave from the Old India', New York Times, 30 March 1975.
2. Address to students at Kanpur, 3 February 1974, JP Papers, NMML.
3. 'Youth for Democracy', Paunar (Wardha), 9 December 1973, JP Papers, NMML.

4. Jayprakash (Smriti Granth), Jaiprakash Amrit Kosh, New Delhi, 1982, p.453.
5. Letter from Indira, New Delhi, 27 February 1974, JP Papers, NMML.
6. Letter to Indira, New Delhi, 28 February 1974, JP Papers, NMML.
7. Meri Vichar Yatra-II, Sarvseva Sangh, Rajghat, Varanasi, 2012, p.22.
8. 'Happenings at Patna', Patna, 18 March 1974, JP Papers, NMML.
9. Lalan Tiwari, Democracy and Dissent : A Case Study of the Bihar Movement, 1974–75, Mittal Publications, 1987, p. 28.
10. Statement to Press, 30 March 1974, JP Papers, NMML.
11. Lalan Tiwari, Democracy and Dissent : A Case Study of the Bihar Movement, 1974–75, Mittal Publications, 1987, p. 28.
12. The specific date was 6 April. The president of the Patna University Students' Union and some other student leaders met Jayaprakash and requested him to assume leadership of the movement.
13. Jayaprakash made the comparison of the Bihar struggle with the Bardoli struggle while inaugurating the All India Youth Conference at Allahabad on 23 June 1974.
14. The date was 6 April 1974. The president of the Patna University Students' Union and some other student leaders met Jayaprakash and requested him to take over the leadership of the movement.
15. Jyoti Basu, ed., Documents of the Communist Movement in India, Vol. XVI (1973-74), 1998, p. 464, cited in Bipin Chandra, In the Name of Democracy, Penguin Books, 2003, p. 56.
16. Riposte to Indira Gandhi's remarks at a public meeting at Bhubaneswar on 1 April 1974, published in Everyman's, 6 April 1974, JP Papers, NMML.
17. Quoted in Allen and Wendy Scarfe, J.P. : His Biography, 1977, p. 422.
18. Indradeep Sinha, 'Red Face of JP's Total Revolution', Communist Party Publication No. 16, November 1974, pp. 4, 25.
19. Hannah Arendt, The Crisis of the Republic, Harcourt Brace Jovanovich, 1972.
20. 'Towards Total Revolution', Patna, 5 June 1974, published in Everyman's, JP Papers, NMML.
21. Lalan Tiwari, Democracy and Dissent : A Case Study of the Bihar Movement, 1974–75, Mittal Publications, 1987, p. 116.

22. From Indira, New Delhi, 22 May 1974, JP Papers, NMML.
23. Letter from Indira, New Delhi, 29 June 1974, JP Papers, NMML.
24. Ghanshyam Shah, Economic and Political Weekly, 14 December 1974, p. 116.
25. Only 300 of the 13,000 students of Patna University opted for the first option and 2500 for the second. Similarly, when Jayaprakash called for 5000 volunteers to become total revolutionaries, few responded. Bipan Chandra, In the Name of Democracy: JP Movement and the Emergency, Penguin Books, 2003, p. 54.
26. Times of India, 29 July 1974.
27. Acharya Rammurti, JP Ki Virasat, Sarvseva Sangh, Rajghat, Varansi, 2014, p.47.
28. By 26 January 1975, the Jana Sangharsh Samitis claimed to have formed parallel governments in Madhubani, Saharsa, Bhagalpur, Deoghar, Godda, Sahebganj and other areas in the Santhal Parganas.
29. Address at public meeting, Patna, 10 October 1974, cited in Bimal Prasad, ed., Jayaprakash Narayan : Selected Works, Vol. X, Manohar, 2009, pp. 370–72.
30. Press Statement issued at Patna, 15 September 1974, JP Papers, NMML.
31. As revealed by Jayaprakash in a conversation with Bimal Prasad in January 1975.
32. Acharya Rammurti, JP Ki Virasat, Sarvseva Sangh, Rajghat Varanasi, p.63.
33. The Indian Nation, 6 November 1974, p. 3.
34. Ibid.
35. Patna, 13 November 1974, JP Papers, NMML.
36. Statesman, 6 January 1975, p. 1.
37. 'The Rumble of the Chariot of Time Soon Be Heard in Delhi', Patna, 18 November 1974, cited in Bimal Prasad, ed., Jayaprakash Narayan : Selected Works, Vol. X, Manohar, 2009, p. 319.
38. Cited in Bhola Chatterji, Conflict in JP's Politics, Ankur, 1984, p. 285.
39. Bipan Chandra, In the Name of Democracy : JP Movement and the Emergency, Penguin Books, 2003, p. 58.
40. Interview with Blitz in December 1974, cited by Bipan Chandra, In the Name of Democracy : JP Movement and the Emergency, Penguin Books, 2003, p. 60.

41. Lalan Tiwari, Democracy and Dissent : A Case Study of the Bihar Movement, 1974–75, Mittal Publications, 1987, p. 105.
42. Everyman's, Vol. II, No. 42, 20 April 1975.
43. Statesman, 6 January 1975, p. 1.
44. Patna, 9 January 1975, JP Papers, NMML.
45. Meri Vichar Yatra-II, p.120.
46. At that point, Arun Jaitley was a law student in Delhi and a prominent leader of the ABVP, and Anand Kumar was a Free Thinker at JNU.
47. Cited in Bimal Prasad, ed., Jayaprakash Narayan : Selected Works, Vol. X, Manohar, 2009, p. 420.
48. The Janata Sarkars were to be governed by a six-point minimum programme. The programme included formation of Janata courts, distribution of essential commodities, distribution of Bhoodan and government land, verification of electoral rolls, campaign for cleanliness and fight against dowry.
49. Press statement issued at Patna, 22 May 1975, JP Papers, NMML.
50. Bipan Chandra, In the Name of Democracy : JP Movement and the Emergency, Penguin Books, 2003, p. 62.
51. JP Ki Virasat, p.80.
52. 'Manifesto for a New Bihar', 11 May 1975, JP Papers, NMML.
53. Quoted from an interview given by film-maker Anand Patwardhan to India Today, 1 April 2015.

## अन्तिम अरण्य

1. 'On Justice Sinha's Historic Judgement', press statement issued at Arrah, 12 June 1975, JP Papers, NMML.
2. The court allowed her to attend Parliament but not vote until her appeal was heard and judged.
3. Quoted in Dom Moraes, Indira Gandhi, 1980, p. 220, cited in Bipan Chandra, In the Name of Democracy: JP Movement and the Emergency, Penguin Books, 2003, p. 67.
4. Seema Chishti, 'Calling Attention', Indian Express, 27 November 2014, indianexpress.com/article/india/india-others/calling-attention/
5. 'Mrs Gandhi and Allahabad High Court Decision', press statement, Patna, 19 June 1975, JP Papers, NMML.

6. References from speech delivered at the rally in New Delhi on 25 June 1975, cited in Bimal Prasad, ed., Jayaprakash Narayan: Selected Works, Vol. X, Manohar, 2009, pp. 464–66.
7. To Indira Gandhi, Chandigarh Detention Centre, 21 July 1975, cited in Bimal Prasad, ed., Jayaprakash Narayan: Selected Works, Vol. X, Manohar, 2009, p. 473.
8. Sudipta Kaviraj, Trajectories of the Indian State Politics, Orient Blackswan, 2010, p. 283.
9. Letter to Sheikh Abdullah, Chandigarh Detention Centre, 22–23 September 1975, cited in Bimal Prasad, ed., Jayaprakash Narayan : Selected Works, Vol. X, Manohar, 2009, p. 545.
10. From Jayaprakash's Prison Diary, in an entry made on 10 October, cited in Bimal Prasad, ed., Jayaprakash Narayan : Selected Works, Vol. X, Manohar, 2009, p. 556.
11. As cited in In the Name of Democracy : JP Movement and the Emergency, Penguin Books, 2003, p. 169.
12. 'Dismay in India', New York Times, 9 April 1976.
13. Arun Shourie, 'Role of the Intellectual During and After the Emergency', in Balraj Puri, Revolution, Counter-Revolution, 1978, p. 20, cited in Bipan Chandra, In the Name of Democracy : JP Movement and the Emergency, Penguin Books, 2003, p. 183.
14. Most of these figures have been taken from Bipan Chandra, In the Name of Democracy : JP Movement and the Emergency, Penguin Books, 2003, pp. 226–27.
15. Reported by J. Anthony Lukas in the New York Times, reproduced in Ramchandra Guha, India After Gandhi, Picador, 2007, p. 304.
16. Kuldip Nayar, 'JP's Quest', 24th JP Memorial Lecture, PUCL Bulletin, May 2004.
17. Quoted at several places, can be found in Ramchandra Guha, India After Gandhi, Picador, 2007, p. 496.
18. Ramchandra Guha, India After Gandhi, Picador, 2007, p. 520.
19. 'A Letter to the people of Bihar', 28 August 1976, cited in Bimal Prasad, ed., Jayaprakash Narayan : Selected Works, Vol. X, Manohar, 2009, p. 597.
20. From Jayaprakash's 'Prison Diary', Bimal Prasad, ed., Jayaprakash Narayan : Selected Works, Vol. X, Manohar, 2009, p. 561.
21. Ibid.
22. Meri Vichar Yatra-II, p.60.

23. Maitreyi Devi in Vibha Sinha, ed., in a commemorative volume on Jayaprakash, published by Bihar Hindi Granth Academy, p. 50.
24. Letter from Charan Singh, New Delhi, 1 June 1976, JP Papers, NMML.
25. Ibid.
26. In an interview to Samayika Varta, 13 September 1977, cited in Bhola Chatterji, Conflict in JP's Politics, Ankur, 1984, pp. 191–92.
27. Address to a conference of chief secretaries on 7 May 1976, cited in Bipan Chandra, In the Name of Democracy : JP Movement and the Emergency, Penguin Books, 2003, p. 185.
28. Letter to Asoka Mehta, Patna, 30 November 1976, JP Papers, NMML.
29. Letter from Charan Singh, 8 November 1976, JP Papers, NMML.
30. Letter from Vajpayee, 6 December 1976, JP Papers, NMML.
31. Rakesh Ankit, 'Janata Party (1974-77) Creation of an All-India Opposition', History and Sociology in South Asia, Sage Publications, 11(1) 39-54, 2017, p. 51.
32. Jagjivan Ram formed the Congress for Democracy (CFD) with Bahuguna and Nandini Satpathy after quitting the Congress.
33. Statement to press, New Delhi, 23 January 1977.
34. Quoted in Janaki Venkataraman, 'JP and Dr. Mani', Madras Musings, Vol. XXVII, No. 1, 6–30 April 2017.
35. 'On the Victory of the Janata Party', Patna, 21 March 1977.
36. Bimal Prasad, ed., Jayaprakash Narayan : Selected Works, Vol. X, Manohar, 2009, Appendix 97.
37. Kuldip Nayar, 'JP's Quest', 24th JP Memorial Lecture, PUCL Bulletin, May 2004.
38. Conversations with correspondents of Sunday, Surendra Pratap Singh and Shobha Kilachand, 14 August 1977, quoted in Bimal Prasad, ed., Jayaprakash Narayan : Selected Works, Vol. X, Manohar, 2009, p. 661.
39. Letter from Balraj Madhok to Jayaprakash, cited in 'Janata Party (1974–77) Creation of an All-India Opposition', History and Sociology in South Asia, Sage Publications, 11(1) 39-54, 2017, p. 54.
40. 'The Task Ahead : Conversations with Bimal Prasad', Patna, 28-30 August 1977, in Bimal Prasad, ed., Jayaprakash Narayan : Selected Works, Vol. X, Manohar, 2009, p. 679
41. Jayprakash Smriti Granth, p.85.
42. Letter to Chandra Shekhar, Patna, 9 May 1978, JP Papers, NMML.

43. Letter to Jagjivan Ram, Patna, 2 August 1978, JP Papers, NMML.
44. Letter to Kripalani, Patna, 20 August 1978, JP Papers, NMML.
45. Interview with the Indian Express, Patna, 24 January 1979, JP Papers, NMML.
46. Letter to Morarji, Patna, 1 March 1979, JP Papers, NMML.
47. Meri Vichar Yatra-II, p.135.
48. Conversations with Bimal Prasad, Patna, 28-30 August 1977, cited in Bimal Prasad, ed., Jayaprakash Narayan : Selected Works, Vol. X, Manohar, 2009, p. 689.
49. 'Appeal to the People to Lend Support to Total Revolution', Patna, 15 November 1977, JP Papers, NMML.
50. Jayprakash Smriti Granth, p.491.
51. 'On the Deepening Crisis in the Janata Party', Patna, 15 July 1975, JP Papers, NMML.
52. Letter to Chandra Shekhar, Patna, 18 July 1979, JP Papers, NMML.
53. Letter from Morarji Desai, New Delhi, 19 July 1979, cited in Bimal Prasad, ed., Jayaprakash Narayan : Selected Works, Vol. X, Manohar, 2009, p. 981.